중도 · 중복장애학생 교육의 이해 2판

강혜경 · 김정연 · 김주혜 · 박은혜
이명희 · 이영선 · 임장현 · 표윤희 공저

Understanding the Education of
Students with Severe and Multiple Disabilities

학지사

2판 머리말

지원의 요구가 다양하고 매우 개별적인 특성을 가지고 있는 중도·중복장애학생의 교육을 위해서는 먼저 중도·중복장애란 무엇인지, 그들이 누구인지를 정의해야 하겠지만 이는 결코 쉽지 않은 일이다. 처음 중도·중복장애학생을 위한 교재의 필요성과 시급함에 공감하며 모였던 그때에도, 저자들 각자가 머릿속에서 그리는 중도(重度, severe)의 장애란 무엇인가에 관한 합의를 위해 지속적인 소통이 필요했으며, 이후 2018년 초판이 나오기까지도 많은 시간이 소요되었다.

우리나라의 경우 장애학생들은 「장애인 등에 대한 특수교육법」 제15조(특수교육대상자의 선정)에 제시된 장애 영역 중 주로 자신의 주된 장애 유형에 따라 교육받아 왔으며, 중도·중복장애는 별도의 장애 유형으로 구분되지 않았다. 이는 우리나라 특수교육 대상자 중에서도 중도·중복장애학생에 대한 관심이나 지침이 미흡했다는 증거이기도 하다. 그러나 현장에서의 상황은 조금씩 달라져 왔는데 중도·중복장애학생의 수가 거의 없었던 시각장애 및 청각장애 특수학교에도 최근 지적 및 자폐성장애 또는 신체적 장애를 중복으로 가지는 감각장애학생들이 점차 증가 중이다. 또한 더 집중적이고 다양한 지원을 필요로 하고 있으며, 이러한 변화로 이들에게 적절한 교육에 대한 관심이 높아져 가고 있다.

무엇보다 가장 큰 변화는 2022년 「장애인 등에 대한 특수교육법 시행령」 일부 개정을 통해 특수교육대상자의 장애 유형에 '두 가지 이상의 장애가 있는 경우'를 신설하였다는 점이다. 시행령에서 정의하는 중도·중복장애는 장애를 중복으로 가지면서 동시에 그 정도가 심한 학생들을 말한다. 즉, 한 가지 장애가 매우 심한 중도장애학생은 포함되지 않았다. 그러나 특수교육현장에서는 한 가지 장애가 심한 중도장애학생을 위한 교육의 중요성도 매우 강조되고 있으며, 이를 위한 특수교사의 높은 전문성이 요구되고 있다.

이에 이 책에서는 「장애인 등에 대한 특수교육법」에서 규정하는 중복장애만이 아니라 중도장애와 중복장애 학생을 모두 포함하여 그들을 위한 교육적 접근을 설명하고자 하였음을 먼저 밝힌다. 중도·중복장애라고 하면 장애 관련 전문가나 종사자들조차도 내가 해 줄 수 있는 것이 있을까 하면서 걱정부터 앞세우는 사람이 많다. 제한점이나 능력의 부재만을 먼저 생각하기 때문일 것이다. 그러나 그런 접근방법으로는 장애이기 이전에 학생, 그전에 인간으로서 가진 개성과 강점, 긍정적 특성을 파악하기가 매우 어렵다. '무엇을 할 수 없는 가'보다는 '무엇을 할 수 있는지'를 찾아내는 것이 더욱 중요하다는 것을 우리는 경험을 통해 알 수 있기 때문이다. 장애가 있거나 없거나 또한 장애가 심하거나 심하지 않거나 모든 사람은 저마다 다른 개성을 지닌 하나하나의 귀한 존재임을 늘 잊지 않아야 할 것이다.

이 책은 중도·중복장애학생을 위한 이론적 접근과 실제적 접근으로 구성되어 있으며, 현장에서 바로 적용할 수 있는 실제적인 지식과 기술을 포함하고자 노력하였다. 개정 작업을 통해 각 장에서 공통적으로 진행된 내용은 보완된 설명의 추가, 문맥의 수정, 내용의 풍부화 작업 등이었다. 제1장을 중심으로 최근 달라진 법과 정책 및 제도를 반영하였으며, 제4, 10장을 비롯한 모든 장에서 새로운 연구 결과와 관련 문헌을 추가하면서 내용을 수정·보완하였다.

특히 제2장에서는 표준화 검사의 검사 도구 중 개정된 내용을 반영하여 수정하였고, 현장에서 빈번하게 사용하지 않는 검사 도구는 삭제하였으며, 대근육운동기능 분류체계, 국립특수교육원 기초학습능력검사(NISE-B·ACT), 국립특수교육원 적응행동검사(NISE-K·ABS) 등을 추가하였다. 또한 중도·중복장애아동을 위하여 개발된 '반다이크 평가' 내용을 보강하기 위해 검사 문항을 추가하였다.

제3장에서는 「장애인 등에 대한 특수교육법」과 2022 특수교육 교육과정이 개정됨에 따라 중도·중복장애학생 교육과 관련하여 변화된 내용을 중심으로 수정·보완하였다. 2015 특수교육 교육과정에 관한 내용을 2022 개정 특수교육 교육과정의 내용으로 교체하였으며, 그중 중도·중복장애학생 교육과정의 자율성 확대 방안으로서 일상생활 활동 영역에 대한 설명을 추가하였다. 2022 개정 특수교육 교육과정에서는 기본 교육과정을 중등도 및 중도 장애학생을 대상으로 한 교육과정으로 정체성을 규정하면서, 학생의 장애 특성 및 요구 등을 고려한 맞춤형 교육과정으로 운영할 수 있도록 기본 교육과정에 일상생활 활동 영역을 추가로 편성하였다. 이러한 방향과 변화를 반영하여 관련 문헌, 정책과 지침을 추가하여 살펴보면서 내용을 수정·보완하였다.

제5장은 음운인식, 단어인지, 어휘 등 문해력 교수와 관련한 내용을 중도·중복장애학생의 특성을 좀 더 반영할 수 있도록 수정하였고, 수학 교수의 수, 돈 계산하기 등에서 제시되는 개념들을 명료화할 수 있도록 정리하였다.

제6장에서는 중도·중복장애학생의 의사소통을 위해 현장에서도 새롭게 자리 잡은 몸

짓 상징 손담을 손짓기호라는 용어로 정착하면서 이에 대해 보다 상세한 소개를 하였다.

제7장에서는 최근의 기술 동향을 반영하여 중도·중복장애 학생 교수학습 지원을 위한 증강현실, 모바일 기반 교수 등 교육공학 접근 방안을 다각적으로 모색하고 지원하고자 하였다.

제8장에서는 최근의 중도·중복장애학생 교육에서 강조하고 있는 생활기능 교육의 필요성에 따라 일상생활 기술의 진단과 계획 단계에서 활용할 수 있는 자료를 보완하였다. 또한 위루관을 이용한 식사지도, 위루관 식사 중 문제와 응급상황 조치 방법 등 교육현장에서 발생할 수 있는 안전에 관한 내용을 보완하였다.

제9장에서는 중도·중복장애학생 교육의 최근 동향에 맞추어 기능적 기술과 지역사회에서 더불어 살아가는 데 필요한 내용(SNS, 자판기, 키오스크 등)을 추가하였다. 이를 위한 교수전략도 간략하게 소개하였다.

제11장은 중도·중복장애학생 통합에 대한 기본적인 틀을 유지하였고, 최근 특수교육 현장의 동향을 반영하였다.

제12장에서는 성인기 전환과 관련된 최근의 정책적 변화 및 새로운 연구 결과를 반영하여 내용을 수정·보완하였다. 탈시설화 및 지역사회 거주의 중요성이 강조되고 있는 가운데, 성인기 전환의 중요한 성과 지표 중 한 가지인 '독립'을 관련 정책과 지침 등에서 사용되는 용어인 '자립'으로 수정하였고, 인공지능 기술의 발전에 따른 기술 동향과 활용 근거들을 추가하여 보완하였다.

이론과 실제를 담은 각 장의 내용을 바탕으로 중도·중복장애학생들이 배움이 있는 수업에 참여할 수 있고, 교사들은 가르침을 통해 학생들의 변화와 성장에 행복을 느낄 수 있기를 기대해 본다. 변화의 속도가 빠른 현실 속에서 책의 출간이 중도·중복장애학생의 교육 전반을 모두 반영하기에는 어려움이 많고 이후 또 많은 변화로 이어질 것이다. 그러나 현재의 특수교육 연구들을 바탕으로 최선의 내용을 구성하고자 노력하였으며, 여러 유형의 중복장애학생 교육에 대한 구체적인 부분은 앞으로 관련 연구들의 확대를 기대하며 다음 개정판에 담고자 한다. 느리더라도 같은 방향으로 함께 가고자 노력했던 시간들에 감사하며 개정을 위해 오래 기다려 주신 분들께도 깊은 감사를 드린다.

2023년 9월
저자 일동

1판 머리말

　중도·중복장애학생의 교육이 중요하다고 생각하면서도, 장애특성이 다양하고 그 정도도 심하기 때문에 교육적 접근에 대해 어려움을 느끼는 경우가 많다. 주로 장애 영역별로 출판되던 특수교육 서적이 중도·중복장애학생 교육이라는 주제로 별도로 나오기 시작한 것도 이러한 어려움을 반영하는 것일지도 모른다.

　이 책은 중도·중복장애학생 교육에 대해 다음과 같은 생각을 공유하는 저자들이 각자 연구 및 교육 경험이 많은 주제에 대해 집필하여 종합한 것이다. 첫째, 중도·중복장애학생의 교육권과 교육가능성이다. 장애가 아무리 심한 학생이라도 자신에게 의미 있는 것을 배울 능력과 권리가 있으며, 특수교사는 이를 찾아내고 교육할 수 있어야 한다는 관점이다. 특수교육을 하는 사람이라면 장애가 심한 학생을 특수교육 내에서 소외시키거나 무시하는 경우를 만들어서는 안 된다. 둘째, 학생이 장애가 심하더라도 특수교육의 이상적인 교육 방향에서 소외되지 않고 교육적 혜택을 받을 수 있어야 한다. 일반교육과정 접근이나 진로 및 전환교육, 통합교육 등이 그러한 예가 될 수 있다. 장애가 심하기 때문에 무엇무엇을 할 수 없다는 방식의 생각을 지양하고, 어떻게 하면 그런 어려움을 극복하도록 지원하며 바람직한 방향으로 교육할 수 있을지를 계속 탐구해야 한다. 즉, 학생의 중도·중복장애가 문제가 아니라 이에 대한 적절한 교육 지원의 부족이 문제라고 보는 시각이다. 특수교육 전반에서 공유하고 있는 '장애에 대한 사회적 관점'과 같은 맥락이다. 특수교육은 지속적인 문제해결의 과정이라고 볼 수 있는데, 특히 중도·중복장애학생의 교육은 더욱 그러하다고 생각한다.

　이런 관점을 반영하며 이 책은 제1장에서 중도·중복장애학생 교육에 대한 교사의 교육철학과 태도에 대해 제시하고, 제2장에서 제4장까지는 진단과 교육과정, 교수방법에 대한 내용을 중도·중복장애학생 중심으로 설명하였다. 제5, 6, 8, 9장에서는 일반교육과정 접근, 의사소통 기술 교수, 일상생활 기술 교수, 가정과 지역사회 생활 기술 교수 등과 같은 주제별 교수전략들을 설명하였고, 테크놀로지를 활용한 교수에 대한 제7장과 감각 및 운동 지도와 건강 관리 지도에 대한 제10장의 내용을 통하여 중도·중복장애학생의 신체적·인지적 특성에 따른 특성화된 교수 및 관리전략을 설명하였다. 제11장 통합교육과 제12장 전환교육은 아직까지 중도·중복장애학생에 대한 국내의 적용사례나 학문적 연구가 많이 활성화되지 않았지만 앞으로 발전되어야 할 분야라고 생각하여 현재까지의 이론적 내용을 중심으로 정리해 보았다.

　이 책을 집필하면서 중도·중복장애학생 교육에 대한 내용을 중심으로 하되, 꼭 필요한 기본적 내용은 그 내용이 반드시 중도·중복장애학생에게만 해당되는 것이 아니더라도 한 권의 책 안에서 쉽게 읽을 수 있도록 정리하여 포함하고자 하였다. 또한 학습을 위한 테크놀로지 같은 장은 발전이 빠른 분야이므로 현재의 상황과 연구를 기반으로 설명하였지만 내용의 변화가 곧 일어날 수 있으므로 독자들이 지속적으로 관심을 가져 주시기를 부탁드리고 싶다. 중도·중복장애 특수교육대상자의 개념이나 정의에 대한 정책 연구가 최근 들어 이루어지고 있어서 이 부분 또한 조만간 더 명확해질 것으로 생각되나, 더 이상 출판을 미룰 수가 없어 현재의 자료에 기반하여 출판하게 되었다.

　여러 저자의 원고로 완성된 책이기 때문에 수차례의 집필진 회의를 거쳤으나 아직도 각 장 간의 통일성이 부족할 수 있음에 대해 양해를 부탁드리며, 이 책의 내용이 중도·중복장애학생의 교육을 담당하는 선생님들과 부모님들, 그리고 예비 특수교사들에게 도움이 되기를 간절히 바라는 마음으로 원고를 마무리하고자 한다. 처음 약속한 시간보다 집필 기한을 훌쩍 넘겼음에도 기다려 주시고 정성껏 책을 완성해 주신 학지사 정은혜 선생님과 정승철 이사님께도 깊은 감사를 드린다.

2018년 8월
저자 일동

차례

제3장 교육과정 • 73

제4장 교수학습전략 실행 • 109

제8장 일상생활 기술 교수 • 241

제9장 가정과 지역사회생활 기술 교수 • 275

제 1 장

중도·중복장애학생 교육의 개관

•

박은혜

중도 · 중복장애학생의 교육은 교육내용과 교수방법적 측면 모두에서 우리나라 특수교육 현장의 매우 중요한 영역이다. 이들은 장애의 정도가 심하고 장애 특성이나 능력, 교육적 필요가 매우 다양하기 때문에 적합한 교육내용을 선정하고 효과적인 교수방법을 적용하기 위해 개별적인 접근이 요구된다. 중도 · 중복장애학생 교육의 방향은 학생 개인의 가치, 역할에 대한 철학적 사고와 가치관에 따라 변화되어 왔으며, 중도 · 중복장애학생들에 대한 기대감도 시대의 관점에 영향을 받아 변화되어 왔다. 학업교과중심으로 접근하는 경도장애학생의 교육보다 실생활에서의 적응 능력을 키워 주는 기능적 기술의 교수를 강조하는 것은 중도 · 중복장애학생을 위한 교육의 특징 중 하나이다.

이 장에서는 중도 · 중복장애에 대한 개념을 살펴보고, 중도 · 중복장애학생의 교육권과 교육가능성 등 이들의 능력과 사회 참여를 확장하는 데 기본이 되는 교육철학을 살펴보고자 한다. 이러한 철학을 바탕으로 최근 중도 · 중복장애학생들의 교육의 질을 향상시키고 개인적인 삶의 질을 개선하기 위한 주요 고려점과 교육의 최근 동향에 대해 설명하였다.

1. 중도 · 중복장애의 이해

중도 · 중복장애라는 용어에는 중도장애(severe disability)와 중복장애(multiple disability)가 함께 포함되어 있다. 중도장애는 「장애인 등에 대한 특수교육법」이나 「장애인복지법」에서 규정하고 있는 특수교육대상학생이나 장애인의 유형에는 제시되어 있지 않지만, 특수교육 관련 문헌에서는 자주 찾아볼 수 있는 용어이다. 미국의 경우에도 「장애인교육법」에서는 중도장애를 별도의 유형으로 구분하여 제시하지 않는 반면, 특수교육 교사양성과정이나 관련 서적들은 중도 · 중복장애학생 교육을 위한 내용을 구분하여 제공하는 경우가 매우 많다(Westling, Fox, & Carter, 2015). 법적 분류는 장애 정도의 경 · 중에 따르는 것이 아니라 주로 장애 유형에 따라 되어 있기 때문에 특별히 중도장애에 대해 명시되어 있지 않지만, 특수교사로서 알아야 할 기본적 내용에는 이러한 장애학생의 특성과 교육방법에 대한 이해가 중요한 것임을 알 수 있다.

각각의 학문적 정의에 대해 살펴보면 다음과 같다.

1) 중도장애

중도(severe, 重度)장애라는 말은 장애 정도가 심함을 의미한다. 기본적으로는 어떤 장애 유형이든지 경도인 경우에 대비되는 개념으로 장애 정도가 심하다는 것을 의미하지만, 학자나 기관에 따라 여러 가지로 정의되기도 한다(이소현, 1997). 기존의 장애 유형 중 일반적으로 중도장애로 분류되는 경우에 대해 Westling 등(2015)은 중도 및 최중도의 지적장애와 자폐성장애, 중복장애 및 농–맹 학생이 포함될 수 있으며, 학교에서 가장 확장적(extensive)이고 반복적인 개별화 교수 및 지원을 필요로 하는 1~2%의 학생들에 해당한다고 설명한다. 즉, 중도장애학생은 하나의 장애범주에 속하는 것이 아니라 여러 장애범주 안에서 지적기능과 적응행동에 상당한 제한이 있는 학생들로 구성되는 것이다.

한편, 미국의 중도장애인협회(TASH)는 개인에게 필요한 지원의 차원에서 중도장애를 다음과 같이 정의하였다(TASH, 2000: Snell & Brown, 2006에서 재인용).

> 통합된 지역사회에 참여하고 다른 사람들과 유사한 삶의 질을 누리기 위하여 하나 혹은 그 이상의 중요한 생활 영역에서 지속적인 지원을 필요로 하는 사람을 말한다. 이동, 의사소통, 자기관리와 같은 생활 영역과 지역사회 주거, 고용, 자족(self-sufficiency)에 필요한 학습을 위해 지원이 요구될 수 있다.

이 정의에서는 중도장애의 정의를 개인의 능력으로 설명하지 않고 사회에 통합된 장애인의 생활을 기본으로 전제하여 말하고 있으며, 생활 속에서 하나 이상의 생활 영역에서 지속적 지원이 필요한 경우를 중도장애로 정의하고 있다. 여기에는 장애인의 장애를 개인의 결함(deficit)으로 보는 시각 대신 사회와의 관계 속에서 보고자 하는 노력이 담겨 있다. 이러한 관점은 최근의 특수교육 방향과도 일치하는 것이며, 중도·중복장애학생 교육에서도 반영되고 있다. 지원의 필요성이 많은 중도·중복장애학생을 위한 다각적인 교육 지원과 보조공학 등의 관련서비스, 그리고 여러 전문인의 협력과 같은 노력이 그러한 예이다.

Westling 등(2015)은 장애에 대한 관점을 제한점이나 능력의 감소 등으로만 생각한다면 중도장애학생이 가진 강점과 긍정적 특성을 인식하지 못할 수 있으며 학생에 대해서 제대로 알기 어려우므로, 중도장애학생이 가진 강점, 재능, 열정, 관심 등을 파악하고 이를 강조하는 것이 중요하다고 설명한다. 중도장애학생들이 일상생활 활동과 대인관계에 온전히 참여하기 위해 다른 사람들(예: 가족 구성원, 친구, 교사 및 기타 전문가들)의 도움과 지원이 필요하고, 이러한 지원은 일생 동안 지속적으로 필요할 수 있다.

또한 중도장애는 경도장애와 비교하여 저출현(low incidence) 장애라고 지칭되기도 하는데, 이는 학령기 인구의 1% 내외가 중도장애를 가지고 있다고 추정되기 때문이다 (Brown, McDonnell, & Snell, 2015). 학령기 인구의 약 12%가 특수교육대상자로 판별되는 미국(Heward, Alber-Morgan, & Konrad, 2012)에서 이와 같이 그중 하위 1%의 아동을 중도 장애로 간주하고 있는 데 비해, 우리나라는 학령기 아동 중 1.8%(교육부, 2022)만을 특수 교육대상자로 판별하고 있으므로, 우리나라의 특수교육대상자 중에는 미국에서 말하는 중도 · 중복장애학생이 많이 포함되어 있다고 추론할 수 있다.

정리해 보면 중도장애는 사회의 일원으로 생활하기 위하여 지속적 지원을 필요로 하는 모든 유형의 장애인을 지칭하며, 정의상으로는 그렇지 않지만 주로 심한 지적장애를 가진 경우를 기본적으로 포함하는 경향이 있다. 예를 들어, 신체적인 장애가 심하여 이동 및 각종 일상생활에서 지원이 필요한 뇌성마비 학생의 경우에 인지 능력이 정상이거나 경도의 지적장애를 가지고 있다면 일반적으로 중도장애학생이라고 생각하지 않는 경향이 있다는 것이다.

이 책에서도 심한 지적장애를 동반하는 중도 · 중복장애학생을 주 대상으로 하고 있다. 그렇지 않은 경우, 예를 들어 앞서 언급한 신체장애학생은 일반적인 지체장애학생 교육 영역에서 다루어질 수 있기 때문이다.

2) 중복장애

중도장애가 있는 학생들은 많은 경우 중복장애를 가지고 있다. 예를 들면, 중도의 뇌성마비 학생은 지체장애와 지적장애를 함께 가지고 있는 경우가 많으며, 시각장애나 청각장애학생 중에서도 지적장애를 동반하는 경우가 있다. 미국의 「장애인교육법」에서는 다음과 같이 중복장애(multiple disabilities)와 농-맹(이중감각장애)(deaf-blindness, dual sensory impairment)을 별도의 특수교육대상학생으로 정의하고 있다.

• 중복장애: 중복장애(예: 지적장애-맹, 지적장애-지체장애 등)는 하나의 장애 영역에

하나의 특수교육 프로그램을 적용시킬 수 없는 심각한 교육적 문제를 야기하는 장애로서, 농-맹은 포함되지 않는 것으로 정의하고 있다(Heward et al., 2012).

• 농-맹: 시각장애와 청각장애를 함께 가지고 있어서 심한 의사소통장애와 발달지체를 초래하며, 시각장애나 청각장애만을 가진 경우를 넘어서는 교육적 요구가 있는 경우를 말한다. 이들은 대부분 약간의 잔존시력이나 청력을 가지고 있으며, 인지능력이 낮지 않은 경우도 있다. 즉, 농-맹 학생들이 모두 중도장애로 분류되지는 않으며, 중도장애가 되는 경우는 감각장애의 정도가 심하고 선천적이며 어느 정도의 지적장애가 동반되는 경우이다. 이들은 사회적, 의사소통 기술에서의 제한이 심하고 일상생활 기술 습득을 위해 매우 구조화된 학습기회를 필요로 한다(Ryndak & Alper, 2009). 두 가지 감각 모두에 장애가 있다는 것은 시각이나 청각을 활용한 기존의 교수방법을 사용하기가 어렵다는 것을 의미한다.

우리나라의 경우 중도·중복장애학생들은 별도의 장애 유형으로 구분되지 않고, 「장애인 등에 대한 특수교육법」 제15조(특수교육대상자 선정)에 제시된 시각장애, 청각장애, 지적장애, 지체장애, 자폐성장애 등 자신의 주 장애 유형에 따라 해당되는 분류로 교육을 받아 왔다. 그러나 중복장애학생의 수가 거의 없었던 시각장애 및 청각장애 특수학교에도 최근 지적 및 자폐성장애 또는 신체적 장애를 중복으로 가지는 감각장애학생들이 증가하고 있으며, 이들을 위한 적절한 교육에 관심이 높아지고 있다.

이에 2022년 개정된 「장애인 등에 대한 특수교육법」에서는 「장애인 등에 대한 특수교육법 시행령」[대통령령 제32722호, 2022. 6. 28., 일부개정]을 통해 다음과 같이 두 가지 이상 중복된 장애를 지닌 특수교육대상자를 새롭게 규정하였다. 여기에서 정의하는 중도중복장애는 1)항과 2)항의 장애를 중복으로 가지면서 동시에 그 정도가 심한 학생들을 말한다. 즉, 한 가지 장애가 매우 심한 중도장애학생은 포함하지 않는다.

특수교육대상자 선정 기준(제10조 관련)

11. 두 가지 이상 중복된 장애를 지닌 특수교육대상자
다음 각 목의 구분에 따른 장애를 지닌 사람으로서 제1호부터 제6호까지의 규정에 따른 특수교육대상자에 대한 각각의 교육지원만으로 교육적 성취가 어려워 특별한 교육적 조치가 필요한 사람

가. 중도중복(重度重複)장애: 다음의 구분에 따른 장애를 각각 하나 이상씩 지니면서 각각의 장애의 정도가 심한 경우. 이 경우 장애의 정도는 법 제14조 제1항에 따른 선별검사의 결과, 제9조 제4항에 따라 제출한 진단서 및 「장애인복지법 시행령」 제2조 제2항에 따른 장애의 정도 등을 고려하여 정한다.

    1) 지적장애 또는 자폐성장애

    2) 시각장애, 청각장애, 지체장애 또는 정서·행동장애

나. 시청각장애: 시각장애 및 청각장애를 모두 지니면서 시각과 청각에 의한 학습이 곤란하고 의사소통 및 정보 접근에 심각한 제한이 있는 경우

    이 책에서는 「장애인 등에 대한 특수교육법」(2022)에서 규정하는 중복장애만을 다루는 것이 아니라 중도장애와 중복장애학생을 모두 포함하여 교육적 접근을 설명하고 있다. 간혹 중도장애가 아니라 '중증장애'라는 표현을 사용하는 경우도 볼 수 있지만, 질병을 언급할 때 사용되는 '중증' '경증'이라는 용어보다는 교육적으로 볼 때 '경도' '중도'의 표현이 더 적절하며, 실제로 관련 문헌에서는 '경도(mild)장애' '중도(severe, 重度)장애'라는 명칭으로 통용되고 있다. 후천적 장애를 말할 때에도 중도(中度)장애라고 하는 경우가 있으나, 이는 상황과 문맥에 따라 충분히 구분될 수 있으므로 큰 문제가 되지 않는다.

    또한 국내에서 중도·중복장애학생이라고 말할 때에는 주로 특수학교에 재학 중인 최중도장애[1]학생만을 지칭하는 경향이 있다. 하지만 이는 매우 제한적인 해석이다. 중도장애는 앞에서 언급된 바와 같이 하나 이상의 삶의 영역에서 지속적 지원이 필요한 학생으로서 매우 다양한 특성의 학생들이 모두 포함된다. 그러므로 최중도·중복장애학생뿐아니라 어느 정도의 의사소통 및 신체 기능이 있어도 한 가지 이상의 생활 영역에서 타인의 도움을 계속해서 받아야 하는 경우 중도·중복장애학생이라고 할 수 있으며, 국내의 특수교육대상학생 중 많은 학생이 여기에 포함될 수 있다.

---

1) 최중도장애(Heward et al., 2012): 인지, 의사소통, 사회적 기술 발달, 운동성, 일상생활동작 영역의 다섯 가지 영역 모두에서 2세 미만의 수준을 보이거나, IQ 20에서 25 이하의 아동(Sternberg, 1994) 일부는 약간의 독립적 기능을 보이지만 대부분 말을 하거나 걸을 수 없으며 감각자극에 반응하지 않음(Petry & Maes, 2007).

2. 중도 · 중복장애학생 교육의 기본 교육철학

이 절에서는 중도 · 중복장애학생을 교육할 때 생각해야 할 기본적인 교육철학에 대해 설명한다. 장애가 심한 학생들을 가르치다 보면 교사의 노력에도 불구하고 가시적인 교육효과가 드러나지 않고 교육성과에 대한 강화를 받지 못하여 좌절을 경험하기도 한다. 따라서 이들을 가르치는 교사는 장애학생을 바라보는 교육관과 교육에 대한 올바른 교육철학을 가지는 것이 중요하다. 각각에 대한 보다 실제적인 고찰은 해당되는 장에서 구체적으로 이루어질 것이다.

1) 기본권으로서의 교육권

교사는 학생의 기본적 인권으로서의 교육권에 대해 인식할 필요가 있다. 모든 사람은 능력에 따라 균등하게 교육을 받을 권리가 있으며(「헌법」 제31조), 자신의 능력과 특성에 맞는 방법으로, 자신에게 필요한 교육을 받을 권리가 있다. 이는 비장애학생이나 장애가 경도인 학생에게만 해당되는 것이 아니다. 장애가 심한 학생도 자신의 장애 특성을 고려한 방법으로, 자신에게 필요한 내용을 교육받을 권리가 있다. 이러한 장애학생의 교육기본권에 대한 확실한 이해와 철학이 부족하면 자칫 시간과 돈을 성과가 더 많은 곳에 사용해야 한다는 교육의 경제성만 따지는 함정에 빠질 수도 있다. 만약 학생이 몸을 움직일 수 없거나 말을 잘 못하면 그에 맞는 방법을 찾아서 교육을 해야 하는데, 오히려 그러한 장애 특성을 이유로 학급의 교육 활동에서 소외되는 일이 있어서는 안 될 것이다.

2) 교육가능성에 대한 신념

특수교사는 중도 · 중복장애학생의 교육가능성(educability)에 대한 확신을 가지는 것이 중요하다. 감각자극에 반응이 거의 없을 정도의 최중도 · 중복장애학생을 가르치는 경우에는 과연 교육이 가능한가 하는 회의를 가지게 될 수도 있다. 하지만 많은 학자는 장애의 정도에 상관없이 모든 학생이 학습할 능력을 가지고 있음을 강조하며, 이들의 교육을 지지하고 있다(Brown et al., 2015). 그러므로 교육목표를 학생의 수준에 맞게 수립할 수 있고, 다양한 교수방법을 고안하여 가르칠 수 있는 특수교사의 역량이 요구된다.

3) 교육성과에 대한 인식과 책무성

중도 · 중복장애학생이 특수교육을 받음으로써 얻게 되는 교육적 성과에 대한 명확한 인식이 필요하다. 비장애학생 또는 경도장애학생과 달리, 중도 · 중복장애학생은 교과서를 통해 진도를 나가는 것이 큰 의미가 없고, 교육의 성과로서 지필검사 결과를 제시하기가 어렵기 때문에 자칫 교육성과를 평가하는 것에서도 소외되거나, 정확한 목표의식이 부족한 채로 수업 시간을 보내게 될 수도 있다. '생활연령(Chronological Age: CA) 적합성', 즉 '생활연령에 적합한 교육'을 제공해야 한다는 점도 교육성과와 관련된 중요한 개념이다. 교육내용을 구성할 때 먼저 배워야 하는 준비 기술부터 시작하여 점차로 어려운 상위 기술로 올라가면서 가르치는 것이 일반적인 발달적 접근이지만, 중도 · 중복장애학생들은 준비 기술 또는 기초 기술 습득에 너무 오랜 시간이 걸리거나 불가능한 경우가 있기 때문에 이러한 발달적 접근만을 강조하는 것은 바람직하지 않다. 예를 들어, 소근육 운동 능력이 발달하지 않아서 반복 연습을 해도 손으로 글씨를 쓸 수 없거나 인지 능력의 부족으로 한글을 읽는 능력을 배우기 어려운 경우에 중 · 고등학생이 되어서도 계속 손 기능 강화를 위한 구슬 꿰기나 줄긋기 등을 연습시키거나, 초등 저학년용 교과서의 단어를 베껴 쓰는 연습 등을 하도록 하는 것은 학생의 생활연령을 고려하지 않은 교육이다. 교육내용뿐 아니라 사용하는 교수자료, 강화방법, 교사의 언어 사용 등에서도 모두 학생의 연령에 맞는 접근을 할 필요가 있다. 앞의 예와 같은 경우에는 컴퓨터 자판을 이용하도록 가르치거나 그림이나 로고 등을 활용하여 해당 연령에서의 실생활에서 필요한 읽기(예: 지역사회 이용하기)를 가르칠 수 있을 것이다. 인지수준이 낮다고 해서 어린아이를 대하듯이 말하거나 가르치는 것은 바람직하지 않다.

중도 · 중복장애학생의 교육성과는 궁극적으로는 학교 졸업 이후 성인기의 사회인으로서의 삶의 준비라고 볼 수 있다. 이 책의 제12장에서 설명하고 있는 바와 같이 성인기의 생활과 직업을 위해 현재의 특수교육이 무엇을 기여하고 있는가를 생각해야 한다. 일반교육에 비해 특수교육에서는 전환교육과 진로 및 직업교육의 중요성이 매우 크며, 단순한 직업 기술만이 아니라 직업 환경에서 필요한 의사소통, 대인관계, 이동 능력, 자기관리 능력 등과 같은 기능적 기술을 갖추도록 교육하는 것이 매우 중요하다. 또한 여가

생활이나 건강 관리, 지역사회시설 이용, 의식주에 관련된 기술들과 같이 성인으로서 필요한 기술을 졸업 이후에 가능한 한 많이 습득하고 사용할 수 있도록 교육하는 것이 필요하다. 즉, 중도 · 중복장애학생을 위한 교육에서는 이 책에서 다루는 광범위한 교육내용과 교수방법에 대한 지식을 기초로 하여 궁극적으로는 학생에게 실제적으로 필요한 지식과 기술을 가르치는 것을 최우선으로 해야 하는 것이다. 학생 개개인의 특성과 능력이 다르기 때문에, 이를 위해서는 개별 학생에게 맞는 차별화된 교육을 제공할 수 있는 특수교사의 교수 능력이 요구된다.

혼히 교육성과 내지는 전환교육을 언급하면 중 · 고등학교 시기에만 해당된다고 생각하기 쉽다. 하지만 이러한 교육성과에 대한 인식과 책무성은 모든 학교급에 해당되며, 각각의 시기에 맞는 최적의 교육목표를 고려해야 한다. 예를 들어, 유아 및 학령기의 통합 경험을 통해 일반친구와의 의사소통방법과 갈등해결방법을 배우는 것 또는 독립적으로 자기 신변처리를 할 수 있거나, 필요할 때 적절히 도움을 요청하는 법을 배우는 것 등은 모두 의미 있는 교육성과로서 어린 시기부터 훈련과 교육이 필요한 부분이다. 즉, 명확한 교육성과에 대한 인식과 책무성을 가지고 교과서를 넘어선 실제적인 교육이 필요하다.

4) 최소위험가설의 기준

최소위험가설의 기준(criterion of least dangerous assumption)이란 확정적 또는 결정적인 교육적 자료가 없을 때 교육자는 학생에게 위험한 영향을 최소화할 수 있는 가정에 기초하여 결정을 해야 한다는 신념을 말한 것으로서(Donnellan, 1984), 장애학생의 정확한 수행 수준을 파악하기 어려울 때에는 학생이 할 수 있다고 생각하는 것이 할 수 없다고 가정하는 것보다 훨씬 덜 위험하다는 것이다. 중도 · 중복장애학생은 말이나 행동을 통해 자신이 알고 있는 것을 잘 표현하지 못하는 경우가 많기 때문에 자칫 실제보다 훨씬 낮은 수준으로 오해받을 수 있으므로 이러한 최소위험가설의 기준에 대해 특수교사가 잘 알고 있고, 교육현장에서 이를 실천하는 것이 중요하다.

5) 최소제한환경

우리나라의 「장애인 등에 대한 특수교육법」에는 최소제한환경(Least Restrictive Environment: LRE)의 개념이 직접 언급되어 있지 않고, 통합교육을 강조하는 조항으로 표현되어 있다. 현실에서는 아직까지 많은 중도 · 중복장애학생이 통학형 또는 기숙형 특수학교에 다니거나 순회교육을 받고 있으나, 점차로 장애가 심한 학생들도 특수학급에서 교육받는 경우가 증가하고 있으며, 2010년에는 인천에 중도 · 중복장애학생을 위한 특수학급이 설립되어 특수학교를 대신하는 새로운 성공적인 교육배치 모델로 주목받았다. 2019년부터 경기도에서도 복합 특수학급이라는 이름으로 유사한 노력이 이루어지고 있다.

즉, 중도 · 중복장애학생도 특수교육의 다양한 배치 형태에서 교육받을 수 있는 교육 여건이 확보되어야 하며, 그 가운데 가장 적절한 배치 형태를 결정할 수 있어야 하는 것이다. 중도 · 중복장애학생이기 때문에 반드시 무조건 특수학교가 더 좋은 배치라고 생각하는 것은 통합학급 교사들이 특수학급으로 장애학생을 보내고자 하는 논리와 크게 다를 바가 없다. 중요한 것은 장애학생의 장애 정도가 아니라 해당 학교와 교사들의 인식과 교육 지원 능력이다. 그렇기 때문에 유사한 수준의 중도 · 중복장애학생이 어떤 곳에서는 성공적으로 특수학급과 통합학급에서 교육을 받는 반면, 다른 곳에서는 특수학교로 전학 가게 되기도 한다.

물론 준비가 되지 않은 특수학급에 무조건 중도 · 중복장애학생을 배치하는 것은 학생에게 맞는 교육과 지원이 이루어지지 못하는 결과를 초래할 수 있으므로 바람직하지 않다. 즉, 중도학생의 특성과 가족의 요구, 해당 교육 환경의 준비도를 고려하여 가장 교육적 효과를 높일 수 있는 곳으로 배치할 수 있어야 한다(박은혜, 2015). 중요한 것은 환경적 요인으로 인해 중도 · 중복장애학생들이 통합교육에서 배제되는 것을 당연하게 생각하면 안 된다는 것과 이들을 위한 지속적인 통합교육 노력 및 개선이 이루어져야 한다는 것이다.

특히 특수학급 교사의 경우 중도 · 중복장애학생은 특수학급에서 교육받기 어렵다고 생각하여 무조건 특수학교로 보내는 것을 고려하기보다는 학생에게 필요한 교육적 접근을 특수학급 환경에서 제공할 수 있도록 우선적인 노력을 기울일 필요가 있다. 인천의 중도 · 중복장애학급과 같이 특별한 특수학급을 구성하여 교육할 수도 있으며, 단 한 명의 중도 · 중복장애학생이 다른 특수학급 학생들과 함께 있더라도 개별화를 기본 가치로 하는 특수교육에서는 이 학생을 위한 개별화교육이 적절히 이루어질 수 있도록 적극적으로 노력해야 할 것이다. 이 책에서는 제11장 통합교육 챕터를 통하여 이에 대한 보다 상세한 지침을 제공하고자 하였다.

6) 새로운 교수방법의 개발 및 도전

장애가 심하고 복잡할수록 체계적이고 차별화된 교수방법이 필요하다. 또한 각 학생의 장애 특성에 맞도록 개별화된 교수전략이 요구되며, 특히 전체 수업 상황에서 중도 · 중복장애학생이 소외되지 않도록 노력해야 한다. 특수교육지원인력이나 실습 학생에게 중도 · 중복장애학생의 수업 보조를 맡기는 경우가 많은데, 이때 반드시 특수교사의 철저한 계획과 지도가 선행되어야 한다. 그렇지 않으면 체계적이고 일관성 있는 교수가 이루어지기 어렵기 때문이다. 대상학생에 대한 설명과 개별화된 교육목표, 지도방법에 대해 알려 준 후 개별적인 지원을 맡기는 것이 좋다.

Baer(1981)가 언급했듯이 중도 · 중복장애학생을 가르치는 일은 교육자로서 새로운 것을 계속 공부하고 배우게 된다는 것을 의미한다. 이들은 평범하거나 일반적인 교수방법으로는 교육효과를 쉽게 얻을 수 없는 학생이기 때문이다. 이는 지속적인 교수전략의 개발과 발전으로 이어져 왔으며, 긍정적 행동지원(positive behavior support), 체계적 교수전략(systematic instruction), 학습을 위한 보조공학 및 보완대체 의사소통(augmentative and alternative communication)의 활용 등으로 나타나고 있다. 한 가지 방법으로 효과가 없을 때 새로운 방법을 계속 연구하고 접목하는 특수교사의 노력과 열정이 현재와 같은 중도 · 중복장애학생 교육의 발전을 가져왔다고 볼 수 있다.

중도 · 중복장애학생 교육에서의 어려움 중 한 가지는 학습한 것을 다른 상황이나 대상으로 일반화하는 능력이 부족하다는 것이다. 영추론전략(zero degree of inference)이란 일반화시킬 가능성이 0일 것으로 추론하라는 것이다. 즉, 일반화될 것이라고 전혀 가정하지 말고, 다양한 장소 · 대상 · 방법으로 가르쳐서 일반화되도록 하라는 의미의 용어이다. 이를 통해 중도 · 중복장애학생의 교육에서 새로운 것을 학습하는 단계의 어려움뿐 아니라 배운 것을 일반화하고 오랜 시간 유지하는 것에도 어려움이 있다는 것을 인식하고, 교육에 반영해야 함을 알 수 있다.

〈표 1-1〉은 중도 · 중복장애학생을 담당하는 교사의 경험에 관한 사례이다.

〈표 1-1〉 중도 · 중복장애학생을 담당하는 교사의 경험

　　A 선생님은 중도 · 중복장애학생과의 공감적 이해가 가장 중요하다고 말했다. 교사라면 누구나 학생들이 바르게 성장하고 발전하기를 기대한다. A 교사는 학급 학생들은 '변화'라는 것을 마치 모르는 아이들처럼 변화되지 않고 늘 같은 모습으로 지내는 것처럼 보이지만 실은 그 아이들도 성장하고 있음을 믿었다. A 교사가 많이 아팠던 어느 날, 한 아이가 다가와 귓속말로 "선생님 지금도 아파요?"라고 물을 때와 같이, 학생들이 보여 주는 소통의 작은 표현들은 교사로 하여금 교사라는 직업을 천직이라고 생각할 수 있을 정도의 힘이 된다고 하였다.

　　A 교사는 아이들과 소통하기 위해 눈높이에 맞춘 수업을 계획하고 작은 반응이라도 이끌어 내기 위한 새로운 교수전략을 찾아내고 자신만의 노하우들을 쌓아 가는 것이 좋은 교사가 갖추어야 할 자질이라고 하였다. 학생들의 변화된 모습을 느끼는 순간 교사로서의 열정이 더 높아질 수 있다고는 하지만, 문도 못 열던 아이들이 문을 열려고 힘을 주고, 빈 교실에서 벽에 대고 수업하는 것 같은 자책에도 불구하고, 아무런 반응이 없던 아이들이 어느 순간 나를 바라보고, 부르면 아는 척 돌아보기도 하는 순간들이 더 열심히 가르쳐야겠다고 느낀 계기가 되었다고 하였다. 학생들을 가르친다는 것은 작은 변화를 시도하는 작업인 동시에 기적을 행하는 것과도 같이 허황된 계획일 수도 있으나, A 교사는 여전히 아이들과 계속 소통하기 위해 도전하고 새로운 것을 시도하는 것은 매우 중요하다고 말한다.

　　"특수교사는 단 한 번도 16강에 올라가지 못한… 늘 삶의 무대의 변방, 변두리에 있는 그런 학생들을 기적과 같이 16강에 올려놓아야 한다는 부담을 가진 사람들이에요. 어떻게 보면 기적을 펼쳐 보여야 하는 사람인 거죠. 그런데 그래도 하다 보면 기쁨의 순간이 있어요. 때로는 제가 만났던 그 아이들이 저를 키우기도 하고요. 그래서 계속하게 돼요. 그럴 때 난 역시 특수교사인가 보다 하고 생각해요."

출처: 김정연, 허유성, 임장현(2013), pp. 5-30에서 수정 발췌.

3. 중도 · 중복장애학생 교육의 최근 동향

중도 · 중복장애학생 교육의 최근 국내외 동향을 간략히 정리해 보면 다음과 같다.

1) 협력적이고 종합적인 지원

중도 · 중복장애학생 교육을 위해서는 여러 분야의 전문가가 협력하여 접근하는 것이 효과적이며, 부모와의 협력도 매우 중요하다. 학생의 장애 특성에 따라 팀에 포함되는 전문가의 영역은 약간씩 달라질 수 있으며, 함께 팀으로 모여서 학생에게 필요한 교육내용을 의논하고 구체적인 교육계획을 수립하고 실행하게 된다. 예를 들어, 신체적 장애가 심한 학생의 경우에는 물리치료 혹은 작업치료 전문가들이 팀에 합류하여 함께 진단하고, 학교교육에서 필요한 내용에 대해 지도해 줄 수 있다. 미국의 경우에는 물리치료사협회, 작업치료사협회, 언어치료사협회 등에서 학령기 장애학생을 위해서는 학교중심의 협력적 접근이 효과적임을 이미 천명한 바 있으며, 국내에서도 특수학교 및 특수학급에서 이러한 협력적 접근을 적용한 결과가 보고되고 있다(표윤희, 강혜경, 이창렬, 2014; 표윤희, 2022).

즉, 중도 · 중복장애학생에게 요구되는 다양한 관련서비스의 제공방법에 대해 ① 가장 덜 제한적인 환경에서의 서비스 제공이 권장되며, ② 통합된 치료(integrated therapy)를 제공하는 것이 효과적임이 받아들여지고 있다. 이때 통합된 치료란 학생의 다른 교육적 목표들에 치료목표가 접목되어 이루어질 수 있도록 하는 것으로서, 이를 통해 짧은 치료시간에 할 수 있는 훈련기회보다 훨씬 많은 연습기회를 학교생활 전반에 걸쳐서 가질 수 있도록 하는 것이다(표윤희, 박은혜, 2010). 이는 목표 기술의 습득과 일반화 모두에 도움이 되는 접근이다. 중요한 것은 이러한 관련서비스가 특수교육과 별개가 아니라 특수교육을 잘 받을 수 있도록 하기 위한 서비스라는 기본적인 개념에 대한 이해가 선행되어야 한다는 것이다(Brown et al., 2015). 최근에는 학교 밖의 전문가가 학교를 방문하여 교사와의 협력을 통해 보완대체 의사소통 지원이나 긍정적 행동지원을 제공하는 모델에 대한 연구가 국내에서도 보고되고 있다(김경양, 한선경, 박은혜, 2015; 홍주희, 김보경, 박지연, 이숙향, 2020).

그러나 중도 · 중복장애학생의 교육 실행을 위해 필요한 협력팀을 구성한다는 것은 이론만큼 쉽지 않다. 중도 · 중복장애학생일수록 가정, 학교, 지역사회 등 다양한 환경에서 학생들의 요구를 충족시키기 위해 팀 구성원의 브레인스토밍 시간이 필요하며, 무엇보다 팀 구성원들이 각자의 역할과 책임감을 공유할 시간적 여유가 없다는 어려움이 있다. 협력팀은 학생을 '전체적(whole)'으로 다루고 '자연스러운(natural)' 교육서비스를 계획하는 데 효과적이나(Browder & Spooner, 2011), 이러한 학문적, 실제적 효과의 보고에도 불구하고, 현재 우리나라의 각종 전문가의 서비스는 바우처 제도를 중심으로 이루어지고 있기 때문에 특수교육 교사들과의 협력이 거의 이루어지지 못하고 있는 실정이다.

통합교육 상황에서는 특수교사와 통합학급 교사와의 협력이 중요하며, 필요한 관련서비스 인력과의 협력도 앞에서와 마찬가지로 중요하다. 시각중복장애 또는 청각중복장애학생의 경우에는 해당 감각장애에 대한 전문성이 있는 교사가 특수학급 교사를 지원하는 것이 필요하며, 현재 일부 거점특수교육지원센터에서 이러한 지원을 제공하고 있다. 국내외의 여러 연구를 통하여 이러한 교사 간 협력의 중요성과 효과, 협력의 방법이 보고되어 왔으며, 이 책의 제11장에서 통합교육 상황에서의 교사 간 협력에 대한 내용을 보다 상세히 설명하였다.

2) 진로 및 전환교육 강화

중도·중복장애학생들의 성인기 자립생활 및 고등학교 졸업 후의 교육에 대한 관심이 증가하고 있다. 그중 한 가지는 학업을 지속하는 것이다. 미국의 경우 발달장애학생들을 위한 다양한 중등 이후 교육 프로그램이 개발되고 있으며(김은하, 박승희, 2010; Grigal & Hart, 2010), 국내에서도 발달장애인을 위한 특별한 학과나 평생교육 프로그램, 대안교육 프로그램에 진학하는 사례가 늘고 있다.

또한 특수학교 학교기업, 특수학급의 직업교육을 위한 거점학교 운영 등과 같이 고등학교 시기에 직업교육을 강화하는 정책이 지속적으로 이루어지고 있다. [그림 1-1]에는 디자인에 재능을 보이는 자폐성장애학생 및 성인들을 고용한 사회적 기업인 오티스타의 사례가 소개되어 있다. 이를 통해 알 수 있듯이 과거에 비해 장애학생들의 진로 및 직업교육에 대한 특수교사와 부모의 관심이 증가하고 있는 추세이며, 사회에서의 인식 역시 점차로 높아지고 있다고 볼 수 있다.

성인기의 주요 삶의 영역 중 하나인 주거생활에 대한 준비도 중요한 부분으로, 중도·중복장애인의 자립생활을 위한 준비가 강조되고 있다. 또한 이들이 자기결정 및 자기옹호 역량을 키울 수 있도록 하는 노력도 지속적으로 연구되고 있다(김수현, 이숙향, 2018; 조아라, 2022). 예를 들어, 조아라(2022)는 AAC를 사용하며 지역사회 이동과 참여에 어려움을 겪는 중도의 뇌성마비 성인들에게 메타버스를 활용하여 지역사회의 여러 상황에서 자기옹호기술 사용을 교수하였다. 즉, 과거에 비해 장애 정도가 심한 중도·중복장애인들도 성인기를 준비하는 중요한 기초가 되는 자기결정 능력을 갖추고 이를 표현할 수 있도록 교육하는 사례가 늘고 있다.

[사회적 기업 탐방 95] 자폐인 위한 디딤돌 '오티스타'

… 지난 2012년 이화여자대학교(이하 이화여대)의 산학협력 활동 결과로 설립된 오티스타는 자폐성장애학생의 재능재활을 돕기 위해 탄생했다. 오티스타를 통해 그림 그리기를 좋아하는 자폐인이 무상으로 디자인 교육에 참여하고 디자이너로서의 꿈을 키우는 이곳은 모든 제품에 자폐인 그림이 담겼다. 이렇게 벌어들인 수익금은 이들의 독립생활과 사회통합을 지원하기 위한 기금으로 사용된다.

◆ 오티스타, 자폐아들의 사회 일원 도약 디딤돌

"우리 역할은 자폐아들이 사회 일원으로 잘 적응할 수 있도록 안내하는 디딤돌입니다. 자폐는 사회생활에 문제가 있는 것입니다. 경영도 중요하지만 특성을 이해하는 사람들이 운영하는 곳이라서 자폐를 품고 자폐인을 사회 구성원으로 지지하고 후원할 수 있는 회사가 되는 게 궁극적 목표입니다." 오티스타를 시작한 이소현 이화여대 사범대학 특수교육과 교수는 2012년 5월부터 현재까지 디자인스쿨을 운영하며 자폐학생들에게 무료 디자인 교육 프로그램을 진행해 교육생들이 대인관계 기술 등 직업생활에 필요한 전문 기술을 터득함으로써 오티스타의 협력 디자이너로 활동하도록 인도하고 있다. …(중략)…

이화여대 입학처에서 만드는 전단에도 이들의 디자인이 활용되는가 하면 지난 2월부터는 교보문고 '아픈 아이들의 천사가 되어 주세요' 프로젝트 2월 기부선물로 동물 머그컵이 선정됐다. 이 교수는 "상품화한 디자인을 통해 매출을 올리는 것도 좋지만 자폐인 부모나 아이가 갖는 긍지가 생긴다는 게 더 큰 효과"라며 "자폐인들은 위축되거나 소외되기 마련인데 본인이 디자인한 제품이 판매되는 것을 볼 때 심리적으로 큰 위로가 된다."고 전했다. 오티스타의 한 직원은 "한 아이의 어머니가 디자인을 통해 번 20만 원을 손에 들고 '우리 아이가 태어나 처음 번 돈'이라며 눈물을 글썽거렸다."며 "할머니 내복과 커피 한 잔을 사는 그 어머니 모습에서 보람을 느꼈다."고 말을 보탰다. …(후략)…

오티스타 협력 디자이너 작품
〈축구하는 코끼리〉
ⓒ 오티스타

디자인스쿨 교육을 통해 디자인을 배운
오티스타 협력 디자이너의 작품
ⓒ 오티스타

[그림 1-1] 자폐인 디자이너들의 사회적 기업 '오티스타'

출처: 프라임경제(2014. 5. 21.).

마지막으로 2016년 장애인평생교육을 강화하는 방향으로 「평생교육법」이 개정되었고(http://www.law.go.kr), 국가장애인평생교육진흥센터를 국립특수교육원 내에 설립하는 등 평생교육을 통한 성인기 생활준비와 지원이 강화되는 추세이다. 중도 · 중복장애인을 위한 평생교육도 중요한 부분으로 부각되어 교육과정과 교수자료 개발에 대한 연구가 이루어지고 있다.

3) 학습을 위한 디지털 테크놀로지의 활용

최근 디지털 교수학습자료의 개발이 확대되고, 각급학교에 스마트기기 보급이 이루어지는 등 장애학생 교육을 위해 테크놀로지를 활용하는 노력이 이루어지고 있다. 화면을 직접 터치하여 조작하는 스마트기기의 입력방식이 자판이나 마우스를 사용하기 어려운 지체장애학생들에게 도움이 되며, 또한 직접 화면의 해당 그림 등을 누르는 방식은 인지능력이 낮은 학생들에게도 동기부여와 학습 효과 증진의 역할을 하게 된다(김민규, 2015). 이에 따라 최근에는 자폐학생들의 학습을 위한 앱에 관한 연구나 단행본 등이 나오기도 하였으며(임장현, 박은혜, 2012; Brady, 2011), 특수교사들이 학생에 맞게 자체적으로 교육용 앱을 제작하여 사용하는 경우도 있다. Brady(2011)는 자폐학생들을 위한 200개 이상의 아이패드 앱을 조사하여 의사소통, 어휘학습, 비디오 모델링, 사회적 기술 활동, 일상생활 관리, 시각적 지원, 읽기, 쓰기 등 다양한 영역에 활용되고 있음을 제시하였다. 최근에는 발달장애 성인을 위한 시뮬레이션 게임 기반 사회성 기술중재(주란, 이영선, 2021), 특수학급에서의 학습과 의사소통을 위한 스마트기기 및 프로그램 활용(강현수, 2022a), 교육과정에서의 VR 적용 연구 분석(정지훈, 이영선, 2022) 등 가상현실, AI 및 게임 기반의 테크놀로지를 중도중복장애학생의 교육 및 재활을 위해 활용하고자 하는 노력도 활발히 이루어지고 있다.

정지훈과 이영선(2022)은 VR을 교육과정에 활용한 연구들을 분석한 결과, 일반교육에 비해 특수교육에서는 체육과 사회 교과에 편중되어 있고, VR의 유형도 몰입형만 사용하였다. 이는 제한적인 소근육능력을 가진 지체 및 중도중복장애학생이 사용하기 어려운 비몰입형 VR을 사용할 수 없었기 때문이며, 이들이 교육에서의 VR 활용에 제약이 있음을 나타낸다. 이에 향후 장애학생들의 다양한 교육적 요구를 반영하면서도 신체적 접근성이 높은 프로그램이 확대되어야 함을 제안하였다.

4) 의사소통 교육 강화

구어 사용 능력의 제한이 많은 중도·중복장애학생을 위한 의사소통 지도 노력이 최근 다양하게 이루어지며 강조되고 있다. 말을 가르치는 것에만 치중하지 않고 다양한 의사소통 방법을 활용하여 자신의 의사를 표현하고 타인과 소통할 수 있도록 교수하는 보완대체 의사소통(Augmentative and Alternative Communication: AAC)의 적용이 특수학교 및 특수학급에서 점차로 보편화되고 있다. 과거에는 AAC를 사용하면 구어 발달을 저해한다는 오해로 인해 AAC 적용을 적절한 시기에 하지 못하는 경우가 많았지만, 최근에는 음성이 나오는 의사소통 프로그램이 많아지면서 오히려 언어발달에 도움이 되는 경우도 보고되고 있다.

AAC는 간단한 제스처나 그림카드의 사용부터 음성이 나오는 하이테크 프로그램까지 매우 다양하며, 학생의 의사소통 및 신체적, 인지적 수준에 맞는 방법부터 단계적으로 적용한다. 하이테크 의사소통 도구만이 모든 학생에게 반드시 적합하고 좋은 것은 아니기 때문에 진단을 통해 적합한 방법을 찾아 주는 것이 중요하며, AAC는 단순히 일상적인 의사소통만이 아니라 학교생활과 수업생활 전반에서 학생이 능동적으로 참여할 수 있도록 하는 중요한 교수학습방법의 하나로 강조되고 있다(박은혜, 2014). 이 책의 제6장에서 AAC의 활용에 대하여 구체적으로 설명하고 있다.

특히 최근에는 아직 의사소통 의도가 형성되지 않은 전의도적 단계를 포함하는 매우 초기의사소통 단계의 중도중복장애학생을 위한 의사소통 지도 노력이 보고되고 있으며(예: 고희선, 최진희, 박은경, 박은혜, 2022), 성인기로의 전환을 앞둔 청소년 시기까지도 체계적 의사소통수단이 확립되지 않은 중도·중복장애 중고등학생을 위해 손담을 활용한 의사소통 교육사례(최재연, 박은혜, 2021; 이은주, 박은혜, 2022)도 보고되었다. 비구어 또는 구어 사용이 매우 제한적인 지적 및 자폐성 장애를 가진 특수학급 학생들에게 음성이 나오는 그림상징 의사소통 프로그램을 활용하여 의사소통 및 행동지원과 문해교육까지 성공적으로 제공하는 다양한 사례가 보고되기도 하였다(강현수, 2022b).

5) 통합교육 확대

중도·중복장애학생 교육의 기본 원칙을 논할 때 강조되는 것은 특수교육계 전반에 걸쳐 강조되는 통합에 대한 기본적인 철학이다. 중도 · 중복장애학생의 통합은 집 근처의 학교에서 비장애학생들과 함께 교육받는 것을 말하며, 그들의 요구에 적절한 지도방법으로 무언가를 배울 수 있게 하는 것이다. 중도 · 중복장애학생 중 일반학교에 통합된 학생의 수는 소수에 불과하지만 과거에 비해 특수학급이나 일반학급에서 교육받는 중도 · 중복장애학생의 수가 점진적으로 증가하고 있다.

이는 단순히 장애의 경중에 따라 통합교육 가능 여부를 정하는 것에서 벗어나, 통합교육 환경에서도 장애에 맞는 적절한 교육 및 지원을 제공하고자 하는 교사들의 인식과 전문성이 증가하고 있음을 보여 주는 것이라 할 수 있다. 또한 통합교육에 대한 장애학생 부모들의 인식 변화와 이에 따른 통합교육 요구도 통합교육의 확산에 기여하는 바가 있다. 중도 · 중복장애학생의 통합은 얼마나 많은 시간을 일반교육환경에서 지내도록 할 것인가 하는 것보다는 그들의 교육적 우선사항이 무엇이며 통합교육환경에서 이러한 교육적 필요가 얼마나 잘 충족되고 있는가에 더 초점을 두어야 한다.

특수교육의 많은 연구가 중도 · 중복장애학생들의 교육성과는 통합 상황에서 더 많은 향상을 기대할 수 있으며, 그 전제는 일반교육 환경 및 통합된 지역사회 환경에서 의미 있는 교육적 경험을 할 수 있어야 하는 것이라고 말한다. 이제는 단순히 통합교육을 받는 중도 · 중복장애학생의 양적인 증가뿐 아니라 장애학생의 개별화된 요구에 맞는 교육 서비스를 제공할 수 있는, 질적으로 우수한 통합교육이 되도록 특수교육계의 지속적인 노력이 필요한 시점이다.

중도 · 중복장애학생 교육의 궁극적으로 바람직한 방향은 중도 · 중복장애학생들도 일반교육 체제 내에서 그들의 특별한 교육적 요구를 충족시킬 수 있는 교수적 통합이다. 중도 · 중복장애학생들도 장애가 심하다는 이유로 무조건 특수학급 입급이 거부되는 것이 아니라 충분한 지원을 통해 교육 상황에서 더 많은 사회적 관계, 더 적절한 행동 모델, 그리고 더 발달한 의사소통 기술과 사회적 기술, 친구관계를 가질 기회를 더 많이 제공받아야 한다.

이 장에서는 중도 · 중복장애학생에 대한 개념 및 정의를 살펴보고 이들을 위한 교육에서 중요한 역할을 하는 교육적 철학과 최근의 교육 동향에 대하여 살펴보았다. 장애가 심하고 중복장애로 인한 교육적 어려움이 있는 학생들이지만 이들의 교육가능성에 대한 교사의 신념과 지속적이고 체계적인 교수적 노력을 통해 생활연령에 적합하고 성인으로서의 궁극적 교육성과를 가져올 수 있음을 고찰하였다. 이 책의 다른 장들에서는 보다 구체적인 교육과정 및 교수방법에 대한 내용을 다각적으로 다루어 중도·중복장애학생 교육을 위한 교사의 역량 강화에 도움이 되고자 하였다.

참고문헌

강현수(2022a). 학습과 소통의 장벽을 낮추는 스마트 기기 활용: 특수학급 사례를 중심으로. 제 23회 이화특수교육 학술대회 자료집 '디지털 전환 시대 장애인의 삶과 미래 특수교육', 67-74.

강현수(2022b). 보완대체의사소통 및 한국어 문해력 향상을 위한 웹서비스 "그림한글" 개발. 2022 한국보완대체의사소통학회 추계학술대회 자료집, 283-312.

고희선, 최진희, 박은경, 박은혜(2022). 전의도적 의사소통단계의 뇌성마비 자녀의 의사소통 발달을 위한 AAC 부모교육 효과. 보완대체의사소통연구, 10(2), 55-90.

교육부(2022). 2022 특수교육연차보고서. 세종: 교육부.

김경양, 한선경, 박은혜(2015). 통합학급에서 협력적 AAC 지원이 발달장애학생의 수업 참여도 및 또래 상호작용에 미치는 효과에 관한 사례연구. 자폐성장애연구, 15(1), 19-44.

김민규(2015). 중도·중복장애학생의 정보접근성 향상을 위한 UDL 기반 스마트교실 구축 및 활용사례. 2015 한국특수교육학회 춘계학술대회 자료집.

김병건, 김미정(2020). 특수교육에서의 게이미피케이션 적용 및 접근 방안 탐색. 특수아동교육연구, 22(1), 57-79.

김수현, 이숙향(2018). 장애 이해를 위한 자기옹호 프로그램이 지적장애 청년의 장애정체성 및 장애개방 기술에 미치는 영향. 특수교육 저널: 이론과 실천, 19(3), 87-114

김은하, 박승희(2010). 지적장애인 및 발달장애인을 위한 중등이후 교육: 미국 대학 내 프로그램을 중심으로. 특수교육학연구, 45(3), 43-71.

김정연(2013). 중도·중복장애학생 지도. 2013 자격연수 2기 자료집. 충남: 국립특수교육원.

김정연, 허유성, 임장현(2013). 좋은 교사로서의 성장과 관련된 요인 및 경험. 특수교육, 12(1), 5-30.

박순희, 이성아, 남윤영, 최성운(2021). 중도장애학생의 시선을 활용한 과학 체험 활동 가상현실 콘텐츠 개발 및 적용가능성 탐색. 지체중복건강장애연구, 64(1), 61-77.

박은혜(2014). 특수교육에서의 AAC. 보완대체의사소통연구, 2(2), 131-138.

박은혜(2015). 지체중복건강장애학생 교육 연구의 논점 및 과제. 2015 한국특수교육학회 춘계학술대회 자료집 '특수교육학연구의 분화와 통합과정에서의 자기 성찰', 44-49.

이소현(1997). 중도장애아의 교육가능성에 대한 전반적 고찰. 제4회 이화특수교육 학술대회 자료집

'중도장애아 교육의 기초와 방법론', 3-27. 서울: 이화여자대학교 특수교육과.

이숙향(2013). 자폐범주성장애인의 성인기 전환의 배경 및 전망: 중등 이후 교육 및 고용 중심으로. 2013 Ewha Annual conference on ASD '자폐범주성장애인의 성인기 진로' 자료집, 5-21.

이은주, 박은혜(2022). 손담을 활용한 의사소통 중재가 시각중복장애 학생의 의사소통 반응행동에 미치는 영향. 보완대체의사소통연구, 10(2), 25-54.

임장현, 박은혜(2012). ASD인을 위한 스마트 교육 미디어로서의 앱 개발 및 연구현황 분석. 자폐성장애연구, 12(1), 93-117.

정지훈, 이영선(2022). 일반 및 특수 교육과정에서의 가상현실(VR) 적용 연구 고찰. 디지털콘텐츠학회논문지, 23(6), 1041-1049.

조아라(2022). 메타버스 기반 자기 옹호 상황 중심 AAC 중재 프로그램이 중도 뇌병변장애인의 자기 옹호 기술에 미치는 영향. 이화여자대학교 대학원 박사학위논문.

주란, 이영선(2021). 성인 발달장애인 대상 고용환경 중심의 시뮬레이션 게임 프로그램이 대인관계 및 사회적 문제해결에 미치는 영향. 특수교육논총, 37(4), 1-25.

최재연, 박은혜(2021). 몸짓상징 손담 교수가 발달장애 청소년의 의사소통 행동에 미치는 영향. 보완대체의사소통연구, 9(1), 59-88.

표윤희, 강혜경, 이창렬(2014). 활동매트릭스를 활용한 협력적 팀 접근 중재가 지체장애학생의 운동 능력 및 개별화교육목표 성취에 미치는 영향. 특수아동교육연구, 16(4), 37-59.

표윤희, 박은혜(2010). 운동 능력 향상을 위한 협력적 팀워크 중재가 뇌성마비 학생의 대근육운동 능력 및 운동 능력 관련 개별화교육목표 성취에 미치는 영향. 특수교육학연구, 45(1), 317-340.

표윤희(2022). 통합환경에서의 특수교사와 작업치료사의 협력적 팀 접근 중재 경험과 지원방안 탐색. 지체중복건강장애연구, 63(2), 141-169.

프라임경제(2014. 5. 21.). 사회적 기업 탐방 95 자폐인 위한 디딤돌 '오티스타'. www.newsprime.co.kr/news/article.html?no=281029

홍주희, 김보경, 박지연, 이숙향(2020). 교육청이 운영한 긍정적 행동지원 개별지원팀 구성원의 경험과 인식에 관한 질적 연구: 서울특별시 교육청 사례를 중심으로. 특수교육학연구, 55(2), 1-29.

Baer, D. (1981). A hung jury and a Scottish verdict: "Not proven". *Analysis and Intervention in Developmental Disabilities, 1*(1), 91-98.

Brady, L. J. (2011). *Apps for Autism: An Essential Guide to Over 200 Effective Apps for Improving Communication, Behavior, Social Skills, and More!* Arlington, TX: FUTURE HORIZONS.

Browder, D. M., & Spooner, F. (2011). *Teaching Students with Moderate and Severe*

Disabilities. New York, NY: Guilford Press.

Brown, F., McDonnell, J., & Snell, M. E. (2015). *Instruction of Students with Severe Disabilities* (8th ed.). 박은혜, 한경근 공역(2017). **중도장애학생의 교육**(8판). 서울: 시그마프레스.

Donnellan, A. (1984). The criterion of the least dangerous assumption. *Behavior Disorders, 9*(2), 141-150.

Grigal, M., & Hart, D. (2010). *Think College: Postsecondary Education Options for Students with Intellectual Disabilities*. Baltimore, MD: Paul H. Brookes.

Heward, W. L., Alber-Morgan, S. R., & Konrad, M. (2012). *Exceptional Children: An Introduction to Special Education* (10th ed.). 김진호, 박재국, 방명애, 유은정, 윤치연, 이효신, 한경근 공역(2013). **최신 특수교육**(10판). 서울: 시그마프레스.

Ryndak, D. L., & Alper, S. K. (2009). *Curriculum and Instruction for Students with Significant Disabilities in Inclusive Settings* (2nd ed.). Boston, MA: Pearson Education.

Snell, M. E., & Brown, F. E. (2006). *Instruction of Students with Severe Disabilities* (6th ed.). 박은혜, 한경근 공역(2008). **중도장애학생의 교육**(6판). 서울: 시그마프레스.

TASH. (2000, March). TASH resolution on the people for whom TASH advocates. Retrieved July 18, 2003, from http://www.tash.org/resolutions/res02advocate.htm

Westling, D. L., Fox, L., & Carter, E. (2015). *Teaching Students with Severe Disabilities* (5th ed.). Boston: Pearson.

http://www.law.go.kr 국가법령정보센터

진단 평가

·

표윤희

　장애학생의 중도·중복화가 심화되면서 교사는 중도·중복장애학생의 수준에 적절한 교육계획을 수립하고 실행에 옮겨야 하는 더 큰 책무성을 갖게 되었다. 교사가 적절한 교육목표를 수립하고, 학생의 능력을 향상시켜 교육목표를 성취할 수 있도록 하기 위해서는 무엇보다 학생의 수준을 정확히 파악하는 것이 중요한데, 이를 파악하기 위해서는 진단 평가의 과정이 필수적이다.

　진단 평가의 결과가 중도·중복장애학생의 교육에 미치는 영향력을 고려할 때 의미 있고 유용한 진단 평가 절차를 밟는 것은 매우 중요하다. 그러나 중도·중복장애학생은 개별적인 특성도 다양하고 매우 심한 장애를 가지고 있어 장애의 분류 및 판별에 많이 활용되는 기존의 공식적인 도구중심의 진단 평가만으로는 그들의 정확한 수준과 잠재적 능력을 파악하는 데 어려움이 뒤따른다. 또한 도구중심의 진단 평가만으로는 중도·중복장애학생의 교육목표 및 교육계획을 수립하고, 학생의 향상 및 진전도를 점검하며, 교수학습 과정에서의 어려움을 파악하는 등 학생이 더 효과적으로 학습할 수 있는 교육방법을 모색하는 데 기여하지 못할 수 있다. 교사는 학생을 위한 교육 프로그램 개발뿐 아니라 그 프로그램이 학생에게 미칠 영향에 대해서도 책임감을 가져야 하므로 학생의 향상 및 진전도, 교수계획 및 교수 프로그램에 대한 평가의 과정도 고려하여야 한다. 그러므로 학생의 정확한 수준 파악, 교육계획 수립, 점검, 재계획 등의 전반적인 교육 실행과정을 이끌 수 있는 포괄적이고 대안적인 진단 평가 또한 지속적으로 실시할 필요가 있다. 이 장에서는 중도·중복장애학생의 특성을 고려한 개별화교육계획 수립 및 실행과 연계될 수 있는 교육적 진단 평가 방법을 중심으로 살펴보고자 한다.

1. 진단 평가 목적

　진단과 평가의 개념을 정의할 때 진단(assessment)은 학생의 교육적인 필요와 강점을 파악하기 위하여 자료 및 정보를 수집하는 지속적인 과정으로, 평가(evaluation)는 수집된 자료 및 정보에 근거하여 교수계획 및 프로그램을 수립하기 위한 결정을 내리는 총체적인 과정으로 정의한다(이소현 외, 2009; 이승희, 2010; Cohen & Spenciner, 2007). 이 장에서는 진단과 평가를 구분하여 제시하지 않고, 진단과 평가의 의미를 다양한 방법을 통한 자료와 정보 수집, 수집한 자료와 정보에 근거한 판단, 해석을 통해 교육적인 결정을 내리는 포괄적인 개념으로 정의하고자 한다.

진단 평가는 중도·중복장애학생의 교육적 경험에 매우 중요한 영향을 미친다. 중도·중복장애학생은 각자 다른 장점과 요구, 사회적·신체적·인지적 특성을 가지므로 교사는 학생 개개인에게 적절한 개별화된 진단 평가를 실시해야 한다. 중도·중복장애학생을 진단 평가하는 목적은, 첫째, 학생의 강점, 약점 및 전반적인 향상에 관한 자세한 정보와 학생의 문제 또는 장애의 구체적인 특성에 관한 자세한 정보를 얻기 위함이다. 둘째, 학생이 제공받아야 할 교육서비스와 개별화교육 프로그램을 개발하는 데 필요한 정보를 얻고, 이를 기초로 학생의 사회적·학업적·신체적 요구에 적절한 교육계획을 수립하기 위함이다. 즉, 중도·중복장애학생의 정확한 수준과 능력을 파악하여 각 학생에게 적절한 교육계획을 수립하고 프로그램을 개발하여 최상의 교육을 실행하기 위해 진단 평가를 하는 것이다.

2. 진단 평가 방법

중도·중복장애학생은 그들이 가진 장애로 인하여 표준화된 검사 도구를 통한 지능, 학업성취 및 의사소통 능력 등을 측정하는 것이 어려운 경우가 대부분이다. 이들은 표준화된 검사 도구를 통한 검사 결과가 측정 불가능으로 나오는 경우가 대부분이어서 비공식적인 진단 평가 체계에 많은 부분을 의존하고 있는 것이 현실이다. 측정이 불가능한 이유로는 기존의 표준화된 검사 도구의 규준에 중도·중복장애인을 포함하지 않았다는 점과 이들이 가진 능력이 검사로 측정할 수 없을 정도로 많이 뒤떨어진다는 점을 들 수 있다.

표준화된 도구로는 이들의 능력을 파악하기 어렵고, 공식적인 진단 평가만으로는 중도·중복장애학생에 대해 정확하게 진단 평가하기 어려우므로 이러한 진단 평가 결과만을 기초로 교육적 지원을 한다는 것은 불가능할 수 있다. 그러므로 중도·중복장애학생의 능력을 자세하게 진단하고, 교육적 성취에서의 의미 있는 작은 변화들을 파악할 수 있도록 표준화검사 외에 비공식적이고 대안적인 진단 평가를 고려해야 한다.

중도·중복장애학생의 진단 평가가 의미가 있으려면 ① 진단 평가를 결과물이 아닌

과정으로 보아야 하는데, 예를 들어 몇 점을 획득했는가 하는 결과보다는 교육적 결정을 내리기 위한 참고 자료를 얻는 과정으로 보는 것이 적절하다. ② 적절한 도구와 절차를 고려해야 한다. 동일한 구성요인을 일관적으로 측정하는 검사 신뢰도, 측정하고자 하는 것을 정확하게 측정하는 검사 타당도가 확보된 도구를 사용하고 정확한 절차대로 진단해야 한다. ③ 변화하는 신념과 과정을 반영하는 진단 평가여야 한다. 즉, 팀이 협력하여 진단 평가할 때 중요하다고 판단하는 관점을 지속적으로 고려해야 한다. ④ 선별(screening), 적격성 결정, 프로그램 계획 및 배치, 교육과정 및 프로그램 개발, 도구의 효과성 평가 등 목적에 따라 적절한 도구를 결정하여 진단 평가해야 한다.

다양한 어려움을 보이는 중도 · 중복장애학생을 정확하게 진단 평가하기 위해 단일 검사 점수나 한 가지 유형의 진단 평가 결과로 중요한 결정을 내리지 않도록 권장하고 있다(이소현, 2003). 공식적 및 비공식적 진단 평가 방법을 모두 활용하는 포괄적이고 종합적인 진단 평가가 강조되고 있고, 정보 수집 시 공식적 및 비공식적인 다양한 방법을 모두 활용하여 학생의 정확한 수준과 잠재적 능력을 파악할 수 있도록 해야 하며, 교사는 학생 각자에게 적절한 개별화된 진단 평가를 실시해야만 한다.

비공식적이고 대안적인 진단 평가는 교육 프로그램과 학생의 바람직한 교육성취와 관련하여 더 유용하고 적절한 자료를 제공할 수 있으므로 여기에서는 관찰, 면담, 포트폴리오 평가, 교육과정중심 진단, 생태학적 진단 등을 포함한 중도 · 중복장애학생에게 실시할 수 있는 교육 상황중심의 다양한 진단 평가 방법에 대해서 제시하고자 한다.

1) 표준화검사

표준화검사는 교사가 학생에게 구체적인 자극에 반응할 수 있도록 검사항목을 준비하여 학생에 대한 자료를 수집하는 방법을 말한다. 표준화검사에는 지능, 학업성취도, 의사소통, 감각 운동, 운동 능력 등과 관련한 검사 도구가 있으며, 적절한 시간과 환경에서 검사를 실시하는 것이 바람직하다. 어떤 검사가 학생에게 적절한가를 선택할 때는 교육적 결정을 내리기 위해 구체적으로 얻고자 하는 정보가 무엇인지를 먼저 인식하고, 필요한 정보를 수집할 수 있는 가장 적절한 검사 도구를 사용하는 것이 중요하다.

표준화검사는 사전에 설정된 비장애학생의 규준 점수와 중도 · 중복장애학생의 점수를 비교함으로써 특정 지식이나 기술에 있어서의 학생 수준에 대한 정보를 제공하고, 정해 놓은 기준에 의해 학생이 어느 정도 기술을 습득하고 있는지 알려 준다. 이러한 표준화검사에 의한 진단 평가는 진단 평가 과정, 발달 단계, 장애 상태에 대한 많은 지식을 가지고 있는 전문가에 의해 실시된다. 이 검사는 비장애학생과 비교하여 중도·중복장애학생에 대한 중요한 정보를 제공해 주고, 검사 결과를 다른 학생의 결과와 비교할 수 있다는 장점이 있다.

그러나 표준화된 절차나 자료를 사용하는 검사 방법은 인위적인 상황에서 제한된 능력만을 알아내는 방법이라고 지적받고 있으며, 대부분의 검사가 검사를 시행할 때 방법이나 자료를 수정하거나 보조나 강화를 제공받지 못하도록 제한하므로(이소현, 2003), 중도·중복장애학생 자신이 가진 능력을 보여 주는 것이 어려울 수 있다. 검사는 실제 환경에서 중도·중복장애학생에게 요구하는 능력이 무엇인지를 고려하지 않으므로 검사에만 의존하여 진단 평가를 하게 되면 비기능적인 교육목표가 설정되기도 한다. 그리고 학생의 강점에 대한 정보를 거의 제공하지 않으므로 결과적으로 학생의 강점을 보완하고 강화시키는 교육 프로그램이 아닌 학생의 단점과 약점을 수정하는 것에만 초점을 두는 교육계획이 이루어질 여지가 많다(Bailey & Wolery, 1992). 또한 표준화검사의 규준은 대부분 비장애학생을 대상으로 한 것이므로 중도·중복장애학생에게 적용하는 데에는 어려움이 있을 수 있음을 염두에 두어야 한다.

(1) 지능검사

① 한국 웩슬러 아동지능검사-5판

한국 웩슬러 아동지능검사 5판(Korean Wechsler Intelligence Scale for Children-V: K-WISC-V)은 만 6세부터 16세 11개월까지 아동의 지능을 평가하기 위한 검사 도구이다. 이는 교육장면에서 가장 많이 사용하는 지능검사 중 하나로, 16개의 소검사로 이루어져 있다. 소검사는 두 가지 일반적인 범주인 기본 소검사와 추가 소검사에 속하며, 지적 능력의 종합적인 설명과 평가를 위해 10개의 기본 소검사(토막짜기, 공통성, 행렬추리, 숫자, 기호쓰기, 어휘, 무게비교, 퍼즐, 그림기억, 동형찾기)를 실시해야 한다. 6개의 추가 소검사(상식, 공통그림찾기, 순차연결, 선택, 이해, 산수)는 지적 기능에 대해 조금 더 풍부한 정보를 제공하고 임상적인 의사결정을 하는 데 추가적인 정보를 줄 수 있으므로 기본 소검사들과 더불어 실시하는 것이 좋다. 10개의 기본 소검사는 전체 IQ, 5개의 기본 지표점수(언어이해 지표, 시공간 지표, 유동추론 지표, 작업기억 지표, 처리속도 지표), 5개의 추가지표점수(양적추론 지표, 청각작업기억 지표, 비언어 지표, 일반능력 지표, 인지효율 지표)를 산출하기 위해 특정한 조합으로 구성된다(곽금주, 장승민, 2019). 웩슬러 지능검사는 아동지능검사 외에 청소년과 성인의 지능을 평가하는 한국 웩슬러 성인 지능검사 4판(Korean Wechsler Adult Intelligence Scale-IV: K-WAIS-IV; 황순택, 김지혜, 박광배, 최진영, 홍상황, 2012), 아동을 대상으로 지능을 평가하는 한국 웩슬러 유아 지능검사 4판(Korean Wechsler Preschool and Primary Scale of Intelligence: K-WPPSI-IV; 박혜원, 이경옥, 안동현, 2016)이 있다.

② 한국형 개인지능검사

한국형 개인지능검사(Korea Institute for Special Education-Korean Intelligence Test for Children: KISE-KIT)는 국내외에서 많이 사용하는 개인지능검사를 국립특수교육원에서 분석하여 지능의 측정요인과 측정방법을 추출하고, 우리나라 전통과 일상생활 소재를 활용하여 문항을 개발한 지능검사 도구로 만 5세 아동에서 17세 청소년에게 실시할 수 있다. 검사의 하위 구성 요소와 하위 영역은 〈표 2-1〉과 같다.

〈표 2-1〉 하위 구성 요소와 하위 영역

하위 구성 요소	하위 영역
언어성 검사	낱말이해, 계산, 낱말유추, 교양, 문제해결, 수기억*
동작성 검사	그림배열, 이름기억, 칠교놀이, 숨은그림, 그림무늬, 손동작*

*보충 검사

③ 한국판 그림지능검사

한국판 그림지능검사(Korean Pictorial Test of Intelligence: K-PTI)는 만 4세에서 7세의 아동에게 실시할 수 있고, 어휘 능력, 형태변별, 상식 및 이해, 유사성찾기, 크기와 수 개념, 회상 능력검사로 구성되어 있다. 그림지능검사는 검사문항과 응답의 선택지가 모두 그림으로 되어 있으므로 주의집중력이 부족하거나 학습에 흥미가 부족한 아동에게 활용할 수 있다. 특히 질문이 간단하고 응답은 손가락이나 눈짓으로도 가능하므로 표현 언어에 어려움이 있는 중도·중복장애학생에게 적용 가능하다.

(2) 학업성취검사

① 기초학습기능검사

기초학습기능검사는 한국교육개발원(1989)이 Peabody Individual Achievement Test 를 참고로 하여 제작한 개인용 표준화학습검사이다. 정보처리, 읽기 I , 쓰기, 읽기 II , 셈 하기로 구성되어 있고, 만 5세부터 12세 학생을 대상으로 하며, 읽기 능력이 제대로 갖추 어지지 않은 중도 · 중복장애학생의 능력을 평가할 수 있다.

② 국립특수교육원 기초학습능력검사(NISE-B · ACT)

국립특수교육원 기초학습능력검사(National Institute of Special Education-Basic · Academic Competence Tests: NISE-B · ACT)는 만 5세에서 14세 아동의 기초학습능력을 측 정하는 검사이다. 이 검사는 특수교육대상학생과 장애발생의 위험이 높은 아동을 선별 및 진단하고, 교육정보를 제공한다. 읽기, 쓰기, 수학의 3개 소검사로 구성되었고, 학년 규준과 백분위수, 환산점수 등을 통해 검사대상자의 기초학습능력 진전도를 파악할 수 있는 선별검사와 진단 검사로 활용되도록 구성하였다. 〈표 2-2〉는 NISE-B · ACT의 구 성이다(국립특수교육원, 2017).

〈표 2-2〉 NISE-B · ACT의 구성

구분	영역
읽기 검사	음운인식, 글자 · 단어인지, 유창성, 어휘, 읽기 이해
쓰기 검사	글씨쓰기, 철자하기, 글쓰기
수학 검사	수와 연산, 도형, 측정, 규칙성, 자료와 가능성

(3) 적응행동검사

① 국립특수교육원 적응행동검사(NISE-K · ABS)

국립특수교육원 적응행동검사(National Institute of Special Education-Korean · Adaptive Behavior Scale: NISE-K · ABS)는 유아용과 초 · 중등용이 개발되었다. 검사 문항은 개념 적 기술, 사회적 기술, 실제적 기술의 하위 소검사 순으로 제시되었다. 유아용 하위 소검 사는 인지, 언어, 수, 자기표현, 타인인식, 대인관계, 운동 및 식사, 의복, 위생, 일상이다.

초·중등용 소검사는 10개로, 개념적 기술의 소검사는 인지, 언어, 수이고, 사회적 기술의 소검사는 자기표현, 타인인식, 대인관계이며, 실제적 기술의 소검사는 기본생활, 가정생활, 지역적응, IT활용이다. 이 검사는 학생을 잘 아는 사람이 실시해야 하고, 교사와 보호자의 경우라도 상당한 기간 학생과 생활하지 않은 경우는 검사자로 적합하지 않다. 즉, 형식적인 관계가 아니라 실제적인 관계가 있는 사람이 검사를 하여야 한다(국립특수교육원, 2018).

② 한국판 바인랜드 적응행동척도 2판

한국판 바인랜드 적응행동척도 2판(K-Vineland-II)은 0세부터 90세까지 거의 전 연령대에 적용할 수 있는 검사 도구이다. 적응행동 평가 영역은 의사소통, 일상생활기술, 사회화, 운동기술, 부적응행동으로 세분하여 구성되어 있고, 필요에 따라 부적응행동영역은 선택적으로 실시할 수 있다. 이 검사 도구는 면담조사형과 보호자평정형으로 되어 있는데, 일대일 면담이 불가능하거나 불필요할 때 보호자가 검사 대상에 대해 직접 문항을 체크하여 상황에 따라 융통성 있게 검사를 할 수 있다(황순택, 김지혜, 홍상황, 2015).

(4) 언어 및 의사소통 능력 검사

① 수용·표현어휘력검사

수용·표현어휘력검사(Receptive and Expressive Vocabulary Test: REVT)는 만 2세 6개월에서 16세까지의 수용어휘 능력과 표현어휘 능력을 측정할 수 있다. 이 검사는 185문항의 수용어휘검사와 185문항의 표현어휘검사로 이루어져 있으며(김영태, 홍경훈, 김경희, 장혜성, 이주연, 2009), 검사자가 말하는 그림을 지적하거나 검사자가 말하는 단어의 정의를 말하게 하는 검사이다.

② 영·유아언어발달검사

영·유아언어발달검사(Sequenced Language Scale for Infants: SELSI)는 만 4개월에서 35개월까지의 영·유아를 대상으로 수용 언어 및 표현 언어 능력을 평가하여 의사소통장애의 선별과 의사소통장애의 정도를 진단하기 위한 검사이다. 이 검사는 부모나 아동을 잘 아는 양육자와의 면담을 통하여 이루어지며, 수용언어검사(56문항)와 표현언어검사(56문항)의 두 부분으로 구성되어 있다.

③ 한국 보완 · 대체 의사소통평가

한국 보완 · 대체 의사소통평가(Korean AAC Assessment: KAA)(김영태, 박은혜, 한선경, 구정아, 2016)는 보완 · 대체 의사소통 체계를 적용하고자 하는 학생의 감각 및 운동, 언어 및 의사소통 능력, 인지 능력을 체계적으로 평가하기 위해 고안되었다. KAA는 ① 초기 면담, ② 언어 및 의사소통 능력 평가, ③ 의사소통 단계 설정 및 단계에 따른 세부평가 순으로 이루어진다.

(5) 감각지각 능력 검사: 한국판 시지각발달검사-3판

한국판 시지각발달검사 3판(Korean Developmental Test of Visual Perception-3: K-DTVP-3)은 만 4세에서 12세까지의 아동을 대상으로 시지각 능력과 시각-운동 능력을 측정하기 위해 개발된 검사이다. 이 검사는 눈-손 협응, 따라그리기, 도형-배경, 시각통합, 형태 항상성의 5개의 하위검사로 구성되어 있다.

(6) 운동 및 일상생활 능력 검사

① 대근육운동기능 분류체계

대근육운동기능 분류체계(The Gross Motor Function Classification System: GMFCS)는 뇌성마비 아동 및 청소년의 대근육운동 기능을 평가하는 데 활용한다. 이는 5개의 연령군(2세, 2~4세, 4~6세, 6~12세, 12~18세)별 5단계 수준으로 분류한 체계로 학생의 자발적인 시작 동작과 일상생활에서의 운동 기능 수준을 기준으로 한다. 〈표 2-3〉은 6세에서 12세 뇌성마비 아동의 GMFCS로 수준별 구체적인 내용은 다음과 같다(정진엽, 왕규창, 방문석, 이제희, 박문석, 2013).

〈표 2-3〉 대근육운동기능 분류체계(GMFCS): 6~12세

GMFCS level I

학생은 가정/학교/실외/지역사회에서 보행이 가능하고, 신체적 보조 없이 경계석을 오르내릴 수 있고, 난간을 잡지 않고 계단을 오르내릴 수 있고, 달리기와 뛰기 등 대근육운동 기능을 수행할 수 있으나 속도, 균형, 협응 면에서 제한이 있으며, 개인의 선택과 환경적 요인에 따라 체육 및 스포츠활동에 참여할 수 있다.

GMFCS level II

학생은 대부분의 환경에서 걸을 수 있고, 먼 거리 걷기/평평하지 않고 경사진 길 걷기/사람이 붐비는 곳이나 좁은 곳 걷기/걸으면서 물건을 옮기기에 제한을 보이고, 난간을 잡고 계단을 오르나 난간이 없으면 신체적 보조를 받아서 계단을 오르고, 야외와 지역사회에서 신체적 도움을 받거나 손으로 잡는 이동기구를 이용하여 걷고, 먼 거리는 휠체어를 사용하여 이동하고, 달리기와 뛰기 등 대근육운동 기술 능력은 매우 부족하며, 체육 및 스포츠활동 참여를 위해서는 수정이 필요하다.

GMFCS level III

학생은 실내에서 대부분 손으로 잡는 이동기구를 이용하여 걷고, 앉을 때는 골반의 정렬과 균형을 위해 좌석벨트를 사용하고, 앉았다 일어나거나 바닥에서 일어날 때 타인의 신체적 도움이나 지지면이 필요하고, 먼 거리 이동 시 휠체어를 사용하고, 다른 사람이 옆에 서 있거나 신체적 보조를 제공하면 난간을 잡고 계단을 오르내릴 수 있고, 보행 능력이 제한적이므로 체육 및 스포츠활동에 참여하기 위해 수동휠체어 및 전동휠체어와 같은 기구가 필요하다.

GMFCS level IV

학생은 대부분의 환경에서 타인의 신체적 도움을 받거나 전동휠체어를 사용하고, 몸통과 골반의 자세 조절을 위해 개조된 의자가 필요하고 이동 시 대부분 신체적 도움이 필요하고, 가정에서는 바닥에서 구르거나 기어서 이동하고 신체적 도움을 받아 짧은 거리를 걷거나 전동휠체어를 사용하고, 자세를 잡아 주면 학교나 가정에서 체간지지워커를 사용할 수 있고, 학교/야외/지역사회에서 타인이 학생의 수동휠체어를 밀어 주거나 전동휠체어를 사용하여 이동하고, 이동성의 제한으로 인해 체육 및 스포츠활동에 참여하기 위해서는 신체적 도움이나 전동휠체어와 같은 장치가 필요하다.

GMFCS level Ⅴ

학생은 모든 환경에서 수동휠체어로 다른 사람이 옮겨 주어야 하고, 중력에 대항하여 머리와 몸통의 자세를 유지하기 어렵고 팔과 다리의 움직임 조절에 제한이 있고, 머리를 가누고/앉고/서고/이동하기 등을 위해 보조공학을 사용하나 이런 장비로 완전히 보완되지는 않고, 이동할 때에는 전적으로 타인의 신체적 도움을 받아야 하고, 가정에서 학생은 바닥에서 짧은 거리를 이동하거나 성인이 안아서 옮겨 주어야 하고, 좌석과 조작 방법을 수정한 전동휠체어를 사용해 스스로 이동할 수도 있지만 이동성의 제한으로 체육 및 스포츠활동에 참여하기 위해서는 신체적 도움과 전동휠체어와 같은 장치가 필요하다.

출처: Palisano, Rosenbaum, Barlett, et al. (2007).

② 대근육운동기능평가

대근육운동기능평가(Gross Motor Function Measure: GMFM)는 뇌성마비 학생의 대근육 운동 기능에 있어서의 변화를 평가하기 위하여 고안된 표준화된 관찰 도구이다(Nordmark, Jarnlo, & Hägglund, 2000). 만 5개월에서 16세의 뇌성마비 학생의 발달과 대근육 운동 능력 수준을 측정하는 검사로, 다섯 개 영역의 총 88문항으로 구성되어 있다.

〈표 2-4〉 대근육운동기능평가의 구성

영역	문항 수
A. 눕기와 구르기(lying & rolling)	17
B. 앉기(sitting)	20
C. 네발기기와 무릎서기(crawling & kneeling)	14
D. 서기(standing)	13
E. 걷기, 달리기, 뛰기(walking, running, & jumping)	24

③ 소아장애평가척도

소아장애평가척도(Pediatric Evaluation of Disability Inventory: PEDI)는 지체장애, 혹은 지체장애와 인지적 장애를 함께 가진 학생의 일상생활에 필수적인 기능적 능력을 측정하기 위하여 고안된 평가이다. 세 가지 내용 영역(자조 기술, 이동, 사회적 기능)은 기능적 기술, 보호자 도움의 정도, 보조기기 및 환경 수정의 세 가지 척도로 구성되어 있으며, 기능적 기술 198문항, 보호자 도움의 정도를 알아보는 항목 20문항으로 구성되어 있다. 부모의 보고에 의해서나 구조화된 면담, 혹은 전문가가 학생의 기능적 행동을 관찰하여 평가한다.

④ 한국판 오세레츠키 운동능력검사

한국판 오세레츠키 운동능력검사는 만 4세에서 16세의 학생을 대상으로 실시하고, 이 검사를 통해 운동 능력의 발달적 변화에 관한 정보를 얻을 수 있다. 이 검사는 일반적 정적 협응검사, 손동작 협응검사, 일반동작 협응검사, 운동속도검사, 동시적 자발동작검사, 단일동작 수행능력검사의 여섯 개의 하위 검사 영역으로 구성되어 있다.

2) 관찰

관찰은 일상적인 상황에서 자연스럽게 나타나는 학생의 행동을 기술 또는 기록함으로써 특정 현상에 대한 객관적인 자료를 수집하는 방법이다(이승희, 2010). 다양한 상황에서 학생을 관찰하는 것은 진단뿐 아니라 중재과정에서도 필요하다. 관찰은 친숙하지 않은 검사자가 익숙하지 않은 검사 상황에서의 수행을 측정하는 것이 아니라 자연스러운 환경에서 중도·중복장애학생이 친숙한 사람들과 자연스럽게 행동하는 상황을 관찰하는 것이다. 그러므로 상황적 변수가 학생의 수행에 영향을 미치는 중도·중복장애학생의 경우에는 그들의 수행 능력을 파악하는 데 특히 중요한 진단 평가 방법이라고 할 수 있다. 관찰에 의해 수집된 자료는 학생의 연령에 적절하고 기능적이므로 의미 있는 목표 계획에 도움이 된다(Heller, Forney, Alberto, Best, & Schwartzman, 2009).

자료수집의 가치를 높이려면 자연스러운 환경, 적절한 상황, 하루 중 적합한 시간에 학생의 수행을 관찰하여 자료를 수집해야 한다. 관찰의 장점은 학생의 전형적인 행동을 관찰할 수 있고 공식적인 검사 상황에서 발견되지 않는 여러 가지 중요한 기술(상호작용, 의사소통, 부적절한 행동)을 진단할 수 있으며, 행동과 행동이 발생하는 상황 간의 연속적인 관계에 대하여 알 수 있다는 것이다(Bailey & Wolery, 1992). 관찰은 의도적인 상황에서보다 더 폭넓은 관련행동들을 관찰할 수 있다는 장점이 있으나, 관찰 시점에 그 행동이 발생하지 않을 수 있다는 단점을 가진다(Brown, McDonnell, & Snell, 2015).

관찰에서 사용할 수 있는 기록방법으로는 서술기록, 사건기록, 평정기록 등이 있는데, 서술기록은 특정 사건이나 행동을 있는 그대로 사실적으로 묘사하는 방법으로 일화기록이 대표적이다. 일화기록은 특정한 시간이나 장소에 제한 없이 관찰자가 기록할 만한 가치가 있다고 느낀 일화에 대한 간략한 서술적 기록이다. 〈표 2-5〉는 일화기록 관찰지의 예이다.

〈표 2-5〉 **일화기록 관찰지의 예**

학생명	민○○
일시	20○○. 3. 3.
장소	3학년 2반 교실
수업맥락	미술 시간에 협동그림을 그리고 있음
관찰기록자	김○○

　교사는 짝과 함께 전지에 '우리 마을' 협동그림을 그리는 시간이라고 이야기했다. 민○○는 "함께 그리기 싫어."라고 이야기하며 전지를 자기 책상 앞으로 가져왔다. 짝꿍이 "나도 줘."라고 이야기했다. 민○○는 "싫어, 내 거야." 하며 짝꿍을 밀쳤다. 짝꿍은 울면서 "민○○, 나빠."라고 이야기했다. 교사는 "협동그림은 짝과 함께 그려야 하는 거야, 민○○야. 짝에게 사과하렴."이라고 말했다. 민○○는 눈물을 흘리며 "나 혼자….".라고 말했다.

　사건기록은 학생의 행동을 관찰하는 시간 동안 관찰하고자 하는 행동 발생을 기록하는 방법으로 행동의 빈도, 강도, 지속 시간, 지연 시간으로 구분하여 기록할 수 있다. 평정기록이란 학생의 행동을 관찰한 다음 평정척도 또는 체크리스트를 사용하여 행동이 발생했는지의 유무, 행동을 얼마나 잘하는지의 정도를 기록하는 방법이다. 체크리스트 기록방법은 학교 현장에서 활용할 수 있는 매우 유용한 방법이다. 〈표 2-6〉은 체크리스트의 예이다.

〈표 2-6〉 **체크리스트의 예**

학생명	이○○		
일시	20○○. 3. 3.		
기록자	박○○		
일과	항목	예	아니요
국어 시간	문을 열 수 있다.	✓	
	자신의 좌석을 찾을 수 있다.	✓	
	좌석에 앉을 수 있다.	✓	
	가방에서 국어책을 꺼낼 수 있다.		✓

	필통에서 연필을 꺼낼 수 있다.		✓
	연필을 잡고 글씨를 쓸 수 있다.		✓
체육 시간	체육관을 찾아갈 수 있다.	✓	
	공을 던질 수 있다.		✓
	공을 잡을 수 있다.		✓
	정리함에 공을 넣을 수 있다.	✓	

3) 면담

　면담은 중도·중복장애학생의 가족이나 교사들, 당사자인 학생, 학생을 잘 알고 있는 다른 사람들을 대상으로 진행된다. 이는 학생에 관한 질문에 대해 면담자의 구체적인 반응을 기록하여 자료를 수집하는 방법이다. 면담은 직접 검사보다 정확성이 부족하고 주관적일 수 있다는 단점이 있으나, 자연스러운 환경에서 정보를 수집할 수 있고 면담 결과를 수집한 다른 정보와 통합하여 학생에 대해 더 많은 정보를 얻을 수 있다는 장점이 있다.

　면담은 질문 제시방법과 융통성의 정도에 따라 비구조화면담, 반구조화면담, 구조화면담으로 구분하는데, 비구조화면담은 면담할 질문이나 내용이 미리 정해져 있지 않고, 면담 대상자의 반응에 따라 면담 질문이 변화될 수 있다. 반구조화면담은 면담할 대상에게 질문하고 싶은 질문문항을 준비하여 활용하나, 면담대상자의 답변에 따라 추가적인 질문을 하거나 질문의 범위를 축소해 나가는 등 융통성 있게 진행된다. 구조화면담은 면담할 질문과 내용을 정해 놓은 후 질문 순서에 따라 진행하는 면담이다.

　면담은 신체적, 인지적, 의사소통적인 어려움을 가진 중도·중복장애학생이 직접 검사에 참여하지 않아도 학생에 대한 다양한 정보를 수집할 수 있는 융통성 있는 방법이나, 피면담자에 따라 면담자의 질문에 대한 해석이 다를 수 있으므로 면담자가 필요한 정보를 얻어 낼 수 있도록 질문하는 훈련을 해야 할 뿐만 아니라 면담의 결과를 잘 해석할 수 있어야 한다. 면담자의 편견이 피면담자의 반응에 영향을 미칠 수 있으므로 객관성을 유지하며 면담을 진행해야 함을 주지해야 한다.

4) 포트폴리오 평가

교사들이 사용하는 가장 직접적인 진단 평가 방법 중 하나인 포트폴리오 평가는 학생의 성취를 평가하기 위하여 한 영역 또는 그 이상의 영역에서 학생의 수행 결과물을 수집하는 방법이다. 포트폴리오에는 학생의 그림, 공책과 반성일기의 일부, 발달 도표, 비디오, 과제, 수필 등이 포함된다(Turnbull, Turnbull, Erwin, Soodak, & Shogren, 2011).

포트폴리오는 학생이 수행한 결과물을 순서적으로 평가하고 비교하여 수행 능력을 향상시키는 데 그 목적이 있으므로 단순히 누적된 기록과는 다르며, 학생의 활동, 기준, 판단 등이 함께 포함되어 학생의 향상도를 설명해 줄 수 있다(이나미, 2008). Taylor(2003)는 포트폴리오의 특징으로, 첫째, 시간을 두고 지속적으로 수집하고, 둘째, 다양한 절차를 통해 자료를 수집하여 평가하고, 셋째, 자연적이고 통합적인 상황에서 수행한 사례를 수집해야 함을 들었다.

학생의 성취를 평가하기 위해 수집한 포트폴리오는 학생의 발달 과정에 대하여 구체적이고 의미 있는 정보를 제공해 줄 수 있으므로 다음 학년의 담임교사 혹은 다른 교사에게 연계성 있는 교육 정보를 제공할 수 있다. 포트폴리오 진단 평가는 학생의 장점에 초점을 맞추어 진행할 수 있으므로 학생의 동기를 강화하고 학생의 자존감을 긍정적으로 형성하는 데 도움이 된다. 단점으로는 교사가 평가의 목적이나 방법에 대한 지식이 없으면 자료철에 그칠 수 있으며, 정보를 수집하고 공유하고 평가하는 데 상당한 시간이 필요하다는 점이다. 그리고 자료를 수집하는 과정에서 교사의 편견이 작용할 수 있어 평가 결과에 대한 신뢰성, 객관성의 확보가 어려울 수 있으므로 이러한 점을 주의하여 포트폴리오 평가를 실시해야 할 것이다.

5) 교육과정중심 진단

교육과정중심 진단(Curriculum-Based Assessment: CBA)은 학생이 배우는 교육과정의 내용을 중심으로 학생의 수행 및 성취에 대한 정보를 수집하는 방법이다. 교육과정중심 진단은 교육과정 내에서 학생이 향상을 보였는지 직접적으로 진단할 수 있고, 교수와 학습의 효과성을 결정하는 데 유용하다. 그리고 교육과정중심 진단은 자연스러운 교육 상황에서 학생의 수행과 반응을 점검하므로 학생의 실제적인 현행 수준을 파악하고, 무엇이 더 필요한지를 확인하는 데 도움이 된다. 교육과정 중심 진단의 여러 유형 중 어떤 유형은 비공식적이지만, 공식적이고 표준화된 유형도 있다. 준거참조-교육과정중심 진단(Criterion-Referenced Curriculum-Based Assessment: CR-CBA)은 학생의 교육과정을 기초로 교사가 제작한 검사를 통해 실시하고, 학생이 배운 교육과정의 목표를 얼마나 숙달하였는지를 측정하는 것으로 비공식적 진단 평가에 속한다. 이는 측정 결과를 토대로 학생에게 필요한 기술을 가르친다. 교육과정중심 측정(Curriculum-Based Measurement: CBM)은 CR-CBA와 달리 표준화되어 있으며 공식적 진단 평가에 속한다. CBM은 장애학생을 선별하고 진단하고 프로그램을 계획하고 형성평가하는 등 모든 단계에서 의미 있는 정보를 제공한다. CBM은 학생의 요구를 고려하여 교육 프로그램을 수정할 수 있고, 수정 후 학생의 진전 정도를 평가한다(이승희, 2006).

6) 생태학적 진단

생태학적 진단은 다양한 환경에서 학생을 직접 관찰하고 평가하는 것으로 학생 개인이 필요로 하는 기술과 지원을 결정하기 위해 환경을 진단하는 것을 의미한다. 환경 진단의 목적은 여러 생활 환경에서 필요한 중도·중복장애학생의 기능적인 일과와 활동이 무엇인지 알아내고, 그 환경 내에서 학생의 일과와 활동의 성과를 측정하기 위함이다.

생태학적 진단은 생태학적 목록을 활용하여 각 영역과 환경에서 지도해야 할 내용과 기술을 알아낸다. 생태학적 목록은 가정, 학교, 지역사회, 직업, 여가 환경에서 필요한 활동과 목록에 대하여 파악하기 때문에 기술이 일반화될 수 있다는 장점을 가진다. 생태학적 목록 검사는 중도·중복장애학생의 상황, 연령, 강점과 요구에 따라 개별적으로 이루어져야 하는데, 협력적으로 생태학적 목록 검사를 실시하는 방법은 다음과 같은 단계로 진행된다. ① 학생이 현재 기능하거나 가까운 미래에 기능할 것 같은 환경을 결정하고, ② 요구되는 활동과 기술이 그러한 환경에서 수행하는 데 필수적인지 결정하고, ③ 진단에 참여할 여러 영역의 전문가를 선정하고(예를 들어, 식당에서 주문하고 식사할 때 언어병리학자는 학생이 음식을 잘 주문할 수 있는지를 진단하고, 작업치료사는 학생의 식사하기와 관련된 기술을 진단할 것임), ④ 실제 환경에서 진단을 실행하는 단계로 이루어진다(Heller, Forney, Alberto, Best, & Schwartzman, 2009).

생태학적 진단의 과정은 ① 교육과정 영역(가정, 여가, 학교, 지역사회, 직업 등)을 정하고

(예: 여가), ② 현재와 미래의 자연스러운 환경을 조사, 선별하고(학생이 현재 살고 놀고 일하고 배우는 환경이 무엇인지를 알아보는 것)(예: 영화관), ③ 하위 환경으로 구분하고(각 학생에게 필요한 활동을 파악하기 위해서는 그 활동이 일어날 수 있는 환경을 자세히 구분)(예: 매표소, 매점, 화장실), ④ 하위 환경에서 행해지는 활동 목록을 만들고(하위 환경에서 일어나는 핵심적인 활동을 결정하기 위해서는 다양한 환경에서 성공적인 참여를 위해 의무적으로 요구되는 활동, 학생이 참여하는 하위 환경에서 요구되는 활동의 횟수, 학생의 현행 기술, 학생의 선호도와 흥미, 가족의 우선순위, 그 활동에 학생이 의미 있게 참여할 가능성을 고려하여 활동을 결정)(예: 매점에서 팝콘 구입하기), ⑤ 그 활동을 하기 위해 필요한 기술을 정하는 단계(활동을 가르칠 수 있는 단위 수준이나 과제분석으로 나누는 단계)(예: 팝콘의 종류 선택하기, 팝콘 가격에 맞는 돈 지불하기)로 이루어진다(Brown et al., 2015).

7) 반다이크 평가

반다이크 평가는 중도 · 중복장애학생이 배우는 과정, 의사소통하는 방법, 사람과 상호작용하는 방법, 문제를 해결하는 방법이 어떠한지 파악할 수 있는 평가 방법이다. 이는 평가한 정보를 바탕으로 각 학생에게 어떠한 중재전략이 적절한지에 대한 정보를 제공하고, 학생의 개별화가족서비스계획(IFSP)이나 개별화교육계획(IEP)에 제시된 목표를 성취하기 위해 어떠한 교수내용과 교수방법을 선정하고 활용해야 하는지에 대하여 알려 준다. 반다이크 평가를 바탕으로 학생이 해당 기술을 익히지 못한 이유를 살펴봄으로써 학생이 기술을 익히기 위해 어떠한 내용을 가르치고, 어떠한 방법으로 지원하는 것이 좋은지 각 영역별 중재전략과 지침을 찾을 수 있다(Nelson, van Dijk, McDonnell, & Thompson, 2002).

반다이크 평가를 적용하는 대상연령은 0~8세 아동으로, 시청각장애를 가진 중도 · 중복장애아동을 위하여 개발된 사정 도구이나 중도의 자폐성장애 및 발달장애 그리고 중도의 지체장애를 가진 아동에게도 적용할 수 있다. 반다이크 평가는 8영역 49문항으로 구성되어 있고(Nelson et al., 2002), 반다이크 평가에 대한 훈련을 받은 부모, 교사가 수행할 수 있으며 약 한두 시간 정도 소요된다. 8영역에는 행동상태(Behavioral State), 정향반응(Orienting Response), 학습경로(Learning Channels), 접근-위축(Approach and Withdrawal), 기억-습관화(Memory-Habituation)/예상과 루틴학습(Memory-Anticipation

and Routine Learning), 상호작용(Interactions), 의사소통(Communication), 문제해결
(Problem Solving)이 있다. 각 영역별로 중재지침을 제시하였는데, 상호작용 영역 중재에
대한 구체적인 예로는 '좋아하는 활동의 맥락 안에서 또래들과 상호작용할 기회를 제공
하라.' '처음에는 성인의 강화를 사용하라.' '아동 가까이에서 움직이면서 아동의 행동이
나 감정의 세부사항들을 파악하라.' 등이 있다(송만호, 2013). 〈표 2-7〉은 반다이크 평가
검사 문항이다(송만호, 한경근, 2015).

〈표 2-7〉 **반다이크 평가 검사 문항**

검사 영역	검사 문항
행동상태	1. 아동에게서 주로 관찰되는 상태는 무엇입니까? 2. 아동은 하루 중 학습하기 적절한 민감한 상태에서 얼마나 많은 시간을 유지할 수 있습니까? 3. 아동은 자신의 상태를 조절하거나 통제할 수 있습니까? 4. 아동은 한 상태에서 다른 상태로 넘어갈 때에 어떤 규칙성을 보입니까? 5. 아동에게서 주로 관찰되는 상태를 유지시키는 요인은 무엇입니까? 6. 아동의 상태를 변화시킬 수 있는 요인은 무엇입니까?
정향반응	1. 아동의 정향반응을 끌어낼 수 있는 자극은 무엇입니까? 2. 아동의 정향반응을 끌어내는 자극과 관련하여 아동이 사용하는 감각은 무엇입니까? 3. 아동이 정향반응을 나타내는 방식은 어떠합니까? 4. 아동이 정향반응을 나타내는 방식과 관련하여 아동이 사용한 신체부위는 무엇입니까?
학습경로	1. 아동이 정보를 받아들이고 있다는 것을 어떻게 알 수 있습니까? 2. 아동은 청각적 자극에 어떻게 반응합니까? 3. 아동은 시각적 자극에 어떻게 반응합니까? 4. 아동은 촉각적 자극에 어떻게 반응합니까? 5. 아동은 반응할 때, 한 번에 하나 이상의 감각을 사용할 수 있습니까? 6. 아동은 특정 자극에 대응하여 반응할 때가 있습니까? 7. 아동은 특정 자극에 관하여 반응하지 않을 때가 있습니까?
접근-위축	1. 아동이 참여할 때의 모습은 무엇입니까? 그렇다면 주로 참여하는 물건이나 활동은 무엇입니까? 2. 아동이 참여하지 않을 때의 모습은 무엇입니까? 그렇다면 주로 참여하지 않는 물건이나 활동은 무엇입니까? 3. 아동의 동기를 유발시키는 자극은 무엇입니까? 4. 아동이 관심을 보이지 않거나 피하는 것처럼 보이는 자극은 무엇입니까?

기억	습관화	1. 아동은 유사한 자극에 익숙해질 수 있습니까? 2. 아동은 특정 자극에 습관화되기까지 얼마나 오래 또는 얼마나 많은 자극의 제시가 필요합니까? 3. 아동은 도드라진 자극의 변화가 있어도 다시 수행합니까? 4. 아동이 나타내는 반응들은 구분됩니까? 5. 아동은 친근한 사람과 친근하지 않은 사람에게 다른 반응을 보입니까?
	예상과 루틴 학습	6. 아동은 대상영속성이 형성되어 있습니까? 7. 아동은 선행사건과 후속사건을 연관 지을 수 있습니까? 8. 아동은 다가올 사건을 예상하는 모습을 보입니까? 9. 아동은 스스로 기대했던 것과 다른 현상이 나타날 때 반응을 보입니까? 10. 아동은 물건을 기능에 맞게 사용합니까? 11. 아동은 간단한 과제의 일반적인 순서와 방법을 익힐 수 있습니까? 12. 아동은 익힌 과제의 일반적인 순서와 방법을 기억할 수 있습니까?
상호작용		1. 아동은 사람을 향해 주의집중하거나 눈길이나 몸의 방향을 바꿉니까? 2. 아동은 주양육자와 안정적인 애착을 형성하고 있습니까? 3. 아동은 상호작용을 시작할 때 차례를 주고받으며 상호작용을 할 수 있습니까? 4. 아동은 보통 상호작용을 마칠 때까지 몇 번이나 반응을 주고받습니까? 5. 아동은 상대방의 상호작용에 반응하며 스스로 차례주고받기를 더 늘릴 수 있습니까?
의사소통		1. 아동이 사용하는 의사소통은 어떠한 것들이 있습니까? 그리고 사용하는 각각의 의사소통의 총 사용빈도는 어떻습니까? 2. 아동은 의도성을 획득하였다는 것을 보입니까? 3. 아동이 의도성을 획득하였다면 어떠한 의사소통으로 의도를 나타냅니까? 4. 아동은 다른 사람과 구별되는 의사소통을 사용합니까? 그렇다면, 그것들의 가능한 의미와 기능을 기술하십시오. 5. 아동은 선택할 수 있는 것들이 주어졌을 때 선택할 수 있습니까? 6. 아동은 어떠한 상황에서 어떠한 관습적인 몸짓을 사용합니까? 7. 아동은 활동이나 물건을 상징하는 상징이나 대상에 대한 연상을 나타내는 인덱스를 사용합니까? 예를 들어, 교과일정표 따르기, 음악 요청을 위한 사진 지적, 외출을 위한 코트 집기 8. 아동은 의사소통 상징들(시각, 청각, 촉각)에 대한 이해를 보입니까? 9. 아동은 상징적 의사소통을 사용합니까? 예를 들어, 말하거나 신호된 단어 또는 근사치, 물건/그림/상징 의사소통 판 또는 체계
문제해결		1. 아동은 인과관계(원인과 결과)를 이해하는 모습을 보입니까? 2. 아동은 목표와 수단을 이해하거나 문제를 해결하기 위해 중간단계를 사용하는 모습을 보입니까? 3. 아동은 일반적인 물건의 기능을 이해하는 모습을 보입니까? 4. 아동은 문제에 어떻게 접근합니까? 5. 문제 상황이 제시되었을 때, 아동은 주의를 유지하고 지속할 수 있습니까?

출처: 송만호, 한경근(2015). pp 77-78.

3. 협력적 진단 평가를 통한 교육계획 수립

여러 가지 진단 평가의 목적 중 가장 중요한 기능은 중도·중복장애학생을 잘 알기 위하여 학생과 관련된 자료를 수집하고, 수집한 자료를 기반으로 교사들이 교육적 결정을 내려 가장 적절한 교육계획을 수립하기 위함이다. 즉, 중도·중복장애학생의 정확한 수준과 능력을 파악하여 학생이 제공받아야 할 교육서비스와 개별화교육 프로그램을 개발하는 데 필요한 자세한 정보를 얻고, 각 학생의 구체적인 요구를 반영한 교육내용의 우선순위를 결정하여 적절한 교육계획을 수립하고 프로그램을 개발하여 최상의 교육을 실행하기 위해 진단 평가하는 것이다.

교육프로그램을 계획하기 위한 진단 평가는 장애학생의 실제 교육과정 및 교육내용과 연결되어야 한다(Salvia & Ysseldyke, 2007). 그러므로 교육적 진단 평가를 통하여 학생의 수준과 능력, 강점, 약점을 평가하여 수집한 자료와 정보를 근거로 학생 개인의 교육목표를 수립하고 이에 적절한 프로그램을 작성하여야 한다. 중도·중복장애학생에게 무엇을 가르칠 것인가를 결정하는 데 가장 중요한 고려점 중의 하나는 개별 학생에게 의미 있는 교육성과를 가져올 수 있는 것이어야 한다는 점이다. 의미 있는 교육성과를 가져올 수 있도록 하기 위해서는 중도·중복장애학생의 특성을 고려한 교육계획을 수립할 때, 협력적 진단 평가는 필수적이라고 할 수 있다.

1) 협력적 진단 평가

협력팀은 다양한 환경과 상황에서 중도·중복장애학생을 관찰, 평가하고, 교육계획 수립을 위해 학생의 선호도를 고려하고, 학생이 가진 강점과 교육적 요구에 대한 함의를 이끌어 내어 교육내용의 우선순위를 결정하는 등 진단 평가 계획에서 실행까지의 전 과정에서 긴밀한 협력관계를 유지하는 것이 필요하다.

협력적 진단 평가 시 중도·중복장애학생의 특성상 가족의 참여가 반드시 필요하므로 부모 및 가족과의 협력을 통한 가정에서의 요구조사가 필요하다. 또한 중도·중복장애학생에게 그들의 현행 수준과 특성을 고려한 적극적인 지원을 제공하기 위해서는 다양한 측면에서의 진단 평가, 다양한 방법을 통한 정보 수집이 필요하므로 가족을 포함하여 일반교사, 물리치료사, 작업치료사, 언어치료사 등 전문가와의 협력이 중요하다. 중도·중복장애학생은 각자의 강점과 요구가 다르고 이들의 다양한 정보를 모두 파악해 내기에는 어려움이 있으므로 진단 평가 도구의 선택, 실시, 결과 해석, 프로그램 실시의 우선권 결정 등 진단 평가 전 과정에 다양한 전문가의 협력적인 팀 접근을 실행하기 위한 노력이 필요하다(Brown et al., 2015).

전문가 간 초학문적 접근을 통한 협력적 진단 평가를 실시하여 운동, 일상생활 등 기능적 기술 영역에서 교육이 필요한 부분에 대해 평가하고, 교과, 의사소통 영역에서의 현재 수행 수준 및 학습이 요구되는 부분에 대해 파악하는 것이 필요하다. IFSP/IEP의 교육목표 선정과 교육계획 수립을 위하여 진단 평가를 실시하고 학생을 위해 어떤 활동을 할 것인지, 어떤 프로그램을 적용할 것인지 계획하며, 이후 프로그램을 실행하고 주요 변화를 진단 평가하는 과정이 뒷받침되어야 한다.

효과적인 중도·중복장애학생 교육을 위해서는 체계적인 교육계획을 작성해야 한다. 가족은 학생에 대한 정보를 수집하는 것에서부터 진단을 통해 교육계획을 수립하고, 교육성과를 평가하는 것에 이르기까지의 모든 과정에서 매우 중요한 역할을 담당한다. 가족은 학생의 요구를 잘 파악할 수 있고, 학생이 가정과 지역사회에 잘 참여하도록 도우며, 가족이 진단 평가 과정에 함께 참여함으로써 장애학생의 교육, 양육과 관련된 다양한 정보를 제공하여 효과적으로 학생을 교육하는 기반을 제공한다. 이러한 점에서 진단 평가 팀 구성원으로서의 가족 참여는 필수적이고, 팀은 가족이 가진 자원과 강점을 적극적으로 활용해야 한다.

진단 평가팀은 가족과의 면담, 설문지 형태의 도구를 통해 정보를 수집하여 가족에 대한 적절한 지원을 계획할 수 있다. 진단 평가팀이 가정으로 설문지 형태의 도구를 보내어 요구를 조사할 수도 있으나, 가족을 면담하여 가족목록(family inventory)을 완성하는 것도 좋은 방법이다. 가족목록은 교육팀이 학생에게 우선적으로 교육해야 할 활동이나 기술을 확인하는 데 도움이 되며, 가족목록에는 ① 학생의 개인 정보, ② 가정생활, ③ 지역사회 활동, ④ 직업 관련(직업에 관한 선호도, 가정, 학교, 지역사회에서 일한 경험, 함께 일하고 싶은 사람 등), ⑤ 일반 교육과정(가족이 원하는 일반교육 환경에 통합할 때 학생이 갖는 이점, 예를 들어 또래와의 상호작용, 학습시간에 토의하기 등), ⑥ 미래의 희망과 꿈, ⑦ 기능적인 요구 중 우선순위 정하기, ⑧ 일반교육내용에서의 우선순위 정하기, ⑨ 기능적 교육목표 및 일반교육내용목표 중 우선순위를 목록화하기가 포함될 수 있다(Ryndak & Alper,

2003).

가족목록을 통해 가족에게 얻은 정보를 활용하기 위해 개별 가족의 요구와 우선순위에 기초하여 구체적인 내용과 우선순위를 결정한다. 그리고 생태학적인 관점을 고려하여 목표를 선정해야 하며, 전문가 간 협력적 진단 평가를 실시하여 장단기목표를 제시하는 것이 필요하다. 이후 수정사항과 교육 및 중재방법을 제안하고, 통합적인 진단 평가를 통해 IFSP 및 IEP를 개발해야 한다. IFSP 양식을 이 장의 부록으로 제시하였으므로 참고하기 바란다. 또한 전체 과정에서 가족의 자원과 강점을 최대한 활용하여 학생에게 최선의 교육을 제공하도록 해야 할 것이다. 계획을 수립한 후에는 구체적인 절차와 내용을 통해 가정과의 연계, 전문가와의 지속적인 협력을 통해 교육목표를 실행에 옮기고 교육성과를 평가하여야 한다.

2) 진단 평가 결과에 기초하여 교육목표의 우선순위 정하기

진단 평가 과정을 통해 학생의 기본 정보, 학생의 현행 수준, 학생의 강점 및 약점, 학생에게 요구되는 많은 기술과 활동을 파악할 수 있다. 진단 평가 과정을 통해 팀은 어떤 기술과 활동이 그 학생의 교육계획에 있어서 핵심목표가 될 것인지를 선택해야만 한다. 기술과 활동의 우선순위를 결정하는 일은 학생에게 우선적으로 가르칠 개별화교육목표를 정하는 것이므로 매우 중요하다.

교육목표의 우선순위를 정할 때는 모든 팀 구성원이 학생의 삶의 질에 기여할 수 있는 기술이라고 동의하는 목표여야 한다. 진단 평가는 개별 학생, 가족, 학교, 지역사회를 위해 의미 있는 성과를 반영해야 하므로, 목표를 정할 때는 ① 개인의 사회적 삶과 관련되는 기술, ② 일상생활 중 학생이 선택할 수 있도록 하는 기술, ③ 사회적 및 물리적 통합, 가족 참여, 신체적 접근성에 기여하는 기술에 우선순위를 두어야 할 것이다(Snell & Brown, 2011).

[그림 2-1]은 교육 프로그램 개발을 위한 협력적 진단 평가 단계이다.

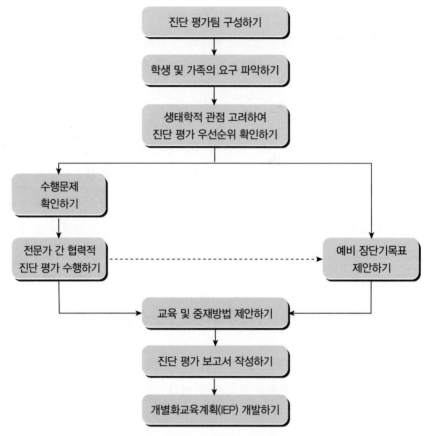

[그림 2-1] 교육 프로그램 개발을 위한 협력적 진단 평가 단계
출처: Rainforth & York-Barr (1997), p. 132에서 수정 발췌.

우선순위를 두어야 하는 교육목표 선정 시 기준이 될 수 있는 것으로는 ① 장애학생 개인의 요구와 필요가 가장 우선순위가 되고, 이와 함께 ② 개별 학생의 생활연령과 선호도 및 강점, ③ 장애학생에게 기능적인 기술과 의미 있는 목표 등이다. 그리고 평가팀은 학생, 가족, 팀 구성원의 선호도를 반영하여 교육목표 우선순위를 결정한 후 IEP를 개발해야 한다.

3) 개별화교육계획(IEP) 작성하기

(1) 기능적 목표와 학업적 목표를 연계한 IEP 목표 수립
중도·중복장애학생의 경우 기능적 교육목표가 우선이 되며, 이를 학업적 교육목표

안에서 성취할 수 있도록 고안할 필요가 있다. 즉, 일반적인 학업교과의 목표를 수정하거나 대체할 때의 기준을 해당 학생의 기능적 교육목표와의 연계에 두어야 한다. 중도·중복장애학생의 기능적 목표와 학업적 교육목표가 융합되어 학생에게 우선적으로 필요한 IEP 목표를 정해야 하는 것이다.

중도·중복장애학생을 위한 교육목표는 치료적 요구와 함께 선택하기, 운동 능력 신장, 일상생활 기술 발달 등 기능적 기술에 치중해 왔다. 그러나 통합교육의 확대와 학생의 전반적인 발달을 위해 중도·중복장애학생에게 또래 학년 수준에서 다루는 읽기, 수학, 과학, 사회과와 같은 중요과목의 학업내용을 배우는 기회를 제공하고, 학업 증진을 위해 각 학년 수준에서 몇 가지 우선적으로 중요한 학업 기술을 습득하도록 교수 지원을 제공할 필요가 있다.

모든 학생을 위한 교육과정의 보편적 학습설계(예: 크기, 형태, 색깔이 있는 그림이나 음성으로 변형한 디지털 자료 활용)를 통하여 중도·중복장애학생의 교육과정 접근을 용이하게 할 수 있고, 수업 중 과제 완성을 위하여 언어적 자기교수와 같은 자기 주도적 학습 능력 증진을 통해 자신의 행동을 조절하고 문제를 해결하는 것을 배울 수도 있다.

〈표 2-8〉은 기능적인 목표와 학업적 목표를 연계한 IEP 목표의 예이다.

〈표 2-8〉 IEP 목표의 예

교과목	목표
국어 시간	• 신문에서 날씨 페이지를 찾아 오늘의 날씨를 상징(햇님, 우산, 구름 등)하는 것을 보며 말할 수 있다. • 질문에 대한 자신의 생각을 네/아니요로 말할 수 있다.
수학 시간	• 식탁 매트의 수저 그림 위에 수저를 놓을 수 있다.

(2) IEP 작성하기

IEP를 개발할 때 팀 구성원은 다음의 영역을 함께 진단 평가해야 한다.

- 학생의 독특한 요구와 특성
- 현재 수행 수준
- 교육서비스
- 장단기목표

　　IEP팀이 교육계획을 수립하고 실행하는 절차에 대해 살펴보면 〈표 2-9〉와 같다. 〈표 2-10〉은 학생에게 가장 중요한 우선순위를 결정할 때 고려할 수 있는 기준의 예시이다.

〈표 2-9〉 **IEP 작성 절차**

절차
1. 학생의 독특한 특성과 요구를 정의하라.
2. 학생의 요구를 우선순위화하고 강점을 인식하라. （〈표 2-10〉: 학생에게 가장 중요한 우선순위를 결정하는 기준의 예）
3. 학생의 현재 수행 수준을 정의하라.
4. 학생의 요구를 충족시킬 교육적 지원과 서비스를 확인하라.
5. 측정 가능한 연간목표를 작성하고, 단기목표를 확인하라.

〈표 2-10〉 **학생에게 가장 중요한 우선순위를 결정하는 기준의 예**

학생				
날짜				
활동목표	1: 2: 3: 4:			
기록	3=매우 그렇다고 생각함　　　　2=어느 정도 그렇다고 생각함 1=별로 동의하지 않음　　　　　0=매우 그렇지 않다고 생각함			

기준	활동목표			
	1	2	3	4
1. 현재 환경에서 사용할 수 있는가?				
2. 미래 환경에서 사용할 수 있는가?				
3. 여러 환경과 활동에서 사용할 수 있는가?				
4. 또래들과 상호작용을 촉진하는가?				
5. 학생의 독립성을 증가시키는가?				
6. 생활연령에 적절한가?				
7. 학생이 의미 있는 참여를 할 수 있는가?				
8. 학생이 높은 우선순위를 두거나 매우 선호하는가?				
9. 가족이 높은 우선순위를 두는가?				
10. 건강과 체력을 증진하는가?				

11. 의학적 요구에 부응하는가?				
12. 개인에 대한 긍정적 관점을 높여 주는가?				
13. 학생은 활동에 대해 긍정적 반응을 보이는가?				
14. 관련서비스 제공자에 의해 지원을 받는가?				
15. 학생은 활동의 의미 있는 부분을 조절하거나 성취할 수 있는가?				
합계				

출처: Brown & Sehr (1989), p. 254에서 수정 발췌.

4. 교육성과 평가

협력적인 진단 평가 과정을 통해 개별화교육계획을 수립한 후에는 우선적으로 배워야 할 목표를 성취할 수 있도록 충분히 교수해야 한다. 교사는 학생에게 제공하는 교육 활동이 학생의 현재 요구에 적합한지, 학생의 우선적인 개별화교육목표를 성취할 수 있도록 도움을 제공하는지 지속적으로 점검해야 할 책무성이 있으므로 교육과 지원을 제공하면서 동시에 성과를 보이는지 지속적으로 평가해야 한다.

중도·중복장애학생의 특성상 성과를 평가하는 것은 어려운 것이 사실이다. 미국의 경우 50개 주를 대상으로 시행하고 있는 진단 평가 방법을 알아본 결과, 포트폴리오, 체크리스트, 수행평가, 개별화교육계획을 근거로 한 평가를 선호하였다(Quenemoen, Thompson, & Thurlow, 2003). 이렇듯 교육 현장에서는 중도·중복장애학생의 특성을 고려한 대안적인 평가 방법을 고려해 볼 수 있다.

중도·중복장애학생의 균형적인 발달을 위해 기능적인 목표와 학업목표를 연계한 IEP 목표를 수립하여 체계적으로 기술과 목표를 성취할 수 있도록 해야 한다. 학생에게 가장 중요한 학업목표 중 하나는 '읽고 쓰는 능력을 증진'시키는 것이다. 많은 또래 학생은 학년이 올라갈수록 글을 읽고 작문하는 것을 배우는데, 중도·중복장애학생은 언어를 문자로 전환시켜 주는 소프트웨어(speech to text)를 사용하여 문서를 만들고 그림 상징을 사용하여 작문을 하도록 지원함으로써 쓰기 능력을 대안적으로 평가할 수 있다.

교육성과 평가를 통해 수집된 정보는 이후 교육목표를 수정하거나 교수방법 및 전략을 수정하는 등의 교육적인 결정을 내릴 때 유용하게 활용해야 한다. 교육성과를 평가할 때는, 첫째, 수립한 교육계획에 기초하여 평가하고, 둘째, 구체적인 평가 계획 절차에 따라 진행하고, 셋째, 체계적인 자료 수집 절차에 따라 수행 여부를 평가하고, 넷째, 평가는 정기적으로 실시하고, 마지막으로 팀 구성원의 의견과 교육성과를 분석한 자료에 기초하여 학생의 목표를 수정한다. 〈표 2-11〉은 교육성과 평가의 예시이다.

〈표 2-11〉 **교육성과 평가의 예**

학생	이○○								
환경	통학버스 하차장, 학교 복도, 교실								
목표	통학버스에서 내려 교실에 들어온다.								
평가일시	매달 첫 번째 월요일								
평가자	담임교사								
관찰기록	+=독립적 정반응 −=오반응 NA=무반응 S=언어적 촉진 후 정반응 P=신체적 촉진 후 정반응								
과제분석 단계	날짜								비고
1. 휠체어를 고정한 벨트를 푼다.									
2. 휠체어 리프트 쪽으로 이동한다.									
3. 휠체어 리프트에 탑승한다.									
4. 휠체어 리프트를 타고 내려온다.									
5. 휠체어를 타고 학교 출입문까지 이동한다.									
6. 휠체어를 타고 교실 문까지 이동한다.									
7. 휠체어를 탄 채 교실 문을 연다.									
8. 휠체어를 타고 교실 안으로 이동한다.									

　　중도·중복장애학생의 특성상 반응을 거의 보이지 않는 경우가 있으므로 반응중심평가척도를 통해 좀 더 세밀한 변화와 반응을 체크하여 평가할 수도 있다. 〈표 2-12〉는 반응중심평가척도의 내용이다(국립특수교육원, 2014).

〈표 2-12〉 반응중심평가척도

구분	내용
무반응 (No Response: NR)	주위의 자극에 아무런 관심이나 반응이 없거나 활동에 참여하고자 하는 의지가 거의 또는 전혀 없이 방관적인 또는 수동적인 태도를 보인다.
간헐적 관심 (Interest: I)	학생들은 어떤 명백한 학습 결과를 보이지는 않지만 이전에 아주 관심이 없을 때와는 달리, 활동을 공유하려는 듯 힐끗 쳐다보는 아주 작은 변화를 보인다.
인식 (Awareness: A)	학생들이 무엇인가 일어났다는 것을 알아차린 것처럼 몸의 움직임을 바꾸거나(예: 소리를 듣기 위해 동작을 멈추고 가만히 귀를 기울이는 듯한 모습을 보임) 사물, 사건 또는 사람을 향해 잠시라도 의도적으로 응시하는 등 주변의 변화에 잠깐 동안만이라도 관심을 보인다.
집중 (Engagement: E)	학생들이 주변 환경에서 일어나는 일들에 대해 비교적 일관된 관심을 보이고, 사건들 간의 차이(상황이 변했다는 것 등)를 구별한다.
참여 (Participation: P)	일상적으로 해 오던 일과의 차례를 알고 그 순서대로 행하거나 친숙한 사건에 대한 결과를 예측(비록 이러한 반응들이 교사나 다른 학생에 의해서 지원을 받았다 하더라도)하며, 일과나 활동에 적극적인 참여의지를 가지고 개입(예: 소리를 내며 활동이 이루어지는 곳으로 몸을 기울이거나, 활동의 재료를 만지기 위해 가까이 다가가거나 활동의 작은 부분에 참여하는 등)한다.
도움받아 수행 (Performance with Prompt: PP)	교사의 도움을 받아 수행한다. 동작시범부터 시작하여 점차로 도움의 정도를 높여 가며 학생의 수행 가능 여부를 측정한다. 학생이 활동에 참여할 수 있도록 교사가 직간접적인 도움을 주는 경우 그 도움의 방법을 기술한다. • 동작(몸짓) 시범(Gesture: PP-G): 활동의 특징을 동작으로 보여 준다(예: 물을 마시는 시늉을 하거나 검지와 중지를 움직여 가위질하는 것처럼 동작으로 보여 주며 가위질하라고 한다). • 언어적 도움(Verbal: PP-V): 행동을 하도록 말로 도움을 준다. • 신체적 도움(Physical: PP-P): 도움을 주는 사람이 학생의 뒤나 또는 옆에서 학생의 신체(또는 일부)를 잡고 함께 동작을 한다.
독립 수행 (Independent Performance: IP)	학생이 활동 경험과 관련된 기술, 지식, 개념을 습득하고, 다양한 상황 속에서 도움 없이 목표 활동을 수행한다.

출처: 국립특수교육원(2014), pp. 25-26에서 수정 발췌.

진단 평가를 하는 가장 중요한 이유는 다양한 방법을 통한 진단 평가 결과를 확인, 분석, 해석하고 종합적으로 평가하여 학생의 교육적 요구가 무엇인지를 결정한 후 학생에게 최상의 교육 프로그램을 제공하기 위함이다.

　　중도 · 중복장애학생이 갖는 다양한 어려움으로 인해 그들의 요구를 알아내는 데에 어려움이 있으며, 많은 시간이 소요되는 것도 사실이다. 그러므로 이 장에서 제시한 구체적인 진단 평가 방법을 활용하여 의미 있는 진단 평가가 이루어질 수 있도록 노력하여야 한다. 또한 중도 · 중복장애학생의 요구가 무엇인지 결정하기 위해서는 그들의 신체적 · 인지적 · 의사소통적인 특성상 여러 전문가와의 협력이 필수적이다. 특수교사를 포함한 전문가들은 중도 · 중복장애학생 교육의 질 향상을 위하여 협력적인 진단 평가 여건을 조성하고 다양한 방법을 활용한 협력적인 진단 평가를 실행에 옮겨야 할 것이다.

참고문헌

강영심(1998). 특수아동의 지적 능력 측정을 위한 역동적 평가 방법. 교육연구, 8, 41-60.

고주연, 오명화(2013). 한국판 대동작기능평가. 서울: 학지사.

곽금주(2002). 아동 심리평가와 검사. 서울: 학지사.

곽금주, 장승민(2019). K-WISC-Ⅴ 한국 웩슬러 아동 지능 검사 5판 실시와 채점 지침서. 서울: ㈜인싸이트.

곽현석, 강옥려, 김경성(2016). 역동적 평가(Dynamic Assessment)의 연구동향 분석. 한국초등교육, 27(2), 1-18.

구지혜, 김영태(2009). 역동적 평가를 통한 학령기 다운증후군 아동의 이야기 학습 잠재력 연구. 언어청각장애연구, 14, 288-302.

국립특수교육원(2014). 중도 · 중복장애학생 의사소통 교수 · 학습자료. 충남: 국립특수교육원.

국립특수교육원(2017). 국립특수교육원 기초학습능력검사(NISE-B · ACT). 충남: 국립특수교육원.

국립특수교육원(2018). 국립특수교육원 적응행동검사(NISE-K · ABS) 개발. 충남: 국립특수교육원.

김승국, 김옥기(1985). 사회성숙도 검사. 서울: 중앙적성출판사.

김영태, 박은혜, 한선경, 구정아(2016). 한국 보완대체 의사소통 평가 및 중재 프로그램. 서울: 학지사.

김영태, 홍경훈, 김경희, 장혜성, 이주연(2009). 수용 · 표현어휘력 검사 지침서. 서울: 시립서울장애인종합복지관.

문수백(2016). 한국판 아동 시지각발달검사-3 전문가 지침서. 서울: ㈜인싸이트.

박은혜, 김정연(2010). 지체장애학생 교육. 서울: 학지사.

박은혜, 이영선, 이명희(2010). 중도 · 중복장애학생의 특수교육 지원체계에 대한 요구조사. 중복지체부자유연구, 53(4), 31-58.

박혜원, 이경옥, 안동현(2016). 한국 웩슬러 유아지능검사-4판(K-WPPSI-IV) 실시지침서. 서울: 학지사.

백순근(1999). Vygotsky의 ZPD 이론이 향상도 평가에 주는 시사. 교육평가연구, 12(1), 191-215.

서경희, 윤점룡, 윤치연, 이상복, 이상훈, 이효신(2002). 발달장애의 진단과 평가. 대구: 대구대학교 출판부.

송만호(2013). 반다이크 사정을 활용한 중도 뇌성마비 아동의 의사소통 특성 연구. 단국대학교 대학원 석사학위논문.

송만호, 한경근(2015). 반다이크 사정을 활용한 중도 뇌성마비 아동의 의사소통 특성 연구. 특수교육학연구, 50(3), 71-95.

여광응, 이영철, 문병상, 이점조, 추연구, 김정선, 박현옥(2007). 교육적·심리적 절차에 따른 특수아동의 사정. 서울: 양서원.

오스잔, 염시창(2016). 역동적 평가 기반 연산문제해결 프로그램의 효과-초등학교 수학학습부진아를 중심으로. 교육연구, 39, 61-84.

이나미(2008). 특수아동 진단 및 평가. 서울: 집문당.

이소현(2003). 유아특수교육. 서울: 학지사.

이소현, 김수진, 박현옥, 부인앵, 원종례, 윤선아, 이수정, 이은정, 조윤경, 최윤희(2009). 교육진단 및 교수계획을 위한 장애 유아 진단 및 평가. 서울: 학지사.

이승희(2006). 특수교육평가. 서울: 학지사.

이승희(2010). 특수교육평가(2판). 서울: 학지사.

정진엽, 왕규창, 방문석, 이제희, 박문석(2013). 뇌성마비. 서울: 군자출판사.

채수경(2004). 역동적 평가에 기반한 문제해결전략 지도가 수학학습부진아의 문장제 문제풀이 성취도에 미치는 효과. 경인교육대학교 교육대학원 석사학위논문.

최미영(2013). 역동적 평가를 통한 지적장애학생의 '밀도' 개념 이해 과정 및 기초 탐구 기능 분석. 단국대학교 대학원 박사학위논문.

한경근, 이미경, 박윤정(2009). 중도·중복장애의 개념, 진단평가 및 교육지원 관련 연구동향 분석. 중복지체부자유연구, 52(1), 287-316.

한국교육개발원(1989). 기초학습기능검사. 서울: 한국교육개발원.

한순미(2008). 개별화 교수-학습에서의 평가 방안: 역동적 평가를 중심으로. 교육방법연구, 20(1), 49-73.

황순택, 김지혜, 박광배, 최진영, 홍상황(2012). 한국 웩슬러 성인용 지능검사 4판(K-WAIS-IV). 대구: 한국심리주식회사.

황순택, 김지혜, 홍상황(2015). 한국판 바인랜드 적응행동척도 2판(K-Vineland-II). 대구: 한국심리주식회사.

Bailey, D. B., & Wolery, M. (1992). *Teaching Infants and Preschoolers with Disabilities* (2nd ed.). 이소현 역(1995). 장애 영유아를 위한 교육. 서울: 이화여자대학교출판부.

Brown, F., & Sehr, D. H. (1989). *Persons with Profound Disabilities: Issues and Practices.* Baltimore, MD: Brookes Publishing Company.

Brown, F., McDonnell, J., & Snell, M. E. (2015). *Instruction of Students with Severe Disabilities* (8th ed.). 박은혜, 한경근 공역(2017). 중도장애학생의 교육(8판). 서울: 시그마프레스.

Cohen, L. G., & Spenciner, L. J. (2007). *Assessment of Children and Youth with Special Needs* (3rd ed.). Boston, MA: Allyn and Bacon.

Heller, K. W., Forney, P. E., Alberto, P. A., Best, S. J., & Schwartzman, M. N. (2009). *Understanding Physical, Health, and Multiple Disabilities* (2nd ed.). Upper Saddle River, NJ: Merrill/Pearson Education, Inc.

Jitendra, A. K., & Kameenui, E. J. (1996). Dynamic assessment as a compensatory assessment approach: A description and analysis. *Remedial and Special Education, 14*(5), 6-18.

Nelson, C., van Dijk, J., McDonnell, A., & Thompson, K. (2002). A framework for understanding young children with severe multiple disablties: The van Dijk approach to assessment. *Research & Practice for Persons with Severe Disablties, 27*(2), 97-111.

Nordmark, E., Jarnlo, G. B., & Hägglund, G. (2000). Comparison of the Gross Motor Function Measure and Paediatric Evaluation of Disability Inventory in assessing motor function in children undergoing selective dorsal rhizotomy. *Developmental Medicine Child Neurology, 42*(4), 245-252.

Orelove, F. P., Sobsey, D., & Silberman, R. K. (2004). *Educating Students with Severe and Multiple Disabilities: A Collaborative Approach* (4th ed.). 곽승철, 박재국, 오세철, 정진자, 정해동, 조홍중, 한경임, 홍재영 공역(2010). 중도 · 중복장애학생 교육: 협력적 접근. 서울: 교육과학사.

Palisano, R., Rosenbaum, P., Barlett, D. et al. (2007). *Gross Motor Function Classification System-expanded and revised(GMFCS-E&R).*

Pierangelo, R., & Giuliani, G. A. (2000). *Special Educator's Complete Guide to 109 Diagnostics Tests.* 한국발달장애학회 여광응 외 공역(2006). 109가지 진단검사-선정, 해석 및 활용법-. 서울: 학지사.

Pierangelo, R., & Giuliani, G. A. (2006). *Assessment in Special Education: Practical Approach* (2nd ed.). Boston, MA: Pearson Education, Inc.

Quenemoen, R., Thompson, S., & Thurlow, M. (2003). *Measuring Academic Achievement of Students with Significant Cognitive Disabilities: Building Understanding of Alternate Assessment Scoring Criteria(Synthesis Report Np. 50).* Minneapolis, MN: University of

Minnesota, National Center on Educational Outcomes.

Rainforth, B., & York-Barr, J. (1997). *Collaborative Teams for Students with Severe Disabilities: Integrating Therapy and Educational Services* (2nd ed.). Baltimore, MD: Paul H. Brookes.

Ryndak, D. L., & Alper, S. (2003). *Curriculum and Instruction for Students with Significant Disabilities in Inclusive Settings* (2nd ed.). Boston, MA: Allyn and Bacon.

Salvia, J., & Ysseldyke, J. E. (2007). *Assessment in Special and Inclusive Education* (10th ed.). Boston, MA: Houghton Mifflin.

Snell, M. E., & Brown, F. (2011). *Instruction of Students with Severe Disabilities* (7th ed.). Upper Saddle River, NJ: Pearson Education, Inc.

Sternberg, R. J., & Grigorenko, E. L. (2002). *Dynamic Testing: The Nature and Measurement of Learning Potential.* Cambridge: Cambridge University Press.

Taylor, R. L. (2003). *Assessment of Exceptional Students: Educational and Psychological Procedures* (6th ed.). Boston, MA: Allyn and Bacon.

Turnbull, A., Turnbull, R., Erwin, E. J., Soodak, L. C., & Shogren, K. A. (2011). *Families, Professionals, and Exceptionality: Positive Outcomes Through Partnerships and Trust* (6th ed.). Upper Saddle River, NJ: Pearson Education, Inc.

Wendy, C., Theresa D., Jane, H., & Stephen, H. (2008). *The School Function Assessment.* Upper Saddle River, NJ: Pearson Education, Inc.

〈부록 1〉

개별화가족서비스계획서 양식[1]

Ⅰ. 영아 및 가족정보

이름		성별	□ 남 / □ 여	생년월일	
나이		진단명		부모	
전화		주소			

Ⅱ. 개별화가족서비스계획(IFSP) 관련사항

작성일		시작일			
6개월 검토예정일		검토 완료일		전이계획 시기	

Ⅲ. 조기개입서비스팀

서비스코디네이터		부모	
특수교사		작업치료사	
물리치료사		언어재활사	

※ 서비스계획 평가와 계획에 참여한 사람들

Ⅳ. 가족 관련사항

가족의 강점과 능력	
가족의 주요 관심 및 우선순위	
가족의 지원, 자원	
가족의 고려점 (장애물: 내부/외부장애물)	

---

1) 최진희(2015), 개별화가족서비스계획서, 한우리종합복지센터 자료 수정 발췌.

V. 영 · 유아 관련 사항(□ 부모보고 □ 평가 도구 □ 관찰 평가)

1. 발달 평가 결과

평가 도구명		평가일시	년 월 일 (만 세 개월)
발달 수준	• 인지: • 사회정서: • 의사소통: • 수용 언어( ), 표현 언어( ) • 대근육 운동: • 소근육 운동: • 자조 기술:		
시력	□ 정상반응 □ 안과 검진함 □ 모니터링 □ 안과 검진 요함 기타:		
청력	□ 신생아 청력검사 통과 □ 정상반응 □ 청력검사함(년 월 일) □ 모니터링 □ 이비인후과 검진 요함 기타:		

2. 현행 수준

■ 상호작용/사회정서 능력
  – 영 · 유아는 타인과 어떻게 상호작용하고 감정을 표현하며 관계를 맺고 유지하는가?

■ 지식과 기술의 습득, 학습하고 사용하는 능력
  – 영 · 유아는 어떻게 모방하고 사고하며, 문제를 해결하고, 언어를 사용하는가?

■ 필요충족을 위해 자조 기술 · 운동 · 의사소통하는 능력
  – 영 · 유아는 필요한 것을 어떻게 타인으로부터 얻고 자기의 일상을 관리하는가?

3. 목표

1) 가족 지원

■ 장기목표:

단기목표	예정 달성일	달성일

■ 개입 전략

2) 영유아와 가족

■ 장기목표:

■ 가정 내에서 목표를 실행할 수 있는 일과 내 학습기회

단기목표	예정 달성일	달성일

■ 개입 전략

VI. 목표 달성에 필요한 서비스

서비스명	빈도수 (주/월)	그룹/ 개인	방법	서비스 제공처	지불방법	예정 시작일	예정 종료일	실제 종료일

* 서비스 제공처: 가정, 조부모 집, 교육기관 등

VII. 기타 서비스(조기개입서비스팀에서 지원할 수 없는 서비스, 의료적 정밀검사, 의료적 추가 진단 등의 필요 내용 기술)

VIII. 전환계획

• 전환 시기:
• 전이계획을 위한 회의 날짜:　　　년　　　월　　　일
• 조기개입서비스 종료일:　　　년　　　월　　　일

전이 단계/활동	예정 달성일	달성일

IX. 개별화가족서비스계획 동의서

■ 부모동의

우리는 자녀와 가족의 개별화가족서비스계획을 위한 이해와 참여 기회를 가졌음을 확인합니다. 또한 이 계획서의 내용은 우리 자녀와 가족에 대한 우리의 관심과 우선순위를 정확하게 반영하였음을 확인합니다. 우리는 이 계획이 실행되는 것에 동의합니다.

서명일: 년   월   일   서명: _____

■ 개별화가족서비스계획 참여자(조기개입서비스팀)

나는 본 아동과 가족의 개별화가족서비스계획을 위한 회의에 참여하였음을 확인합니다. 또한 이 계획서의 내용은 나의 전문 영역에 대한 의견들을 정확하게 반영하였음을 확인합니다. 나는 이 계획이 실행되는 것에 동의합니다.

서명일: 년   월   일

담당 분야: 참석자명:

X. 개별화가족서비스계획 검토 기록(6개월 정기 검토내용 기록)

일시	검토 결과 및 변경사유	변경내용	변경 적용 날짜

교육과정

·

김정연

최근 중도·중복장애학생의 교육 가능성에 대한 믿음이 증가하고 중도·중복장애학생 교육의 장소가 분리된 학교에서 통합된 환경으로 다양하게 변화됨에 따라 중도·중복장애학생의 교육과정에 관한 관심이 증가하고 있다. 이에 따라 교육 현장에서도 중도·중복장애학생에게 무엇을 어떻게 가르칠 것인가 하는 최선의 교육 실제에 대한 탐색을 시작하게 되었다. 중도·중복장애학생에게 교육과정은 학업성취의 기준이 되는 동시에 사회 구성원으로서 살아 나갈 수 있는 역량을 결정짓는 지표가 된다. 중도·중복장애학생의 교육과정은 통합 환경 안에서 가능한 비장애학생과 같은 교육 경험을 공유할 수 있도록 지원해야 하며, 동시에 학생 개개인에게 적합한 우선순위에 따라 교육내용을 선정하고 설계하도록 지원해야 한다.

중도·중복장애학생의 교육과정은 적합한 교육내용을 결정하기 위해 다양한 차원의 접근이 요구된다. 특히 일반교육과정에 참여하고 접근할 수 있도록 현재와 미래 환경에서 필요한 기능적 기술과 생활연령에 적합한 내용으로 구성하고, 교육 요구에 맞도록 교육과정을 재구성하거나 특별한 지원 요구에 초점을 맞추어 편성해야 한다.

이 장에서는 중도·중복장애학생 교육에서 교육과정의 개념과 의미, 쟁점 사항을 탐색해 보고자 한다. 이를 바탕으로 중도·중복장애학생의 교육과정에 대한 전통적 접근에서 생태학적 접근에 이르는 과정과 기능적 교육과정, 일반교육과정의 참여에 대해 살펴본다. 또한 우리나라의 국가 수준 중도·중복장애 교육과정의 배경과 방향, 실제 운영 사례를 알아본다.

1. 중도·중복장애 교육과정의 개요

1) 교육과정의 개념

교육과정은 영어 커리큘럼(curriculum)의 번역어이며, 커리큘럼은 라틴어인 '쿠레레(currere)'에서 유래한 것으로, '경마장에서 말이 달리는 길(course of race)'을 뜻한다. 교육과정은 학생이 교육을 통해 학습해 나가는 과정이며, 따라야 할 코스를 의미한다(김재춘, 부재율, 소경희, 채선희, 2006). 교육과정의 개념은 학자나 이론에 따라 매우 다양하게 정의하고 있지만, 일반적으로 교육과정은 교사의 관점에서 고려하는 경우 가르치는 내용과 범위로 개념화하며, 배우는 학생을 중심으로 고려할 때는 이들의 경험으로 개념화하는 경향이 있다.

교육과정은 학교 맥락 안에서 가르치는 일과 밀접히 관련되며, 교육의 매우 핵심적인 요소이다. 교육과정은 교육의 목적이나 목표를 달성하기 위해 어느 정도의 범위에서 어떤 내용을 가르칠 것이며, 어떤 순서로 체계화하여 지도할 것인지에 대한 계획, 교육을 통해 학생이 얻을 수 있는 경험이나 성과를 포함하는 포괄적인 문서이다. 그러므로 중도·중복장애학생의 교육과정은 무엇을, 어떻게, 왜 가르쳐야 하는지에 관한 질문을 통해 학문적, 실천적 영역으로 이해하려는 노력이 필요하다. 질문의 구체적인 내용은 다음과 같다.

첫째, 중도·중복장애학생에게 무엇을 가르칠 것인가? 이러한 질문은 교육내용 선정에 관한 문제이다. 교육내용으로 무엇을 우선순위로 선정할 것인가는 교육과정 구성의 기초가 되는 철학 사조와 기대하는 교육성과에 따라 달라질 수 있다.

둘째, 중도·중복장애학생에게 어떻게 가르칠 것인가? 이는 선정된 내용을 조직하여 전달하는 것과 관련이 있다. 어떻게 가르치는 것이 학습하기 쉽고, 일반화하는 데 효과적인지 파악하여 지도하는 개념이다. 중도·중복장애학생의 인지적·정의적·신체적 변인을 고려하여 학습 방법을 선정하고 조직하여 가장 효과적인 방법을 선택하는 것은 교육과정 편성 운영의 중요한 문제이다.

셋째, 중도·중복장애학생에게 왜 가르쳐야 하는가? 중도·중복장애학생에게 선정된 내용을 조직하여 가르칠 때, 왜 가르쳐야 하는가에 대한 문제는 가르칠 내용의 정당성을 확보하기 위한 것이며, 내용 선정의 논리를 제공하는 것과 관련된다. 교육과정의 내용은 중도·중복장애학생에게 실용적이어야 하며, 사회의 구성원으로서 살아가기 위해 꼭 필요한 내용을 담아야 하는데, 이에 대한 근거를 제시할 수 있어야 한다.

중도·중복장애학생의 교육과정은 개별 학생의 특성을 고려하여 '무엇을' '어떻게' '왜' 가르쳐야 하는지에 관한 질문을 통해 교육과정을 구성하고 이해해야 한다. 또한 가르칠 내용에 대한 정당화 논리를 구성하고, 분석·비판·재구성하여 가장 유용하고 실천적인 교육과정을 만들어 가는 노력이 필요하다.

2) 교육과정의 의미

교육과정의 용어는 교육 현장에서 더욱 다양한 의미로 사용되고 있다. 현장에서 사용되고 있는 몇 가지 의미를 살펴보면 다음과 같다.

(1) 문서로서의 교육과정: 계획된 교육과정

교육과정은 일반적으로 추구하는 인간상과 핵심역량 등 교육과정 구성 방향에 따라 교육목표와 가르쳐야 할 교과, 학교 · 급별로 몇 학년에서 어떤 내용을 다룰 것인지에 관한 내용 조직, 시수, 교수 · 학습 방법, 평가에 관한 내용을 담고 있는 문서이다.

우리나라의 교육과정 문서는 편성 운영 주체에 따라 국가 수준, 지역(시 · 도교육청) 수준, 학교 수준, 학급 수준에 따라 보다 구체적인 교육과정이 만들어진다. 국가 수준 교육과정은 법률의 형태를 취하고, 법적 구속력을 가지고 있는 고시 문서이다. 국가 수준 교육과정은 교사가 가르치고 학생이 학습해야 하는 교육내용의 기준과 표준을 제시하고 있다. 지역 수준 교육과정은 국가 수준 교육과정의 기준을 바탕으로 한 지역 수준 교육과정 편성 · 운영 지침에 대한 행정 기준 문서이다. 최근에는 국가 수준 교육과정이 상세성을 지향하면서도 동시에 대강성을 가지기 때문에 단위 학교에 교육과정 의사 결정권을 대폭 이양하고 확대하여 학교의 자율권을 확대하는 추세이다.

(2) 실천으로서의 교육과정: 전개된 교육과정

교육과정은 무엇을, 어떻게, 왜 가르쳐야 하는지에 관한 규정된 문서이기도 하지만 학교에서 실행하고 있는 교육 활동 자체를 의미하기도 한다. 실천으로서의 교육과정은 국가와 지역 수준, 학교 단위의 공식적인 문서와 다르게 학급 단위, 교실 현장의 교사 수준에서 교수가 계획되고 실천되는 교수 활동이 전개된 교육과정이다.

중도 · 중복장애학생의 교육계획과 실행은 공식적인 교육과정이 있더라도 개별 학생의 개인 내, 개인 간의 차가 크기 때문에 현장 적합성이 낮을 수 있다. 이럴 때 교사는 자신의 지식과 신념, 가치관 및 태도를 바탕으로 학생의 개별적 특성과 요구에 따라 학생에게 필요한 내용을 중심으로 재구성하여 수업할 수 있다. 교육 현장에서 실천으로서의 교육과정은 문서로서의 교육과정보다 충실하게 적용할 수 있다.

(3) 성과나 산출로서의 교육과정: 실현된 교육과정

성과나 산출로서의 교육과정은 교수 · 학습 활동에 참여하면서 학생이 실제로 갖게 되는 경험이나 성취를 강조한 교육과정을 말한다. 같은 학습 환경이라도 학생의 배경이나 조건에 따라 서로 다른 교육적 경험을 하게 된다.

중도 · 중복장애학생을 위한 교육 역시 이들의 잠재적인 교육 가능성을 인식하고, 교육에서의 성과를 나타낼 수 있는 실현 가능한 교육과정이 되도록 교육에서의 성과와 산출을 포함한 계획이어야 한다.

(4) 의도되지 않은 산출로서의 교육과정: 잠재적 교육과정

잠재적 교육과정(latent curriculum)이란 학교에서 계획하거나 의도하지 않았음에도 불구하고 학교생활을 통해 얻게 되는 경험을 개념화하는 용어이다. 즉, 학교교육과정에서 의도적으로 실행하지 않았는데도 교육과정에 참여함으로써 얻게 되는 경험이나 성과를 말한다. 잠재적 교육과정은 사람 사이의 관계와 같은 정의적 측면이나 태도, 생활 습관 등과 같이 오랜 기간에 걸쳐 습득되기 때문에 학습 효과가 지속된다는 특성이 있다. 잠재적 교육과정은 학교의 상벌 관계, 권력관계 등 단체생활에서의 공식적인 지식 전달을 통하여 불평등한 사회 구조를 유지, 생산하는 숨겨진 기능을 수행한다고 해서 숨겨진 교육과정(hidden curriculum)이라고도 불린다(김재춘 외, 2006). 어떤 의미에서 잠재적 교육과정은 긍정적인 측면도 있으나 부정적인 면이 더 강하다고 볼 수 있다. 그러므로 교사는 교육과정이 운영되는 학교에서 일어나는 전반적인 생활과 학생의 경험에 관심을 가지고 다양한 시각에서 학생을 이해하려는 태도가 필요하다.

(5) 배제로서의 교육과정: 영 교육과정

의도되지 않았는데도 학교생활을 통해 얻게 되는 경험을 개념화한 것이 잠재적 교육과정이라면, 반대로 꼭 필요한 내용인데도 불구하고 생략되어 가르치지 않아서 학생이 학습하지 못하고 배제된 경우를 영 교육과정(null curriculum)이라고 한다. 학생에게 가르쳐야 할 역량은 원칙적으로 교육과정 문서 내에 다 포함되어 있어야 한다. 그러나 여러 가지 이유로 가르쳐야 할 내용이 생략되거나 빠진 경우가 있다. 그 예시로 과거 우리나라 교육과정에서 창의력과 비판적 사고 능력의 개발이 교육과정을 통해 개발해야 할 핵심역량임에도 불구하고, 사회 · 정치적 이유로 교육과정에서 비판적인 사고 능력의 개발을 의도적으로 제외했던 것을 들 수 있다(김재춘 외, 2006). 영 교육과정의 특징은 교육과정이 선택과 배제, 포함과 제외의 산물이기 때문에 공식적 교육과정에 따라 필연적으로 나타나는 산물이라는 것이다. 영 교육과정은 특정 내용을 배제, 약화해 학생이 배울 기회를 놓치게 만든다. 예를 들어, 인류의 기원에 관한 생각 · 인식은 사람의 가치관 · 세계관에 영향을 미칠 수 있는데, '진화론'만을 포함하고 있는 교육과정을 운영하는 경우 '진화론'은 절대적인 사실로 받아들여질 것이며, '창조론'은 신화라고 판단될 여지가 있다. 이에 교사는 교육과정을 편성할 때 교육적으로 가치 있는 내용을 빠뜨리지 않았는지 성찰하고, 학습할 가치가 있는 내용은 적극적으로 가르쳐야 한다.

3) 중도 · 중복장애 교육과정의 쟁점

중도 · 중복장애학생의 교육과정을 논할 때 몇 가지 쟁점이 되는 사안들이 있다.

첫째, 교과의 내재적 가치와 실용적 가치 중 어느 것을 더 강조하여 가르칠 것인가 하는 문제이다. 모든 교과는 교과 고유의 내재적 가치와 외재적 가치를 가지고 있다. 내재적 가치는 교과를 통해 얻을 수 있는 지력과 탐구력, 인격, 정서 등 교과 본연의 가치를 말한다. 외재적 가치는 교과를 배우는 것이 생활에서 실제로 무엇에 유용한지, 사회적인 요구에 적합한지 등의 외재적 측면의 정당성을 의미한다. 특수교육에서 교과교육은 현실적인 문제해결의 유용성을 강조하기 때문에 내재적 가치의 중요성을 간과하기 쉬우나, 두 가지 가치적 측면의 균형을 유지해야 한다.

둘째, 교과와 생활 기술 중 어느 것을 더 강조하여 가르칠 것인가 하는 문제이다. 특수교육에서 교육과정의 개발과 운영은 크게 발달 중심의 접근과 기능 중심의 접근으로 구분할 수 있다. 특히 교육내용을 선정할 때 교과 및 학문 중심의 교과 지식을 강조할 것인지, 생활의 준비를 강조할 것인지에 대해 이분법적으로 생각할 수 있다. 그러나 중도 · 중복장애학생의 교육과정은 교과와 생활 기술 중 어느 것이 더 중요한가를 생각하여 결정하는 것이 아니라 교육의 궁극적 목적인 일상생활에서의 문제해결력을 기를 수 있도록 개개인의 학생에게 의미 있는 활동으로 구성하는 것이 바람직하다. 누구에게도 통용되는 같은 내용과 과정, 절차는 없다. 개인의 발달을 위해 어떤 활동과 내용을 선정하여 어떠한 방법으로 가르치는 것이 더 유용한가에 초점을 둔 개별화된 접근이 필요하다.

셋째, 중도 · 중복장애학생의 통합교육 문제는 다른 장애 유형과 마찬가지로 교육 현장에서 큰 쟁점이 되고 있다. 다양한 능력의 차이를 보이는 장애학생을 일반교육 환경에서 통합하여 교육하는 것이 과연 효율적인 최고의 방법인가에 대한 논란은 계속됐다. 각기 다른 능력을 갖춘 학생을 모아 놓고 모든 학생이 같은 수준으로 배울 수 있을 것으로 기대하는 것은 비현실적인 바람이다. 더욱이 중도·중복장애학생이 통합된 환경에서 교육받는다는 것은 통합교육이 줄 수 있는 여러 가지 이점에도 불구하고 현실적으로 매우 큰 도전이 된다.

통합교육의 문제는 교육 배치에 제한된 내용이 아니라 교육과정 적용과 관련된 문제이다. 일반교육에서 사용하는 공통 교육과정과 기본 교육과정 중 어느 것을 적용할지, 혹은 별도의 교육과정 개발의 필요성에 관한 문제가 지속되고 있다. 교육의 보편적 특성에 따라 추구하는 인간상과 교육의 목표는 같을지라도 중도·중복장애학생의 개별적 요구에 따른 특수성을 반영해야 한다. 예를 들어, 특수교육 교육과정을 적용하는 동시에 다른 학생과의 교육내용 및 방법 등의 차이점을 반영함으로써 개별 특성에 적절한 교육을 지원하여 교육목표에 도달할 수 있도록 교육과정적 지원 요소를 구체적으로 밝혀야 한다.

2. 중도 · 중복장애 교육과정

중도·중복장애학생에게 무엇을 어떻게 가르칠 것인가에 대한 교육의 방향은 학생 개인의 가치, 역할에 대한 철학적 사고와 가치관에 따라 변화됐으며, 장애학생에 대한 기대감도 시대의 관점에 영향을 받아 변화됐다. 1970년대에는 정신연령에 기초를 둔 발달적 관점에서 중도·중복장애 교육이 실행되었으나, 생활연령에 적절하지 않으며 기능적이지 못하다는 비판을 가져왔다. 1980년대에는 중도·중복장애학생의 통합, 개별화된 교수 실행, 팀 협력, 증거 기반 교수, 궁극적 기능의 기준 등 중도·중복장애학생의 최선의 실제가 논의되어 생활연령에 적절한 기술을 중심으로 교수하자는 움직임이 확산하였으며, 교육은 현재와 미래의 지역사회에서 필요한 기술을 지도하는 데 중점을 두었다. 1990년대 이후에는 통합과 자기결정력에 대한 관심이 높아지면서 일반교육 환경에서의 교수, 선택하기, 자기주도학습 등 미래에 대한 계획을 세우고 성취하는 것을 강조하였다(Browder & Spooner, 2011). 중도·중복장애 교육은 중도·중복장애인의 인권에 관한 인식 변화와 함께 개인적인 삶의 질을 개선하는 데 관심을 기울이게 되었으며, 이들의 능력과 사회 참여에 관한 관심이 고조되면서 교육 가능성에 관한 실증적 연구들이 확대되기 시작하였다.

여기에서는 중도 · 중복장애학생의 교육과정에 대한 전통적인 접근의 문제점을 극복하고자 하는 생태학적 접근을 다루고자 한다. 생태학적 접근에서는 기능적이고 생활연령에 적합한 기술을 실제 환경에서 교수하는 것을 강조한다. 생태학적 접근이 적용된 교육과정의 용어는 다양하게 사용되고 있다. 그중 기능적 교육과정은 전통적 접근의 발달론적 교육과정과 대응되는 것으로 가장 널리 상용되는 용어이다.

1) 교육과정 내용 개발을 위한 생태학적 접근

(1) 생태학적 접근의 개요

중도 · 중복장애학생의 교육과정 내용 개발에 관한 전통적인 접근의 문제점을 극복하기 위해 대두된 것이 생태학적 접근이다. 생태학적 접근은 인간을 환경과 상호작용하는 존재로 보고 장애학생을 둘러싼 물리적 · 사회적 환경과 상황을 중요한 진단의 요소로 생각하여 교육계획에 필요한 정보를 얻고자 하는 접근이다. 생태학적 접근은 교수 활동이 학생의 현재와 미래의 환경에서 기능적이고 의미 있는 활동을 중심으로 한다는 점에서 기능적 교육과정 혹은 생태학적 교육과정 모형으로 볼 수 있다.

기존의 교육과정에 대한 전통적 접근은 중도 · 중복장애학생의 교육에서 여러 가지 문제점을 유발하였다. 발달연령 및 정신연령을 강조하여 교수 내용을 선정하는 것이 장애학생의 생활연령에 적합하지 않으며, 활동 중심적 교수보다는 분리된 기술을 가르치며, 실제로 가르쳐야 하는 자연적 환경과 맥락을 고려하지 못하고 미래의 환경에 필요한 기술을 가르치지 못한다는 비판이 제기되었다. 이러한 비판은 학교 졸업 후에 성인기 삶을 준비하는 데 필요한 기술을 가르치지 못하며, 진로 및 고용, 성인기의 독립적인 생활을 준비하는 데 이바지하지 못했다는 부정적 평가와 반성으로 이어졌다.

교육과정에서 전통적인 접근의 문제점을 해결하는 방안으로 대두된 것이 생태학적 접근과 기능적 교육과정이다. 이러한 접근은 발달연령보다는 생활연령에 적합한 기술들을 강조하고 교육내용의 활용성과 학생의 동기유발을 중요시하며, 교육의 내용에 생활 기술과 적응행동 기술을 포함하여 가르치고, 행동의 형태보다는 기능을 중요시한다 (Bagnato, Neisworth, & Munson, 1997).

(2) 생태학적 교육과정 내용 개발전략

중도 · 중복장애학생의 교육과정 내용 개발을 위한 생태학적 접근은 환경 내에서 무엇을 어떻게 가르칠 것인지에 관한 내용과 과정, 절차를 포함한다. 생태학적 접근의 궁극적인 목표는 다양한 지역사회 환경에서 가능한 한 독립적이며, 생산적으로 기능할 수 있도록 하는 것이다.

장애학생에게 개별화된 기능적 교육과정을 결정하기 위해서는 미래뿐 아니라 현재의 삶에서 기능을 수행하는 데 필요한 개인적인 기술을 확인해야 한다. 이를 확인하기 위해 사용하는 것이 생태학적 목록이다. 생태학적 목록은 지역사회, 가정, 여가 및 오락, 교육, 직업 영역 등에서 개별화된 기능적 교육과정을 결정하는 데 필요한 핵심적인 내용으로 구성된다. 이러한 접근은 개인의 발달 과정을 개인과 환경의 상호작용과 제도적인 측면에서 이해하는 것이다. 중도 · 중복장애학생의 교육목표를 결정할 때는 그들이 살아가고 있는 현재와 살아갈 미래의 최소제한적인 환경이 무엇이며, 미래의 지역사회 환경에서 어떻게 참여할 것인지를 고려해야 한다. 이는 분리된 환경에서 배운 기술을 다른 환경에 일반화하기가 어려운 중도 · 중복장애학생에게 특정 기술이 필요한 바로 그 환경에서 교육할 것을 주장한다(Berne-Smith, Ittenbach, & Patton, 2001). 따라서 교육과정이나 학습 활동은 생활연령에 적합한 기능적인 것으로 현재와 미래에 자연적 발생이 예측되

〈표 3-1〉 생태학적 목록 작성 과정

단계	내용	설명 및 사례
1	교육과정 영역 정하기	• 구체적인 기술들을 가르치고 삽입해야 할 상황, 맥락으로 사용될 교육과정 영역을 정함(예: 주거, 지역사회, 여가생활, 교육적 혹은 직업적 환경 등으로 구분하기)
2	각 영역에서 현재 환경과 미래 환경을 확인하기	• 현재의 주거 환경(예: 아파트나 주택 등)과 미래의 주거 환경(예: 장애 지원 아파트, 그룹홈 혹은 시설)을 확인하기
3	하위 환경으로 나누기	• 활동이 일어날 수 있는 하위 환경을 확인하여 분류하기(예: 학생의 집은 거실, 부엌, 침실, 테라스 등)
4	하위 환경에서 일어나는 활동을 조사하여 활동 목록 만들기	• 학생의 생활 방식에 대한 정보를 파악하고, 가장 적절한 활동을 결정하기 위해 다양한 변인을 고려하기(예: 좌식 식탁, 입식 식탁 등)
5	각 활동을 하기 위해 필요한 기술 결정하기	• 활동을 가르칠 수 있는 단위 수준을 고려하여 과제분석하기 • 활동에 필요한 기술 파악하기(예: 의사소통, 근육 운동, 문제해결력, 선택하기, 자기관리 등)

는 실제를 다루는 것이 유용하다.

　　교육과정 영역은 보통 가정생활 영역, 지역사회 기능 영역, 기능적 학업 교과 영역, 여가 및 오락 영역, 직업 영역 등으로 분류된다. 예를 들어, 지역사회 안에서 이동하기, 가게와 시장에서 물건 구매하기, 대중교통, 학교, 음식점, 도서관, 공원과 오락 영역, 차도와 인도 등 공공 편의시설 이용하기, 극장 등 문화적 장소나 행사에 방문하는 것 등 학생의 현재와 미래에 필요하다고 생각되는 기능적 기술 및 내용들이 포함된다. 생태학적 목록의 작성 과정은 〈표 3-1〉과 같다.

　　[그림 3-1]은 〈표 3-1〉 생태학적 목록 작성 과정 중 5단계에 해당하는 '각 활동을 하기 위해 필요한 기술 결정하기'의 예이다. 생태학적 목록을 작성한 후 지역사회 기능 영역에서 영화 관람에 필요한 기술을 가르치기 위한 과제분석의 실제 사례이다.

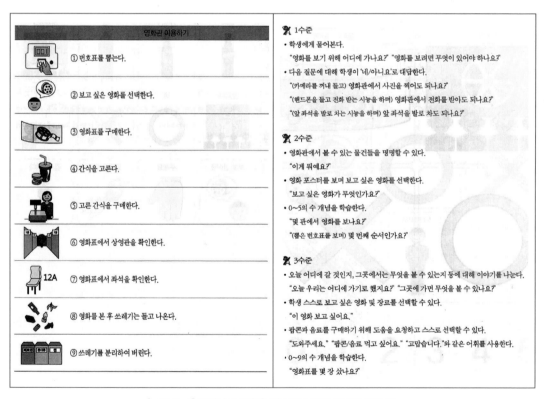

[그림 3-1] **지역사회 기술을 지도하기 위한 과제분석의 예**

출처: 김예리, 김경양, 박소민, 석민, 임지욱(2016), pp. 100-101.

(3) 생태학적 목록에 따른 기능적 학업 기술

기능적 교육과정은 개인의 현재와 미래의 삶에서 중요하다고 여겨지는 영역을 중심으로 교육과정을 구성하므로 장차 독립된 구성원으로서 살아가는 데 필요한 기능을 익힐 수 있다는 장점이 있다. 그러나 비장애학생이 다양하게 경험하는 것을 자칫 놓칠 수 있다는 우려가 있다. 이에 대한 대안으로 기능적 교육과정의 장점과 교과 교육과정의 장점

〈표 3-2〉 생태학적 목록에 따른 기능적 학업 기술표

구분	가정/가족	지역사회 참여	여가	정서/신체적 건강	진로고용 및 교육	개인적 책임 및 대인관계
읽기	라면 포장지의 조리법 읽기	재활용품 분리수거 하기	노래방에서 부르고 싶은 노래 찾기	약의 복용방법 읽기	위험 표지판이나 안내판 읽기	메뉴판 읽고 선택하기
쓰기	물품구매 목록 쓰기	택배 수령이나 카드 사용 시 사인하기	축하카드 쓰기	다이어트일지 (먹은 것, 체중 등) 기록하기	기본적인 개인정보 입력하기	자신의 물건에 이름 쓰기
듣기	일기예보 듣기	안내방송 듣기	주문 내역 듣고 확인하기	병원에서 유의 사항 듣기	전화 받고 전달할 내용 기억하기	친구의 고민 들어주기
말하기	가족회의에서 자신의 의견 말하기	이웃과 인사하기	자신의 감정을 적절하게 표현하기	병원에서 증상 말하기	전화받은 내용 전달하기	자신의 선호도나 선택에 관해 말하기
수	가족 수에 맞게 수저 놓기	버스 번호 보고 타기	영화관의 상영관과 좌석번호 찾기	자신의 몸무게나 키 알기	휴대전화 번호나 자신의 연락처 알리기	몇 시에 누구에게 연락이 왔는지 확인하기
연산	생필품의 가격 비교하기	할인이나 혜택쿠폰 계산하기	영화시간표 읽고 시간에 맞춰 입장하기	생리주기 계산하기	출발 시간과 도착 시간 계산하여 지각하지 않기	자신의 나이와 상대방의 나이를 파악하기
도형	식기의 모양이나 크기대로 정리하기	표지판 구분하기	여러 모양의 빵과 과자 만들기	포장에 적당한 용기 고르기	물건의 모양대로 진열하기	선호하는 무늬나 형태 선택하기
측도	적당한 비율로 커피나 음료수 만들기	주간 외식비 계산하기	음료수의 크기 알고 주문하기	자신의 신체 사이즈에 맞는 물건 고르기	식사비 계산하여 등분하기	원하는 헤어 스타일이나 머리 길이 표현하기

을 취하여 기능적 학업(functional academics) 접근이 제안되었다. 기능적 학업 접근은 기능적 교육과정에서 강조하는 생활연령에 따른 교육 요구의 반영과 실생활을 중시하는 동시에 이를 교과교육의 맥락에서 학습하도록 하는 것이다(Wehmeyer, 2002). 졸업 이후 통합될 지역사회에서 독립된 구성원으로서 살아가는 데 필요한 기술이 무엇인지 생태학적 목록과 기능적 학업 기술을 연결한 예시는 〈표 3-2〉와 같다.

기능적 학업 기술 중 읽기는 생활연령에 따른 내용 선정 및 구성이 필요하다. 〈표 3-3〉은 성인기를 준비하는 고등학교 시기의 학업 영역 중 읽기 기술에 해당하는 기능적 읽기에 관한 예시이다(김정효, 2009).

〈표 3-3〉 성인기를 준비하는 고등학교 시기의 영역별 읽기 기술표

일상생활	고용	여가	대인관계	지역사회 참여
전자제품 용어 읽기	구인광고 읽기	TV 프로그램 정보 읽기	가족관계도 읽기	지하철 노선도 읽기
상품정보 읽기	개인정보 읽기	영화입장권 읽기	문자메시지 읽기	음식점 메뉴판 읽기
상품 포장지의 조리법 읽기	급여명세서 읽기	인터넷정보 검색용어 익히기	이메일 읽기	쇼핑전단지 읽기
가정용품 표식 읽기	직업의 명칭과 하는 일	여가 프로그램 정보 읽기	안내문구 읽기	교통/정보/ 표지판 읽기

2) 기능적 교육과정

학습시간이 오래 걸리고 학습 능력이 낮은 중도 · 중복장애학생에게는 가장 적절하고 필수적인 내용을 선정하고, 이를 효과적으로 가르치는 것이 중요하다. 기능적 교육과정(functional curriculum)은 전통적인 교과 중심 교육과정 또는 지식 중심의 교육과정과 상반되는 의미로 사용됐다. 일반교육과정이 학습의 위계와 단계를 일정한 순서에 따라 학습해야 한다는 발달론적 접근방식을 취하고 있는 반면, 기능적 교육과정은 특수교육의 목표인 통합된 사회의 구성원으로서 살아가기 위해 학습해야 할 기술이 무엇인지를 먼저 생각하는 접근방법이다. 예를 들어, 의사소통교육, 일상생활 지도 등 주요 생활 영역 특성에 근거한 교육을 강조하며, 정신연령이 아닌 생활연령 적합성을 충분히 고려하는 접근방법이다. 기능적 교육과정의 특성은 다음과 같이 정리할 수 있다.

기능적 교육과정이란 기능적 생활 중심 교육과정이라고도 한다. 교과과정에 대한 기본 견해는 인식론상으로는 관념론보다 실용주의, 조직 형태상으로는 분과형보다는 통합형, 내용상으로는 문화유산이나 지식보다는 생활 경험과 조직, 방법상으로는 논리성보다는 심리성에 강조점을 두고 있다. 학습 내용보다는 학습 과정, 정적 학습보다는 동적 학습을 중시하며, 행함으로써 배운다는 원리에 따라 실생활에서 학습자의 활동과 작업을 통해 생활인으로서 필요한 모든 기능을 개발하려는 데 목적이 있다(국립특수교육원, 2009).

그러나 중도 · 중복장애학생을 위한 기능적 교육과정은 교과의 특성을 벗어나 생활 영역만을 강조하는 것이 아니라 일반교육과정 접근과 기능적 교육과정 접근의 균형을 유지하는 것도 매우 중요하다.

그렇다면 기능적이라고 할 수 있는 준거는 무엇일까? 이에 대해 1976년 Brown은 '궁극적 기능의 기준'에서 사회적, 직업적, 가정적으로 통합된 성인 사회 환경 내에서 최대한 생산적이고 독립적으로 활동하기 위해 개인이 꼭 가지고 있어야 할 요소들로 정의하였다. 중도 · 중복장애학생의 교육목표를 결정할 때는 이러한 목표가 성인이 되어 최소제한적인 환경에서 여러 사람과 함께 살아가기 위해 꼭 필요한 기술인지 생각해 볼 필요가 있다(Collins, 2006). 이때 고려해야 할 점은 학생과 가족의 선호도, 생활연령의 적합성, 문화적 요소 등이다(송준만 외, 2022).

기능적 접근이란 흔히 큰 목표를 세우고 그를 위해 어떤 하위목표를 세울 것인가를 생각한다고 하여 큰 목표로부터 아래로 점차 내려오는 하향식 접근(top-down approach)이라고 한다. 반대로 발달적 접근이란 비장애학생이 흔히 밟게 되는 발달의 순서를 기준으로 하여 하위 기술에서 상위 기술을 차근차근 가르치는 방법으로 학습에 있어서 위계나 준비도의 개념을 강조하는 접근이다. 이를 상향식 접근(bottom-up approach)이라고 한다(Collins, 2006).

예를 들어, 덧셈을 지도할 때, 두 수의 합이 10 미만의 덧셈을 배우고 나서 잘할 수 있어야 두 수의 합이 20 미만의 덧셈을 가르쳐야 한다고 생각하는 것이 일반적이다. 교육 내용의 위계상 아래에서 위로, 하위 기술에서 상위 기술로 차근차근 단계를 밟아 배우는 것이 일반적이지만, 장애학생의 경우 100 이내의 숫자는 몰라도 실제 화폐를 이용한 계산에는 강점을 보일 수도 있으므로 이러한 경우는 천 원, 만 원 이내의 화폐 계산을 가르치는 것이 더욱더 현실적이고 기능적일 수 있다. 기능적 교육과정은 발달상의 정신연령보다는 생활연령에 적합한 교육이며, 학교뿐 아니라 지역사회의 다양한 환경에서 가르치고 사용할 수 있는 기술이다. 발달적 기술과 기능적 기술을 비교한 예는 〈표 3-4〉와 같다.

〈표 3-4〉 **발달적 기술과 기능적 기술**

발달적 기술	기능적 기술
• 10분 동안 100개의 압정을 보드에 꽂기 • 색깔별로 장난감을 정리하기 • 인형을 이용하여 눈, 코, 입 찾기 • 유아용 프로그램 보며 율동 따라 하기 • 10, 100, 1000, 10000의 단위 알기 • 알파벳의 대문자와 소문자 읽기 • 구슬 꿰기	• 동전을 이용하여 자동판매기에서 물건 사기 • 세탁을 위해 흰옷과 색깔 옷을 구분하기 • 휴지를 사용하여 코 풀기 • 또래들에게 인기 있는 최신 음악 듣기 • 만 원 이내의 돈 계산하기 • 지역사회 내 표지판(화장실, 멈춤) 읽기 • 신발 끈 묶기

출처: Lewis (1987).

기능적 기술은 중도 · 중복장애학생이 미래의 통합 환경에서 살아가기 위해 꼭 필요한 기술이다. 이를 위해 중도 · 중복장애학생의 교육목표와 내용을 결정할 때는 학생과 가족의 선호도, 생활연령의 적합성, 문화적 요소 등을 고려해야 한다(송준만 외, 2022). 독일에서는 중도 · 중복장애학생을 '가장 기초적인 기능을 학습하는 것에서부터 교육이 시작되는 학생'으로 칭하며, 일상생활에서 생존을 위해 가장 필수적인 기능을 학습하는 것을 이들에게 매우 중요한 교육 과업으로 보고 있다(국립특수교육원, 2012).

중도 · 중복장애학생을 위한 교육을 계획하기 위해서 관찰과 면담을 통해 정보를 수집하고 평가하여 이들의 교육적 요구를 밝히는 것은 중요한 절차이다. 중도 · 중복장애학생을 위한 기능적 교육과정의 몇 가지 사례를 살펴보면 다음과 같다.

◆ COACH(Choosing Options and Accommodations for Children)
COACH는 중도 · 중복장애학생에게 적합한 교육 목적과 목표를 수립하고 생활에서 가치 있는 성과를 높이기 위해 개발된 교육과정 체계이다. 가치 있는 생활의 성과란 의사소통, 사회화, 자기관리, 여가, 학업 기술 교수, 학교, 지역사회, 직업 영역에서의 성과를 의미한다. 중도 · 중복장애학생 교육의 성과는 통합된 교육환경에 참여하여 IEP 목표를 성취할 수 있도록 하는 교육적 지원을 포함한다. 이를 위해 평가 및 교육계획 수립 시 부모와 학생 및 관련 전문가들의 면담을 통해 개별 장애학생을 위한 교육을 계획하고 결정하며, 가족의 우선순위를 고려하여 교육과정 영역과 목표를 정한 후 프로그램을 개발한다. COACH는 통합교육 환경에서 가족 중심적 접근방법을 통해 학생에게 필요한 개별화된 교수 내용을 판별하기 위해 생태학적 목록의 활용을 옹호하는 교육과정이다.

◆ 시러큐스 교육과정(The Syracuse Community-Referenced Curriculum Guide)
시러큐스 교육과정은 중도 · 중복장애학생의 학습에 적절한 기능적 활동을 제공하기 위한 교육과정이다. 중도 · 중복장애학생에게 기능적 기술과 학업적 기술을 가르치기 위해 자기관리, 가정에서의 일상생활, 직업생활, 여가 및 오락, 일반적인 지역사회 기능 등 주요 지역사회 생활 기반의 기술들을 영역과 위계별로 제시하고 있다. 시러큐스 교육과정은 COACH가 추구하는 철학적 가치와 유사하다. 통합된 환경에서 중도 · 중복장애학생의 일반교육 참여를 위해 일반교육과정과 같은 내용을 반드시 학습하도록 하는 것이 아니라 중도 · 중복장애학생의 요구에 적합한 교육을 제공하기 위한 교육 지원의 틀이다.

3) 일반교육과정 참여

(1) 일반교육과정 참여에 관한 고려사항

2010년 이후 우리나라의 특수교육은 일반교육과정 접근에 초점이 모이면서 일반교육교육과정에 참여시키기 위한 방향으로 교육의 관심이 집중되었다. 세계적인 흐름 역시 중도 · 중복장애학생도 진보할 수 있음을 기대하고, 일반교육과정에 참여할 수 있도록 지원하는 것이 정당하다는 방향에서 교수적 수정에 대한 다각적인 노력이 이루어졌다(Browder & Spooner, 2011).

중도 · 중복장애학생의 통합교육을 위해서는, 첫째, 중도 · 중복장애학생이 왜 일반교육과정에 참여해야 하는가? 둘째, 일반교육과정에 참여하기 위해 무엇을 가르쳐야 하는가? 셋째, 일반교육과정에 참여하기 위해서는 어떻게 가르쳐야 하는가의 세 가지 질문을 통해 이들의 교육 가능성과 통합의 당위성을 밝혀야 한다. 이를 위해서는 학생을 포함한 교육 및 관련서비스 전문가들의 구체적인 통합교육과 지원방안에 대한 논의가 선행되어야 한다.

중도 · 중복장애학생 교육은 그들이 학습할 수 있을 것으로 추측되는 교과 내용만을 지도하는 것이 아니라, 학령기 이후의 통합 환경에서 살아가기 위해 필수적인 내용이나 경쟁력을 높일 수 있는 내용을 선정하여 지도해야 한다. 다행히 중도 · 중복장애학생도 교과교육을 통해 더 많은 기회를 얻을 수 있다. 예를 들어, 읽기 능력은 직업 선택의 폭을 넓히고, 읽기를 통해 습득한 지식과 경험의 제공은 모든 학생에게 공평한 학습기회를 제공한다는 측면에서도 바람직하다. 중도·중복장애학생이기 때문에 교과 대신에 반드시 생활 기술을 배워야 하며, 기능적 기술을 가르쳐야 한다는 중압감에 시달릴 필요는 없다. 오히려 교과교육을 통해 더 많은 정보를 얻을 수 있으며, 자기결정의 기회를 높일 수도 있다(김정연, 2014).

일반교육과정을 적용하는 것이 중도·중복장애학생에게 의미 있도록 하기 위해서는 먼저 교사가 어떤 과목이든지 세부적인 내용 체계의 복잡성을 줄이고 핵심 내용이나 개념을 중심으로 무엇을 어떻게 가르칠 것인지 결정하는 것이 중요하다(Parrish & Stodden, 2009). 또한 내용의 범위와 깊이가 다르고 해석과 정보가 학생마다 각기 다르겠지만, Doyle과 Giangreco(2009)는 보다 포괄적인 관점에서 일반교육에 능동적으로 참여하는 것과 상호작용의 기술들을 개선할 적절한 어휘를 배우는 것을 강조한다. 미국의 경우 교사들은 중도·중복장애학생의 교육내용을 선정할 때, 연방정부와 주 정부가 제시하는 일반교육과정의 성취 기준을 인식하면서 동시에 일반교육과정 내에서 가르칠 수 있는 기능적 기술들을 선정하고 있다(Collins, Kleinert, & Land, 2006).

(2) 교수적 수정을 통한 일반교육과정 참여

통합교육 환경에서 일반교육과정의 핵심적인 학업 기술에 접근하는 것은 사회적으로나 학업적으로 의미가 있다. 일반교육과정 접근을 통해 중도·중복장애학생의 교육적 성과에 대해 긍정적 기대를 하는 것은 매우 중요하다. 그러나 이러한 과정에서 차별받거나 제외되지 않도록 유의해야 한다.

교수적 수정은 일반교육과정의 참여를 높이는 방법의 하나이다. 먼저, 중도·중복장애학생이 일반교육과정 수업에 참여할 때는 그것이 완전히 같은 내용이나 활동 수준에서의 참여가 아니라 할지라도 최대한 그 목표에 가깝게 참여할 수 있도록 유도해야 한다. 예를 들어, 음악 시간에 가창 수업을 하는 경우를 가정해 보자. 노래 부르기가 어려운 장애학생의 경우, 스위치를 사용해서 녹음된 노래나 목소리로 함께 참여하거나 연극 시간에 맡은 역할의 대사를 미리 녹음한 뒤 AAC 기기의 버튼을 누르는 것만으로도 통합학급 수업에 참여할 수 있다. 중도·중복장애학생에게 참여의 기회는 발달이나 학습을 위한 기본 전제이다. 학습 활동의 참여는 그 자체로도 소속감을 느끼게 되는 등의 큰 의미가 있을 뿐 아니라 활동 참여 자체가 중도·중복장애학생의 목표가 될 수도 있다.

교과 수업의 예를 들어 보자. 국어교과 수업에 글을 작성하고 그에 대해 비평하고 토론하기 위해 언어적 지식을 적용하는 일반교육과정의 수업목표가 있다면 중도·중복장애학생의 경우는 눈 응시(eye gaze)를 이용해 읽고 싶은 책을 선택하는 것으로 참여 수준을 수정해 줄 수 있다. 사회교과 시간에 민족이나 문화, 지역, 사회적 역할에 걸쳐 사용하는 언어의 다양성에 대한 이해가 성취 기준이라면 민족이나 문화에 대한 그림책이나 어휘 목록을 만들어 사용하는 등 난이도의 수준을 수정하여 수업에 참여하도록 지도할 수 있다.

Giangreco와 Putnam(1991)은 장애학생이 통합학급의 교과 수업에 참여할 때 세 가지 유형 중 하나가 되도록 학교와 학급 활동을 검토할 것을 제안하였다.

- 같은 활동의 참여: 장애학생은 어떠한 수정도 하지 않은 같은 학급 활동에 참여한다.
- 중다 수준(multi level) 활동의 참여: 장애가 있는 학생이 비장애학생과 같은 활동에 참여하되 다른 수준의 난이도로 배운다(예: 비장애학생은 세 자릿수 덧셈과 뺄셈을 학습할 때, 장애학생은 같은 수학 과목이지만 구체물을 가지고 한 자릿수의 덧셈과 뺄셈을 학습한다).
- 중복 교육과정(curriculum overlapping) 활동의 참여: 장애학생이 일반학급과 같은 학습 활동에 참여하되 목표 기술은 비장애학생과 다르다(예: 비장애학생은 음악 시간에 4/4박자 리듬을 익히는 것이 목표라면 장애학생은 자리를 이탈하지 않고 자신의 순서에 발성하는 것이 목표이다).

중다 수준 교육과정에는 두 가지 필수조건이 존재한다. 첫째는 장애학생이 비장애 또래와 같은 활동에 참여해야 한다는 것이며, 둘째는 각각의 학생이 개별적으로 여러 가지 수준(학년 수준과 동등한 수준, 학년 수준보다 높은 수준, 학년 수준보다 낮은 수준)에서 적절한 학습 결과가 모두 같은 교육과정 안에 있어야 한다는 것이다. 즉, A 학생은 기초적인 지식을, B 학생은 보통 수준을, C 학생은 심화한 수준을 학습하도록 계획하는 것이다.

중다 수준 활동의 예로는 초등학교 3학년 사회교과에서 보드게임을 이용해 이웃이나 마을에 대해 배우는 경우를 들 수 있다. 대부분 학생은 경찰서, 소방서, 우체국 등 주어진 시나리오에 따라 게임을 할 때, 자폐가 있는 중도·중복장애학생은 카드로 자기 주소, 전화번호를 공부하고, 성취도가 높거나 빠른 학생은 카드 게임을 통해 방위(동서남북)와 지도 읽는 기술을 배우도록 하는 것이다.

중다 수준 교육과정과 중복 교육과정은 모두 교수적 수정을 통해 중도 · 중복장애학생의 일반교육과정 참여를 높이기 위한 전략들이다. 이들 전략의 공통점과 차이점은 〈표 3-5〉와 같다.

〈표 3-5〉 **중다 수준 교육과정과 중복 교육과정의 공통점과 차이점**

구분	중다 수준 교육과정/교수	중복 교육과정/교수
차이점	학습목표와 학습 결과들은 동일한 교과목 (예: 사회, 과학, 수학) 안에 있고, 학생들은 학습량과 난이도를 감당해야 한다.	같은 교실 안의 비장애학생들이 교과(예: 과학, 수학, 역사 등)에 목표를 둔다면 장애학생들의 학습목표는 다른 영역, 예를 들어 의사소통, 사회화 또는 자기관리 능력 등이 될 수 있다.
공통점	• 동일한 연령의 다양한 학습 수준을 가진 학생들이 수업을 한다. • 정규학급 활동 안에서 학습이 일어난다. • 각각의 학습자들이 적절한 수준의 난이도로 개별화된 교수학습목표를 가진다.	

출처: Giangreco (2007).

3. 우리나라의 중도 · 중복장애학생 교육과정

1) 국가 수준의 중도 · 중복장애학생 교육과정

(1) 중도 · 중복장애학생 교육과정의 법적 근거와 관련 정책

국가 단위 교육과정은 여러 차례의 제정과 개정을 거치면서 장애학생에게 가치 있는 지식이 무엇인지 논의해 왔다. 통합된 사회에서 생산적 시민으로서의 기본을 갖추기 위해 장애학생에게 무엇이 필요하고 무엇을 가르칠 것인지의 문제는 특수교육 전문가들의 고민이 되고 있다. 또한 통합교육의 필요성과 요구는 증가하고 있으나, 철학적 이상과 실제 교육 현장과의 거리감은 또 다른 문제로 제기되고 있다.

특수교육은 표준중심의 교육과정 개혁(standard-based educational reform)과 교육의 보편성을 강조하면서 평등을 추구하는 사회적 가치의 입장에서 특수교육의 틀을 긍정적으로 변화시켰다(김정연, 김은주, 2013). 그러나 일반교육과정의 보편성과 접근을 강조하는 교육의 방향은 오히려 일상생활 및 지역사회 중심의 기술을 학습할 기회를 놓칠 수 있다는 점에서 중도·중복장애학생에게 불평등이 될 수도 있다.

이에 중도·중복장애학생의 개별 특성에 적합한 교육과정의 필요성이 제기되었다. 중도·중복장애에 관한 정의 및 용어의 법적 근거는「장애인 등에 대한 특수교육법」에서는 찾기 어렵지만「헌법」제31조의 모든 국민은 능력에 따라 균등한 교육을 받을 권리가 있음을 명시한 조항을 통해 중도·중복장애학생의 교육 지원에 대한 근거를 추측할 수 있다. 또한「교육기본법」제4조에서 모든 국민은 신체적 조건 등을 이유로 교육에 있어서 차별받지 않는다는 교육의 기회균등을 규정하고 있다. 이를 통해 중도·중복장애로 인해 가정이나 병원 등에 있다고 하더라도 어떤 형태로든 교육적 지원이 제공되어야할 근거를 찾을 수 있다. 또한 중도·중복장애학생의 교육과정 편성 운영에 관한 법적 근거는「장애인 등에 대한 특수교육법」제20조에서 찾을 수 있으며, 그 내용은 다음과 같다.

> 제20조(교육과정의 운영 등) ① 특수교육기관의 유치원·초등학교·중학교·고등학교과정의 교육과정은 장애의 유형 및 정도를 고려하여 국가교육위원회가 정하고, 영아교육과정과 전공과의 교육과정은 교육감의 승인을 받아 학교장이 정한다.
> ② 특수교육기관의 장 및 특수교육대상자가 배치된 일반학교의 장은 제1항에 따른 교육과정의 범위 안에서 특수교육대상자 개인의 장애유형과 정도, 연령, 현재 및 미래의 교육요구 등을 고려하여 교육과정의 내용을 조정하여 운영할 수 있다.
> ③ 특수학교의 장은 교육감의 승인을 받아 유치원·초등학교·중학교·고등학교과정을 통합하여 운영할 수 있다.

국내의 중도·중복장애학생을 위한 교육의 시초는 1997년 중도·중복장애학생을 대상으로 한 순회교육이라 할 수 있다. 순회교육은 일반적으로 장애의 정도가 심하여 의료적 처치를 위하여 장·단기 결석이 불가피한 경우 이동이나 운동기능의 심한 장애로 각급 학교에 통학하면서 교육받기가 곤란하거나 불가능하여 복지시설(장애인복지시설, 아동복지시설 등), 가정에서 거주하는 학생, 또는 특수학급이 설치되지 않아 특수교사가 배치되지 않은 일반학교에 재학하고 있는 학생을 대상으로 하고 있다. 그러나 순회교육 대상 학생을 위한 별도의 교육과정을 편성한 것은 아니며, 시·도교육청 지침에 해당 학교 교육과정의 편제를 고려하여 학생의 장애 특성과 정도에 알맞게 편성·운영하도록 자율성과 융통성을 확보한 형태로 제공되었다. 순회교육은 현재까지 운영되어 오고 있으며,

학생의 개별교육권과 학습권을 보장하고, 특수교육에 대한 국가 책무성을 확대하는 정책으로 지속되고 있다.

중도·중복장애학생을 위한 두 번째 교육 정책은 특수학교 및 가정, 병원, 복지시설 등의 시설 파견학급의 증설이다. 특수학교나 재택교실의 증설은 중도·중복장애학생의 교육기회를 확대하는 데 기여했으며, 중도·중복장애로 인해 통학의 곤란, 일반학교의 특수교육 지원인력의 부재, 특수교육기관 부족 등으로 학교 교육기회를 가지지 못한 학생을 위한 조치였다.

셋째는 특수교육발전 5개년 종합대책에 의해 제안된 특수교육지원인력제이다. 이 제도는 특수학교, 특수학급 및 통합학급에서 장애학생을 지원하도록 도입되어 통합된 중도·중복장애학생의 학습 활동 참여 및 또래와의 상호작용 확대에 이바지한 교육 지원 인력 정책이다.

이 정책들은 특수학교의 환경 개선과 시설 설비 면의 접근으로 확산하여 중도·중복장애학생 교육에 영향을 미쳤다. 이러한 정책을 시작으로 이후 특수교육 관련 법령이나 교육과정에서 중도·중복장애학생 교육 지원에 관심을 끌었고, 교육과정 실제에 관심을 높이는 계기가 되었다.

최근에는 중도·중복장애와 관련한 법령 개정과 함께 교육 지원에 대한 요구와 관심이 높아지고 있다. 인천시교육청에서는 2010년 4개의 중도·중복장애 특수학급을 개설하기 시작하여 2022년에는 특수학교와 특수학급 등 총 26개의 중도·중복장애학급을 운영하고 있다(인천광역시교육청, 2022).

(2) 중도·중복장애 교육과정의 발달

중도·중복장애학생을 위한 교육과정 논의가 본격적으로 시작된 것은 다른 장애 영역과 비교했을 때 비교적 최근의 일이다. 2011년까지는 중도·중복장애학생을 포함하여 장애학생의 교육과정은 기본 교육과정과 일반교육과정인 공통 교육과정 및 선택 교육과정[1]의 범위를 크게 벗어나지 못한 채 학생의 필요나 요구와는 상충하는 교육과정이 편성·운영되어 왔다. 장애학생의 교육은 일반학교 교육과정으로의 접근성을 강화하였으며, 다만 학생의 장애 중도·중복화 경향의 문제 등에 효율적으로 대처하기 위하여 교육

---

1) 2015 특수교육 교육과정 이후에는 선택 중심 교육과정으로 용어가 수정됨.

과정 편성·운영의 선택권을 학교에 부여하였다. 특수교육 교육과정 중 단위 학교의 필요와 실정, 학생의 요구에 근거하여 기본 교육과정과 공통 교육과정 및 선택 교육과정을 병행하여 편성·운영하도록 하였다. 이러한 단위 학교 교육과정 선택권 부여는 지적장애, 정서장애학생을 포함한 모든 학생에게 일반학교 교육과정인 공통 교육과정과 선택 교육과정을 편성·운영하도록 하고, 중도·중복장애가 있어 공통 교육과정 및 선택 교육과정에 참여하기 어려운 경우에는 기본 교육과정에 접근할 수 있도록 융통성을 허용하는 조치였다(국립특수교육원, 2012).

2012년 12월 14일에 부분 개정 고시된 특수교육 교육과정은 중도·중복장애학생을 위한 교육과정 운영 지침이 포함된 최초의 문서이다. 중도·중복장애학생을 위한 교육과정 운영 지침이 2012년 부분 개정 고시된 이유는 다음과 같다.

첫째, 2012년에 실시한 실태조사 결과 전체 장애학생의 24.2%가 중복장애가 있는 것으로 드러나 중도·중복장애학생의 비율이 점차 높아지는 것으로 나타났다. 둘째, 중도·중복장애학생의 통합교육 기회는 증가했으나 통합학급에서의 교육과정 접근의 한계가 발생하였다. 통합의 비율이 높아짐에 따라 특수학교뿐 아니라 일반학교에서도 모두 중도·중복장애학생의 비율이 증가하고 있으나, 여전히 물리적 통합에만 그치고 있는 경우가 많아 다양한 장애 특성 및 정도를 고려한 교육과정에 대한 요구가 제기되었다. 셋째, 증가하고 있는 중도·중복장애학생에 대한 교육과정, 교수방법, 교수전략 면에서 현장의 어려움이 많아지면서(김혜리, 2011; 박은혜, 표윤희, 김정연, 김은숙, 2008) 기존의 특수교육 교육과정만으로는 중도·중복장애학생의 교육 요구를 충족하기 어려워 이들을 위한 교육과정 및 교수전략 개발의 필요성이 지적되었다(박은혜, 박순희, 2001; 인천광역시교육청, 2009).

2012년 부분 개정 고시된 특수교육 교육과정은 장애의 중도·중복화 경향을 대비한 교육과정으로 구축하려 한 점에서 많은 진전이 이루어진 교육과정이다. 이는 장애의 중도·중복화에 따른 개별화된 교육과정 편성·운영 지침을 제시하여 장애학생 교육의 질을 확보하고자 한 노력으로 볼 수 있다. 또한 기본 교육과정이 그동안의 수준별 교육과정에서 학년별 교육과정으로 전환됨에 따라 교과교육 수행에 어려움을 겪는 중도·중복장애학생을 위한 조치라고 할 수 있다.

이러한 지침은 2015 특수교육 교육과정에도 이어졌다. 중도·중복장애학생의 교육과정 편성·운영 지침에는 교과(군)별 시수를 감축하여 교과 내용을 대신해 관련 생활기능 영역을 편성 · 운영할 수 있으며, 그 영역과 내용은 학생의 장애 특성 및 정도를 반영하여 학교가 정하도록 하였다(교육부, 2015). 기본 교육과정의 적용이 어려운 중도 · 중복장애학생을 위해 학교에서 교과교육 이외에도 장애를 극복하고 보완할 수 있도록 필요한 영역과 내용을 첨삭하여 재구성하게 하여 교과중심 수업 외에 생활 기능도 강조하였다(김정연, 2014).

2022 개정 특수교육 교육과정에서는 기본 교육과정의 정체성을 확보해야 한다는 현장의 요구를 반영하여 중도 · 중복장애학생의 교육지원이 더욱 강화되었다. 기본 교육과정은 중등도 및 중도 장애학생을 대상으로 한 교육과정이므로, 학생의 학습 수준과 생활연령을 고려하여 일상생활 및 직업 활동을 포함한 미래의 삶에 대처하는 데 도움을 줄 수 있는 내용을 강화하였다. 2022 개정 기본 교육과정은 학생의 장애 특성 및 요구 등을 고려한 맞춤형 교육과정으로 성격이 제시되었으며, 일상생활 활동 영역을 신설하여 장애 정도가 심한 학생의 교육적 요구를 반영하였다. 또한 특수학교에 재학 중인 학생의 지원 요구가 점차 복잡하고 높아짐을 고려하여, 교육내용을 적정화하여 학습 경험의 질을 개선하였다.

2) 중도 · 중복장애 교육과정의 방향

우리나라 특수교육 교육과정에 나타난 중도 · 중복장애학생을 위한 교육 지침은 미흡하나 점차 강화되고 있으며, 교육과정 총론에서 제시하고 있는 중도 · 중복장애학생의 교육 지원 내용을 정리하면 다음과 같다.

(1) 교육과정 자율성 확대

중도중복장애[2] 학생을 위한 교육에서 교과 교육 대신 생활기능 교육의 필요성은 강조되고 있으나, 실제로 편성 · 운영하는 경우는 많지 않은 편이다. 중도중복장애학생은 교육 지원 요구가 매우 다양하여서 유연한 교육과정 편성 · 운영이 필요하다. 2022 특수교육 교육과정에서는 지역 및 학교 상황, 학생의 장애 정도에 따라 학교와 교사가 교육내

---

2) 2022 개정 교육과정에서는 「장애인 등에 대한 특수교육법」 개정에 의한 「특수교육법 시행령」 제10조(특수교육대상자의 선정)와 별표(특수교육대상자 선정 기준)에 따라 중도 · 중복장애를 '중도중복장애'라는 용어로 사용하였음.

용을 재구성할 수 있도록 자율성과 유연성이 확대되었다.

지침에는 "시각장애 또는 청각장애학생이 다른 장애가 함께 있는 경우 교육적 요구를 지원하는 별도의 교육 활동을 병행하거나 대체하여 편성·운영할 수 있다."고 명시하여 공통 교육과정이나 선택 중심 교육과정을 이수하는 시각장애학교 또는 청각장애학교에 재학하고 있는 중복장애학생의 교육 지원을 강화하였다. 예를 들어, 미국 퍼킨슨 맹학교 등에서 활용하는 중핵교육과정(core curriculum)과 같은 일상생활 기반의 교육내용을 개발하여, 단위 학교의 교육과정과 병행하여 운영하거나 교과군의 시수 중 일부 내용을 대체하여 학교 교육과정으로 편성·운영할 수 있는 근거를 마련하였다(국립특수교육원, 2022a).

(2) 일상생활 활동 강화

2022 개정 특수교육 교육과정에서는 학생 중심의 교육, 실생활에서의 독립성과 사회통합을 위한 교육과 더불어 교육과정의 자율성을 강조하고 있다. 일상생활 활동은 이러한 취지에 따라 다양한 생태학적 환경 맥락 속에서 필수적인 생활기능 역량을 함양할 수 있는 학생 맞춤형 교육을 실현하기 위한 목적으로 신설하였다. 일상생활 활동은 장애학생에게 필요한 의사소통, 자립생활, 신체활동, 여가활용, 생활적응(시각중복, 청각중복, 지체중복) 등 다섯 개의 생활기능 영역으로 편성되었다([그림 3-2], 〈표 3-6〉 참고).

기본 교육과정을 운영하는 특수학교에서는 장애 정도가 심한 학생의 교육적 요구를 반영하여 교과 시수를 감축하여 일상생활 활동으로 편성할 수 있으며, 교과의 기초적인 학습 기능 및 태도 향상과 함께 생활기능 중심의 교육과정으로 편성·운영할 수 있다.

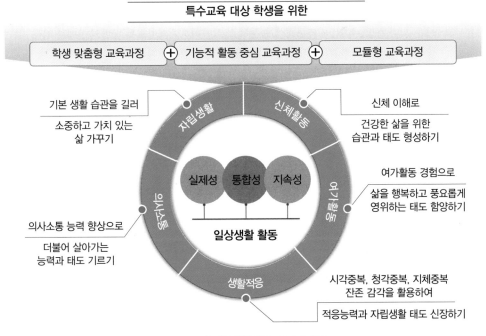

[그림 3-2] 일상생활 활동 영역의 개요

출처: 국립특수교육원(2022b), p. 87.

〈표 3-6〉 **일상생활 활동 영역과 내용**

영역	목표	내용 요소
의사소통	일상생활에 필요한 의사소통 능력을 향상하여 자신의 요구와 의사를 주도적으로 표현하고, 타인과 소통하며 더불어 살아가는 능력과 태도를 기른다.	의사소통의 기초 보완대체 의사소통의 탐색과 선택 의사소통의 활용
자립생활	신변 자립에 필요한 기초 생활 습관을 길러 자신의 건강과 안전을 도모하고, 가정, 학교, 지역사회에서 자립적인 생활 태도를 내면화하여 실천함으로써 소중하고 가치 있는 삶을 가꾼다.	신변 자립 자기관리 안전한 생활 자기결정과 상호작용
신체활동	자신의 신체에 대한 이해를 토대로 감각 정보를 활용하여 신체를 움직이고, 다양한 신체활동으로 기초 체력을 길러 건강한 삶을 위한 습관과 태도를 형성한다.	신체 인지와 움직임 신체 조절과 이동 생활 속 체력 증진
여가활동	여가에 대한 이해와 경험으로 여가를 활용하는 방법과 기능을 익히고, 자신의 삶을 행복하고 풍요롭게 영위하는 태도를 기른다.	개인 여가활동 공동체 여가활동 지역사회 여가활동

생활 적응	시각 중복	다양한 자극을 경험하고, 잔존 감각을 활용하여 가정, 학교, 지역사회에 능동적으로 참여하는 데 필요한 기초 적응 능력과 자립적인 생활 태도를 기른다.	감각 지각과 활용 의사소통 방법의 선택과 적용 신체 조절과 이동
	청각 중복	잔존 청력과 청각 정보를 보완하거나 대체하는 감각 정보를 활용하여 자신과 주변 환경을 이해하고, 타인과의 소통으로 가정, 학교, 지역사회에서 기대되는 규범과 역할을 실천함으로써 독립적인 삶을 살아가는 데 필요한 적응 능력과 태도를 기른다.	수용과 표현 대인관계 형성과 규범 실천 공동체 및 지역사회 참여
	지체 중복	가정, 학교, 지역사회의 구성원으로서 주체적인 삶을 영위하는 데 기초가 되는 신체 동작, 기초 운동 기능, 기초 의사소통 능력을 향상하고 신변 자립을 위한 적극적인 태도를 기른다.	신체 긴장도 조절 신체 동작 기초 기술 의사소통 기초 기술

2022 특수교육 교육과정 총론에서는 "기본 교육과정을 운영하는 특수학교는 장애 정도가 심한 학생의 교육적 요구를 반영하여 교과(군)별 50% 범위 내에서 시수를 감축하여 일상생활 활동으로 편성할 수 있다. 이 경우 시·도 교육감이 정하는 지침에 따라 사전에 필요한 절차를 거쳐야 한다."고 명시하였다. 즉, 일상생활 활동의 내용과 방법은 학교에서 결정하는데 학생의 교육적 요구, 학부모, 교사의 의견을 수렴하고 학교와 지역사회의 여건 등을 고려하여 편성할 수 있도록 학교와 교사의 교육과정 편성·운영 자율권을 확대하였다.

예를 들어, 중도중복장애학생을 선정하고 학급별 감축 시수를 결정하기 위해서 학교는 학생의 입학 이후에 별도의 선정 절차를 거친다. 감축 시수는 장애 정도가 심한 학생의 장애 특성 및 정도, 수행 수준 등을 확인할 수 있는 이전 학년(군) 또는 현재 수행 수준, 그리고 개별화교육계획에 작성된 평가 및 관찰기록 등을 고려하여 개별화교육지원팀 또는 선정위원회에서 결정한다. 최종적으로는 학교 교육과정 위원회의 심의 및 학교 운영위원회의 심의를 거쳐 학교장이 결정하여 운영한다.

또한 일상생활 활동의 운영은 학급, 학교 수준에서 교육과정을 재구성하여 학년군과 상관없이 통합하여 운영할 수 있다. 학생의 생활연령, 발달 수준, 개별 교육적 요구를 고려하여 일상생활 활동의 하위 다섯 개 영역뿐만 아니라 교과, 창의적 체험활동과 유기적으로 연계하고 통합하여 운영할 수 있다. 학교에서 학습하고 경험한 지식과 활동을 연결하여 다변화하는 실생활 맥락에 적용함으로써 유연하게 적응할 수 있도록 하였다. 예를 들어, 일상생활 활동은 학생의 교육적 요구에 따른 생활 적응 능력 향상을 위해 일상생활 활동의 영역 내 선택형, 영역 간 통합형, 일상생활 활동 · 교과 · 창의적 체험활동 연계형, 기타 학교 자체 개발형 등으로 편성, 운영할 수 있다(국립특수교육원, 2022b).

4. 중도 · 중복장애 교육과정 운영의 실제

특수교육 교육과정에서는 중도 · 중복장애학생도 다양한 경험의 차원에서 각 학년군의 생활연령에 적절한 각 교과의 중핵 요소를 학습함으로써 일상생활 및 지역사회에서 필요한 능력을 향상하도록 하고 있다. 우리나라의 중도 · 중복장애 교육과정 편성 운영 지침에 근거하여 학교 단위에서 중도 · 중복장애학생의 교육과정 편성 운영의 예시를 다음과 같이 제안할 수 있다.

1) 주제 중심 교육과정 운영 사례

주제 중심 교육과정이란 학생의 전인 발달과 효율적 학습을 위하여 주변의 인적, 물적 자원을 통합함으로써 교과를 재조직하여 가르치는 방법의 하나로, 장애학생의 발달 영역별, 교과 영역별, 흥미 영역별로 통합하여 통합된 전체 경험 속에서 학습하도록 도와주는 교육과정이다(국립특수교육원, 2013). 중도 · 중복장애학생에게 가치 있는 지식이란 교과를 기본단위로 한 단편화된 지식의 습득이 아니라, 학생 스스로가 필요한 지식을 활용할 수 있도록 재구성하여 능동적이고 통합된 지식을 습득하게 하는 것이다. 특히 중도 · 중복장애학생은 장애 특성으로 인해 능동적 학습자로서 해야 할 역할이 미비하여서 통합성, 경험성, 활동성을 강조한 지식의 상호관련성 이해를 통해 다양한 학습 경험을 제공할 수 있도록 지원해야 한다.

주제 중심 교육과정의 교육목표는 학생에게 의미 있는 내용 경험을 통해 성장하게 하는 것이므로, 의미 있는 경험을 통한 성장이 최우선적 교육목표가 되도록 개별 학생의 특성과 요구에 적절한 목표를 중심으로 구성한다. 주제를 중심으로 교육과정을 구성하는 이유는 주제에서 발생하는 활동들을 단편적으로 다루기보다는 교과별 내용들을 상호 관런지어 통합하여 접근할 때 장애학생이 문제를 좀 더 의미 있게 다룰 수 있기 때문이다.

그러므로 주제 중심의 교육과정에서는 중도 · 중복장애학생이 학교교육을 통해 성취해야 하는 기준을 명료화하고, 무엇을 가르쳐야 하는지 주제를 중심으로 교육과정의 목표와 내용, 성취 기준, 학습 활동을 재구성하는 절차가 필요하다. 주제 중심의 교육과정의 재구성 사례는 [그림 3-3]과 같다.

교과	교육과정 내용 요소	성취기준	학습 활동의 예	주제 도출
국어	소리 듣고 구별하기	• 여러 가지 소리의 의미를 이해하고 구별한다.	• 수업 시작 종소리를 듣고 의자에 앉기 • 이름을 부르면 "네." 하고 소리 내어 대답하기	
사회	학교생활 규칙 살펴보기	• 학교에서 지켜야 하는 규칙을 살펴보고 이를 지킨다.	• 교실에서 내 자리를 찾아 앉기 • 학교를 둘러보며 학교시설의 이름 알기	새 학년 우리 반
수학	측정을 일상생활과 연결하기	• 주변을 탐색하여 방금 전에 보았던 사물을 찾는다. • 제시한 구체물과 같거나 다른 구체물을 찾는다.	• 교실 내에 있는 물체에 관심을 갖고 다감각을 활용하여 관찰하기	
과학	소리의 세기와 높낮이	• 소리가 나는 물체는 떨림이 있음을 알고, 생활 주변의 소리를 듣고 큰 소리와 작은 소리, 높은 소리와 낮은 소리로 구분한다.	• 여러 가지 소리에 반응하기	

[그림 3-3] **주제 중심 교육과정의 재구성 사례**

주제 및 활동 내용의 선정은 국가 수준 교육과정의 내용 요소, 중도 · 중복장애학생의 흥미와 선호도, 학부모들의 요구, 학교의 요구 및 실정, 시 · 도교육청 수준의 요구, 교육과정 운영에 필요한 인적 · 물적 자원 등을 통합적으로 고려하여 결정한다. 주제 및 내용을 선정할 때의 몇 가지 기준을 제시하면 〈표 3-7〉과 같다(국립특수교육원, 2012).

〈표 3-7〉 주제 중심 교육과정 편성 · 운영 시 유의점

- 교육과정에서의 주제는 장애학생들이 생활 주변에서 경험할 수 있는 내용으로 선정한다.
- 교육과정의 내용은 장애학생의 생활 경험과 관련이 깊은 내용으로 생활에 필요한 기능이나 지식을 통합하여 제공하며, 가정, 학교, 지역사회에서의 생활과 관련된 주제나 행사를 주로 다룬다.
- 교수내용은 실제생활 장면에서 활용할 수 있는 일상생활 기술이나 사회성 기술, 의사소통 기술, 직업적 적응 등의 내용을 강조하며, 생활 중심 단원으로 통합하여 활동중심 프로그램으로 구성한다.
- 주제와 소재를 선정할 때에는 학생의 정서 · 사회적 기술, 인지 능력, 신체 운동 능력 등이 균형 있게 발달할 수 있도록 구성한다.
- 수업 활동을 통해 학교 교육목표를 효과적으로 이끌어 낼 수 있는 주제를 우선순위로 선정하더라도 기본적으로는 개별 학생의 교육적 요구와 특성에 따른 개별화교육을 강조한다.
- 주제 중심 교육과정에서 주제의 학습량을 결정할 때 학교 학습의 총 시수 대비 적정량을 고려하며, 학생의 장애 상황 및 발달 수준, 학습 시기를 고려하여 편성한다.

2) 기능적 생활 중심 교육과정 운영 사례

장애로 인해 복합적인 어려움을 가지고 있는 중도 · 중복장애학생의 경우, 각 교과의 목표 및 내용에 관한 사항의 일부 또는 모든 교과의 내용을 재구성하여 제시하여도 학습활동에 적극적으로 참여하기가 곤란하며, 경직된 교육과정 운영만으로는 이들의 교육적 요구를 만족시키기 어렵다. 그러므로 중도 · 중복장애학생의 교육은 필수적인 사고 기술과 행동을 중심으로 의미 있는 경험을 구성하여 제시하는 것이 효과적이다.

기능적 생활 중심 교육과정은 장애 유형별로 다른 요구를 가진 중도 · 중복장애학생의 교육적 지원을 위해 일상생활의 활동 참여를 강조한 교육과정이다. 또한 중도 · 중복장애학생의 장애 상태나 발달 정도 등에 따라 가능한 한 다른 사람의 도움을 덜 받고 스스로 기능을 신장하고, 더 나은 삶을 살 수 있는 내용을 강조한 교육과정이다. 기능적 생활 중심 교육과정은 단순한 기능의 훈련을 통해 기술을 습득, 향상하거나 능력을 향상하기 위한 교육과정이 아니다. 이 교육과정은 가정, 지역사회, 여가, 직업 영역에서 필요한 생활 기술을 포함하며, 다양한 생활 영역에서의 성공적이고 의미 있는 참여에 필요한 지식과 기술을 포함한다. 또한 장애학생의 요구와 필요에 따라 적용할 수 있는 확장적 교육과정으로 각각의 지식과 기술, 연령 전반에 걸쳐 필요한 영역과 내용을 선택할 수 있는 계획으로 포함할 것을 제안한다(Best, Heller, & Bigge, 2005).

기능적 생활 중심 교육과정은 일상생활의 경험을 바탕으로 편성하기 때문에 중도·중복장애학생의 동기유발과 자발적 활동 참여를 촉진할 수 있다. 또한 특정한 상황이나 장면에서 학습한 내용의 일반화와 유지가 어려운 학생에게 실제 생활을 통하여 생활연령에 적절한 기능적인 기술을 습득하도록 지도할 수 있는 효율적인 접근방법이다(김정연, 2012). 학교교육의 학습과 일상생활에서의 학습 간의 거리를 줄이고 일상생활 경험과의 연계성을 높이는 교육내용이 실제 생활에서 유용할 수 있어서, 교육성과와 효율성을 높일 수 있다. 교육과정의 내용 목록들은 각 학생의 개별적인 특성에 기초하기 때문에 매우 개별화되어 있고, 학생이 필요로 하는 생활 기술과 밀접하게 관련되어 있다. 기능적 생활 중심의 교육과정 영역을 선정할 때 고려해야 할 몇 가지 사항을 제시하면 〈표 3-8〉과 같다(국립특수교육원, 2012).

〈표 3-8〉 **기능적 생활 중심 교육과정 편성·운영 시 유의점**

• 중도·중복장애학생들에게 적절한 교육서비스를 지원하기 위해서는 가장 시급하게 필요로 하는 교육 지원과 특수교육 관련서비스의 우선순위를 파악한다.
• 중도·중복장애학생의 장애 유형별로 집중이 필요한 영역을 강화한 형태의 교육과정을 편성한다. 운동, 자세, 보행, 일상생활, 감각 훈련, 의사소통 등의 생활 기능 영역들이 모두에게 필요한 것이 아니므로, 필요에 따라 교육과정의 우선순위를 고려한다.
• 각각의 영역은 학생의 능력이나 요구, 흥미, 특성 및 생활연령을 고려하여 내용을 첨가하거나 조정할 수 있도록 구성한다. 중도·중복장애학생의 특성은 장애의 정도에 따라 어느 한 기준에 의해 서열화할 수 없으므로 필요한 교육과정 내용과 수준은 개별화된 선택이 가능하도록 편성한다.
• 교육과정 영역은 학생의 궁극적인 교육목표를 지향할 수 있도록 편성하며, 각각의 발달적 생애 단계에서는 의사소통 및 학업 수행, 자기결정력, 대인관계, 통합된 지역사회 참여, 건강, 독립적이면서 상호 협력할 수 있는 일상생활, 여가 및 오락, 고용, 미래의 교육 및 훈련과 관련한 지식 및 기술을 준비할 수 있도록 교육과정에 포함한다(박은혜, 김정연, 표윤희, 2023).

교과중심 교육과정은 교육의 의도성이 강조되는 데 비해, 중도·중복장애 교육과정은 학생 개개인의 장애 정도, 유형, 특성 등을 기초로 한 교육내용의 개별화가 강조된다. 중도·중복장애학생의 개별성은 고정된 특성이 아니고 늘 변화할 수 있어서 교육내용을 구성할 때는 개별 학생의 능력이나 요구, 흥미, 발달이나 환경 등을 고려하여 내용을 첨가하거나 조정한 기능적 생활 중심의 교육과정으로 편성한다. 중도·중복장애 교육과정은 학생이 가지고 있는 장애를 극복하고 보완할 수 있도록 학생의 개별성에 더 중점을 맞

추어 교과교육과 생활교육을 연계하여 운영한다(〈표 3-9〉 참고). 또한 교육과정의 내용은 지역사회에서 가치 있는 역할을 할 수 있도록 자기결정력을 향상해서 가능한 한 자립생활이 가능하도록 강조되어야 한다(Knowlton, 1998). 중도·중복장애학생 교육과정은 현재의 유용성에 바탕을 두는 동시에 미래의 가정과 직업, 지역사회, 여가 등에 사용될 기능적인 기술을 강조하여 미래의 독립된 생활과 최상의 삶의 질을 제공할 수 있는 선택 및 자기결정 기술을 갖는 것을 목적으로 해야 한다.

〈표 3-9〉 중도·중복장애학생의 교과교육과 생활교육 연계 사례

구분	현행 수준	연간목표	학기목표	교육내용 및 평가
교과 영역 (국어)	청각이 발달하여 음악이나 중저음의 목소리에 반응하며, 표현 언어의 어려움이 있다.	교사의 전반적인 지원을 받아 다양한 소리를 듣고, 소리와 표정으로 표현 활동을 할 수 있다.	1-1. 선생님 소리를 듣고 표정으로 반응할 수 있다. 1-2. 학습자료를 조작하여 다양한 소리를 들을 수 있다. 1-3. 교사의 신체적 도움을 받아 소리가 나는 교재교구를 조작할 수 있다.	1. 선생님이 들려주는 구연동화를 듣고서 미소를 짓거나 소리를 내어 웃는 것으로 반응 표현하기 -'신데렐라' '구름빵' '사자와 은혜 갚은 쥐' '여우와 신 포도' '거짓말쟁이' '배가 아파요' 2. 선생님과 함께 핸드벨을 흔들 때, 소리 내고 웃거나 눈을 크게 떠서 반응하기
일상생활 활동 영역 (신체활동)	사지마비로 인해 침대에 계속 누워 있으며, 욕창을 방지하기 위해 자세를 수시로 변경해 주어야 한다.	교사의 도움을 받아 자세를 바꿀 수 있다.	1-1. 몸의 자세를 바꾸어 목 근육의 수축을 예방할 수 있다.	1. 목을 주물러 주며 목 근육 풀어 주기 2. 몸의 자세를 오른쪽으로 바꾸어 10분 동안 자세 유지하기 3. 몸의 자세를 왼쪽으로 바꾸어 10분 동안 자세 유지하기

출처: 국립특수교육원(2012), p. 217.

〈표 3-10〉 **중도·중복장애학생의 교육과정과 개별화교육계획의 연계 사례**

기본 교육과정 과학교과 중 1~3학년군

교과 목표	우리 몸의 구조와 기능을 살펴보고, 주변 동물의 생활방식과 식물의 생장 조건을 학습하여 동물과 식물이 살아가는 방식을 이해한다.

내용 체계	영역	핵심개념	내용 요소
	동물과 식물	동물과 식물의 생활	• 서식지에 따른 동물 분류 • 뿌리, 줄기, 잎의 구조와 기능 • 식물의 생장 조건
		환경과 생태계	환경오염과 생태계 보전

⇩

기능적 생활 중심의 학교 수준의 교육과정 재구성

단원명	활동내용
1. 여러 가지 씨앗	• 여러 가지 씨앗 관찰하기 • 싹이 튼 씨앗의 겉모양과 속모양 관찰하기 • 씨앗이 싹트는 데에 필요한 조건 알아보기 • 씨앗에서 식물로 자라는 모습 관찰하기

⇩

학생의 개별화교육계획(IEP)

현행 수준	• 교실 내 화분에 물을 주어야 함을 알고 있음 • 과일을 먹을 때 씨는 빼고 먹어야 함을 알고 있음
장기목표	좋아하는 식물의 씨앗을 선택하여 키우고, 그 과정을 사진 관찰 기록으로 작성할 수 있다.
단기목표	1. 다섯 가지 씨앗의 생김새를 살펴보고 같은 것끼리 모을 수 있다. 2. 두 가지 화분을 보고 싹튼 씨앗과 싹트지 않은 씨앗을 구별할 수 있다. 3. 식물의 사진을 보고 키우고 싶은 씨앗을 고를 수 있다. 4. 식물이 잘 자라기 위한 조건을 그림에서 찾을 수 있다. 5. 씨앗의 자람을 휴대전화로 촬영하여 날짜별로 모을 수 있다.
평가	• 크기가 다른 씨앗의 크기를 구별할 수 있음. 한 종류의 씨앗을 선택하는 것은 어려워했지만, 식물 사진을 보고 선호하는 것을 손으로 명확하게 지적하였음 • 여러 가지 식물이 있는 그림에 햇빛과 물을 덧그려 주는 활동을 통해 씨앗이 싹트는 데에 필요한 조건을 학습하였으나, 실제로 양달과 응달을 구분하지 못함 • 휴대전화의 사진 앨범을 이용하여 찍은 사진을 '스토리 만들기' 앱을 이용하여 사진 관찰 기록을 작성하였음. 관찰 기록문의 글은 교사가 입력해 주었음

　　이러한 교육과정은 교실 수업과 연계될 수 있도록 개별화교육계획을 수립하여 실행해야 한다. 교사는 학생의 장기적인 IEP 목표를 설정하여, 구체적으로 한 학년 혹은 한 학기 동안에 학습할 수 있는 내용을 계획하여 개별화된 접근으로 최적합한 교육이 될 수 있도록 노력해야 한다. 〈표 3-10〉은 중도·중복장애학생의 교육과정과 개별화교육계획의 연계 사례이다.

　　이 장에서는 중도·중복장애학생의 교육과정을 살펴보았다. 교육과정이란 학교교육을 통해 경험하고 학습하는 것, 할 수 있게 되는 것을 구체화한 것을 말한다. 우리나라의 특수교육 교육과정은 장애학생을 바라보는 다양한 시각과 견해에 따라 변화되었다. 그러나 중도·중복장애학생은 장애 특성이나 능력, 교육적 필요에 있어서 매우 이질적인 집단이기 때문에 이들에게 무엇을 어떻게 가르칠 것이며, 어떠한 방법으로 집중적이고 지속적으로 지원할 것인가는 해결해야 할 문제로 남아 있다.

　　학교교육과정은 특수교육적 요구가 다양한 장애학생을 포함하여 모든 학생에게 최적합한 교육을 제공할 수 있어야 한다. 그러므로 중도·중복장애학생의 특수교육 성과 제고를 위한 내실 있는 교육과정 운영을 위해서는 학교와 교사의 자율성이 강조되며, 이를 실행할 수 있는 교사의 역량과 역할이 강조된다. 교사는 중도·중복장애학생에게 '꼭 필요한 것'과 '동등하게 참여하기 위해 배워야 하는 것'이 무엇인가에 초점을 맞추어야 한다.

참고문헌

교육과학기술부(2012). 특수교육 교육과정(교육과학기술부 고시 2012-32호). 세종: 교육과학기술부.

교육부(2015). 특수교육 교육과정(교육과학기술부 고시 2015-81호). 세종: 교육부.

국립특수교육원(2009). 특수교육학 용어사전. 경기: 국립특수교육원.

국립특수교육원(2012). 중도·중복장애학생 교육과정 편성·운영 방안 연구. 충남: 국립특수교육원.

국립특수교육원(2013). 중도·중복장애학생 교수·학습 자료 개발 기초 연구. 충남: 국립특수교육원.

국립특수교육원(2014). 중도·중복장애학생 교육과정 지원 자료. 충남: 국립특수교육원.

국립특수교육원(2022a). 2022 개정 특수교육 교육과정 총론 시안 개발 연구. 충남: 국립특수교육원.

국립특수교육원(2022b). 2022 개정 특수교육 교육과정 기본 교육과정 일상생활 활동 시안 개발 연구. 충남: 국립특수교육원.

김예리, 김경양, 박소민, 석민, 임지욱(2016). AAC를 활용한 지역사회 적응 활동. 서울: 학지사.

김재춘, 부재율, 소경희, 채선희(2006). 교육과정과 교육평가. 서울: 교육과학사.

김정연(2012). 2011 특수교육 교육과정의 이해 Ⅱ: 중도·중복장애학생 교육과정 편성·운영 방안. 특수교육 교육과정 및 교과서 현장 활용 세미나. 충남: 국립특수교육원.

김정연(2014). 중도·중복장애학생 지도. 2014 국립특수교육원 자격연수 자료집.

김정연, 김은주(2013). 2011 개정 특수교육 교육과정에 따른 중도·중복장애학생의 학교 수준 교육과정 편성 방안 연구. 지적장애연구, 15(2), 105-128.

김정효(2009). 기능적 읽기 중심의 상급학생 또래교수가 장애 중등학생의 기능적 읽기 능력 및 사회성과 실업계 고등학생의 자아정체감 및 사회적 인식에 미치는 영향. 이화여자대학교 대학원 박사학위논문.

김혜리(2011). 일본의 중도·중복장애학생 교육과정 분석 및 한국적 시사점 탐색. 특수아동교육연구, 13(3), 457-477.

박은혜, 김정연, 표윤희(2023). 지체장애학생교육(2판). 서울: 학지사.

박은혜, 박순희(2001). 중도·중복장애학생의 교육에 관한 특수학교 교사의 인식조사. 특수교육학연구, 36(1), 29-55.

박은혜, 표윤희, 김정연, 김은숙(2008). 비구어 지체장애학생을 위한 국어과 교수-학습 지도의 실태 및 요구분석. 특수교육학연구, 42(4), 143-167.

송준만, 강경숙, 김미선, 김은주, 김정효, 김현진, 이경순, 이금진, 이정은, 정귀순(2022). 지적장애학생교육(3판). 서울: 학지사.

인천광역시교육청(2009). 중도·중복장애학생을 위한 특수교육 지원체계 개발. 인천: 인천광역시교육청.

인천광역시교육청(2022). 2022학년도 중도·중복장애학급 운영 계획. 인천: 인천광역시교육청.

Bagnato, S. J., Neisworth, J. T., & Munson, S. M. (1997). *Linking Assessment and Early Intervention: An Authentic Curriculum-Based Approach.* Baltimore, MD: Paul H. Brookes.

Berne-Smith, M., Ittenbach, R. F., & Patton, J. R. (2001). *Mental Retardation* (6th ed.). 신종호, 김동일, 신현기, 이대식 공역(2008). 정신지체. 서울: 시그마프레스.

Best, S. J., Heller, K. W., & Bigge, J. L. (2005). *Teaching Individuals with Physical, or Multiple Disabilities* (5th ed.). Upper Saddle River, NJ: Merrill.

Browder, D. M., & Spooner, F. (2011). *Teaching Students with Moderate and Severe Disabilities.* New York: Guilford Publications, Inc.

Brown, F., McDonnell, J., & Snell, M. E. (2015). *Instruction of Students with Severe Disabilities* (8th ed.). 박은혜, 한경근 공역(2017). 중도장애학생의 교육(8판). 서울: 시그마프레스.

CAST. (1998). Three essential qualities of universal design for learning. Retrived February 27,

2003.

Collins, B. C. (2006). *Moderate and Severe Disabilities: A Foundational Approach.* 이정은, 강경숙, 김미선 공역(2009). 중도장애. 서울: 학지사.

Collins, B. C., Kleinert, H., & Land, L. (2006). Addressing math standards and functional math. In D. M. Browder, & F. Spooner (Eds.), *Teaching Language Arts, Math, and Science to Students with Significant Cognitive Disabilities.* Baltimore, MD: Paul H. Brookes.

Demchak, M. A. (1990). Response prompting and fading methods: A review. *American Journal on Mental Retardation, 94*(6), 603-615.

Downing, J. E. (2005). *Teaching Literacy to Students with Significant Disabilities.* Thousand Oaks, CA: Corwin Press.

Downing, J. E. (2010). *Academic Instruction for Students with Moderate and Severe Intellectual Disabilities in Inclusive Classrooms.* 이숙정, 이경아 공역(2011). 중도·중복장애 학생을 위한 교과학습지침서. 서울: 시그마프레스.

Doyle, M. B., & Giangreco, M. F. (2009). Making presentation software accessible go high school students with intellectual disabilities. *Teaching Exceptional Children, 41*(3), 24-31.

Giangreco, M. F. (2007). Components of multilevel curriculum and curriculum overlapping. *Educational Leadership, 64*(5), 34-37.

Giangreco, M. F., & Putnam, J. W. (1991). Supporting the education of students with severe disabilities in regular education. In L. H. Meyer, C. A. Peck, & L. Brown (Eds.), *Critical Issues in the Lives of People with Severe Disabilities* (pp. 245-280). Baltimore, MD: Paul H. Brookes.

Knowlton, E. (1998). Considerations in the design of personalized curricular supports for students with developmental disabilities. *Education and Training in Mental Retardation and Developmental Disabilities, 33*(2), 95-107.

Lewis, P. (1987). A case for teaching functional skills. *TASH Newsletter(The Association for Persons with Severe Handicaps).* WA: TASH publications.

Orelove, F. P., & Sobsey, D. (1996). *Educating Children with Multiple Disabilites: A Transdisciplinary Approach* (3rd ed.). Baltimore, MD: Paul H. Brookes.

Parrish, P. R., & Stodden, R. A. (2009). Aligning assessment and instruction with state standards for children with significant disabilities. *Teaching Exceptional Children, 41*(4), 46-57.

Sandal, S. R., & Schwartz, I. (2002). *Building Blocks for Teaching Preschoolers with Special Needs* (p. 46). Baltimore, MD: Paul H. Brookes.

Schultz, J. M., & Carpenter, C. D. (1995). *Main Streaming Exceptional Students: A Guide for*

Classroom Teachers (4th ed.). Boston, MA: Allyn & Bacon.

Snell, M. E., & Brown, F. (2011). *Instruction of Students with Severe Disabilities* (7th ed.). Upper Saddle River, NJ: Pearson.

Wehmeyer, M. L. (2002). *Teaching Students with Mental Retardation: Providing Access to the General Curriculum.* Baltimore, MD: Paul H. Brooks Publishing Co.

제4장

교수학습전략 실행

•

임장현

1. 중도 · 중복장애학생의 학습과 학습 단계
2. 중도 · 중복장애학생의 학습 단계별 교수전략
3. 중도 · 중복장애학생을 위한 효과적인 교수전략

중도·중복장애학생의 성공적인 교수학습목표 달성을 위하여 고려해야 할 것은 '어떻게 가르쳐야 하는가(how to teach)'와 관련된 '교수방법'이다. 중도·중복장애학생의 교육적 요구에 기초하여 현행 수준에 대한 정확한 진단과 평가, 학생의 강점과 약점, 필요한 관련서비스에 대한 평가를 통해 학생에게 가장 우선순위인 교육목표를 결정하고, 목표 성취를 위해 체계적인 절차와 방법을 적용하는 일련의 과정을 넓은 개념의 '교수방법'이라고 할 수 있다. 즉, 효과적인 교수전략을 적용하기 위해서는 중도·중복장애학생에 대한 평가, 우선순위 교육내용에 대한 협의, 교수실행과정에서의 적용과 체계적 점검을 통한 협의 절차가 선행되어야 한다. 이는 교수목표 수립과 실행의 일련 과정과 유기적으로 연결하여 진행되어야 한다.

이 장에서는 중도·중복장애학생의 학습에 대한 이해와 학습 단계의 개념과 특성을 살펴본다. 또한 많은 연구에서 장애학생을 위한 효과적인 교수방법으로 검증이 된 증거기반의 실제(Evidence-Based Practice: EBP)를 바탕으로 학습 단계에 따라 적용할 수 있는 교수전략을 다룬다. 각 단계별 교수전략을 사용할 때 고려해야 할 교수방법의 개념과 적용 방법들을 소개하고, 학습 단계에서의 습득과 숙달, 유지, 일반화를 향상시키는 데 도움이 되는 교수전략의 실행에 대해 알아본다. 마지막으로 연구를 통해 중도·중복장애학생들에게 효과적으로 입증된 삽입교수, 시각적 지원, 비디오 모델링 등의 교수전략을 살펴본다.

1. 중도·중복장애학생의 학습과 학습 단계

1) 중도·중복장애학생의 학습에 대한 이해

다양하고 독특한 요구를 가진 중도·중복장애학생에게 적절한 교육을 제공하는 것이 중요함에도 불구하고 많은 학교교육은 중도·중복장애학생의 교육적 요구를 충족시키지 못하고 있다. Heward(2003)는 이와 같은 상황을 '특수교육의 효과를 방해하는 교수법과 학습법에 대한 잘못된 견해들'에 기인한 것으로 규명하였다. 잘못된 견해란 학교 교육이 효과적인 방법으로 교육해야 할 학생들의 권리를 지키지 못하며, 개별화교수의 부

재, 특수교육계 내에서의 연구기반 실제의 부족과 연구기반 실제 적용의 한계 등 네 가
지 요소를 말한다.

특수교육 분야에서는 수년에 걸쳐 상당한 양의 연구에 기반한 직접 교수, 지속적인 연
습, 자료를 이용한 수행평가, 학생이 실수를 교정할 수 있도록 하는 피드백 제공과 같은
최상의 실제들이 있었다. 그러나 특수교사들이 여전히 중도·중복장애학생에 대한 낮
은 기대감, 느린 학습속도, 학습이론의 비일관된 적용 등 장애학생들에게 적절하지 않은
교수방법을 고수하고 있었다(Heward, 2003). Heward는 이와 같은 최상의 실제와 공존
할 수 없는 방법들이 오히려 학습의 불이익을 가져다줄 것이라고 경고하면서 교사들은
특수교육의 발전을 위해서, 첫째, 자신의 직업을 전문직으로 보고 타당한 연구에 기반을
둔 교수법을 실행해야 하며, 둘째, 교수를 하는 동안 자료에 근거한 의사결정을 내리고,
셋째, 교수에 배정된 시간, 교수자료, 응답할 기회의 빈도 그리고 응답에 따르는 피드백
의 종류를 평가하여 교수의 효과에 영향을 미칠 수 있는 요인들을 다양하게 시도해야 함
을 강조하였다.

이는 중도·중복장애학생을 지도하는 교사들에게 더욱 강조되는 개념이다. 즉, 중도·
중복장애학생 학습 지도의 어려움과 교육적 딜레마는 소위 '전무한 인지 능력'에 기인한
것이라기보다는 오히려 교사들의 교과교육에 대한 편협한 이해, 교육에 대한 이론적 지식
및 교수학습방법에 관한 자질 부족에서 오는 것은 아닌지 자성이 필요하다(이숙정, 2006).

국내에서 2012년 고시된 특수교육 교육과정에서는 중도·중복장애학생 교육과정 편
성·운영 지침이 신설되어 현장에서 중도·중복장애학생을 위한 교육과정 편성·운영
에 대한 기준을 마련하여 학교와 장애학생의 특성에 맞게 교육과정을 운영할 수 있는 근
거가 되었다. 이를 통해 중도·중복장애학생들이 교육에 참여할 수 있도록 지원을 해 나
가기 시작하였으며, 중도·중복장애학생을 위한 교수학습자료도 개발하여 보급하고 있
다([그림 4-1]). 즉, 중도·중복장애학생 교육의 최상의 실제를 위해 궁극적 기능의 기준
을 고려한 기능적 교육과정뿐 아니라 교과교육에 대한 교수학습 프로그램의 재구조화에
대한 접근이 필요하다.

특수교사는 이를 위해 장애학생에 대한 최소위험가설의 기준을 가지고 기존의 연구
에서 검증된 교수방법의 실제들을 실행하는 것이 필요하며, 교과에 대한 전문지식 습득
이 필요하다. 이와 같은 노력은 학습목표에 반영되어 효과적인 교수전략으로 실현될 수
있다.

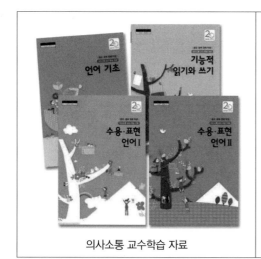

| 의사소통 교수학습 자료 | 자립생활 영역 교수학습 자료 |

[그림 4-1] 중도 · 중복장애학생을 위한 교수학습 자료

출처: 국립특수교육원(https://www.nise.go.kr/).

2) 중도 · 중복장애학생의 학습 단계

교수학습 실행 단계에서는 학생의 학습 단계에 맞추어 서로 다른 교수전략의 접근이 필요하다. 즉, 학생의 학습 단계에 따라 교사가 차별화된 교육계획을 세워 전략적으로 교수해야 함을 의미한다. 학습 단계란 학습과정에서 목표 기술을 확실하게 알기 위해 거치는 여러 단계를 말하며, 일반적으로 습득, 숙달, 일반화, 유지 단계를 거친다(Alberto & Troutman, 2012).

'습득(acquisition)'과 '숙달(fluency)' 단계는 새로운 지식이나 기술을 습득하고 일정 수준 이상의 수행과 적응을 보이는 것을 말한다. 숙달은 유창성의 단계를 의미한다. 이 단계에서는 더 직접적이고 체계적인 촉진 절차가 필요하다. '일반화(generalization) 단계'는 언제, 어디서나 필요할 때 기술을 사용할 수 있도록 하는 것으로 이 단계에서 학생들은 더 다양한 자료나 환경에 노출된다. '유지(maintenance) 단계'는 어느 정도 독립적으로 기술을 사용할 수 있는 수준이며, 교사들은 하루 일과 중 해당 기술이 필요한 모든 경우에 학생이 그 기술을 사용할 것을 기대한다. 과제 수행의 질을 향상시키는 것에 초점을 맞출 수도 있고, 속도를 높이는 것에 중점을 둘 수도 있다.

중도 · 중복장애학생은 다른 학생들에 비해 학습이 매우 천천히 일어나며, 자주 잊어버리고, 한 조건에서 다른 조건으로 혹은 한 과제에서 다른 과제로 일반화하는 것이 어렵다. 그렇기 때문에 중도·중복장애학생을 효과적으로 지도하기 위해서는 각각의 학습 단계의 특성을 알고 학습 단계에 적합한 교수 기술을 적용해야 한다. 학습 단계에 따라 필요한 교수 절차를 제공할 때, 학습의 효과가 극대화될 수 있다. 예를 들어, 주의집중을 유도하기 위해서는 자연적인 단서와 자극을 활용해야 하며, 기술의 유지와 일반화를 위해서는 촉진의 소거가 필요하다.

학생의 학습 지도는 학습 단계가 어디에 속하느냐에 따라 각 단계에서 강조하는 초점이 다르다. 〈표 4-1〉은 학습 단계에 따른 교수방법의 특성과 초점을 정리한 것이다.

〈표 4-1〉**학습 단계에 따른 교수방법의 특성과 초점**

학습 단계	목표	특징
습득	핵심 기술을 지도하며 오류를 줄임	• 학생이 핵심 기술에 대한 수행 정도가 낮게 나타나는 단계임 • 과제를 시작할 때 촉진을 제공하는 것이 필요함 • 과제분석 방법을 통해 기술을 더 작은 요소로 세분화해서 지도해야 함 • 정반응에 대해서는 즉각적이고 긍정적인 피드백을 제공해야 함 • 오류를 보이는 수행에 대해서는 교정적 피드백을 제공해야 함
숙달 (유창성)	일상적인 활동으로 수행할 수 있도록 숙련도를 높임	• 수행 속도와 기술의 질에 초점을 두는 단계임 • 생활연령과 환경을 고려하여 현실적인 수행 기준을 적용함 • 수행 속도와 질을 높여 보다 기능적인 기술이 되도록 지도함 • 기능적인 활동과 연결하여 지도함(예: 의사소통, 사회성, 자기결정 등) • 교사나 외부의 개입적인 요구와 촉진을 줄여서 학생이 독립적으로 수행할 수 있도록 함 • 자연적 단서와 촉진, 강화로 옮겨 가도록 함

일반화	자극의 변화에도 목표한 기술을 잘 수행할 수 있도록 함. 필요에 따라 목표 기술을 수정하여 융통성 있게 수행할 수 있도록 지도함	• 이 단계의 목표는 '필요할 때마다 어디서나 그것을 사용하기'를 학습하는 것임 • 자극이 되는 환경(장소나 상황), 사람(교사, 감독자), 자료 등을 다양하게 적용하는 단계임 • 기술을 수행하는 맥락을 다양하게 하여 문제해결 및 적응 기술을 지도함 • 의사소통, 사회성, 자기결정 관련 목표와 연계하여 기술을 심화함 • 개입적인 요구, 촉진을 소거하고 자연적 단서와 촉진으로 수행을 유도함
유지	목표 기술을 독립적으로 수행할 수 있는 수준을 유지하며, 지속적으로 사용하도록 함	• 학습을 끝마친 기술을 활동이나 일과 모두에서 사용하는 것이 목표임 • 개입적인 요구나 촉진을 줄이고 자연적 단서와 촉진, 강화로 수행을 촉진함

출처: Brown, McDonnell, & Snell (2015), pp. 127-128에서 수정 발췌.

2. 중도 · 중복장애학생의 학습 단계별 교수전략

1) 습득, 숙달 단계의 교수전략

습득, 숙달 단계에서는 교수하고자 하는 목표를 행동목표로 서술해서 명시하는 것이 우선적으로 이루어져야 한다. 행동목표는 누가, 무엇을, 어떤 조건에서, 얼마나 자주, 오랫동안, 빨리 수행할 것인지에 대한 서술을 담고 있다. 또한 '이해한다, 습득한다'와 같은 관찰 불가능한 표현 대신 '수행한다, 나타낸다' 등과 같이 측정 가능한 행동 동사를 사용한다. 또한 가르치는 교수자의 입장에서 '지도한다, 가르친다'의 표현을 지양하고 학습자 중심의 표현을 쓰는 것이 바람직하다.

이와 더불어 중도 · 중복장애학생에게 행동목표를 선정할 때 목표가 개인의 삶에서 유의미한 활동과 이어질 수 있도록 가치를 부여하는 것이 필요하다. 예를 들어, 독립보행이 목표인 학생은 혼자 걸을 수 있을 뿐만 아니라 또래 가까이로 이동해서 같이 놀이에 참여하고 사회적 관계를 맺을 수 있다. 따라서 걷기는 단순한 걷기 자체의 목표 이상의 의미를 가진다. 이와 같이 개인의 삶에 가치를 부여할 수 있는 목표를 중도 · 중복장애학생 교수의 우선순위로 선정하는 것이 필요하며, 여기에는 다음의 고려사항이 포함되어야 한다.

- 새로운 강화, 유관관계, 환경을 평가한다: 예를 들어, 길을 안전하게 건너는 것을 우선순위로 선정할 경우 이 기술을 통해 음식점, 쇼핑센터, 극장에 접근하는 것이 가능하므로 이러한 유관관계 자체가 수행을 위한 강화가 될 수 있다. 이와 같이 목표 기술과 관련된 환경 평가가 함께 이루어지는 것이 필요하다.
- 일반화 가능성이 높은 기술을 지도한다: 일반적으로 학습된 행동은 더 복잡한 학습 과정의 요소나 다른 학습의 사전지식으로 기능하게 된다. 예를 들어, 간단한 레시피의 단어를 학습하면 케이크를 굽는 레시피 사용을 촉진할 수 있다.
- 부적절한 행동을 대체할 수 있는 행동을 고려하여 선정한다: 어떤 목표행동은 부적절한 행동을 대체할 수 있다. 예를 들어, 장난감을 달라고 요청하는 것을 학습하게 되면 장난감을 달라고 누구를 때리는 행동을 대체할 수 있다.
- 기술학습으로 영향을 받게 되는 사람의 수와 중요성을 고려한다: 학생이 학습한 반응으로 얼마나 많은 사람이 유익함을 경험할 수 있는가를 고려한다. 식당에서 바른 자세로 식사하는 것을 배운 학생은 근처에 앉은 또래들의 편안함과 즐거움을 증진시킬 수 있다.
- 사회적 타당성을 고려한다: 목표행동이 개인에게 기대되는 사회적 가치나 기대를 반영하여 사회적으로 타당한 것이라면 그것은 더욱 가치를 가지게 된다.

교수목표가 확인되면 목표 기술을 학습할 수 있는 맥락과 상황을 확인하고 교수학습 훈련 절차를 개발한다. 다양한 촉진과 단서를 선행사건으로 활용 가능하며, 수행 결과에 따른 정적 강화와 후속 결과를 사용할 수 있다. 이때 개입적이거나 인위적인 단서와 촉진, 강화 등은 소거를 목표로 하게 된다. 새로운 기술을 습득하고 유창성을 향상시키는 데 효과적인 교수전략을 살펴보면 다음과 같다.

(1) 촉진 사용하기

촉진에는 언어, 시각적 모델, 신체적 동작 등 여러 유형이 있고 종종 혼합되어 사용되며, 학생의 수행 정도에 따라 촉진의 개입 정도가 다양하다. 촉진은 촉구라고도 불리며,

이 장에서는 촉진이라는 용어를 사용한다.

촉진은 (활용 목적에 따라) 반응 촉진과 자극 촉진으로 구분할 수 있다. 반응 촉진은 학생의 반응 전후에 목표행동의 발생 가능성을 높이기 위하여 제공되는 자극으로 구어적 촉진(verbal prompt), 시각적 촉진(visual prompt), 몸짓 촉진(gestural prompt), 모델링 촉진(modeling prompt), 신체적 촉진(physical prompt)이 있다(박은혜, 김정연, 표윤희, 2018에서 재인용). 교사의 개입 정도에 따른 촉진의 예시를 살펴보면 다음과 같다.

〈표 4-2〉 **반응 촉진의 예**

교사의 개입 정도	구분	예시
	구어적 촉진	'화장실 문 열기' 지도 시 학생에게 "문 손잡이를 잡고 여세요."라고 말함
	시각적 촉진	화장실 문 앞에 노크하는 그림을 붙여 놓고 문 열기 전 노크하도록 지도함
	몸짓 촉진	화장실 이용 후 손을 씻어야 한다는 의미로 수도꼭지를 살짝 건드려 학생이 수행해야 할 과제를 알려 줌
	모델링 촉진	화장실 문 앞에서 교사가 손으로 노크하는 제스처를 취한 후 이를 모방하도록 함
	신체적 촉진	학생이 손을 씻을 때 학생의 손을 잡고 씻도록 함

자극 촉진은 학생이 정확하게 행동하고 과제를 수행할 수 있도록 자극을 변화시키는 자극 내 촉진, 자극을 추가하거나 단서를 주는 가외 자극 촉진이 있다(Miltenberger, 2016; 박은혜 외, 2018에서 재인용). 자극 내 촉진은 학생의 바람직한 반응을 이끌어 내기 위해 변별자극을 변화시키거나(예: 큰 글씨, 색깔 단서 제공) 위치를 다르게 하여 학생 가까이 놓아두는 것을 포함한다. 가외 자극 촉진은 변별자극 외에 다른 자극을 추가하여 추가 자극(예: 사진, 그림 등 시각자료)을 제공하는 것이다. 학생에게 자신의 사물함을 찾도록 할 때 자극 촉진을 활용한 예시는 [그림 4-2]와 같다.

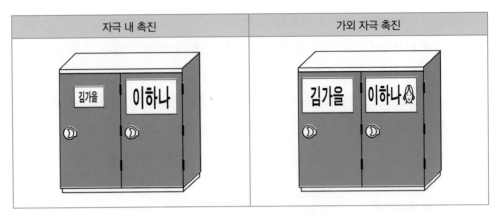

자극 내 촉진	가외 자극 촉진

[그림 4-2] **자극 내 촉진과 가외 자극 촉진 예**

① 점진적 안내

점진적 안내(graduated guidance)는 정반응을 위한 신체적 촉진이 필요한 학생에게 적절한 반응을 하도록 하기 위해서 꼭 필요하다고 판단되는 신체적 촉진을 주고, 시간이 지나면서 강도가 약한 촉진을 제공하는 방법이다. 예를 들어, 글씨를 쓸 때 처음에는 손을 잡고 도와주다가 나중에는 팔꿈치만 지지하여 도와주는 것과 같은 식으로 약화시켜 간다. 필요한 촉진의 수준을 정하기 위해서는 촉진을 주었을 때 정반응과 촉진을 주지 않았을 때의 정반응 데이터를 모으는 것이 필요하다. 〈표 4-3〉은 점진적 안내를 활용한 일상생활 기술 지도의 예이다.

〈표 4-3〉 **점진적 안내의 예**

	목표행동	점퍼를 입고 벗기 위해 지퍼를 올리고 내리기
	단계	지도 내용
1	목표행동 수립	지퍼를 올리고 내리기
2	신체적 촉진	학생의 손 위에 손을 얹어 신체적 도움을 제공함
3	신체적 촉진의 강도를 점차 줄임	부분적인 신체적 도움에서 점차 학생의 손을 살짝 접촉하는 것으로 촉진을 줄임
4	그림자 기법	교사가 학생의 손을 접촉하지 않은 채 가까이 하는 것만으로 학생 스스로 수행하도록 함

② 최대 촉진 체계

최대 촉진 체계(most-to-least prompting)는 최대-최소 촉진 체계라고도 한다. 새로운 과제를 배울 때 유용한 방법으로 촉진의 단계 중에서 가장 강한 촉진에서 점점 낮은 단계의 촉진을 주는 방법이다. 학생이 독립적으로 수행을 해서 다음 단계의 촉진으로 촉진 수준을 낮추었는데, 수행이 확연히 떨어지면 전 단계의 높은 수준의 촉진으로 다시 돌아가야 한다.

최대 촉진 체계는 중도 · 중복장애학생의 기초 기술(신변처리, 이동성, 지시 따르기 등)의 습득 단계에서 사용하기 좋은 방법이다. 이 방법은 언어적 지시 따르기, 모방하기가 어렵고 촉진을 기다리지 못하거나 학생의 수행 오류가 많을 때 사용할 수 있는 촉진 방법이다. 〈표 4-4〉는 최대 촉진 체계를 활용한 일상생활 기술 지도의 예이다.

〈표 4-4〉 **최대 촉진 체계의 예**

목표행동		점퍼를 입기 위해 단추 잠그기, 지퍼 올리기
단계		지도 내용
1	신체적 촉진	학생의 손을 잡고 지퍼를 올려 줌
2	모델링	• 교사가 직접 손을 잡고 수행하다가 익숙해지면, 교사가 지퍼를 올리는 행동을 보여 줌 • 학생에게 관찰하도록 한 후 지퍼 올리기를 따라서 수행해 보도록 함
3	언어촉진	교사는 학생과 눈이 마주치면 "점퍼의 지퍼를 올려라."라고 과제를 지시함
4	독립적 수행	학생이 독립적으로 수행할 수 있도록 지원을 제공함

③ 최소 촉진 체계

최소 촉진 체계(system of least prompting)는 최소-최대 촉진 체계라고도 한다. 촉진의 단계 중 가장 낮은 단계의 촉진부터 주는 방법으로 학생의 독립적 수행을 유도하는 데 유용하다. 그러나 독립적 수행이 어려운 기술 수행 시 한 번의 교수 회기 동안 각 단계의 촉진을 다 사용하게 되는 교수 절차로 인해 중재 회기가 길어지는 단점이 있다. 〈표 4-5〉는 최소 촉진 체계를 활용한 일상생활 기술 지도의 예이다.

〈표 4-5〉 **최소 촉진 체계의 예**

목표행동		점퍼를 입기 위해 단추 잠그기, 지퍼 올리기
단계		지도 내용
1	학생의 독립적 수행	• 먼저 이름을 불러서 주의집중을 시킴 • 학생과 눈이 마주치면 "점퍼의 지퍼를 올려라."라고 지시한 후 독립적으로 수행하도록 3~5초간 기다림 • 학생의 정반응에는 강화, 오반응에는 다음 단계로 진행함
2	가장 낮은 단계의 촉진 제공	• 학생이 스스로 수행하지 못하면 가장 낮은 단계의 촉진부터 단계별로 촉진함 • 말로 직접 지시하여 수행하도록 하고(언어적 촉진), 3~5초간 기다림 • 학생의 정반응에는 강화, 오반응에는 다음 단계로 진행함
3	그다음으로 낮은 단계의 촉진 제공	• 그다음에도 반응이 없으면 더 낮은 단계의 촉진을 제공함 • 신체적 유도를 하여 수행하도록 하고(모델링), 3~5초간 기다림 • 학생의 정반응에는 강화, 오반응에는 다음 단계로 진행함
4	더 낮은 단계의 촉진 제공	• 그다음에도 반응이 없으면 더 낮은 단계의 촉진을 제공함 • 신체적 촉진을 제공하여 과제를 수행함

④ 시간지연

시간지연(time delay)이란 교사가 자극과 촉진 사이에 일정 시간 동안 학생의 반응을 기다리면서 반응을 유도하는 방법이다. 학생이 독립적으로 수행하기 어렵다고 판단하면 자극을 줌과 동시에(시간 간격 0~2초) 촉진을 곧바로 주는데, 학생이 1~2회기 만에 바른 반응을 보이면 점진적 시간지연이나 고정시간지연 중에 하나를 제공한다.

시간지연은 시간을 조정하는 것에 따라 점진적인(progress) 시간지연과 고정(constant) 시간지연의 두 가지 방법으로 적용할 수 있다. 점진적인 시간지연은 촉진을 제공한 후 기다리는 시간을 조금씩 늘리는 방법(2초 → 5초 → 8초 등)이고, 고정시간지연은 숙달을 위해 모든 중재에서 고정된 지연 간격을 유지하는 방법이다. 점진적인 시간지연법에 관한 구체적인 사례는 〈표 4-6〉과 같다.

〈표 4-6〉 점진적인 시간지연법의 예

목표행동		동전 구분하기
단계		지도 내용
1	학생의 독립적 수행과 즉각적인 촉진	• 먼저 이름을 불러서 주의집중을 시킴 • 학생과 눈이 마주치면 "500원짜리 보여 줘 봐."라고 지시한 후 독립적으로 수행하도록 함 • 교사가 즉시 500원짜리를 가리켜서 학생이 교사의 모델링을 보고 따라하도록 함
2	학생의 독립적 수행과 3초 동안 기다리기	• 학생과 눈이 마주치면 "500원짜리 보여 줘 봐."라고 지시한 후 독립적으로 수행하도록 함 • 학생이 500원짜리를 가리킬 때까지 3초 동안 기다림 • 학생의 정반응에는 강화 제공 • 학생의 오반응에는 교사는 손가락으로 동전을 가리키면서 "아니, 이건 500원짜리가 아니야."라고 말해 줌

(2) 선행사건 사용하기

선행사건을 사용하는 방법은 학습 상황에서 교사의 교수적 단서나 과제 지시, 물리적 자극, 인적 환경, 교수자료, 선택의 기회, 자극 내 촉진, 가외자극 촉진 등의 교수적 선행사건을 활용한 교수방법이다. 선행사건을 사용한 교수방법은 다음과 같다.

• 변별자극을 활용하여 교수한다: 변별자극은 특정 반응을 위한 과제나 상황의 적절한 측면으로서 그 자극에 대해 특정 반응을 하면 강화를 받게 되는 자극을 말한다. 과제, 환경, 교사의 요구, 자료, 하루 중의 시간대, 학생의 신체적 상태, 기타 상황적 자극을 포함하며 처음에는 교사의 촉진이 학생의 반응을 통제하는 자극이 되다가 이것이 학습되면 변별자극이 되어 타인으로부터의 촉진은 불필요하게 된다.
• 학생의 선택기회를 활용하여 교수한다: 과제 수행 전후나 수행 중 여러 번의 선택기회를 학생에게 제공하는 방법으로, 학생들에게 선택기회를 주는 것은 적절한 행동의 증가와 부적절한 행동의 감소 모두에 상관관계를 가지고 있다(Kern et al., 1998). 선택하기를 위한 중요한 기술은 학생의 '의도성'으로, 한 가지를 다른 것보다 더 선호한다고 판단할 수 있게 하는 의사소통적 행동이다(Snell, 2002). 학생의 선택행동을 통해 이후의 학습행동에 영향을 줄 수 있다.

(3) 후속 결과 사용하기

후속 결과를 사용하는 교수방법은 학생이 각 단계와 과제를 완성했을 때 어떻게 강화할 것인가와 학습의 진보를 언제, 어떻게 평가할 것인가에 대한 계획으로, 정적 강화의 제공 또는 계획된 무시나 소거계획을 포함한다. 후속 결과를 잘 구성하는 것은 교수효과에 많은 영향을 미치므로 매우 중요한 요소이다. 일반적으로 자극에 대한 반응을 정반응과 오반응으로 나누어 후속 결과를 살펴보면 〈표 4-7〉과 같다.

〈표 4-7〉 **후속 결과 사용의 예**

구분	후속 결과를 사용한 지도 내용
자극에 정반응을 보였을 때	• 강화를 제공한다: 미소, 어깨를 가볍게 두드려 주는 것, "잘했어."라는 칭찬, "~한 것이 잘했구나."라는 구체적인 언급으로 자연스러운 강화가 되는 학생도 있는 반면 자유시간 제공 등과 같은 강화가 필요한 학생도 있다. • 새로운 행동을 습득하도록 가르칠 때에는 매 교수 회기마다 강화를 주어야 한다 (완전 강화). • 습득이 한 번 일어나고 나면 자연스러운 환경에서 기술을 유지하기 위해 강화를 줄여야 한다(부분 강화).
자극에 오반응을 보였을 때	• 학생에게 올바른 반응을 모델링해 준다. • 다시 연습시키기 전에 학생에게 오류를 바로잡게 한다. • 오류를 무시하고 다시 한번 연습시킨다. • 이와 같은 방법은 벌을 주거나 학생이 좋아하는 것을 제거하는 제거성 벌보다 훨씬 바람직한 방법이다.

정적 강화(positive reinforcement)는 선호하는 결과인 강화제가 행동의 결과로 주어져 이로 인해 행동이 증가하게 되는 것을 말한다. 중도·중복장애학생에게 정적 강화를 적용하기에 앞서 '선호도 평가'를 통해 강화제가 되는 물건이나 활동, 조건 등에 대한 확인이 선행되어야 한다. 강화의 유형은 1차적이거나 2차적인 것으로 나뉘며 물리적 강화, 사회적 강화라고도 한다. 강화제의 유형과 예시는 〈표 4-8〉과 같다.

〈표 4-8〉 강화제의 유형과 예

구분	내용	예시
일차적 강화제	학습이 필요 없거나 조건화가 필요 없는 것으로 모든 사람이 배우지 않아도 반응하는 보편적이거나 자동적인 강화제	목마를 때 물을 주는 것, 배고플 때 빵을 주는 것
이차적 강화제	처음에는 중립적인 자극이지만 기존 강화제와의 연합을 통해 강화제로서 가치를 가지게 되는 것	과제 완수 후에 교사에게 토큰을 받는 것. 토큰을 다양한 일차적 강화물과 결합하여 학생이 원하는 것과 교환할 수 있도록 해 줌

　강화제의 확인과 함께 강화 스케줄도 사전에 계획되어야 한다. 강화 스케줄은 강화를 받는 학생 반응의 빈도와 패턴으로 수행한 반응의 수에 따른 비율 강화 스케줄, 수행 시간에 따른 간격 강화 스케줄로 나눌 수 있다. 또한 절대적이고 미리 정해진 수에 따라 제공하는 고정비율(간격)과 선정된 강화 패턴의 평균에 해당되는 스케줄로 강화하는 변동비율(간격) 강화 스케줄로 나눌 수 있다. 강화제를 가끔씩 재검사하여 학생에게 계속 강화의 역할을 할 수 있도록 해야 하며(Lohrmann-O'Rourke, Browder, & Brown, 2000), 학생의 생활연령, 목표 활동, 학습 상황에 적합해야 한다. 강화제를 지나치게 많이 사용하면 포화가 나타나 효과가 감소될 수 있으므로 학생과 함께 새로운 강화제를 탐색하고, 강화제로 선정된 사물이나 활동의 질을 유지하며, 간헐적으로 강화를 사용해서 자연적인 스케줄과 비슷하게 하고, 학생이 원하는 것을 고르도록 하는 방법을 사용할 수 있다.

　정적 강화 외에도 새로운 기술을 가르치거나 확장하기 위해 행동형성과 행동연쇄, 오류 다루기 방법을 사용할 수 있다. 행동형성법(shaping)은 목표반응이 너무나 복잡하고 어려울 때 목표반응에 가까운 반응만 보여도 강화를 해 주는 것으로, 그렇게 하다 보면 점점 더 목표행동에 가까운 행동을 보이게 된다. 예를 들어, 아기들이 말을 배울 때 정확한 말이 아니라도 '바바' '마마' '다다' 같은 소리에도 강화해 주다 보면 아기의 말이 점점 더 명확해지게 되고, 이후 점차로 단어에 가까워지면 전에 주던 수준의 발화에는 더 이상 강화를 주지 않는다. 행동연쇄(chaining)는 과제의 각 단계를 수행하는 것을 배우고 그 단계를 수행해야 다음 단계로 넘어가게 하는 것이며, 오류 다루기는 학생 스스로 오류를 교정하도록 돕는 방법이다. 구체적인 내용은 〈표 4-9〉와 같다.

〈표 4-9〉 **새로운 행동을 형성, 확장하기 위한 방법**

구분	내용	예시
행동형성	• 행동을 처음 지도할 때 사용하는 방법으로 목표반응을 향해 비슷해져 가는 것에 대해 강화함 • 목표행동을 한 번에 가르치기 어려울 때 처음에는 보상받는 기준을 낮게 잡아서 보상을 주고, 점진적으로 보상 기준을 높이면서 보상을 주는 기법임 • 미리 정해 놓은 기준에 의해 보상을 주는 것이 아니라 학생의 수행 수준에 맞추어 그때마다 보상을 주기 때문에 특정 자극에 민감하거나 거부 반응을 보이는 경우에도 사용할 수 있음	• 자폐성장애학생의 의자 앉기 훈련 • 휠체어에서 변기로 이동하기 • 신변처리 방법 • 양말 신기 • 옷 입기 등
행동연쇄	• 학생에게 일련의 기능적으로 관련된 반응들을 수행하도록 과제분석된 단계들을 한 단계씩 지도함 • 전진연쇄(forward chaining): 과제분석한 첫 단계부터 순서대로 지도하는 방법. 한 단계를 구성하는 행동은 다음 단계를 수행하기 위한 단서가 되며, 강화받기 위해서는 반드시 그 단계 또는 이전 단계와 현 단계를 완성해야 함 • 후진연쇄(backward chaining): 마지막 단계부터 거꾸로 한 단계씩 지도하는 방법. 티셔츠를 입기 위해 머리를 끼우는 것만 한 달 이상 소요되는 경우, 후진연쇄방법은 과제를 완수하는 성취감을 경험할 수 있기 때문에 추천됨	• 화장실 가기 • 옷 입기 • 목욕하기 등 • 전화번호 누르기 • 음식 만들기 • 정리하기 등
오류 다루기	• 오류는 부정확한 반응과 무반응, 방해행동을 포함하며 교사는 오류를 무시하거나 구체적인 피드백 제공, 여러 가지 방법의 교정을 사용할 수 있음 • 학생의 학습 단계를 고려하여 촉진 체계를 선택하고 학생이 최대한 스스로 오류를 교정하도록 하되 필요에 따른 지원을 제공해야 함	• 학습과제 • 물건 정리하기 • 설거지하기 등

(4) 연습방법

목표 기술 교수를 위해 집중시도(massed trial), 간격시도(space trial), 분산시도(distributed trial)를 사용할 수 있다. 집중시도는 단일과제를 집중적으로 여러 차례에 걸쳐서 가르치는 것이다. 간격시도는 교사가 단일과제를 가르친 후 학생을 쉬게 하고, 학생이 쉬는 동안 다른 학생에게 시켜 보거나 다른 과제를 하게 해서, 해당 학생이 다시 똑같은 것을 배우기 전에 조금 전에 배운 것을 생각해 보거나 친구가 하는 것을 볼 수 있는 기회를 주는 것이다. 분산시도는 하루 일과 중 자연스러운 상황 속에 삽입해서 목표행동을 가르치는 것으로, 연습과 연습 사이에 다른 활동을 할 수도 있고, 다른 행동에 대해 배울 수도 있다. 새로운 기술을 습득하거나 유창성을 높이기 위해서는 1:1 집중시도가, 집단으로 가르치거나 비장애학생과 교과서 혹은 화면을 보고 읽는 연습을 할 때는 간격시도가, 자연스러운 환경 중 그 단어들이 쓰인 곳(메뉴판, 간판, 점수판, 표지판 등)에서 실시할 때는 분산시도가 각각 효과적이다. 〈표 4-10〉은 중도지적장애 중학생에게 세 가지 연습방법을 사용하여 물건 사기 지도를 실시한 예이다.

〈표 4-10〉 연습방법을 사용한 물건사기 기술 지도의 예

목표행동	물건 사기
집중시도	• 아침마다 1:1 교수로 동전 구분하는 것, 잔돈 내는 기술을 배움
간격시도	• 오후에 그룹 수업으로 친구들과 가게에서 물건 사는 방법에 대해 교실에서 모의수업을 실시함 • 이때 현우는 물건 사기 기술을 교사에게 개별적으로 직접 교수를 받은 뒤 개별연습을 하면서 친구들이 교사의 지도를 받아 수행하는 것을 관찰함
분산시도	• 일과 중에 학교 자판기에서 동전으로 음료수 사기, 친구들과 매점에서 잔돈 내기 전략 사용하기, 간식 준비를 위해 가게에서 재료를 살 때 잔돈 내기 전략 사용하기, 오락을 하기 위해 필요한 동전 고르기

(5) 과제분석

과제분석이란 주어진 과제를 하기 위해서 우선적으로 갖추어야 할 선행 기술이 무엇인지 먼저 분석하고, 해당 과제를 구성하고 있는 각각의 하위 단계를 분석하여 순차적으로 교수하는 방법이다(이소현, 박은혜, 2011). 과제분석을 효과적으로 적용하기 위해 과제분석 단계는 관찰 가능한 행동으로 서술되고, 뚜렷한 변화를 나타내며, 논리적인 순서로 연계되고, 2인칭 단수로 기록되어야 한다. 〈표 4-11〉은 19세 지적장애 고등학생의 직업훈련과정으로 카페라테 만들기 작업을 과제분석한 예이다.

〈표 4-11〉 카페 작업의 과제분석 예

과제분석에 따른 학생 행동	지원 내용
1. 일하러 갈 자료를 준비한다(의사소통 도구, 필기도구, 장애인 등록증).	준비물 체크리스트와 가방에 자료를 넣는 일에 대해 도움을 받음
2. 마을버스를 타고 직업 훈련하는 카페로 간다.	내리는 정거장에 대해 도움을 받음
3. 작업 담당자에게 보고한다. 이름 칸에 사인을 한다.	자신의 이름을 찾는 것에 대해 도움을 받음

126

4. 어떤 작업 테이블에 가야 하는지 찾는다.	
5. 주문을 받고 커피의 메뉴와 매뉴얼을 확인한다.	커피의 수량과 메뉴에 따른 매뉴얼을 시각적 단서로 확인하는 것에 대해 도움을 받음
6. 그라인더로 커피를 분쇄한다.	1인당 커피원두를 10g씩 측정하는 것에 대해 도움을 받음
7. 준비한 커피를 포트 필터에 담아 주고, 담은 원두가 많을 경우 덜어 준다.	
8. 템퍼를 수평 상태로 2회 정도 눌러 준다.	양손의 안정적인 협응을 위해 템퍼를 대고 누를 수 있는 곳을 안내받는 도움을 받음
9. 그룹헤드에 꼭 맞게 템퍼를 장착하여 준다.	매뉴얼을 보고 템퍼의 각도 확인을 통해 장착을 확인할 수 있도록 안내받음
10. 추출량에 맞는 버튼을 눌러 준다.	
11. 예열된 잔에 에스프레소를 추출하고 메뉴에 따라 스팀 우유를 넣어 준다.	주문 확인하는 것에 대해 도움을 받음
12. 완료된 커피를 쟁반에 담아 준비한다.	
13. 시계가 쉬는 시간을 알리면 일하던 곳을 떠나 휴게실에서 20분의 휴식 시간을 가진다.	
14. 시계가 작업 시간이 끝났음을 알릴 때까지 일한다.	시간을 확인하는 것에 대해 도움을 받음
15. 작업 담당자에게 보고한다. 일을 끝내고 나가는 사인을 한다.	
16. 버스를 타고 집으로 돌아온다.	

2) 일반화, 유지 단계의 교수전략

일반화, 유지 단계에서는 습득한 기술을 일정 수준 이상으로 유지하면서 교육받은 상황과 다른 조건에서 응용하여 수행할 수 있도록 하는 것을 목표로 한다. 일반화와 유지는 교육의 성과 측면에서 중요하지만 보통 자동적으로 이루어지기를 기대하기는 어렵다. 그러므로 더욱 효과적인 교수적 절차를 사용하여 일반화, 유지 수행을 향상시키려는 노력이 필요하다.

습득한 기술을 다른 상황과 대상에게 적용하여 실행할 수 있는 일반화 기술을 촉진하기 위해서 교사는 학생에게 기술을 가르친 후 일반화시킬 수 있을 것이라는 자연적 기대를 가질 수 있다. 일반화를 촉진하기 위해 사용할 수 있는 방법은 다음과 같다. 첫째, 충분한 예시를 제공할 수 있다. 일반화의 부족은 제한된 환경과 조건으로 인한 것이므로 지도할 때 충분한 예시를 사용할 수 있다. 예를 들어, 스웨터를 입는 훈련을 할 때 긴팔, 크루넥, 브이넥, 가디건, 스웨터 등 다양한 종류를 사용하는 것이 필요하다. 둘째, 간헐적 강화 계획을 사용할 수 있다. 언제 강화가 제공될지 모르는 간헐적 강화 스케줄은 행동 발생률을 높일 수 있다. 어떤 상황이나 조건에서 강화가 일어날지 모를 때 일반화가 촉진될 수 있다. 셋째, 기능적 목표행동을 가르친다. 목표행동이 기능적이고 대상과의 관련성이 높을 때 일반화되기 쉽다. 넷째, 자연스러운 환경에서 가르친다. 목표 기술을 사용할 자연스러운 상황에서 교수할 때 일반화 가능성이 높아진다. 최근에는 학교보다 지역사회기반 교수에 초점을 두고 있다.

　유지는 시간이 지나도 재교수하지 않고 익힌 기술을 계속 수행하는 것으로 '시간의 흐름에 따른 일반화'라고 불리기도 한다. 유지를 향상시키기 위한 교수전략을 살펴보면 다음과 같다. 첫째, 목표 기술을 과잉학습하도록 하는 방법이다. 일정 수준 이상의 수행도를 보이는 기술은 훗날 학습이 유지될 확률이 높다. 처음 학습하는 기술의 최소 50% 이상의 기회는 과잉학습시키는 것이 바람직하다(Alberto & Troutman, 2012). 둘째, 분산연습을 통해 유지를 촉진할 수 있다. 필요한 기술을 10회 반복하는 집중 훈련보다 하루 일과 중에 나누어 지도하는 것이 오래 유지되는 데 효과적이다. 셋째, 유지 스케줄을 사용할 수 있다. 중도 · 중복장애학생에게 중요하지만 자주 사용되지는 않는 기술(예: 치과 가서 위생 냅킨 사용하기, 화재 경보에 대응하기 등)은 지도 후 잊어버리지 않도록 유지 스케줄을 사용하여 기술을 일정 시간마다 상기시켜 주고 다시 지도하는 것이 필요하다.

3. 중도 · 중복장애학생을 위한 효과적인 교수전략

1) 삽입교수

　삽입교수(embedding instruction)는 목표 기술을 자연스러운 일과 활동 내에서 수행할 수 있도록 활동 속에 삽입하는 것을 말하며, 학생의 수행 정도에 따라 연습 시수를 정하여 일과 내에 분산하여 시도할 수 있도록 계획된다. 예를 들어, '손 씻기' 기술의 경우 삽입교수방법을 적용하면 10회를 집중적으로 한 자리에서 연습하지 않고, 일과 내에 손을 씻어야 할 자연스러운 상황(예: 간식이나 식사 시간 전·후, 미술 활동 후, 화장실 이용 후 등)을 선정하여 학생에게 목표행동을 수행할 기회를 제공한다.

교수학습 활동에 적용할 수 있는 삽입교수는 다음과 같은 장점을 가진다(이소현, 2011). 첫째, 중도·중복장애학생이 소속된 학급 운영과 활동 진행에 큰 변화를 요구하지 않는다. 둘째, 중도·중복장애학생을 별도로 분리해서 교육할 필요 없이 일반적인 학급 운영의 틀 내에서 교수할 수 있다. 셋째, 학급 내 자연적인 환경에서 교수가 일어나기 때문에 새로 습득한 기술의 즉각적이고도 기능적인 사용 능력을 증진시킬 수 있다. 넷째, 중도·중복장애학생의 하루 일과 및 활동 전반에 걸쳐 삽입학습기회가 체계적으로 제공됨으로써 새롭게 학습한 기술의 사용 능력이 다양한 상황으로 일반화될 수 있다. 결과적으로 삽입교수는 기존의 교육과정을 크게 변화시키지 않으면서 중도·중복장애학생을 분리시키지 않고 기능적인 기술을 습득하여 일반화를 촉진한다는 장점을 가진다. 다음의 [그림 4-3]은 유아특수교육 상황을 기반으로 하여 이소현(2011)이 활동중심 삽입교수 실행 단계를 5단계로 설명한 내용을 간략히 정리한 것이다.

단계	활동	예시
1단계 교수목표 점검 및 수정	• 개별화교육계획의 교수목표 검토 • 일과 및 활동의 활동목표 검토	• 교수목표: 또래의 시작행동에 5초 이내에 적절한 반응을 보인다. • 수정된 교수목표: 놀이 활동 중에 또래가 이름을 부르면 5초 이내에 쳐다보면서 적절한 반응을 보이거나 놀잇감을 건네주면 받아서 놀이에 참여한다.

⬇

2단계 학습기회 구성

• 일과 및 활동 분석을 통한 학습기회 판별
• 삽입교수를 위한 일과 및 활동 선정

• 하루 중 학생이 또래와 자연스럽게 상호작용할 수 있는 기회를 판별하고 발생 장소, 지속 시간, 또래 이름, 선정된 기술, 교수전략 등을 기록하여 활동 도표를 작성한다.
• 활동 도표는 시간표와 같은 일과표 양식을 활용

활동	목표행동			
	또래에게 반응하기	이동하기	요구하기	의사소통
08:50 등교	✓			✓
09:00 자유놀이	✓	✓		

…

⬇

3단계 삽입교수 계획

• 삽입교수를 위한 교수전략 및 실행계획

• 활동중심의 삽입교수계획표를 수립한다.

이름	차세은	교수 목표	놀이활동 중에 또래가 이름을 부르면 5초 이내에 쳐다보면서 적절한 반응을 보이며 놀이에 참여한다.
날짜	4. 30.~ 5. 30.	활동	자유선택활동, 간식, 소집단 영역 활동

	교수 활동		
활동	삽입교수		교사 역할
간식	간식 시간에 또래와 짝을 지어 이야기 나누기 활동을 한다.		• 환경 조성: 자연스럽게 상호작용을 유도할 수 있도록 조 편성, 물리적 환경을 구성한다. • 언어: 언어적 반응을 통해 바람직한 상호작용 행동을 강화한다.
책 읽기	책 읽기 시간에 또래가 먼저 책 읽기를 제안하면 바라보고 반응한다.		
조형 활동	그림을 그릴 때 필요한 물품을 빌려주고 빌려 오는 활동을 한다.		
평가	평가자: ○○○, 평가 방법: 관찰, 평가 시간: 첫 번째 학습기회		

평가	자료 수집	월	화	수	목	금
		W	P	H	H	I

* I(독립수행/정반응), P(독립수행/부분 정반응), H(보조제공), W(오/무반응)

⬇

4단계 삽입교수 실행

• 활동의 진행 중 삽입교수 실행
• 삽입교수의 중재충실도 점검

• 실행 시 주의할 점
– 언제, 무엇을 해야 하는지 숙지하고 있어야 한다.
– 삽입교수로 인해 학급의 교육과정 운영이 방해받으면 안 된다.
– 교사 자신이 실행한 삽입교수가 제대로 실행되었는지에 대해 중재충실도를 점검하여야 한다.

⬇

5단계 삽입교수 평가

• 학생의 진도에 대한 정기적인 점검
• 자료기반의 프로그램 평가

• 평가 시 주의할 점
– 진도 점검, 기록은 학생의 향후 학습계획에 기준 자료로 활용한다.
– 일정 시간이 지나도 예상한 진보를 보이지 않을 경우 교수계획에 대한 전반적인 점검을 해야 한다.

[그림 4-3] **활동중심 삽입교수의 실행 절차**

출처: 이소현(2011), pp. 281-295에서 수정 발췌.

2) 시각적 지원

시각적 지원이란 그림, 사진 등의 시각적 상징을 이용하여 중도·중복장애학생이 선행사건에 대한 자극을 스스로 인지하고 학습할 수 있도록 지원하는 교수방법이다. 시각적 지원은 교수학습 상황에서 교사의 직접적인 촉진에 대한 의존도를 낮추고 학생의 자기주도적인 학습을 지원하는 데 효과적이다. 해야 하는 일정이나 활동을 미리 알려 주는 활동 스케줄, 기대되는 행동을 간단한 글과 그림으로 제시하여 행동의 변화를 촉진하는 상황이야기(social story), 적절한 행동이 미리 녹화된 비디오테이프를 보면서 행동의 변화를 촉진하는 비디오 모델링(video modeling), 정보의 이해와 조직화를 돕는 그래픽 조직자(graphic organizer) 등은 시각적 지원 요소를 포함하는 중재전략이라고 볼 수 있다(이지연, 이소현, 장지은, 2016).

여기서는 중도·중복장애학생의 교수학습에 활용할 수 있는 시각적 시간표, 행동 규칙 스크립트, 상황이야기를 중심으로 살펴보고자 한다.

시각적 시간표는 시각적 스케줄이라고도 하며, 시간의 흐름에 따른 활동 순서를 제시할 때 효과적인 방법이다. 학교의 수업 시간표를 시각적 시간표로 제시할 수도 있고, 특정 교수목표행동을 과제분석하여 단계별로 수행해야 할 목표행동에 대한 시각적 지원을 제공할 수도 있다. '라면 끓이기' 활동을 5단계로 분석한 예를 들어 보면 각 단계별 과제와 수행을 점검하여 필요한 교사의 지원과 학생의 진보를 점검하는 데 활용할 수 있다.

행동 규칙에 대한 시각적 지원은 교사가 학생에게 기대하는 행동에 대한 구체적인 목표가 있을 때 적용하는 것이 효과적이다. 학생이 스스로에게 기대되는 행동을 명확히 인지하고, 이를 시각적인 상징을 통해 자기점검하여 행동의 일반화와 유지를 촉진할 수 있다.

상황이야기는 자폐 범주성 장애학생이 사회적 상황에서 문제행동을 줄이고 타인과의 상호작용을 할 수 있도록 지원하기에 효과적인 중재 방법이다. 주로 이야기책 형식으로 만들어지며, 간단한 문장과 제목으로 구성된다. 상황이야기 문맥에서 전달되는 주요 메시지는 흔히 시각적 지원(선 그림, 아이콘, 사진, 비디오)이나 다른 미디어(녹음테이프)를 사용해 보강되기도 한다(Prelock et al., 2012).

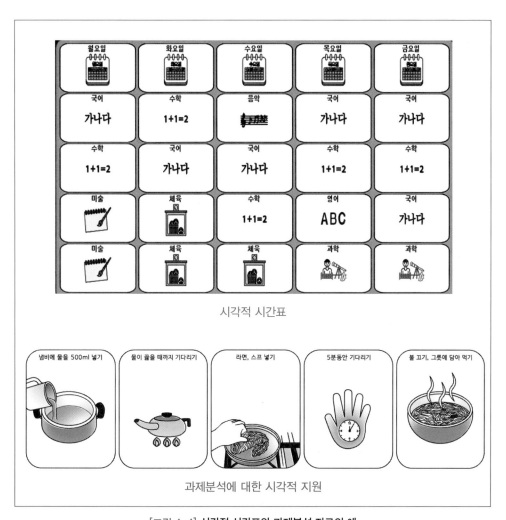

시각적 시간표

과제분석에 대한 시각적 지원

[그림 4-4] **시각적 시간표와 과제분석 자료의 예**

[그림 4-5] **행동 규칙 자기점검표 활용의 예**

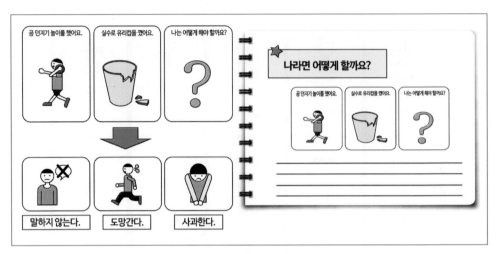

[그림 4-6] 상황이야기 활용의 예

3) 비디오 모델링

　관찰학습의 장점을 활용한 비디오 모델링은 구체적인 기술을 가르치기 위해 짧은 비디오를 사용하는 중재(Brown et al., 2015) 방법으로 놀이, 사회적 의사소통, 철자와 같은 학업 기술 등 다양한 목표행동 중재에 활용될 수 있다. 비디오 모델링은 목표행동을 수행하는 성인이나 또래의 시범을 비디오로 녹화하여 학생에게 제공할 수도 있고, 장애학생 스스로의 행동 수행을 비디오로 녹화하여 보여 줌으로써 자기모델링, 자기점검을 하는 방법으로도 적용될 수 있다. 신지혜(2013)의 연구에서는 지적장애 초등학생이 수업준비행동을 잘 수행했는지 앱을 활용하여 동영상을 찍은 후 자신의 모습을 시청하면서 자기평가를 하도록 하였다. 지적장애 고등학생을 대상으로 한 비디오 자기모델링 중재 연구(신진숙, 하민희, 2010)에서도 자기 자신이 모델이 되어 성공적인 활동을 보여 주는 자기모델링 중재가 대상 학생의 지역사회 활용 기술 습득과 유지에 영향을 미치는 것으로 나타났다.

　학생들을 효과적으로 지도하기 위해서는 많은 단계와 결정이 필요하다. 교사는 개별적 특성을 가지고 있는 중도·중복장애학생들의 개별화된 목표에 따라 가장 효율적인 교수방법을 찾아내어 최상의 교육이 실제로 이루어지도록 해야 한다.

　이 장에서는 중도·중복장애학생을 위한 효과적인 교수방법으로 검증된 증거기반의 실제를 바탕으로 각 교수방법의 개념과 적용 방법들을 소개하고, 수행의 습득과 숙달, 일반화와 유지를 향상시키는 데 도움이 되는 교수전략들에 대해 살펴보았다. 또한 중도 · 중복장애학생에게 효과적인 교수전략으로 삽입교수, 시각적 지원, 비디오 모델링을 제시하였다. 중도 · 중복장애학생의 교육 성취에 대한 교사의 신념과 기대를 바탕으로 이와 같은 증거기반의 실제를 지속적이고 꾸준하게 적용하려는 노력이 선행되어야 할 것이다.

참고문헌

박은혜, 김정연, 표윤희(2018). 함께 생각하는 지체장애 학생 교육. 서울: 학지사.

신지혜(2013). 태블릿 PC를 활용한 자기관리전략이 지적장애 초등학생의 독립적인 일과수행과 수업준비행동에 미치는 영향. 이화여자대학교 대학원 석사학위논문.

신진숙, 하민희(2010). 비디오 자기모델링 중재가 지적장애 고등학생의 지역사회 활용기술에 미치는 영향. 특수아동교육연구, 12(2), 309-328.

이소현(2011). 개별화교육과정. 서울: 학지사.

이소현, 박은혜(2011). 특수아동교육(3판). 서울: 학지사.

이숙정(2006). 독일 중도 · 중복장애학생 교육과정 분석. 특수교육학연구, 41(2), 145-172.

이지연, 이소현, 장지은(2016). 자폐 범주성 장애인을 위한 시각적 지원 중재 연구의 동향 및 질 적평가지표에 의한 분석-국내외 단일대상연구를 중심으로. 자폐성장애연구, 16(1), 53-75.

임장현, 박은혜, 이명희, 표윤희(2012). 지체장애 성인의 통합교육에 대한 경험과 인식. 지체중복 건강장애연구, 55(4), 23-44.

Alberto, P. A., & Troutman, A. C. (2012). *Applied Behavior Analysis for Teachers*. Upper Saddle River, NJ: Pearson.

Bateman, B. D., & Herr, C. M. (2003). *Writing Measurable IEP Goals and Objectives*. Verona, WI: IEP Resources, Attainment Co.

Browder, D. M. (2001). *Curriculum and Assessment for Students with Moderate and Severe Disabilities*. New York: Guilford.

Brown, F., McDonnell, J., & Snell, M. E. (2015). *Instruction of Students with Severe Disabilities* (8th ed.). 박은혜, 한경근 공역(2017). 중도장애학생의 교육(8판). 서울: 시그마프레스.

Collins, B. C. (2006). *Moderate and Severe Disabilities: A Foundational Approach*. 이정은, 강

경숙, 김미선 공역(2009). 중도장애. 서울: 학지사.

Denny, M., Marchand-Martella, N., Martella, R. C., Reilly, J. C., Reilly, J. F., & Cleanthous, C. C. (2000). Using parent-delivered graduated guidance to teach functional living skills to a child with Cri du Chat Syndrome. *Educational and Treatment of Children, 23*(4), 441-454.

Farlow, L. J., & Snell, M. E. (1995). *Making the Most of Student Performance Data(AAMR Research to Practice Series)*. WA: American Association on Mental Retardation.

Giangreco, M. F., & Putnam, J. W. (1991). Supporting the education of students with severe disabilities in regular education. In L. H. Meyer, C. A. Peck, & L. Brown (Eds.), *Critical Issues in the Lives of People with Severe Disabilities* (pp. 245-280). Baltimore, MD: Paul H. Brookes.

Heward, W. L. (2003). Ten faulty notions about teaching and learning that hinder the effectiveness of special education. *Journal of Special Education, 36*(4), 186-205.

Janney, R. E., & Snell, M. E. (1997). How teachers include students with moderate and severe disabilities in elementary classes: The means and meaning of inclusion. *Journal of the Association for Persons with Severe Handicaps, 22*(3), 159-169.

Kern, L., Vorndran, C. M., Hilt, A., Ringdahl, J. E., Adelman, B. E., & Dunlap, G. (1998). Choices as an intervention to improve behavior: A review of the literature. *Journal of Behavioral Education, 8*(2), 151-169.

Konard, M., & Test, D. W. (2004). Teaching middle school students with disabilities to use an IEP template. *Career Development for Exceptional Individuals, 27*(1), 101-124.

Lohrmann-O'Rourke, S., Browder, D. M., & Brown, F. (2000). Guidelines for conducting socially valid systematic preference assessments. *Journal of the Association for Persons with Severe Handicaps, 25*(1), 42-53.

Prelock, P. A., Fey, M. E., Kamhi, A. G., McCauly, R. J., Carter, E. W., Kaiser, A. P., & Kasari, C. (2012). *Treatment of Autism Spectrum Disorders: Evidence-Based Intervention Strategies for Communication and Social Interactions.* 이소현, 박혜진, 윤선아 공역(2017). 자폐범주성 장애. 서울: 학지사.

Salend, S. J. (2004). *Creating Inclusive Classrooms: Effective and Reflective Practices* (5th ed.). Upper Saddle River, NJ: Pearson.

Smith, S., & Meyen, E. (2003). Application of online instruction: An overview for teachers, students with mild disabilities, and their parents. *Focus on Exceptional Children, 35*(6), 1-16.

Snell, M. E. (2002). Using dynamic assessment with learners who communicate nonsymbolically. *Alternative and Augmentative Communication, 18*(3), 163-176.

Snell, M. E., & Brown, F. (2011). *Instruction of Students with Severe Disabilities* (7th ed.). Upper Saddle River, NJ: Merrill/Prentice Hall.

Wehmeyer, M. L. (2012). *Handbook of Adolescent Transition Education for Youth Disabilities.* Ch4. Student involvement in the transition process (pp. 56-72). New York, NY: Routledge.

Wehmeyer, M. L., Yeager, D., Bolding, N., Agran, M., & Hughes, C. (2003). The effects of self-regulation strategies on goal attainment for students with developmental disabilities in general education classrooms. *Journal of Developmental and Physical Disabilities, 15*(1), 79-91.

Wehmeyer, M., Palmer, S., Agran, M., Mithaug, D. E., & Martin, J. E. (2000). Promoting causal agency: The self-determined learning model of instruction. *Exceptional Children, 66*(4), 439-453.

Zhang, D., & Stecker, P. (2001). Student involvement in transition planning: Are we there yet? *Education and Training in Mental Retardation and Developmental Disabilities, 36*(3), 293-303.

https://www.nise.go.kr/ 국립특수교육원

제5장

중도·중복장애학생의 일반교육과정 접근

•

김주혜

중도·중복장애학생 교육과 관련해서는 장애의 특성으로 인해 제한된 교육시간 내에서 우선순위에 따라 기능적 기술을 교수하는 것이 강조되었다. 그러나 최근에는 중도·중복장애학생의 통합교육이 증가되어 일반교육과정 접근에 대한 논의가 활발해지면서 기능적 기술뿐 아니라 학업 기술에 대한 관심도 증가되기 시작했다. 이 장에서는 중도·중복장애학생의 일반교육과정 접근을 위한 개별화된 적합화의 방법과 문해력 및 기초 수학 개념을 중심으로 하는 학업 기술 교수에 대해 살펴보고자 한다.

1. 중도 · 중복장애학생의 일반교육과정 접근을 위한 개별화된 적합화

특수교육의 목적을 고려할 때 중도·중복장애학생의 통합교육을 증진시키는 것은 매우 중요한 일이다. 그러나 통합교육 상황의 교육과정은 전형적으로 학업적인 기술과 내용을 주로 하고 있기 때문에 중도·중복장애학생은 이러한 교육과정에서 제외되는 경우가 많으며, 많은 교사와 부모는 통합교육 상황에서 사회성 기술의 향상이나 구성원으로서의 소속감을 획득하는 것으로 통합의 성과에 만족하는 경향이 있다. 이러한 목표들은 여전히 중도·중복장애학생들에게 중요하지만, 학교교육의 중요한 성과인 교과교육에서의 성취도 중요하게 고려될 필요가 있다. 중도·중복장애학생에게 학업 기술을 교수하는 것은 최소위험가설 기준 차원의 학습권 보장과 학습 가능성에 대한 신념을 넘어서, 학업 기술이 더 많은 지식 획득을 위한 학습 자체의 수단이 될 뿐 아니라 일상생활 내에서 독립적으로 생활하기 위해 요구되는 기술 및 개념의 상당 부분을 포함하고 있기 때문에 중요하다. 이에 일반교육과정 접근이나 학업 기술 교수는 단순히 또래가 학습하는 내용을 동일하게 학습해야 한다는 의미로 해석되는 것이 아니라 우선적으로 학습해야 하는 주요 기술을 학습하도록 함으로써 다른 학습과 기능적인 기술 학습을 촉진하고자 하는 맥락으로 이해되어야 한다.

이러한 중도·중복장애학생의 일반교육과정 접근을 위해서는 학생의 요구에 따라 교육과정 내용이나 교수 절차 등에 대한 조정과 지원이 필요하다. 보편적 학습 설계(제7장 참고)를 통해 모든 학생이 수업에 참여할 수 있도록 고려되었다고 할지라도 다양한 학습 상황에서 중도·중복장애학생이 보이는 개별적인 학습 특성에 적절하고 구체적으로 반응하기에는 어려움이 있기 때문에 중도·중복장애학생의 일반교육과정 접근과 IEP의 목표라는 과제를 달성하기 위해서는 각 학생들의 요구에 맞추어 개별화된 적합화가 필요한 경우가 많다.

개별화된 적합화(adaptation)는 조정과 수정을 모두 포함하는 개념이다(Brown, McDonnell, & Snell, 2015). 조정(accommodations)은 교육과정 수준 또는 학생의 교육과정 목표는 변화시키지 않고 교육과정 제시방식, 학생 반응 양식 등과 같은 환경적인 측면을 적절하게 바꾸어 학생이 내용에 접근할 수 있도록 하는 것으로(Best, Heller, & Bigge, 2010) 쓰기 시간에 쓰기를 어려워하는 지체장애를 중복해서 가진 학생에게 컴퓨터 키보드를 사용하여 쓰기 자체의 목표에는 접근할 수 있도록 하되 쓰기에 요구되는 신체적 노력은 줄여 주는 것이 예가 될 수 있다. 이에 반해 수정(modifications)은 교육과정 목표나 수준 등의 학습 내용을 변화시키는 것으로 많은 중도·중복장애학생의 경우 이에 해당될 수 있다. 예를 들면, 과학 시간에 다른 학생은 물질의 상태와 관련된 개념을 설명해야 한다면 중도·중복장애학생의 경우에는 여러 물질의 그림과 낱말을 연결하는 것 또는 또래와 상호작용하는 것이 목표가 될 수 있다. 개별화된 적합화의 개념은 약간의 차이가 있기는 하지만 교육과정 수정, 교수적 수정, 교수 적합화 등으로 사용되고 있다. 여기서는 중도·중복장애학생을 위한 개별화된 적합화의 개념을 Janney와 Snell(2013)이 제시한 바에 따라 교육과정 적합화, 교수적 적합화, 대안적 적합화의 세 가지 유형으로 나누어 살펴보고자 한다.

1) 교육과정 적합화

교육과정이란 넓은 의미에서는 교육의 과정을 모두 포함할 수 있으나 일반적으로는 교육에 있어 '무엇을 가르칠 것인가'에 대한 것으로 내용적인 측면을 의미한다. 교육과정 적합화는 학생이 학습해야 하는 목표 및 내용을 학생에게 적절하게 조정하거나 수정하는 것으로 이해할 수 있으며, 학자들에 따라서는 교수적 수정에서 교수내용의 수정으로 분류하기도 하였다(박승희, 1999; 신현기, 2004). 장애학생이 일반교육과정 내용에 접근하는 데 있어서 별도의 조정이나 수정이 요구되지 않는 경우도 있으나, 대부분의 중도·중복장애학생이 일반교육과정에 참여하기 위해서는 교육과정 적합화가 필요하다. 교육과정 적합화는 학습해야 할 내용이나 목표의 수를 줄이는 등의 단순화하는 방법과 중도·

중복장애학생에게 우선적으로 요구되는 기능적 기술을 학습하는 것과 관련된 대안적인 목표로 바꾸는 방법이 있다(Janney & Snell, 2013). 기능적 기술은 궁극적 기능성의 기준에 따라 학교, 가정생활, 지역사회, 직업, 여가의 영역에서 활동하는 데 요구되는 기술을 말하는 것으로 중도 · 중복장애학생은 학업의 속도와 학습 기간의 제한으로 인하여 기능적 기술을 학습하는 것이 좀 더 중요하게 다루어지는 것이 일반적이며, 이는 IEP 목표 선정 시 고려되어야 할 부분이라 할 수 있다(Ford, Davern, & Schnorr, 2001; Ford et al., 1989).

최근에는 중도 · 중복장애학생도 통합의 기회가 증가하고, 또래들이 학습하는 일반교육과정 접근에 대한 권리와 학습 가능성이 강조됨에 따라 교육목표에 학업 기술을 포함하고 이를 습득할 수 있는 기회를 제공하는 것의 중요성이 부각되고 있다. 일정 수준의 학업 기술은 그 자체가 독립적인 생활을 하는 데 필요한 기능적 기술이 될 수 있을 뿐 아니라 기능적 기술이 지역사회중심 교수와 같이 비장애학생들과 분리된 학교 밖의 상황에서만 학습할 수 있는 것은 아니기 때문에 일반적인 수업 상황에서도 개별화된 적합화를 통해 학습할 수 있는 기회를 제공할 수 있다.

중도 · 중복장애학생의 교육과정 적합화는 모든 영역에 있어 한 가지 유형으로 동일하게 적용하여야 하는 것이 아니라 학생의 상황에 따라 다르게 적용될 수 있는 것으로, 개별화교육 지원팀은 장애학생의 교육과정 적합화를 위해서 학생의 연령, 강약점, 선호도, 현행 수준 등을 고려하여 교육의 우선순위에 따라 학업적 기술과 기능적 기술을 어느 정도로 조화롭게 구성할 수 있을지 판단하여야 한다.

이렇게 중도 · 중복장애학생에게 개별화된 적합화를 실행할 때 교사는 중도 · 중복장애학생이 의미 있고 가치 있는 성과를 나타낼 수 있도록 교육과정 적합화를 실시해야 하며, 그 과정에서 '필요한 만큼의 특수화'만이 이루어질 수 있도록 주의해야 한다(Biklen, 1985; Janney & Snell, 2013). 교사가 범하기 쉬운 실수 중 하나는 중도 · 중복장애학생의 수업 참여 자체에만 중점을 두다가 학생에게 유의미한 교육목표와 내용을 교수하기보다는 하나의 이벤트와 같은 활동 참여나 단순히 또래와의 유사한 학습활동 참여만을 계획하는 경우이다. 예를 들면, '디지털 영상 지도 등을 활용하여 우리 고장의 주요한 지형지물들의 위치를 파악하기'와 같이 실제적인 고장의 모습을 파악하는 것이 핵심인 수업에서 '우리 고장 그림 지도 색칠하기' 또는 '학생이 좋아하는 컴퓨터 또는 프로젝터 작동하기' 등을 목표로 하는 경우, 동일한 학습 활동에 대한 참여로는 의미가 있을 수 있으나 중도 · 중복장애학생이 이 수업을 통해 성취해야 할 핵심적인 내용에 접근하도록 하기 위한 최선이었는지에 대해서는 다시 생각해 볼 필요가 있다. 또 다른 경우로는 장애학생의 성취를 강조하여 교육과정 적합화를 수업에 적용할 때, 필요 이상의 수정을 가하여 전체적인 수업 내용의 수준이 낮아져서 비장애학생들이 일반교육과정에서 요구되는 핵심적인 성취 기준을 습득하지 못하는 상황이 발생할 수도 있다. 교육과정 적합화 시에는 전체적인 수업의 흐름과 수준을 유지하면서 중도·중복장애학생도 유의미한 학습목표를 성취하는 데 필요한 만큼의 적절한 수준의 지원을 제공하도록 해야 한다.

승규는 지적장애와 자폐성장애를 중복으로 가진 중도장애학생으로 일반초등학교 4학년에 재학 중이다. 승규는 반복적인 일상생활에서는 한 단어로 자신의 요구를 표현할 수 있으나 전반적인 의사소통에는 제한이 있다. 승규의 개별화교육 지원팀은 국어와 수학에 대해서 다음과 같은 학습목표를 세웠다.

학습목표	국어	수학
단순화된 목표	낱말과 그림 연결하기	1부터 10까지의 숫자 읽기
대안적인 목표	'네/아니요' 카드로 대답하기	휴대전화 번호 누르기

2) 교수적 적합화

교수(instruction)는 '어떻게 가르칠 것인가'에 대한 것으로 학생을 가르치는 방법적인 측면이라 할 수 있다. 교사는 교육과정에 대한 적합화 외에도 중도·중복장애학생의 의미 있는 수업 참여를 위해 여러 가지 측면에서의 교수적 적합화를 실시하게 된다. 교수적 적합화는 학생이 학습해야 할 내용을 전달하는 과정에 대한 수정으로 이해할 수 있다. 이에 ① 물리적 또는 사회적 환경 수정, ② 교수집단화 등과 같은 교수적 배열 수정, ③ 교수방법 및 자료 수정, ④ 학생에게 요구되는 과제 수정(Janney & Snell, 2013)의 측면으로 나누어 생각해 볼 수 있으며, 학자들에 따라서는 개인적 보조 또는 평가 방법의 수정 등을 포함하기도 한다. 그러나 지원인력과 같은 개인적 지원은 하나의 지원방법으로 큰 카테고리의 촉진이라는 측면에서 이해되는 것이 더 바람직하게 고려되어야 하며, 궁극적으로는 또래나 교사와 같은 자연스러운 지원으로 대체되거나 점차 감소되어야 할 부분이라는 것을 인지할 필요가 있다(Brown et al., 2015). 간혹 교사들이 IEP 목표 또는 교수학습과정안에서 중도·중복장애학생의 학습목표로 '지원인력의 지원을 받아

〈표 5-1〉 **교수적 적합화의 예**

교수적 적합화	구체적인 방법의 예
물리적 · 사회적 환경	• 책상, 의자의 크기 및 위치 등 조정하기 • 교실 내 특정 위치, 학습코너 등을 활용하기 • 교실 외의 공간 활용하기
교수적 배열	• 소그룹 내 인원 조정하기 • 소그룹 운영방식 조정하기 • 개별 활동 시에 장애학생은 짝 활동하기
투입되는 교수방법과 자료	• 사진, 영상, 그림, 구체물 등의 시각적 자료 사용하기 • 그래픽 조직자 사용하기 • 교사의 모델링 제공하기 • 학생의 적극적인 반응을 요청할 수 있는 자료 활용하기 • 시각적 촉진을 활용한 자료 제공하기
산출되는 학생 과제 및 반응	• 다양한 양식(그림, 쓰기, 청각 자료, 동작 등)의 과제 단계를 수행 • 문항 수가 적은 학습 자료 • 가이드가 있는 노트 또는 학습지 • 쓰기를 대신하여 도표, 지도, 그림, 말 등으로 발표

○○을 할 수 있다'와 같은 내용을 포함시키는 경우가 있으나 이것이 학생이 도달해야 할 성과인 학습목표로 적절한 서술인지 생각해 볼 필요가 있다. 개인적 지원에 대한 추가적인 내용은 제11장에서 특수교육지원인력과의 협력 부분을 참고하기 바란다. [그림 5-1]은 시각 및 지적장애를 중복으로 가진 유아를 위한 교수적 적합화의 예로, 주간교육계획에 따른 일일교육계획과 활동수정안이 연계되어 구체화되는 과정을 보여 주고 있다.

◆ 수정 주간교육계획안의 일부

실행기간	11월 8일 ~ 11월 12일	유아명	김승훈(희망)
주제	교통의 발달과 생활		
수정 교육목표	1. 육상/해상/항공수단 모형을 만져 보고 특징을 말로 표현할 수 있다. 2. 내가 좋아하는 교통기관을 만들 수 있다. 3. 교통수단을 이용할 때 지켜야 할 규칙과 예절을 말로 표현할 수 있다.		

영역		활동내용	활동목표(IEP 목표번호)
사회 관계	블록 역할	• 블록-여러 가지 길(활주로, 기찻길, 도로) 만들기* • 역할-공항 놀이	✪ 사회성 - 친구와 함께 여러 가지 길 만들기 ✪ 소근육 - 다양한 재료를 사용하여 자동찻길, 기찻길, 바다, 공사 현장 길 만들기(소2-2) ✪ 대근육 - 바깥 놀이 시간에 뛰지 않기 - 교실에서 놀이터 찾아서 이동하기(대1-3)
	기본 생활	• 시설물 사용 예절 - 미끄럼틀을 거꾸로 올라가지 않아요. - 미끄럼틀에서 줄 서요.	

* 표시는 뒤에 제시된 수정 활동계획안을 말함.

◆ 수정 일일교육계획안의 일부

주제	• 대주제: 교통기관　　　　　 • 소주제: 교통의 발달과 생활		
활동 목표	1. 항공 교통수단의 특징을 말로 표현할 수 있다. 2. 다양한 재료를 사용하여 여러 가지 길을 만들 수 있다.		
활동 영역	활동내용	IEP 목표	자료 및 유의점
등원	• 등원 및 유아 맞이하기 - 계단을 찾아서 교실로 이동한다. - 점자로 표시된 신발장 자리를 찾아서 신발을 정리한 다. (특) - 점자로 쓴 이름표를 찾아서 출석판에 붙인다. (특)	의1-3 의1-3	• 현관에서 신발장까지 핸드레일을 잡고 오게 한다. • 점자이름표를 찾기 쉽 게 신발장 끝부분에 붙 여 준다.
자유 선택 활동	• 자유선택활동 ① 블록 영역-여러 가지 길 만들기 - 벽돌 블록을 나누어 사용하여 주차장, 도로를 꾸며 본다. - 친구들과 이야기하면서 주차장, 도로를 꾸민다. - 다양한 재료를 사용하여 여러 가지 길을 만들어 본다. (자) ② 언어 영역-언어사전(해상) - 해상 교통수단의 모형을 만져 보면서 구조와 특징에 대해 말해 본다. ③ 역할 영역-공항 놀이 ④ 수 · 조작 영역-교통기관 바느질 - 글루건으로 표시된 부분에 구멍을 뚫어 바느질을 한다. (자) ⑤ 미술 영역-헬리콥터 종이 접기 - 한 단계씩 설명을 듣고 종이를 접는다. (성) - 언어적 촉진	사2-1 의2-1 소2-2 인1-1 인1-2	• 준비물: 다양한 촉감의 재료(사포 종이, 구슬, 점토, 골판지, 비닐 등), 바느질 자료 수정(글 루건으로 구멍 자리 표 시), 언어사전 수정 자 료(언어사전에 '김승훈' 이름 찍기, 해상 교통수 단 모형 준비) • 정리 시간이 되면 놀잇감 을 정리하게 하고, 놀잇 감의 위치를 찾지 못할 때 친구에게 도움을 요 청하여 정리하게 한다.

* 약자 표시: (환)-환경적 지원, (자)-자료 수정, (단)-활동의 단순화, (선)-아동의 선호도 이용
　　　　　 (특)-특수한 장비, (성)-성인의 지원, (또)-또래 지원, (보)-보이지 않는 지원

◆ 수정 활동계획안

■ 사회관계	• 여러 가지 길 만들기	• 자유선택활동(블록 영역)
일반 활동목표	1. 또래의 교통기관 놀잇감 놀이에 관심을 가진다. 2. 소품과 단위 블록으로 여러 가지 형태의 길을 만들어 본다.	
수정 활동목표	1. 친구들과 협동하여 교통기관 놀잇감 놀이를 해 본다. 2. 여러 가지 재료를 사용하여 다양한 촉감의 길을 만들 수 있다.	
일반 활동 자료	• 소형 자동차 놀잇감 • 비행기 • 배 • 단위 블록	
수정 활동 자료	• 여러 가지 촉감 재료(골판지, 사포지, 점토, 투명비닐) • 자동차 모형, 블록 	
활동방법 및 활동수정 (☞)	☞ 보이지 않는 지원 블록 영역에 승훈이를 포함해서 대여섯 명 소그룹을 만들어 자유선택활동을 계획한다. 1. 다양한 길에 대해 이야기를 나눈다. 　- 자동차는 어떤 길로 다니니? 　- 헬리콥터나 비행기는 어떤 길로 다니니? 　- 기차는 어떤 길로 다니니? 　- 배는 어디에 떠 있니? 　☞ 또래 지원 다양한 길(기찻길, 도로, 공사장, 주차장 등)에 대해 이야기하며 느낌이 어떤지 이야기 나눈다. "배를 탔을 때 바다의 느낌은 어떠니?" "자동차를 타고 다닐 때 도로의 느낌은 어떠니?" 　☞ 모든 유아가 자신이 경험한 길의 느낌을 다양하게 표현하게 한다. 2. 도로와 활주로, 기찻길 등의 여러 가지 길의 이름을 이야기해 주고 생김새가 다르다는 것을 이야기한다. 　☞ 여러 가지 길의 생김새와 특징이 다르다는 것을 이야기해 준다. 　☞ 또래 지원 다른 생김새의 길이 어떤 느낌인지 친구들에게 설명해 보게 한다. 　☞ 보이지 않는 지원 교사는 유아들이 블록 놀이 영역에서 교통기관 놀이를 하고 있을 때 길고 짧은 단위 블록을 사용하여 병행 놀이를 하며 놀이에 개입한다. 　- 교사: (긴 블록으로 길을 만들며) "나는 여기에다 넓고 기다란 길을 만들어야지." 　☞ 시범 교사가 벽돌 블록을 사용하여 자동차 주차공간을 만들어 보고 승훈이가 손으로 빈 공간을 확인하여 자동차를 주차해 본다. 　☞ "선생님이 만든 곳 옆에 자동차 도로를 함께 만들어 볼까?" 3. 유아와 다양한 길이의 블록을 사용하여 자동찻길, 기찻길 등을 구성해 본다. 　- 도로는 어떻게 만들까? 　- 기찻길은 어떻게 만들까? 　- 바다는 어떻게 만들까? 　☞ 다양한 재질의 재료(사포 종이, 비닐, 점토, 골판지)를 제공하여 승훈이에게 　　- "자동차가 다니는 도로는 어떤 것으로 꾸밀 수 있을까?" 　　- "포크레인이 일하는 공사장은 어떻게 꾸밀까?"

활동방법 및 활동수정 (☞)	- "기차가 다니는 길은 어떻게 꾸밀까?" - "골판지는 어떤 길과 비슷한 느낌이니?" ☞ 또래 지원, 아동의 선호도 승훈이와 친한 친구들과 협동하여 공동작품을 만들고, 승훈이가 손으로 재료를 탐색하고 선택할 기회를 준다. 4. 유아들과 완성된 여러 가지 길에 다양한 교통기관 놀잇감들을 위치에 맞게 배치하며 운전 놀이를 해 본다. - 손님! 어디로 가십니까? ☞ 친구들과 함께 여러 가지 길에 맞는 교통기관 모형들을 가지고 협동 놀이를 해 본다.
확장 활동	1. 유아들과 다양한 교통기관을 타 본 경험이나 공항, 기차역, 항구에 대한 동영상 자료를 보면서 이야기 나눈다. 2. 친구들과 함께 역할(기장, 운전사, 스튜어디스, 기관장 등)을 정하여 운전 놀이를 해본다.
기타 및 활동 시 주의 사항	자유선택활동을 계획하기 전에 학부모에게 전달하여 주말이나 등/하원길에 다양한 길을 체험하게 한다.

[그림 5-1] 시각 및 지적중복장애 유아를 위한 교수적 적합화의 예

출처: 이명희, 김지영, 이지연(2011), pp. 255-259.

3) 대안적 적합화

대안적 적합화는 개별적인 목표와 내용을 가지고 다른 학생들과는 다른 교수 방법과 자료를 사용하는 것으로 학급 내 교수 상황에서 실행될 수도 있으나 교실 밖의 다른 환경에서 실행될 수도 있다. Janney와 Snell(2013)에 의하면 대안적 적합화는 대안적이고 보충적인 교수, 교정적 또는 보상적 교수, 기능적 기술 교수의 세 가지 유형으로 나누어 살펴볼 수 있다. 첫째, 대안적이고 보충적인 교수는 중도 · 중복장애학생의 전체 수업 참여 전후로 실행될 수 있는 것으로 학습할 내용에 대한 소개 또는 학습한 내용에 대한 강화를 위해서 이루어진다. 예를 들면, 학생이 전체 수업에 끝까지 참여하기 어려운 경우에 일정한 수업 후에는 학습코너에서 컴퓨터프로그램을 통하여 같은 주제에 대한 학습 활동을 하도록 할 수 있다. 둘째, 교정적 또는 보상적 교수는 증거기반의 프로그램을 직접 교수하는 것으로 분명한 필요에 의해 결정되고 뚜렷한 성과를 나타낼 수 있어야 한다. 주로 말하기, 운동 능력, 읽기 등의 기술 향상을 위해 일대일의 집중적인 교수가 이루어지며, 어린 학생들에게 더 중요하다. 셋째, 기능적 기술 교수는 교육목표의 우선순위에 의해 일상적인 학급 활동에서는 학습하기 어려운 경우에 이루어지며, 어린 학생보다는 중등 이후의 중도 · 중복장애학생에게 적용되는 경우가 많다.

승규는 일반학급 수업 시간에 가능한 한 참여할 수 있도록 하고, 교사는 그래픽 조직자와 시각적 촉진이 제시되어 있는 자료를 승규에게 제공한다. 국어 시간의 마지막 15분은 컴퓨터가 있는 학습코너에서 낱말 읽기와 관련된 사이트에 접속하여 정해진 분량을 학습한다. 또한 매주 화요일에는 특수교육지원센터에서 순회교육을 나오는 언어치료사와 함께 두 시간씩 집중적인 의사소통 교육을 받고, 점심 시간에는 학교식당에서 특수교사의 식사 기술 지도를 받는다.

2. 문해력 교수

문해력은 전통적으로 읽기와 쓰기 능력으로 정의되며(Keefe & Copeland, 2011), 말소리를 표현하는 문자 상징을 이해하고 인식하는 능력이다. 이는 우리의 사고 체계를 형성하는 데 주요한 영향을 미칠 뿐 아니라 의사소통의 한 영역으로서 삶에서 다양한 정보를 획득하고 처리하기 위해 매우 중요한 요소이다. 특히 인터넷 등을 통해 계속적으로 쏟아져 나오는 대량 정보의 시대를 살아가는 현대인들에게 문해력은 권력과 같은 존재라 할 수 있다. 이렇게 인터넷과 컴퓨터, 휴대전화 등 문자를 기반으로 하는 테크놀로지에 대한 의존도가 높아지는 사회에서 문해력의 중요성은 더욱 증가되고 있으며, 기술과 연결되는 사회에서의 삶을 위한 필수적인 요소가 되고 있다(성시연 외, 2015). 문해력에 어려움이 있는 학생들의 경우 자신에 대해 부정적인 견해를 갖게 되고, 학업에 대한 흥미를 잃으며, 이러한 문해력의 문제는 성인기까지 지속되어 취업과 사회생활에 중대한 영향을 미칠 수 있다(McNulty, 2003). 문해력은 학령기의 학업에서만 요구되는 것이 아니라 전 생애주기에 걸쳐 지속적으로 요구되는 것으로 중도·중복장애학생 삶에도 꼭 필요한 매우 중요한 기술이라 할 수 있다.

중도·중복장애학생은 여러 가지 요인으로 문해력 기술 습득이 지연되거나 기술을 습득하지 못하는 경우가 많다(Machalicek et al., 2010). 이러한 요인으로는 장애 유형과 정도, 인지, 언어, 지각 능력 등의 내부적인 요인과 문해와 관련된 경험의 질과 양 부족, 주변인의 낮은 기대, 중도·중복장애학생에 대한 문해력 교수와 관련한 연구 부족 등의 외부적 요인이 있다(Foley & Wolter, 2010). 최근 문해기술이 삶에 미치는 영향에 대한 논의가 활발해짐에 따라 중도·중복장애학생의 문해력에 대한 관심이 증가 중이다. 연구들에 따르면 중도·중복장애학생도 문해 기술을 학습할 수 있다고 보고되고 있으며, 학령기 시기 이후에도 지속적으로 학습이 가능한 것으로 보고되고 있다(Browder, Ahlgrim-Delzell, Flowers, & Baker, 2012; Caron, Light, & McNaughton, 2021; Holyfield, Caron, Light, & McNaughton, 2019; Moni, Jobling, Morgan, & Lloyd, 2011).

1) 초기 문해력

'초기 문해력'은 그림책 넘기기, 글자 가리키기, 낙서하기 등 읽기 또는 쓰기와 관련한 행동으로 이러한 행동은 읽기 능력 발달에서 중요하게 다루어진다. 초기 문해력 중 하나인 인쇄물 개념(print concept) 또는 인쇄물 인식(print awareness)은 글자의 사용에 대해 이해하는 것으로 인쇄물 기능 인식(print function awareness)과 인쇄물 관례 인식(print convention awareness)의 두 가지 개념으로 나누어 볼 수 있다(김애화, 김의정, 김자경, 최승숙, 2012). 인쇄물 기능 인식은 글자가 의미를 전달한다는 것을 이해하는 것으로 글자 모양이 바뀌면 그 의미가 달라지는 것을 아는 것이다. 예를 들면, 동화책은 재미있는 이야기가 담긴 인쇄물이며, 동화책의 제목은 이야기의 내용을 구별할 수 있게 해 주는 것으로 각 제목의 의미가 다르다는 것을 아는 것이다. 인쇄물 관례 인식은 인쇄물의 구조를 이해하는 것으로, 예를 들면 책은 앞면부터 뒷면으로 책장을 넘기는 것이고, 동화책의 글자는 보편적으로 윗줄부터 순서대로 읽어 나간다는 것 등을 알게 되는 것이다.

중도 · 중복장애학생의 경우에는 인지 및 의사소통 능력 발달상의 어려움이나 신체 및 건강상의 어려움과 같은 장애의 특성, 주변 양육자들의 교육 필요성에 대한 인식 부족, 기술을 발달시킬 기회의 제한 등의 문제로 인하여 읽기 선수 기술인 인쇄물 개념을 습득하는 데 어려움을 겪을 가능성이 높다(Beukelman & Mirenda, 2005; Koppenhaver, 2000; Light & Kelford-Smith, 1993). 초기 문해의 경험은 이후의 문해력 발달에 큰 영향을 미칠 수 있으므로 중도 · 중복장애학생의 인쇄물 개념 발달을 위해서는 인쇄물을 경험할 수 있는 충분한 경험과 다양한 기회가 주어질 필요가 있다(Ricci, 2011). 문자교육은 취학 이후 학교교육에서 이루어지는 것이 분명하지만, 문해 환경에 자연스럽게 노출되도록 환경을 구조화하고, 문자 학습이 아닌 문해 환경에서의 다양한 경험을 제공하는 문자 이전단계의 문식성이나 문해력 증진 프로그램 등의 조기 중재가 필요하다(승예린, 박경옥, 2021). 일상생활에서 자주 접한 익숙한 글자에 학생이 관심을 보이고(연석정 외, 2018), 반복적으로 학습된 글자일수록 단어재인 속도가 빠른 것으로(박정애, 박은혜, 2020) 보고되고 있어 중도 · 중복장애학생이 생활하는 환경에서 학생에게 필요한 다양한 문해 경험을 제공할 수 있도록 구성해야 한다.

주변의 일상 사물에 낱말카드 붙이기, 이름표 달기, 그림−낱말카드 제시하기, 활동 스케줄 제시하기, 동화책 읽어 주기, 상황 놀이를 활용한 읽기나 쓰기 흉내 내기 등을 통해 중도 · 중복장애학생이 생활하는 일상적인 생활환경 내에서 인쇄물을 자주 접할 수 있는 환경을 조성할 수 있다. 책을 읽어 줄 때는 장애학생이 잘 볼 수 있도록 큰 책을 활용하거나 장애학생이 책을 가까이에서 접촉하여 책을 넘기고, 들은 이야기와 그림을 연결하는 등의 충분한 탐색기회를 제공하는 것이 도움이 된다. 또한 녹음도서, 다양한 기능이 탑재된 e−book(전자책), 또는 광학식 문자판독(Optical Character Reader: OCR) 기능 등을 활용하여 학생들이 가능한 독립적으로 이야기에 접근할 수 있도록 하고, 단어나 문장을 하나씩 표시해 주는 다양한 컴퓨터 소프트웨어 프로그램을 활용하여 책을 읽는 동안 인쇄물과 그 관례에 대해 관심을 갖도록 하는 것이 유용하다. 최근에는 오디오 북에서 좀 더 발전된 형태로 책을 읽어 주는 앱도 다양하게 출시되어 있어 중도 · 중복장애학생들의 읽기 경험을 확장하고 문해 환경을 조성하는 데 활용할 수 있다. 이러한 인쇄물과 자료를 선정할 때는 중도 · 중복장애학생의 선호도를 반영하여 관심과 흥미를 이끌어 낼 수 있는 그림이나 교재를 선정하도록 하되 학생의 생활연령을 고려해야 한다.

> 나현이는 대부분의 시간을 휠체어에서 보내고 가끔 소리를 내는 것 외에는 특별한 반응을 보이지 않는 편이었다. 어느 순간, 김 교사는 '오늘의 동화' 시간에 나현이가 특정 의성어가 나오는 동화책을 읽어 줄 때 짧은 순간이지만 자주 책을 응시하는 것을 발견하였다. 김 교사는 그 동화책을 학생들이 접근하기 쉽도록 읽기 코너의 추천도서로 책장의 전면에 배치하였고, 나현이가 그 책을 응시하면 "〈사과가 쿵〉 읽어 줄까?" 하며 책을 읽어 주었다. 시간이 흐르자 학급의 다른 친구들도 나현이에게 그 책을 읽어 주었고, 읽기를 하지 못하는 친구들도 책을 펼쳐 그림을 보며 자기의 스토리를 만들어 책을 읽어 주는 흉내를 냈다.

2) 읽기 교수

읽기는 쓰여 있는 상징을 소리로 전환하는 것으로 문자를 해독(decoding)하는 것과 해독한 문자의 의미를 도출하여 이해하는 활동으로 나누어 볼 수 있다. 읽기는 음운인식, 단어인지, 유창성, 어휘 , 읽기 이해와 같은 기본 구성 요소들을 포함하는 것이 효과적인 것으로 입증되었다(Bos & Vaugn, 2002). 중도·중복장애학생의 읽기와 관련해서는 아직 증거나 연구에 의해 충분하게 입증되지 않았으나 학생의 삶에 있어 읽기 기술이 중요하고, 독립성을 증진시킬 것임은 의심할 여지가 없는 사실이다. 여기에서는 일반적인 읽기 지도 시의 교수법을 기초로 하되 중도·중복장애학생의 상징 이해 수준을 고려하여 읽기에서 다루어지는 내용과 방법적인 접근이 좀 더 기능적으로 활용될 수 있도록 제안한다.

(1) 음운인식

음운인식(phonological awareness) 능력은 말소리를 식별하는 능력으로 일반적으로는 단어를 구성하는 음절 또는 음소들을 분석해 내고 이를 하나의 소리로 합성할 수 있는 인지적 능력을 말한다. 음운인식 능력은 학생의 읽기 능력을 예측할 수 있는 주요한 변인으로 밝혀지면서 읽기 기술 진단과 학습의 주요한 요소로 제시되고 있다(Allor, 2002; Torgesen, 2000).

음운인식 능력은 체계적인 훈련을 통해서 읽기 수행을 향상시킬 수 있는데, 예를 들면 여러 개의 단어에서 같은 음절이나 음소 찾기(예: 가방, 가지), 음절이나 음소 합쳐서 말하기(예: 나+비), 단어 속의 특정 음절이나 음소 말하기(예: 가방에서 첫소리), 단어를 음절이나 음소로 나누어 말하기(예: 나비=나+비), 특정 음절이나 음소 빼고 말하기(예: 곰에서 ㅁ을 빼고 고), 음절이나 음소 바꾸어 말하기(예: 곰에서 ㅁ을 ㅇ으로 바꾸어 말하기) 등의 방법을 활용할 수 있다. 이러한 음운인식 훈련은 명시적이고 집중적으로 제공하되 소집단을 활용하여 10~20분의 시간을 넘지 않도록 하는 것이 효과적이다(김애화 외, 2012; Copeland & Keefe, 2007; National Reading Panel, 2000; Simmon, Gunn, Smith, & Kameenui, 1994).

중도·중복학생에게도 이러한 음운인식교육을 통해 읽기에 접근하도록 할 수 있다(허경하, 2015; Cohen, Heller, Alberto, & Fredrick, 2008). 일반적으로 음운인식 능력은 읽기을 예측하는 주요 변인으로 제시됨에도 불구하고 중도·중복장애학생의 음운인식능력에 대해서는 논쟁이 되고 있다. 초기 연구에서는 다운증후군 학생의 경우 다른 장애 영역의 학생과 비교하여 음운인식 교수의 효과성이 낮게 나타났고, 음운인식 능력과 읽기 능력이 관계가 없는 것으로 보고되었으나, 최근의 연구에서는 다운증후군 학생에게도 음운인식 훈련은 효과적인 것으로 보고되고 있으며, 음운인식과 단어재인 중 단어재인이 좀 더 유용한 것으로 나타났다(신미경 외, 2016). 아직 중도·중복장애학생에 대한 음운인식

교수의 효과성에 관해서는 더 많은 연구가 이루어질 필요가 있으나, 현재까지 연구의 공통적인 결과는 훈련에 따라 학생의 음운인식 능력이 향상되었다는 것이다.

　　음운인식 훈련은 같은 소리가 반복되는 노래나 시, 시각적 촉진을 활용한 카드(예: 음절 수만큼 표시된 카드 등), 단어의 첫소리나 특정한 소리를 나타내는 그림-소리카드(예: /ㅊ/ 소리와 초콜릿 그림) 등을 사용할 수 있으며, 학생들이 같은 소리와 다른 소리를 구별하고 소리의 규칙들을 이해할 수 있도록 다양한 게임으로 활동을 구성할 수 있다. 장애의 특성으로 인하여 학생 스스로 발음할 수 없는 경우에도 '예/아니요' 카드나 스위치 등을 이용하여 들려주는 소리를 구별하는 활동에 참여함으로써 음운인식 능력을 향상시킬 수 있다. 또한 컴퓨터보조학습을 활용한 중재가 음운인식에 있어 효과가 큰 것으로 나타난 것(신미경 외, 2016)을 고려하면 여러 가지 앱과 인공지능을 교육 상황에 적용하는 것도 중도·중복장애학생의 음운인식 훈련에 긍정적인 결과를 가져올 것으로 기대된다.

(2) 단어인지

　　단어인지는 읽기의 주요 요소 중 하나로 단어를 소리내어 읽고, 단어의 의미를 파악하는 능력을 말한다(Harris & Hodges, 1995). 단어인지에는 문자와 소리의 대응관계를 직접적으로 가르치는 해독 중심 접근과 단어나 문장을 단위로 하여 의미 이해에 중심을 두는 의미 중심 접근이 있다. 해독 중심 접근에서는 주어진 낯선 글자를 읽도록 지도하는 것으로 분석적 접근과 합성적 접근의 두 가지 방법이 대표적이다. 분석적 파닉스(내재/분석적 철자 지도, 전체-부분 지도)는 각 낱자에 해당하는 소리를 가르치지 않고 익숙한 단어를 제시하고 단어 내에서 낱자와 소리를 분석함으로써 문자와 소리의 관계를 가르치는 교수법이다. 예를 들면, 학생은 '가지'라는 단어를 보고 나서 'ㄱ'이라는 소리로 시작되고 /ㄱ/ 소리는 'ㄱ'이라고 쓴다는 것을 파악하도록 지도하는 것이다. 반면, 합성적 파닉스(명시적/조합 철자 지도, 부분-전체 지도)는 각각의 낱자와 소리를 연결하도록 한 후 소리를 합성하여 단어를 읽도록 가르치는 방법이다. 예를 들면, 'ㄱ'이라는 소리를 배우는 학생은 단어의 /ㄱ/, /ㅏ/, /ㅈ/, /ㅣ/라는 개개의 소리를 배운 후 소리의 조합을 통해 '가지'를 읽게 된다. 일반적으로 읽기에 어려움이 있는 경우 합성적 파닉스와 같은 직접 교수가 효과적인 것으로 보고되었으나(Ehri et al., 2001), 중도·중복장애학생에게는 분석적 접근이 단어를 제시하는 보다 의미 있는 상황에서 발음 지식을 학습할 수 있기 때문에 좀 더 적합하다고 제안되기도 했다(Copeland & Keefe, 2007).

교과	국어		대상	초등부 ○학년 ○반	장소	초 6-2교실
단원	3. 소리 내어 써 보아요		일시	20○○. 4. 6.(금)	교시	
제재	한글의 자·모음자 이름과 소리 알기		차시	4/4	지도교사	장현일
학습 목표	'나'로 시작되는 받침 없는 단어를 알고 소리 낼 수 있다.					
	가	'나'로 시작되는 받침 없는 단어를 알고 소리 낼 수 있다.				
	나	자·모음이 결합된 소리 '나'를 소리 낼 수 있다.				
	다	수업에 참여하며 모음의 소리를 표현할 수 있다.				

단계 (시량)	학습 과정	교수·학습 활동				지원인력 활용	자료(★)및 유의점(※) pck(ⓟ)
		교사 활동	학생 활동				
			가	나	다		
도입 (10′)	학습규칙 제시하기	■ 학습규칙 설명하기 - 시범을 보이며 학습규칙을 안내한다.	■ 학습규칙 설명 듣기 ■ 눈은 반짝, 귀는 쫑긋, 목소리는 크게 동작을 따라 하며 학습 규칙을 익히기			■ '다' 학생이 학습규칙을 따라 할 수 있도록 지원한다.	※ 학생들이 큰 소리를 낼 수 있도록 유도한다. ※ 노래와 율동으로 허용적인 분위기를 조성한다.
	분위기 조성	■ 마음 열기 - 함께 인사를 한다. - 노래와 율동으로 마음을 열게 한다.	■ 바른 자세로 인사 나누기 ■ 노래와 율동을 함께 하며 수업을 준비하기		■ 노래 듣고 바른 자세로 앉기		
	전시 학습 상기	■ 전시학습 상기 및 동기유발하기 - 전시학습 자료와 동기유발 자료를 제시한다.	■ 동기유발 자료에 등장하는 다양한 그림과 모음을 보며 동작과 소리로 표현하기		■ 동기유발 자료를 집중하여 듣고 보기	■ '다' 학생이 동기유발 자료를 바로 볼 수 있도록 자리를 배치한다.	★동기유발 자료 ⓟ전시학습을 통해 학생의 선개념을 파악한다.
	공부할 문제 제시	**공부할 문제** 나로 시작되는 받침 없는 단어를 알고 소리 내어 봅시다. 가 – 나로 시작되는 받침 없는 소리를 알고 표현해 봅시다. 나 – 자모음이 결합된 소리 나를 소리 내어 봅시다. 다 – 모음의 소리를 표현하며 수업에 참여해 봅시다.				■ 공부할 문제와 공부할 순서를 바른 자세로 들을 수 있도록 지원한다.	★공부할 문제 및 공부할 순서 안내판, 지시봉 ※ 동기유발과 관련하여 공부할 문제를 떠올릴 수 있도록 발문한다. ⓟ마중물 발문
		■ 공부할 순서 안내하기 - 공부할 순서를 안내한다.	■ 공부할 순서를 따라 읽기 ■ 교사의 설명을 들으며 공부할 순서를 확인하기				
	공부할 순서 제시	활동 1 ➡ 똑똑! 글자놀이! 활동 2 ➡ 똑똑! 디지털놀이! 활동 3 ➡ 똑똑! 낱말놀이!					※ 공부할 순서를 안내하고 직접적인 시범과 구체물을 보여 주며 학습에 대한 흥미를 높인다.

단계 (시량)	학습 과정	교수 · 학습 활동				보조인력 활용	자료(★)및 유의점(※) pck(ⓟ)
		교사 활동	학생 활동				
			가	나	다		
과제1 (6′)	배움1	**활동1　똑똑! 글자놀이!**				■'다' 학생이 문제 행동을 하지 않도록 지도한다.	★PPT 자료 ⓟ시범보이기 ※ 다양한 동작을 통해 자유롭게 표현할 수 있도록 유도한다. ★디지털교과서 활용 및 수준별 자료 ※ 태블릿 PC ※ 디지털교과서 및 개별 자료를 통해 충분히 배운 내용을 스스로 해 볼 수 있도록 시간을 준다. ⓟ오개념, 난개념 해결
		■다양한 동작과 연계하여 자음과 모음 소리 가르치기	■자음과 모음의 소리를 듣기 ■동작과 소리 일치시키기		■PPT 자료를 보며 집중하여 듣기		
과제2 (8′)	배움2	**활동2　똑똑! 디지털놀이!**				■'다' 그룹 학생의 수준별 학습 자료 지원을 돕는다. ■디지털교과서 및 학습 자료 정리를 돕는다.	
		■디지털교과서를 이용하여 학생들이 스스로 탐구하도록 하기	■디지털교과서를 이용하여 자음과 모음의 소리를 들어 보기 ■다양한 멀티미디어 자료를 통해 받침이 없는 사물에 대해서 알아보기		■디지털교과서를 이용하여 멀티미디어 자료를 집중하여 보거나 듣기		
과제3 (12′)	배움3	**활동3　똑똑! 낱말놀이!**				■'다' 학생의 활동 시 신체적표현을 지원한다. ■'가' 학생의 탐색 활동을 지원한다.	★PPT, 프로젝터, 그림단어카드 ※ 학생들이 제시한 장소에서 낱말카드를 잘 찾을 수 있도록 유도한다. ※ 증강현실 학습지를 이용하여 학생들의 흥미를 지속시킨다. ※ 동기 유발 자료와 연계하여 학습내용을 정리한다. ※ 끝까지 수업에 집중할 수 있도록 지원한다.
		■학생들이 사물 그림카드를 찾을 수 있도록 안내하기 ■노래와 함께 사물 그림카드 연결하기 ■증강현실 학습지 안내하기	■교사가 안내하는 장소에서 사물 그림카드 찾아보기 ■즐겁게 노래를 부르며 단어카드 연결하기 ■수준별 학습지를 해결한 후 태블릿 PC로 탐색하기		■사물카드와 함께 부르는 노래를 경청하여 듣기 ■수준별 학습지 해결하기		
평가 및 정리 (4′)	정리	■학습 활동 정리 - 학습내용을 정리하게 하기	■학습내용을 정리하며 어울리는 소리를 내기		■관심을 갖고 듣기	■'다' 학생이 바른 자세로 앉아 수업에 끝까지 참여하도록 지원한다.	
	차시 예고	■차시 예고하기 - 다음 시간 활동 내용을 안내하기 ■인사하기	■차시 예고에 관심을 가지고 듣기 ■바른 자세로 인사하기				
	끝인사						

[그림 5-2] 중도 · 중복장애학생의 음운인식과 발음법 교수학습지도안의 예

기능적 기술이 강조되는 중도·중복장애학생에게 음운인식이나 해독 중심의 교수는 중요성이 덜 강조되는 경향이 있으나, 최근 연구들에서는 음운과 발음에 대해 체계적이고 명료한 직접 교수를 받은 중도·중복장애학생이 단어 해독 및 어휘 이해 등에서도 더 나은 효과를 나타내어 일견단어 외에 새로운 단어 읽기에서도 효과적일 것으로 보고되었다(Allor, Mathes, Roberts, Jones, & Champlin, 2010; Cohen et al., 2008). 중도·중복장애학생에게 읽기를 지도할 때는 자·모음 중 쉬운 것과 많이 쓰는 것을 먼저 제시하고, 서로 혼동을 줄 수 있는 여지가 있는 것은 따로 분리하여 교수하는 것이 효과적이다(이대식, 황매향, 2014). 또한 음운인식 훈련과 함께 음절이나 음소별로 떼어서 움직일 수 있는 낱말카드, 자음과 모음을 색깔로 구분한 카드 등을 활용할 수 있으며, 음소를 나타내는 글자 모양의 시각적인 차이와 그에 대한 언어적 또는 신체적인 부가적 설명을 제공하는 것이 중도·중복장애학생이 각 음소의 소리를 연결할 수 있도록 하는 데 도움이 된다. [그림 5-2]는 경남지역의 특수교사연구회인 '반짝반짝 은혜 별무리'에서 중도·중복장애학생들의 음운인식과 발음법 교수를 위해 신체 움직임과 멀티미디어 교재를 활용하여 구성한 교수학습지도안의 예이다.

의미 중심 접근은 단어의 의미 형성을 위한 교수활동으로 문자해독을 위한 직접적인 음운인식 교수를 강조하지는 않는다. 의미 중심 접근에서는 통언어적 접근과 언어경험 접근과 같이 단어의 의미 형성이나 내용 이해를 위한 읽기 활동을 강조하고 이러한 읽기 활동을 통해 음운분석 기술은 자연스럽게 습득된다고 본다. 통언어적 접근에서 읽기 자료는 학생들이 쉽게 접할 수 있어 관심을 가질 수 있는 주제 중심으로 구성하고, 언어경험 접근은 학생이 경험한 이야기를 중심으로 구성한다. 이 두 가지의 접근 모두 읽기 활동은 말하기, 듣기, 쓰기와 같이 통합적으로 이루어지고, 일견단어 교수를 적극 활용한다.

일견단어 교수는 읽기를 시작했거나 문자해독이 어려운 중도·중복장애학생에게 단어인지 방법을 교수할 수 있는 유용한 방법일 수 있다. 특히 일견단어 교수는 반복 노출을 통해 시각적인 형태를 파악하도록 하는 것으로, 일견단어 교수 시에 학생이 단어를 읽는 것을 넘어서 글에서 단어를 인지하고 이해할 수 있도록 가르치는 것이 중요하다(Copeland & Keefe, 2007).

(3) 유창성

유창성은 글을 빠르고 정확하게, 그리고 적절한 표현력을 가지고 읽는 능력을 말한다 (National Reading Panel, 2000). 읽기 유창성은 독해를 위한 필수적인 요소로 읽은 것에 대한 기억과 일반화를 촉진하며, 연구 결과에 따르면 읽기 이해와 높은 상관관계를 갖고 있다(Armbruster, Lehr, Osborn, & Adler, 2010). 낱글자를 읽는 데 어려움이 있어 이에 대한 시간이 오래 걸리는 학생은 글의 의미를 해석하는 데 집중할 수 있는 인지적 자원이 부족하여 전체 글 이해에 어려움을 가지게 된다. 읽기 유창성 중재를 위해서는 동일한 글을 소리 내어 반복하여 읽기가 가장 효과적인 것으로 보고되었다(National Reading Panel, 2000). 읽기 유창성 교수방법의 예로는 짝과 함께 읽기, 안내된 읽기, 반복 읽기, 묵독 읽기, 끊어 읽기 등이 있다. 중도·중복장애학생의 읽기 유창성에 대한 연구는 많이 이루어지지는 않았으나, 다른 장애 영역에서 보고된 바와 같이 소리 내어 반복하여 읽기, 함께 읽기 등이 효과적인 것으로 나타났으며(National Reading Panel, 2000), 이를 위해서는 학생들의 장애 특성에 따라 읽기 자료의 접근성과 글꼴, 글자 크기 등의 읽기 자료 수정, 읽기 자료의 예측 가능한 반복성 등을 고려할 필요가 있다.

- **소리 내어 읽기**: 모든 연령과 능력에 관계없이 중요한 전략으로 학생 스스로에게 동기를 부여하고, 언어 및 문맥의 이해, 발음과 유창성을 향상시킨다. 소리 내어 읽기는 학생에게 모델을 제공해 줄 수 있어 문해 노출이 부족한 중도·중복장애학생에게 유창한 읽기를 들을 수 있는 기회와 읽을 수 있는 기회를 제공한다.
- **함께 읽기**: 교사 또는 다른 유창한 독자와 덜 유창한 독자가 같이 읽는 것을 포함한다. 유창하게 읽는 모델을 제공함으로써 일반적인 문해 능력을 향상할 수 있도록 비계와 지원을 제공하는 것을 목적으로 한다.
- **합창 읽기**: 소그룹 또는 대그룹 학생이 같이 텍스트를 읽는 것으로 전체 또는 부분을 나누는 등 다양한 방법으로 읽을 수 있다. 합창 읽기는 교사가 먼저 읽고 학생은 어법과 표현을 모방하여 같은 텍스트를 다시 읽는 메아리 읽기 방법으로 변형하여 적용할 수 있다.
- **반복 읽기**: 같은 텍스트의 반복 읽기는 읽기 유창성을 증가시키는 효과적인 방법으로 중도·중복장애학생의 경우 기술 습득에 있어 더 많은 반복을 필요로 한다. 반복 읽기에서는 학생들에게 읽기의 동기 제공 및 의미를 부여하는 것이 중요하다.

출처: Copeland & Keefe (2007), pp. 142-153에서 수정 발췌.

(4) 어휘

어휘란 개인이 효과적으로 의사소통하기 위해 학습하고 사용하는 단어를 말하는 것으로 즉각적으로 재인하고 이해할 수 있는 어휘가 많을수록 학생의 유창성과 읽기 이해력은 강화될 수 있다. 마치 우리가 외국어를 학습할 때 알고 있는 단어가 많은 경우 문장의 내용을 이해하기 쉬운 것과 같은 이치이다. 학생들은 일상생활을 통해 간접적으로도 어휘를 학습하지만, 중도·중복장애학생의 경우 인지적·신체적 어려움으로 인해 일상생활과 학습에서 경험의 제한 등이 따르기 때문에 일상생활과 관련된 어휘를 포함하여 풍부한 어휘 확장을 위한 직접 교수가 이루어질 필요가 있다.

어휘 확장에 사용하는 일견단어 교수는 초기 읽기 기술을 가진 학생이나 중도·중복장애학생들에게 흔히 사용하는 방법으로 단어를 하나의 그림처럼 인식하여 단어와 그것이 의미하는 것을 직접적으로 연결하여 가르치는 방법이다. 중도·중복장애학생들의 경우 단어를 해독하기 위한 구체적인 기술을 습득하기 어려운 경우가 많고, 여러 일견단어를 학습하는 것이 나중에 단어 해독이나 읽기 이해를 위한 기초적인 기술을 제공할 수 있기 때문에 일견단어를 교수하는 것은 중요하다(Brown et al., 2015). 일견단어 교수는 중도·중복장애학생의 기능적인 읽기 기술 교수와도 연결되는 것으로 학생의 가정과 지역사회생활 내에서 필요한 어휘를 우선적으로 선택하여 삶의 맥락 안에서 단어의 의미를 파악할 수 있도록 반복적으로 노출될 수 있는 환경을 조성해야 한다. 이를 위해서는 학생의 생태학적인 환경을 분석하여 일상생활에서 기능적으로 사용될 수 있는 단어, 학생의 교육과정이나 학습 활동상에서 자주 등장하는 단어 등을 선택하는 것이 유용할 수 있다(Browder, 2001; Collins, Evans, Creech-Galloway, Karl, & Miller, 2007). 학생의 일과 내에서 반복적으로 노출될 수 있도록 삽입교수를 사용하거나 시각적 자극 촉진 등을 활용하여 효과를 증대시킬 수 있으며, 자연스러운 상황에서 일반화하여 사용할 수 있도록 계획하여야 한다. 예를 들면, 학생이 좋아하는 간식이나 TV 프로그램을 선택할 수 있도록 하는 등과 같이 학생의 선호도를 활용하여 선택하기에 일견단어를 활용하는 것은 매우 유용한 방법이자 기능적인 기술이 될 수 있다. 또한 학생의 연령이 증가함에 따라서는 가정과 지역사회 적응과 관련한 상호, 표지판이나 쇼핑을 위한 상품명, 학생의 안전과 관련한 용어 등에 대한 것을 지도하는 것이 중요하게 다루어질 수 있다(Mechling et al., 2002; Snell & Brown, 2006). 이러한 일견단어 교수는 어휘를 인식하고 해석하는 것도 중요하겠지만, 각 단어와 함께 주어지는 자연적인 단서들(예: 포장 색깔, 브랜드 마크 등)을

[그림 5-3] 기능적 읽기 교수자료의 예

출처: 국립특수교육원(2014), p. 269.

활용하는 것도 유용하다. [그림 5-3]은 중도·중복장애학생을 위한 기능적 읽기 교수자료의 예이다.

(5) 읽기 이해

읽기 이해는 읽기의 주된 목표로 단일한 내용보다는 복합적인 경우가 많기 때문에 한 가지 문제해결 상황에 여러 가지 전략을 복합적으로 적용해야 하는 경우가 많다. NRP보고서(National Reading Panel, 2000)에서는 읽기 과정의 각 단계에서 특정한 전략을 교수하는 것이 효과적이라고 제시하였다. 그 전략으로는 읽기 전 단계에서 학생이 글을 읽는 목적에 대해 생각하기, 사전 지식 활성화하기 등이 있다. 글을 읽기 전에 목적을 생각하는 것은 자신이 활동에 참여하는 이유를 파악하고 글을 통해 얻어야 하는 정보에 집중할 수 있게 하는 데 유용하다(예: 라면을 끓이기 위해 순서를 읽는다). 사전 지식 활성화하기는 글과 관련된 자신의 경험이나 사전 지식 등에 대해 이야기함으로써 읽기 활동을 통해 얻게 될 새로운 지식과 자신의 경험을 연결할 수 있도록 도와준다. 읽기 중 단계에서는 질문에 답하기를 통해 글의 주요한 내용을 파악하는 데 도움을 얻을 수 있으며, 질문 생성하기를 통해 학생이 글을 읽고 알게 된 내용이나 궁금한 내용을 확인할 수 있도록 할 수 있다. 또한 이야기 구조를 파악하거나 그래픽 조직자를 사용하는 것은 글의 내용과 관계를 명확하게 이해할 수 있도록 하며, 읽기 후 활동으로 요약하기나 이해 점검하기 등은 글의 주요한 아이디어 파악이나 글의 흐름 이해 등을 정리할 수 있는 기회를 제공한다.

읽기 이해는 정보획득 차원으로의 학업적인 기술로서뿐 아니라 개인의 사고와 가치판단, 여가와 관련한 삶의 질 차원에서 기능적이고 의미 있는 활동으로 인식되고 있기 때문에 중도·중복장애학생에게도 교수되어야 하는 중요한 부분이다. 따라서 중도·중복장애학생이 읽기학습에 있어 아직 음운인식이나 발음법에 대한 능력이 발달되어 있지 않고, 문자 자체에 대한 읽기에서 지속적인 어려움을 나타낸다고 하더라도 지속적으로 읽기 이해를 촉진하고 읽기를 접할 수 있는 환경을 제공할 필요가 있다. 읽기 이해를 위한 전략을 교수할 때는 먼저 교사의 명료한 시범, 안내된 연습, 개인적인 연습, 독해를 위한 사전지식과 어휘의 연결 등을 통해 다양한 텍스트에 어떻게 적용할 것인지를 명시적으로 보여 주는 것이 중요하다. 특히 중도·중복장애학생의 읽기 이해 지도 시에는 학생의 흥미와 읽기 수준에 따라 적절한 텍스트를 선정하여 학생이 읽기와 관련한 성취감과 만족감을 느낄 수 있도록 하는 것이 효과적이다.

텍스트는 학생이 좋아하는 동화나 노래 가사 등을 다양하게 활용할 수 있으며, 일견단어 등에서 학습한 학생의 생활 속에서 기능적으로 활용될 수 있는 어휘를 포함하는 상황들을 선정하여 활용하는 것은 일반화를 촉진할 수 있어 유용하다. 또한 글이 없는 그림책이나 학생들의 사진 등을 활용하는 것도 기본적인 프린트 인식을 향상시킬 수 있을 뿐 아니라 학생들이 이야기를 구성하면서 어휘력 및 표현 능력 향상, 듣기 이해력 향상 등의 효과를 가져올 수 있다(Katims, 2000). AAC를 사용하는 학생의 경우에는 학생이 사용하는 상징을 어휘 또는 문장으로 연결하여 읽기 지도를 하는 것이 유용할 수 있다(이미경, 한경근, 2011; 임미화, 2006).

3) 쓰기 교수

쓰기는 자신을 표현하는 활동으로 의사소통의 측면에서 사회적 참여를 증가시킬 수 있으며, 구어와는 다르게 장시간의 기록으로 남길 수 있다는 특성이 있다. 쓰기는 읽기에서와 같이 음운인식 능력이 요구됨과 동시에 기호화하고 문자로 쓸 수 있는 신체적인 운동 능력까지 요하는 기술이다. 이러한 쓰기 기술의 특성으로 인해 중도·중복장애학생에게는 상대적으로 학습기회가 적은 영역이었으나(Joseph & Konrad, 2009), 최근에는 교사들의 인식 변화와 함께 쓰기와 관련한 광범위한 텍스트의 허용, 여러 가지 보조기기 활용 등으로 쓰기에 접근할 수 있는 기회가 증가하고 있다. 쓰기 기술은 읽기 기술 발달이 이루어진다고 자동적으로 이루어지는 것이 아닌 별도의 능력이며, 자신을 표현하는 수단이므로 중도·중복장애학생에게도 이를 위한 체계적인 교육이 제공될 필요가 있다.

(1) 손글씨 쓰기

손글씨 쓰기는 글씨를 쓰는 자세와 쓰는 순서, 글자 모양, 글자 간격, 문장 부호 등을 포함하는 것으로 작문의 길이와 질을 예언할 수 있는 요소로 언급되고 있으며, 실제로 학업 성취와 상관관계가 높은 것으로 나타나고 있다(김동일, 이대식, 신종호, 2016). 그러나 중도·중복장애학생은 연필을 사용하기 위한 소근육 움직임이나 힘을 조절하는 데에 어려움이 있는 경우가 많아 이와 같은 연구 결과들을 그대로 적용하기에는 제한이 따르며, 오히려 손글씨는 쓰기의 한 가지 방법이라는 차원으로 접근하는 것이 바람직할 것이다.

중도·중복장애학생에게 손글씨 쓰기를 교수할 때는 연필이나 종이와 같은 도구를 수정하여 사용하는 것이 효과적일 수 있다. 예를 들면, 점선 따라 쓰기와 같은 학습 자료 수정이 유용할 수 있으며, 종이의 경사 정도나 촉감, 종이의 크기, 줄의 간격, 시각적 촉진 단서 등이 조정될 수 있다. 지적장애와 자폐성장애학생의 경우에는 '손위 손 촉진'(Batchelder, McLaughlin, Weber, Derby, & Gow, 2009)이나 모델링을 통한 베껴 쓰기를 활용할 수 있다. 또한 최근에는 컴퓨터 사용이 보편화되고 있으므로 확대키보드, 스크린키보드, 스위치 등의 다양한 입력(input) 장치를 활용하여 컴퓨터를 활용한 쓰기를 지도하는 방법을 대안적으로 사용할 수 있다(Copeland & Keefe, 2007).

(2) 철자 쓰기

철자 쓰기는 단어를 맞춤법에 맞추어 쓰는 것으로 철자 쓰기를 위해서는 음소인식과 함께 맞춤법에 맞게 기호화할 수 있어야 한다. 즉, 철자 쓰기는 쓰기를 통해 의사소통을 하고자 할 때 기본적인 의미를 전달하기 위한 필수적인 기술이다. 따라서 쓰기 교수를 위해서는 철자 쓰기에 대한 교육이 이루어질 필요가 있다.

철자 쓰기를 지도할 때에는 일상생활에서의 사용 빈도가 높은 단어를 우선순위로 지도하여 중도·중복장애학생에게 '읽기'라는 학업 기술이 기능적 기술로 일반화되도록 지도하여야 한다. 또한 중도·중복장애학생은 단어를 쓰는 것과 관련된 운동 능력의 제한으로 인해 손글씨 쓰기 자체에 어려움이 발생할 수 있고, 이는 철자 쓰기 발달을 저해할 수 있다. 이에 교사들은 손글씨 쓰기에 어려움이 있는 학생의 경우 컴퓨터를 활용하거나 자석글자, 낱자카드, 낱말도장 등 조작하기 용이한 자료를 사용하여 철자 쓰기 기술을 습득할 수 있도록 하는 것이 필요하다. 그 외에도 철자에 대한 이해를 확인할 수 있도록 수정된 학습판(예: 맞는 철자에 표시하기), 십자말 풀이, 단어 찾기 게임 등의 활동을 통해 흥미를 높일 수 있으며, 무엇보다 이러한 철자 쓰기 지도 과정에서는 학생이 자주 보이는 오류를 분석하여 오류 특성에 따른 명시적이고 체계적인 지도를 할 수 있도록 해야 한다. 최근에는 철자 쓰기와 관련한 다양한 소프트웨어가 출시되어 있어 학생의 흥미와 요구에 따라 선택하여 활용할 수 있다.

(3) 작문

작문은 쓰기의 궁극적인 목표로 자신의 생각을 글로 담아내는 것이라고 할 수 있다. 작문에는 의미를 적절하게 전달할 수 있는 어휘를 선택하고 이것을 효과적으로 구조화할 수 있는 문법 활용 능력이 요구된다. 작문하기와 관련해서는 상대적으로 많은 연구가 이루어지지는 않았으나, 작문을 위한 기회 제공과 효과적인 지도를 위한 다양한 전략이 소개되고 있다. 작문하기 전략은 일반적으로 쓰기 과정적 접근을 사용하여 계획하기, 초고 쓰기, 편집(수정)하기의 단계로 이루어져 있다(김동일 외, 2016). 계획하기에서는 작문의 목적과 주제, 독자 등에 따라 글의 방향을 정하고 글의 구조를 조직하며, 초고 쓰기에서는 조직한 내용을 적절한 어휘와 문장으로 표현하고 문단을 구성한다. 편집하기는 계획한 대로 글이 쓰였는지 검토하고 수정하여 글을 완성하는 단계이다.

중도·중복장애학생의 쓰기 교수는 충분한 기회 제공, 학생에게 의미 있는 주제 선택,

학생에게 적절한 쓰기 수단과 활동(난이도) 제공 등이 중요하게 고려되어야 한다. 중도 · 중복장애학생의 쓰기 기회를 증진시키기 위해서는 학생들의 쓰기 시도 자체를 격려하고 다양한 기회를 제공하여야 한다. 다양한 쓰기 도구를 다룰 수 있도록 하고, 필기도구나 컴퓨터로 '낙서'와 같은 쓰기를 시작할 때 그 의미에 대해 말할 수 있도록 하여 써진 '낙서'와 의미의 관계를 연결 지을 수 있도록 한다. 그리고 주어진 문장 내에 알맞은 단어를 넣거나 간단하고 짧은 글쓰기 기회를 제공하는 것에서부터 시작하여 점차적으로 연결되는 문장의 내용을 구성할 수 있도록 교수할 수 있다. 이를 위해서 일기 쓰기, 다른 사람과 필담하기, 주어진 내용에 연결되는 이야기 만들기, 모방하여 이야기 만들기 등의 방법을 활용할 수 있다. 또한 쓰기의 내용에 있어서도 자신의 요구나 선택 표현하기, 경험이나 정보 전달하기, 정서적 또는 문학적인 표현하기 등의 다양한 측면을 고려하여 기능적인 활용뿐 아니라 문학으로서의 작문을 경험할 수 있는 기회를 제공할 수도 있다. 신체적 제한으로 인해 필요한 경우에는 컴퓨터 필담 프로그램이나 음성을 텍스트로 전환시켜 주는 프로그램 등을 활용할 수 있고, 학생이 구술한 내용을 교사가 직접 받아쓰고 이를 읽으며 함께 수정할 수도 있다. AAC를 사용하는 학생의 경우 AAC의 상징을 연결하여 글쓰기를 하도록 하거나 그림을 이용한 글쓰기를 하는 등의 대안적인 방법을 활용하는 것도 유용하다(Copeland & Keefe, 2007). 그리고 학생들에게 익숙한 파워포인트나 e-book 등은 구어 사용이나 신체적 움직임에 어려움이 있는 학생도 다양한 형태의 책을 만들고 읽을 수 있도록 하는 데 편리한 도구로 활용될 수 있다.

> 고등학생 민우는 최근 AAC의 상징을 이용하여 필요한 쇼핑 목록이나 자신의 스케줄을 작성하는 활동 등의 글쓰기 연습을 하고 있다. 최근에는 좋아하는 여학생이 생기면서 문자나 이메일 등을 통해 연락하고 싶어 했다. 이에 민우의 담임교사는 AAC 상징에 필요한 어휘를 추가하고, 상징을 연결하여 좀 더 긴 문장을 구성할 수 있도록 지도하였다. 민우는 자신이 표현하고 싶은 내용에 대해 상징을 연결하여 문장으로 구성하였고, 이것을 사진으로 저장하거나 화면을 캡처하여 문자나 이메일을 작성하였다.

3. 수학 교수

수학은 문해력과 동시에 학업 기술의 기본 영역의 위치를 차지하고 있으며, 일상생활 전반에 걸쳐 빈번하게 활용되고 있다. 수학은 개인이 일상적 문제를 논리적이고 합리적으로 해결하기 위해 요구되는 기본적인 능력으로 모든 사람의 생활에 필수적인 영역이다. 이러한 수학은 학업적인 측면 외에도 실생활에서 요구되는 기능적인 기술이며, 일상에서 마주치는 문제를 능동적으로 해결할 수 있도록 문제해결력을 길러 주는 교과이다. 일반적으로 사람들의 하루 생활을 돌아보면 상당히 많은 수학을 접하며 살고 있음을 알수 있다. 시계 보기, 엘리베이터 타기, 버스 타기, 돈 사용하기, 휴대전화 사용하기, 주소나 주민등록번호 등 개인정보 확인하기 등이 모두 수학과 관련되어 있는 활동들이다. 수학은 수, 도형, 측정 등의 다양한 영역으로 구분되지만 이 절에서는 중도·중복장애학생들에게 가장 기능적으로 활용될 수 있는 수와 연산을 중심으로 하는 기능적 수학 기술 교수전략을 살펴보고자 한다.

1) 수와 연산

수를 다루는 능력으로 기본 연산의 정확도와 속도는 고등 수학 능력 형성에 결정적인 요소로 작용한다. 수학에 어려움이 있는 학생들은 대부분 단순 연산을 장기기억에서 빠르고 정확하게 인출하지 못하여 신속하게 계산하지 못하며 정확도도 떨어지는 경향이 있다(김동일 외, 2016; 김자경, 김기주, 2005). 또한 수를 다루는 데 있어 주의집중의 부족, 선택적 주의집중의 어려움, 비효과적인 연산전략 사용 등의 문제를 갖는다(이대식, 황매향, 2014). 이처럼 중도·중복장애학생들은 수와 연산에서 어려움을 느끼며, 때때로 기본적인 수 개념의 이해 자체가 어려운 경우도 많아 수 이전 개념의 학습이 필요할 수 있다. 이에 수 개념을 학습하기에 앞서 '수량'에 대한 감각을 키우는 것부터 시작한다. 물건이 있고 없는 상황을 지각하기, '한 개'와 '여러 개'를 구분하기, '더'에 대한 의미 파악하기 등 수량에 대한 감각을 익히는 것이 중요하다.

〈표 5-2〉 **수 이전 개념 학습**

수 이전 개념	지도 내용
사물 속성 탐색하기	주변 사물의 특성을 파악할 수 있는 기회를 제공하여 관찰한 것을 말이나 그림으로 표현하고, 표현한 내용을 종합해 가면서 사물의 속성을 발견할 수 있도록 한다.
사물 비교하기	사물의 크기, 색깔, 모양, 무게, 길이 등의 속성을 조건으로 공통점과 차이점을 발견하고 비교하기를 시작한다. 이때 비교조건의 차이를 크게 시작하여 점차 좁혀 가도록 하고, 비교하는 사물의 수는 늘려 나간다.
구분 짓기	물체가 지니고 있는 지각적 속성에 의한 초보적인 분류작업으로 색깔, 모양, 기능 순으로 진행한다. 이때 물체 구분의 필요성과 가능성을 고려해야 한다.
관련 짓기	한 집단과 다른 집단 간의 대응이나 연관된 상태를 파악하여 연결 짓도록 한다.
1:1 대응하기	어떤 집합에 있는 한 대상을 그 특성에 관계없이 다른 집합에 있는 한 대상과 짝지을 수 있는 능력으로 제짝 찾기, 동일한 속성을 지닌 사물끼리 짝짓기, 공통된 상관성을 지닌 사물의 짝짓기, 동량 또는 비동량 집합에서 1:1 대응하기 등의 조작 활동을 활용한다.
분류하기	특정 성격을 지닌 집합에서 사물의 동일한 특성을 지닌 집합으로 재구성하는 능력을 말하는 것으로 모양, 색, 크기 순으로 발달한다.
패턴 형성하기	시각적, 청각적, 운동적 기본 단위가 일정한 규칙성을 나타내며 반복되는 것으로, 여러 사물의 관계를 파악하고 관련된 특성을 찾아내며 이를 일반화시키고 예측하는 능력을 키운다. 빈칸에 올 패턴 찾기, 패턴의 규칙 찾기, 패턴 만들기 등의 조작 활동을 활용한다.

(1) 수

수는 수학에서 차지하는 중요성을 논하지 않더라도 일상생활에서도 필요한 지식(기술)으로 언어를 학습하면서 가장 먼저 배우게 되는 수학 개념이다. 중도 · 중복장애학생에게도 수에 대한 개념을 이해하고 수를 세는 등의 기본적인 조작 활동은 학업적 기술이라기보다 일상생활을 위한 기능적인 기술로 접근할 수 있다.

수를 지도할 때에는 수의 표기법인 기수법과 수를 부르는 방법인 명수법, 수가 나타내는 양 등에 대한 개념을 지도하게 된다. 예를 들면, '5'라는 의미에는 추상화된 개수의 다섯이라는 수 개념이 있고, 이러한 양을 나타내는 숫자 5가 있으며, 그 추상적인 양의 크기를 '다섯' 또는 '오'라고 읽는다. '수'의 의미에는 명칭수, 순서수, 집합수가 있다. 명칭수는 사물의 이름처럼 사용하는 수로 휴대전화 번호 또는 학년, 반 등이 예가 될 수 있다. 순서수는 차례를 나타내는 수로 학생들을 줄 세웠을 때 앞에서부터 세 번째의 '3'이 순서

수에 해당한다. 집합수는 어느 집합에 속해 있는 원소의 개수를 말하는 것으로 수 세기에서는 집합수의 개념을 이해할 필요가 있다. 사물 하나하나에 수를 부여하고, 집합에 있는 것을 빠트리지 않고 모두 세어야 하며, 세어진 마지막 수가 세는 대상 전체에 속하는 원소의 수임을 알아야 하는 것이다.

수 세기는 수 개념 지도에서 교사들에게 가장 익숙한 부분일 것이다. 교사들은 학생들의 현행 수준을 파악하기 위한 학부모 상담에서 "자녀가 수를 셀 수 있다."라는 부모의 응답과 다르게 학생들이 수 세기에서 어려움을 겪는 경우를 볼 수 있다. 이것은 '수 개념'에 대한 이해가 다른 데서 기인한다. 수 세기를 위해서는 기본적으로 이해해야 하는 원리가 있다.

- 일대일 대응의 원리: 수 세기를 할 대상은 각각 하나의 사물에 단 하나의 숫자만 부여해야 한다.
- 안정된 순서의 원리: 수 세기를 할 대상에 수를 대응할 때는 관습적으로 사용되는 수 단어의 순서대로 동일하게 나열해야 한다. 즉, '하나'에서 시작하여 '둘, 셋…… 여섯'이라는 정해진 순서대로 빠짐없이 나열해야 한다.
- 순서 무관의 원리: 대상을 세는 순서는 중요하지 않다. 어떤 대상에서부터 세기 시작하거나 어떤 순서로 세거나 문제되지 않는다.
- 기수의 원리: 수 세기를 할 대상의 마지막으로 말한 수 이름이 그 대상의 전체 개수이다. 어떤 대상을 먼저 세는지, 어떤 순서로 세는지 관계없이 마지막에 말한 대상 수의 이름이 묶음의 집합수이다.

중도·중복장애학생들은 다른 학생들보다 수에 대한 개념을 학습하는 데 더 오랜 시간을 필요로 할 수 있다. 따라서 수 개념을 지도할 때에는 일방적으로 집합수 개념 지도를 위한 단순한 수 세기를 지속하기보다는 학생들의 생활연령과 기능성을 고려하여 학생들에게 의미 있는 기술이 될 수 있도록 지도해야 한다. 예를 들면, 수 개념 형성이 어려운 청소년기의 중도·중복장애학생에게는 전화번호 또는 집 주소와 같은 명칭수를 지도할 수 있으며, 자신의 주민등록번호를 기억하여 빈칸을 채워 넣도록 할 수 있다. 그리고 수를 지도할 때는 수를 나타내는 물건의 집합, 그 수를 나타내는 명칭인 수사, 그 수를 나타내는 기호인 숫자의 세 가지가 결합되어 해석될 수 있도록 관련지어 지도해야 한다.

다시 말하면 구체물을 세어 마지막 센 수가 그 집합의 원소의 수라는 것을 인지하고 '셋' 또는 '삼'이라는 수사를 붙일 수 있어야 하며, 거기에 해당하는 숫자인 '3'이라는 숫자 기호를 연결할 수 있어야 하는 것이다. 일반적으로는 자동적으로 이루어지는 연결과정으로 하나의 기술처럼 보이지만 중도·중복장애학생을 지도할 때에 학생이 지속적인 오류를 보인다면 세 가지 기술 중 어떤 부분에서 어려움이 있는지 파악하여 구체적으로 지도할 필요가 있다. 일반적인 수 세기와 관련한 지도 사항은 다음과 같다.

- 10 이상의 수에 대해서는 수 모형을 사용하는 것이 개념 형성에 도움이 된다.
- 수의 지도를 위해서는 구체물 – 반구체물 – 수로 연결할 수 있도록 자료를 활용한다.
- 0을 지도할 때는 구체물을 가지고 점차로 없애는 활동을 통하여 지도한다.
- 수의 크기 비교는 1:1 대응과 수 세기를 바탕으로 지도한다.
- 2~9까지의 자연수에 대해 여러 가지 방법으로 가르고 모으는 활동을 할 수 있도록 한다.

(2) 연산

수학에서 수와 함께 가장 기본적으로 다루어지는 것이 바로 사칙연산이다. 연산은 계산 기능 숙달 자체에 중점을 두기보다는 문제해결을 위한 수단으로서 기능적인 기술로 접근할 필요가 있다. 중도·중복장애학생에게 연산을 지도할 때에는 사칙연산이 생활과 연결되어 기능적으로 활용될 수 있도록 지도해야 한다. 이를 위해서 학생에 따라서는 어림산이나 계산기산을 도입하거나 구체물이나 수직선, 터치포인트 등의 방법을 활용할 수 있다. 어림산은 계산의 결과를 어림해 보는 것으로 정확한 계산값을 구하도록 요구하기보다는 일상생활 내에서 근사값을 구해 의사결정을 하는 데 활용할 수 있다. 예를 들면, 필요한 자료의 복사를 위해 인원을 셀 때 35명과 43명의 합에 대해 큰 자리 수부터 대략 어림하여 각 40명의 합인 80명으로 계산할 수 있다. 계산기산은 연산에 계산기를 사용하는 것으로 연산의 개념을 이해할 수 있다면 단순한 계산을 위한 시간 소비와 계산에서 발생하는 오류를 줄이고 본래의 문제해결에 접근할 수 있도록 한다는 장점이 있다(Hembree, 1986). 중도·중복장애학생들의 연산 지도를 위해서는 시각적인 지원을 제공할 수 있도록 구체물이나 수직선을 활용할 수도 있다. 구체물은 학교 현장에서 많이 사용되는 방법으로 작은 블록이나 수 막대 등을 다양하게 활용할 수 있으며, 수 모형은 십진법의 개념이나 큰 수의 개념과 연산을 지도할 때 유용하다. 수직선은 주어진 수직선에서 해당하는 숫자를 찾고 거기에서부터 더하거나 감해지는 수만큼 이동하여 문제를 해결하는 방법이다. 예를 들면, 4+1의 경우 수직선에서 4를 찾고 옆으로 한 개의 공간을 세어 마지막에 말한 숫자 5를 덧셈의 결과로 완성하는 것이다.

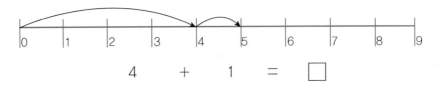

[그림 5-4] 수직선을 이용한 덧셈

터치포인트는 Kramer와 Krug(1973)가 처음 소개한 것으로 1에서 9를 나타내는 각 숫자값의 점을 숫자와 함께 표시하여 학생들이 연산 시 각 숫자값을 세기 위해 점을 터치하도록 하는 방법이다. Bullock, Pierce와 McClellan이 1989년에 터치포인트전략을 Touch math라는 상업용 교육과정으로 정교화하면서 1에서 5는 한 개의 점을 1로, 6에서 9는 동그라미 안에 점을 찍어 2점으로 사용하였다(Cihak & Foust, 2008). 학생들은 3+2를 계산하기 위해서 숫자 3에 표시된 점을 센 후 숫자 2에 표시된 점을 연결하여 세서 합계를 구한다. 이 외에 중도 · 중복장애학생의 수와 연산 지도를 위해 사용될 수 있는 방법 중 하나는 수학이야기(math story)를 이용하는 것이다(Browder, Spooner, & Trela, 2011). 수학이야기는 학생이 해결해야 하는 수학적 문제 상황이 포함된 이야기를 읽고 문제를 풀도록 하는 것이다. 이야기와 함께 그림이나 그래프 등을 통해 문제를 시각적인 자료로 확인할 수 있도록 하여 학생의 흥미를 유발하고 문제 상황에 대한 이해를 도울 수 있으며, 수학을 일상생활에 적용할 수 있는 능력을 키울 수 있다.

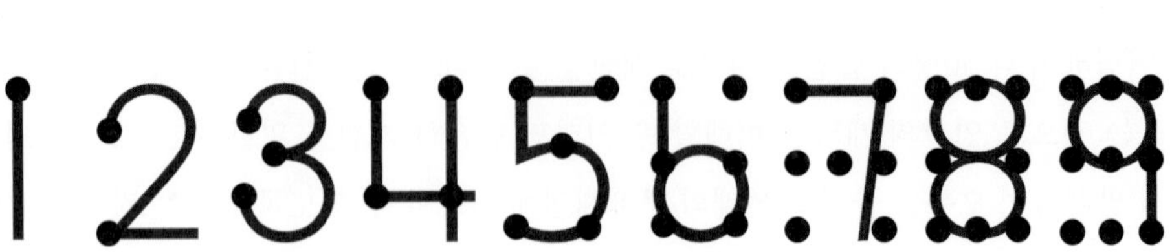

[그림 5-5] 터치포인트의 예

출처: Kramer & Krug (1973), p. 143.

2) 돈 사용하기

　돈 사용하기는 중도·중복장애학생의 일상생활과 지역사회생활에 중요한 기술이다. 돈과 관련해서는 자신의 수입 및 가진 금액을 확인하고 예산을 세우는 것, 가격을 비교하여 물건을 구입하는 것, 저축을 하는 것 등 다양한 기술이 있지만 물건을 구입하는 것과 관련한 기술이 실제적인 기술로 보편적으로 교수되고 있다. 정해진 금액 교환하기(pre-packaged amounts of money)는 돈을 세거나 계산하기 어려운 학생에게 정해진 금액이 든 봉투 또는 현금을 주고 필요한 물건과 교환할 수 있도록 하는 것이다. 예를 들면, 학교 카페테리아에서 점심식사를 위해 5,000원 지폐(또는 일정 금액이 든 봉투)를 내고 식권을 살 수 있도록 하는 것이다. 학생이 화폐의 액면가를 구별할 수 있는 경우에는 그림금액카드(coin displacement cards)를 이용할 수 있다. 학생이 상품 구입에 필요한 금액이 표시된 그림카드를 보고 필요한 만큼의 똑같은 액수의 돈을 찾을 수 있도록 하는 전략이다. 예를 들면, 자판기의 음료수를 구입하기 위하여 음료수 그림 옆에 표시된 500원짜리 동전 한 개와 100원짜리 동전 두 개를 찾을 수 있도록 하는 것이다. 큰 돈 내기 전략[1]은 계산 시에 계산원이 상품가격을 계산하여 금액을 말해 주면 그 금액보다 더 큰 돈을 내도록 하는 것이다. 큰 돈 내기 전략 또는 하나 더 전략은 중도·중복장애학생의 돈 사용하기 지도 시에 매우 효과적인 교수방법으로 보고되었다(Browder & Grasso, 1999). 돈 사용

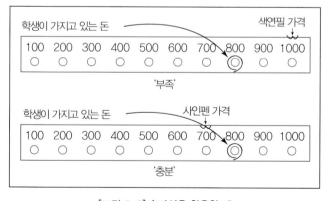

[그림 5-6] 숫자선을 활용한 예

---

[1] 국외에서는 7,500원이면 8,000원을 내는 하나 더 전략(next-dollar 또는 one more than strategy)이나 7,500원을 내야 할 때 10,000원을 내는 큰 지폐 내기(large bill strategy) 등으로 구분하기도 하지만, 이 책에서는 우리나라 화폐단위를 고려하여 '큰 돈 내기'로 총칭하여 사용한다.

과 관련한 교수로 활용되는 또 다른 방법은 숫자선(number line)을 활용하는 것이다. 숫자선은 물건을 구입하기 위해 물건값을 표시하고 본인이 가지고 있는 돈을 표시하여 물건을 살 수 있는지 확인하거나, 물건값을 비교하여 더 저렴한 상품 또는 자신이 가진 돈에 맞는 상품을 구입하는 데 도움을 받을 수 있도록 사용 가능하다(Sandknop, Schuster, Wolery, & Cross, 1992).

최근에는 시대적인 변화를 반영하고, 돈의 액면가를 구별하고 계산할 필요성을 줄여주는 등의 긍정적 측면에 따라 직불카드(현금카드) 또는 신용카드를 사용하도록 하는 시도가 이루어지고 있다(Rowe, Cease-Cook, & Test, 2011). 직불카드 및 신용카드 사용의 경우 다른 지역사회 환경으로의 일반화가 용이하고, 주어지는 영수증을 통해 자신의 금전 관리와 연결하여 교육할 수 있다는 장점이 보고되었다. 우리나라에서도 신용카드나 직불카드의 사용이 소액 구매에서도 보편화되고 자판기나 대중교통 이용에서도 사용 가능하기 때문에 중도·중복장애 청소년에게 적용 가능성이 높은 전략이라 할 수 있다.

3) 시간 개념과 시간 관리

시계를 읽고 시간 개념을 이해한다는 것은 개인이 자신의 하루 일과를 예측하고 자신의 시간을 관리할 수 있도록 도움을 준다. '시간을 안다'는 것은 단순한 수학적 개념이 아니라 삶을 좀 더 독립적으로 영위하고 사회에 적응할 수 있도록 하는 데 중요한 기술이다. '시간을 안다'고 말할 때에는 시간 개념 이해, 시계 읽기, 시간 관리의 세 가지 요소가 포함되어야 한다.

시간 개념은 시간의 앞뒤 관계와 길고 짧음 등에 대한 직관적 인식을 말하는 것으로 일반적으로는 생활 중에 자연스럽게 학습된다. 그러나 중도·중복장애학생의 경우에는 1시간과 10분의 차이나 하루, 일주일, 한달, 일 년이라는 시간의 차이를 알지 못하는 경우가 많으므로 이러한 개념에 대한 직접적인 교수가 필요하다. 예를 들면, "1시간 동안 블록놀이를 할 거야." 등 활동이 시작될 때는 얼마나 시간이 걸릴 것인지 말해 주고, 활동 시간이 얼마나 남았는지, 활동을 마쳤을 때에도 소요된 시간을 말해 주어서 학생이 시간의 길이에 대해 체감할 수 있도록 한다. 또한 "영화 시작 시간은 2시야." "점심시간이 되려면 30분이 남았어."와 같이 특정 활동이 시작되는 시간을 말해 주는 것이 유용하다. 이러한 시간의 흐름에 대한 개념을 좀 더 직관적으로 이해할 수 있도록 하기 위해서는 모래시계나 시간의 흐름을 보여 주는 그래프를 이용하여 지나간 시간과 남아 있는 시간을 시각적으로 확인할 수 있도록 촉진할 수 있다.

시계 읽기를 위해서는 숫자 읽기와 시간 및 분의 개념을 이해하는 것이 필요하다. 시계 읽기는 정시, 30분, 15분 단위와 10분과 5분, 1분 단위의 순서로 지도하는 것이 일반적이며, 학생의 일상생활과 연결하여 주요 시각을 가르치는 것이 좋다. 학생이 1분 단위로 정확하게 읽기가 어려운 경우에는 "약 10분." "1시 30분이 다 되어 가." 등 근처의 시간을 말하는 것이 실제적일 수 있다. 어떤 학생들은 분침에 따라 시침이 움직여 각 시간의 30분이 지나가면 시침이 숫자 사이에 위치하기 때문에 시간을 읽기 어려워한다. 이러한 경우 숫자와 숫자 사이를 색깔로 구별하거나 블록을 설정하여 간격 내에 있을 때에 해당하는 시간을 말하도록 가르치는 것이 유용하다. 그리고 아날로그시계 읽기가 어려운 학생의 경우에는 개별화교육계획에 따라 전자시계를 가르칠 수 있다. 두 개의 숫자를 인식하여 앞의 숫자가 시를 말하고 뒤의 숫자가 분을 나타내는 것임을 가르쳐야 하는데, 이러한 전자시계의 경우에는 정확한 시간을 읽도록 하기에는 편리할 수 있지만 일정 목표 시간과 가까운 시간을 인식하도록 가르치는 것은 어려울 수 있다. 예를 들면, 아날로그시계는 4시 56분이 5시에 가깝다는 것을 분침을 통해 시각적으로 확인할 수 있지만 전자시계는 이를 확인하기 어렵다.

시간 관리는 궁극적으로 시계를 읽고 이를 생활에 적용할 수 있는 것으로, 학생들은 시간에 맞추어 생활하고 다음에 있을 활동이 어떤 것인지 예측하며 시간과 관련한 일상생활을 조절할 수 있어야 한다. 시계를 읽을 수 있다고 해도 이를 일상생활에 적용하여 관리할 수 있는 것은 아니므로 학생들이 시간과 실제의 상황을 연결할 수 있도록 지도할 필요가 있다. 이를 위해서는 시각적 스케줄이나 캘린더시스템과 같은 시각적 지원을 제공하여 학생들의 일정을 순서대로 보여 줌으로써 학생들로 하여금 어떤 활동이 어떤 순서로 이루어지게 되는지 예측할 수 있게 도와줄 수 있다. 시각적 스케줄은 그림이나 사진을 활용하여 자폐성장애가 있는 학생과 같이 시각적으로 구분이 가능한 경우에 유용하게 활용되고 있으며, 캘린더시스템은 시각장애를 중복한 학생들을 위해서 경계선을 명확하게 구분할 수 있도록 박스 등에 실물과 같은 입체 상징 등을 넣어 사용할 수 있다.

시계 외에도 시간 개념의 확장 차원에서 중도 · 중복장애학생에게 달력에 대한 내용을 가르칠 필요가 있다. 달력은 시계로 확인할 수 있는 시간 단위에서 나아가 일간, 주간, 월간, 연간 계획을 세우고 자신의 스케줄을 관리하는 데 도움이 된다. 날짜는 월과 일을 달

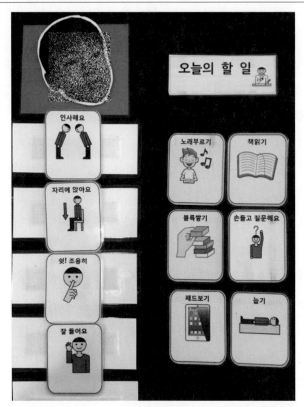

시각적 스케줄

캘린더시스템

[그림 5-7] **시각적 지원의 예**

력에서 찾을 수 있도록 가르치며, 오늘 날짜와 앞으로의 이벤트(명절, 생일 등)가 있는 날짜를 찾아 표시하게 하는 등의 방법으로 지도할 수 있다.

수학은 재미있고 즐거운 영역이며, 우리 생활과 밀접하게 연관되어 있다. 그러나 많은 교사는 수학을 학업적인 측면으로만 생각하고 접근하여 중도·중복장애학생들에게 수학을 지도하지 않거나 오랜 시간 동안 수 또는 단순 연산만을 지도하는 경우가 있다. 그러므로 교사들은 수학이 일상생활의 기능적 기술과 연관되어 있음을 인식하여 학생들의 생활과 연계된 수학으로 재창조하여 지도해야 한다.

참고문헌

국립특수교육원(2014). (중도·중복장애학생) 기능적 읽기와 쓰기: 의사소통 교수·학습 자료(중고등). 충남: 국립특수교육원.

김동일, 이대식, 신종호(2016). 학습장애아동의 이해와 교육(3판). 서울: 학지사.

김애화, 김의정, 김자경, 최승숙(2012). 학습장애 이론과 실제. 서울: 학지사.

김자경, 김기주(2005). 수학학습장애아동과 수학학습부진아동의 암산 능력과 전략 비교. 특수교육저널, 6(4), 93-108.

박승희(1999). 일반 학급에 통합된 장애 아동의 수업의 질 향상을 위한 교수적 수정의 개념과 실행방안. 특수교육학연구, 34(2), 29-71.

박정애, 박은혜(2020). 그림상징을 활용한 이야기 읽기 활동 중재가 초등학교 저학년 발달장애학생의 철자지식과 수업참여행동에 미치는 영향. 보완대체의사소통연구, 8(2), 1-28.

성시연, 한선경, 김영태(2015). AAC 사용자의 초기 문해력 증진을 위한 음운인식 중재 메타분석. 언어치료연구, 24(2), 49-59.

승예린, 박경옥(2021). AAC 사용자의 증거기반 초기 문해력 교수 탄생을 위한 중재 효과 메타분석. 특수교육, 20(3), 175-197.

신미경, 박은혜, 김영태, 강진경(2016). 장애학생들의 음운인식 및 단어재인능력 향상을 위한 읽기중재: 단일대상 메타분석 연구. 특수아동연구, 18(2), 45-75.

신현기(2004). 교육과정의 수정과 조절을 통한 통합교육 교수적합화. 서울: 학지사.

연석정, 이영미, 서현정, 이주영(2018). 그림상징에서 글자상징 체계 전이를 위한 자폐범주성장애 청소년의 AAC 중재 사례 연구. 보완대체의사소통연구, 6(2), 141-160.

이대식, 황매향(2014). 학습부진학생의 이해와 지도. 경기: 교육과학사.

이명희, 김지영, 이지연(2011). 장애 유아 통합 프로그램의 실제. 서울: 학지사.

이미경, 한경근(2011). 중재학습경험전략을 적용한 이야기책 읽기가 중도 뇌성마비 학생의 어휘력 및 읽기이해력에 미치는 효과. 지체중복건강장애연구, 54(2), 181-209.

임미화(2006). 음성출력 의사소통도구(VOCA)를 이용한 이야기책 읽기 중재가 중복장애 아동의 초기 문해력에 미치는 영향. 이화여자대학교 대학원 석사학위논문.

허경하(2015). 청각장애-정신지체 중복장애학생의 읽기 특성: 음소, 음절, 단어 수준 중심으로. 단국대학교 대학원 박사학위논문.

Allor, J. H. (2002). The relationships of phonemic awareness and rapid naming to reading development. *Learning Disability Quarterly, 25*(1), 47-57.

Allor, J. H., Mathes, P. G., Roberts, J. K., Jones, F. G., & Champlin, T. M. (2010). Teaching students with moderate intellectual disabilities to read: An experimental examination of a comprehensive reading intervention. *Education and Training in Autism and Developmental Disabilities, 45*(1), 3-22.

Armbruster, B., Lehr, F., Osborn, J., & Adler, R. (2010). *Put Reading First: The Research Building Blocks for Teaching Children to Read: Kindergarten Through Grade 3* (3rd ed.). Darby, PA: DIANE Publishing Co.

Batchelder, A., McLaughlin, T. F., Weber, K. P., Derby, K. M., & Gow, T. (2009). The Effects of hand-over-hand and a dot-to-dot tracing procedure on teaching an autistic student to Write his name. *Journal of Developmental and Physical Disabilities, 21*(2), 131-138.

Best, S. J., Heller, K. W., & Bigge, J. L. (2010). *Teaching Individuals with Physical or Multiple Disabilities* (6th ed.). Upper Saddle River, NJ: Pearson Education.

Beukelman, D. R., & Mirenda, P. (2005). *Augmentative and Alternative Communication: Supporting Children and Adults with Complex Communication Needs* (3rd ed.). Baltimore, MD: Paul H. Brookes.

Biklen, D. P. (1985). *Achieving the Complete School: Strategies for Effective Mainstreaming.* New York, NY: Teachers College Press.

Bos, C., & Vaugn, S. (2002). *Strategies for Teaching Students with Learning and Behavior Problems* (5th ed.). Boston, MA: Allyn & Bacon.

Browder, D. M. (2001). *Curriculum and Assessment for Students with Moderate and Severe Disabilities.* New York, NY: Guilford Press.

Browder, D. M., & Grasso, E. (1999). Teaching money skill to individuals with mental retardation: A research review with Practical applications. *Remedial and Special Education, 20*(5), 297-308.

Browder, D. M., Ahlgrim-Delzell, L., Flowers, C., & Baker, J. (2012). An evaluation of a multicomponent early literacy program for students with severe developmental disabilities. *Remedial and Special Education, 33*(4), 237-246.

Browder, D. M., Spooner, F., & Trela, K. (2011). Mathematics. In D. M. Browder & F. Spooner (Eds.), *Teaching Students with Moderate to Severe Disabilities* (pp. 168-200). NY: Guilford Press.

Brown, F., McDonnell, J., & Snell, M. E. (2015). *Instruction of Students with Severe Disabilities* (8th ed.). 박은혜, 한경근 공역(2017). 중도장애학생의 교육(8판). 서울: 시그마프레스.

Caron, J., Light, J., & McNaughton, D. (2021). Effects of a literacy feature in an augmentative and alternative communication app on single-word reading of individuals with severe autism spectrum disorders. *Research and Practice for Persons with Severe Disabilities, 46*(1), 18-34.

Center for Applied Special Technology (CAST). (1998). Three Essential Qualities of Universal Design for Learning. Retrieved February 27, 2003, from http://www.cec.sped.org/osep/appendix.html.

Center for Applied Special Technology (CAST). (2004). Planning for All Learners (PAL) Toolkit. Retrieved August 25, 2009, from http://www.cast.org/teachingeverystudent/toolkits/tk_procedures.cfm?tk_id=21.

Cihak, D. F., & Foust, J. L. (2008). Comparing number lines and touch point to teach addition facts to students with autism. *Focus on Autism and Other Developmental Disabilities, 23*(3), 67-78.

Cohen, E. T., Heller, K. W., Alberto, P., & Fredrick, L. D. (2008). Using a three-step decoding strategy with constant time delay to teach word reading to students with mild and moderate mental retardation. *Focus on Autism and Other Developmental Disabilities, 23*(2), 67-78.

Collins, B. C., Evans, A., Creech-Galloway, C., Karl, J., & Miller, A. (2007). Comparison of the acquisition and maintenance of teaching functional and core content sight words in special and general education settings. *Focus on Autism and Other Developmental Disabilities, 22*(4), 220-233.

Copeland, S. R., & Cobsay, J. (2008-2009). Making progress in the general curriculum: Rethinking effective instructional Practices. *Research and Practice for Persons with Severe Disabilities, 34*(1), 214-227.

Copeland, S. R., & Keefe, E. B. (2007). *Effective Literacy Instruction for Students with Moderate or Severe Disabilities.* 이미경, 박경옥, 박윤정 공역(2014). 중도장애학생을 위한 문해교육. 서울: 학지사.

Ehri, L. C., Nunes, S. R., Willows, D. M., Schuster, B. V., Yaghoub-Zadeh, Z., & Shanahan, T. (2001). Phonemic awareness instruction helps children learn to read: Evidence from the National Reading Panel's meta-analysis. *Reading Research Quarterly, 36*(3), 250-287.

Foley, B., & Wolter, J. A. (2010). Literacy intervention for transition-aged youth: What is and what could be. In D. McNaughton, & D. Beukelman (Eds.), *Language, Literacy, and AAC Issues for Transition-Age Youth* (pp. 35-68). Baltimore, MD: Brookes.

Ford, A., Davern, L., & Schnorr, R. (2001). Learners with significant disabilities curricular relevance in an era of standards-based reform. *Remedial and Special Education, 22*(4), 214-222.

Ford, A., Schnorr, R., Meyer, L., Davern, L., Black, J., & Dempsey, P. (1989). *The Syracuse Community-Referenced Curriculum Guide for Students with Moderate and Severe Disabilities.* Baltimore, MD: Paul H. Brookes.

Grossen, B. (2006). Six principles for early reading instruction. In W. L. Heyward (Ed.), *Exceptional Children: An Introduction to Special Education* (8th ed., pp. 186-188). Upper Saddle River, NJ: Pearson.

Hackman, H. W., & Rauscher, L. (2004). A pathway to access for all: Exploring the connections between universal instructional design and social justice education. *Equity & Excellence in Education, 37*(2), 114-123.

Harris, T. L., & Hodges, R. E. (1995). *The Literacy Dictionary: The Vocabulary of Reading and Writing.* Newark, DE: International Reading Association.

Hembree, R. (1986). Research gives calculators a green light. *Arithmetic Teacher, 34*(1), 18-21.

Holyfield, C., Caron, J., Light, J., & McNaughton, D. (2019). Effect of video embedded with hotspots with dynamic text on single-word recognition by children with multiple disabilities. *Journal of Developmental and Physical Disabilities, 31*, 727-740. https://link.springer.com/article/10.1007/s10882-019-09673-5

Janney, R., & Snell, M. E. (2013). *Modifying Schoolwork* (3rd ed.). 박윤정, 강은영, 김민영, 남경욱, 이병혁 공역(2017). 장애학생을 위한 통합교육: 교육과정 통합 및 교수학습 지침서(3판). 서울: 시그마프레스.

Jones, D., & Christensen, C. (1999). The relationship between automaticity in handwriting and students' ability to generate written text. *Journal of Educational Psychology, 91*(1), 44-49.

Joseph, L. M., & Konrad, M. (2009). Teaching students with intellectual or developmental disabilities to write: A review of the literature. *Research in Developmental Disabilities, 30*(1), 1-19.

Katims, D. S. (2000). *The Quest for Literacy: Curriculum and Instructional Procedures for Teaching Reading and Writing to Students with Mental Retardation and Developmental Disabilities.* Reston, VA: Council for Exceptional Children.

Keefe, E. B., & Copeland, S. R. (2011). What is literacy? The power of definition. *Research and Practice for Persons with Severe Disabilities, 36*(3-4), 92-99.

Koppenhaver, D. A. (2000). Literacy in AAC: What should be written on the envelope we push? *Augmentative and Alternative Communication, 16*(4), 270-279.

Kramer, T., & Krug, D. A. (1973). A rationale and procedure for teaching addition. *Education and Training of the Mentally Retarded, 8*(3), 140-145.

Light, J., & Kelford-Smith, A. (1993). Home literacy experiences of preschoolers who use AAC systems and of their nondisabled peers. *Augmentative and Alternative Communication, 9*(1), 10-25.

Machalicek, W., Sanford, A., Lang, R., Rispoli, M., Molfenter, N., & Mbeseha, M. K. (2010). Literacy interventions for students with physical and developmental disabilities who use aided AAC devices: A systematic review. *Journal of Developmental and Physical Disabilities, 22*, 219-240.

McNulty, M. A. (2003). Dyslexia and the life course. *Journal of Learning Disabilities, 36*(4), 363-381.

Mechling, L. C., Gast, D. L., & Langone, J. (2002). Computer-based video instruction to teach persons with moderate intellectual disabilities to read grocery aisle signs and locate items. *The Journal of Special Education, 35*(4), 224-240.

Moni, K. B., Jobling, A., Morgan, M., & Lloyd, J. (2011). Promoting literacy for adults with intellectual disabilities in a community-based service organization. *Australian Journal of Adult Learning, 51*(3), 456-478.

National Reading Panel (NRP). (2000). *Report of the National Reading Panel: Teaching Children to Read.* Reports of the subgroups (NIH Publication 00-4754). WA: National Institute of Child Health and Human Development.

Ricci, L. (2011). Home literacy environments, interest in reading and emergent literacy skills of children with Down syndrome versus typical children. *Journal of Intellectual Disability Research, 55*(6), 595-609.

Rose, D. H., & Meyer, A. (2002). *Teaching Every Student in the Digital Age: Universal Design for Learning.* Alexandria, VA: Association for Supervision and Curriculum Development.

Rowe, D. A., Cease-Cook, J., & Test, D. W. (2011). Effects of simulation training on making purchases with a debit card and tracking expenses. *Career Development for Exceptional Individuals, 34*(2), 107-114.

Sandknop, P. A., Schuster, J. W., Wolery, M., & Cross, D. P. (1992). The use of an adaptive device to teach students with moderate mental retardation to select lower priced grocery items. *Education & Training in Mental Retardation, 27*(3), 219-229.

Simmon, D. C., Gunn, B., Smith, S. B., & Kameenui, E. J. (1994). Phonological awareness: Applications on instructional design. *LD Forum, 19*(2), 7-10.

Snell, M. E., & Brown, F. E. (2006). *Instruction of Students with Severe Disabilities* (6th ed.).

박은혜, 한경근 공역(2008). **중도장애학생의 교육**(6판). 서울: 시그마프레스.

Torgesen, J. K. (2000). Individual differences in response to early interventions in reading: The lingering problem of treatment resisters. *Learning Disabilities Research & Practice, 15*(1), 55-64.

의사소통 기술 교수

•

강혜경

의사소통이란 '둘 이상의 사람들 사이에서 서로 무언가를 전달하거나 공유하는 것'으로 정의할 수 있다. 흔히 의사소통은 말로 하는 것이라 생각하기 쉽지만, 말을 할 수 없다고 해서 의사소통이 이루어지지 않는 것은 아니다. 또한 말과 언어는 혼자서도 가능하지만, 의사소통은 최소한 두 사람 이상의 상호작용이 필수적이라는 점에서 차이가 있다고 할 수 있다. 즉, 의사소통이라는 개념 안에는 적어도 의사소통을 하고자 하는 자와 그에 대한 상대자가 있다는 것을 전제하고 있다. 그러므로 의사소통이란 관계맺음의 시작점이며, 혼자서는 살 수 없는 인간 삶의 기초가 되는 중요한 기술이다.

개인차가 있으나 중도·중복장애학생들의 많은 경우는 의사소통이 원활하지 않고 제한된 기능과 비전형적인 의사소통 형태를 보이며, 이에 따른 많은 지원이 필요하다. 경우에 따라서는 상대방의 의도를 전혀 파악하지 못하는 것처럼 보이거나 의사소통의 욕구와 반응을 명확하게 보이지 않을 수도 있다. 그러나 모든 인간은 의사소통의 상대자가 될 수 있으며, 모든 가능한 수단을 통하여 의사소통이 가능하도록 노력해야 한다는 생각이 중요하다. 의사소통의 어려움을 중도·중복장애학생의 특성으로만 볼 것이 아니라 보다 적극적으로 교육해야 할 영역임을 주지할 필요가 있다.

이 장에서는 의사를 전달하고자 하는 의사소통의 의도, 의사소통의 기능(예: 요구하기, 거부하기)과 형태(예: 손짓, 소리 지르기, 표정)의 세 가지 요소로 나누어 의사소통의 발달을 살펴보고, 중도·중복장애학생의 의사소통 특성과 지원 요구에 기초한 강점중심의 진단과 다양한 의사소통 중재전략에 대하여 살펴보고자 한다.

1. 의사소통 기술의 개관

경험을 나누고 다른 사람과 관계를 맺게 하는 의사소통은 상호작용의 중심 요소이며(Bailey & Wolery, 1992), 인간생활의 본질로서 중요한 목적을 가진다(Light, 1997). 의사소통은 사실이나 의견이 전달되어 상호 간의 행동이나 의사결정에 영향을 미치는 것으로 말과 언어 그리고 비형식적 의사소통 체계를 모두 포함한 개념이라고 할 수 있다(김영태, 2014). 즉, 말과 언어는 의사소통의 형식적인 방법 가운데 하나이며, 말이란 발성기관의 움직임에 의해 만들어지는 특정한 소리로서 의미를 전달하기 위한 의사소통 가운데 가장 보편적인 방법이지만 중도·중복장애학생의 경우는 구어로 원활하게 의사소통할 수 없는 경우가 많다.

그러나 혼자서 살아갈 수 없는 인간은 누군가와 소통할 수 있다는 것이 참으로 중요하며, 어떤 방법으로든 소통해야 한다. 이러한 의사소통 기술의 중요성은 중도·중복장애학생에게도 예외일 수 없는데, 어떠한 방법을 사용하더라도 다른 사람에게 자신이 원하는 것, 필요한 것을 알리거나 감정이나 느낌을 전달할 수 있는 의사소통 능력은 기본적인 삶의 질과 관련된 매우 중요한 능력이자 권리이기 때문이다.

또한 의사소통 기술은 중도·중복장애학생의 모든 발달 영역과 관련되어 영향을 끼치는 전반적인 기술이라고 할 수 있으며(강혜경, 2013a), 중도·중복장애학생이 각자 처한 환경 속에서 주변 사람들로부터 긍정적으로 수용되는 데 있어서도 매우 중요한 기술이다.

그럼에도 중도·중복장애학생들을 지도하는 데 있어서 어려운 점 중 하나는 그들의 의사를 알아차리기 어렵다는 것이다. 교사는 이들이 불편한 곳이 있어서 우는 것인지, 화가 나서 소리를 지르는 것인지 의도를 파악하기 어려워 난감한 경우가 많다. 이러한 어려움의 원인 및 특성을 살펴보면 다음과 같다.

첫째, 지체장애를 동반한 중복장애학생들의 경우는 신체의 지나친 경직이나 이완, 불필요한 원시반사뿐 아니라 불완전한 호흡과 발성, 조음기관과 운동기관의 협응 문제 등으로 인해 의사소통에 많은 시간이 걸릴 뿐 아니라 소통 능력이나 의사 전달력이 떨어질 수 있다.

둘째, 시각장애나 청각장애를 동반한 중복장애의 경우는 점자나 보청기 등의 보조기기 사용이 필수적이다. 상징에 대한 이해가 있어 수어나 점자를 알고 자유롭게 사용할 수 있다면 감각적 중복장애가 있어도 언어적 의사소통은 가능하다.

그러나 농맹을 가진 중복장애학생이 지적장애를 동반한 경우는 공학적 도움만으로는 부족한 경우가 많다. 그러므로 공학적 도움만으로 여의치 않을 때는 다른 대안적 방법을 찾아야 한다. 예를 들면, 의사소통방식으로 촉각을 활용하는 촉독 수어, 촉독 알파벳, 지화 등이 있으며, 농맹인이 화자의 입과 목을 직접 만져서 화자가 하는 말을 인식하는 타도마(Tadoma)[1]도 대안적인 방법의 하나이다(국립특수교육원, 2008). 최근에는 손담(국립

---

1) 촉화법(觸話法)이라고도 함. Alcorn이 맹농아(盲聾兒)의 지도에 사용하기 위하여 고안하였다. 감각 훈련에 의한 언어 지도에 사용되고 주로 농아의 독화 지도에 이용되며, 독화, 발어 지도에 촉각을 이용할 것을 강조하고

특수교육원, 2017)이 하나의 대안으로 현장에서 활용되고 있다.

중도·중복장애학생의 의사소통이 원활하지 못하면 우선은 인간으로서의 기본적인 권리를 누리지 못할 뿐 아니라 부가적으로 소통의 부재로 인한 여러 가지 문제행동이 발생할 수 있다. 울기, 소리 지르기, 공격하기, 텐트럼 일으키기 등 일반적인 형태 외에도 농맹의 중복장애학생들이 적절한 의사소통 방법을 개발하지 못했을 때는 자기 자신의 세계 속에 머무르면서 자기자극을 하는 상동행동(예: 몸 앞뒤로 흔들기, 눈 누르기, 눈 찌르기, 자신의 눈 앞에서 손가락 흔들기)을 보이기도 한다. 그러나 이러한 문제행동 속에도 의사소통적인 의도나 기능이 있을 수 있기 때문에 잘 살펴보고 중재할 필요가 있다.

생활이나 교육 영역에서 전반적이고 집중적인 지원을 필요로 하는 중도·중복장애학생들에게는 매우 독특한 나름대로의 비전형적인 의사소통 특성과 양식이 존재하지만 의도가 불분명한 경우가 있다. 그렇기 때문에 많은 경우 의사소통 상대자의 해석에 의해 받아들여지고, 또 그로 인해 상대에게 의존적일 수밖에 없다(강혜경, 2013a). 그러므로 의사소통 상대자의 역할, 특히 교사의 수용도나 민감성이 중요하다고 할 수 있다. 중도·중복장애학생에 대한 이해를 바탕으로 이들의 의도를 민감하게 알아차리고 의사소통을 개시할 수 있는 교사의 노력이 필요하다.

2. 의사소통 기술의 발달

의사소통의 주요 영역은 의사소통의 의도, 의사소통의 기능(예: 요구하기, 거부하기)과 형태(예: 손짓, 소리 지르기, 표정)의 세 가지 요소로 나누어 설명할 수 있다. 〈표 6-1〉과 〈표 6-2〉에서는 의사소통의 의도 파악이 어려운 형은이와 비전형적인 방법이긴 하나 나름대로의 의사소통 양식(형태)을 기능적으로 사용하는 민기의 예를 보면서 중도·중복장애학생의 다양한 의사소통 특성을 살펴볼 수 있다.

있다. 발화자(發話者)의 뺨이나 입술 또는 목에 아동의 손가락이나 손바닥 혹은 손등이 닿도록 하고, 때에 따라서는 눈을 감게 하여서 성대의 진동 유무에 의해 유성음과 무성음의 구별을 학습시킨다. 그리고 손에 닿는 숨의 강도에 의해 파열음을 식별케 한다.

〈표 6-1〉 중도 · 중복장애학생의 의사소통 특성에 관한 사례 1

○ 형은이의 사례

　형은이는 중학교 1학년으로 경직형 뇌성마비이며 불수의적인 팔 운동이 자주 나타난다. 기저귀를 착용하고 있으며, 몸의 상태가 좋지 않으면 가래 끓는 소리와 함께 호흡이 거칠어진다. 하지에 비해 상지는 움직임이 가능하나 양팔을 의미 없이 허우적대며 움직이는 불수의적 동작이기 때문에 선택하기 등의 의도를 파악하기가 어렵다.

　특히 흥분하거나 화가 날 때는 온몸의 경직성이 높아지고, 과도한 뻗침으로 인해 휠체어 뒤쪽 고정 장치가 부러진 경우까지 있었다. 이러한 경우에는 감정을 표현한다 하더라도 흥분한 것과 화난 것을 구분하기가 어렵다. 그러나 자신이 좋아하는 단어를 들을 때는 웃음을 보인다. 예를 들어, '목사님' '아버지'와 같은 단어들이다. 언니가 둘 있는 집안에서 독실한 신앙생활을 하시는 부모님 덕에 자주 듣는 단어이기 때문에 그런 것 같다고 교사는 추측하고 있다.

　형은이는 학급 친구에 대해서는 호기심을 보이지 않지만 요즘음 관심이 많은 대상은 남성들이다. 남자 선생님, 남자 자원봉사자들을 좋아하고 "선생님 좋아요?"라는 말만 들어도 확연히 함박웃음을 보인다. 어머니는 형은이가 좋을 때는 '응~' 소리를 크게 내고, 싫을 때는 '응~' 소리를 작게 낸다고 하시며 목소리의 톤으로 구분한다고 하지만 교사는 아직 확신이 없다. "좋아?" "싫어?"라는 질문에 구분 없이 "응~" 하고 똑같이 답하기 때문에 교사는 형은이가 무슨 생각을 하는지 알아내기가 어렵다. 시선처리를 관찰해서 좋은 것과 싫은 것을 구분해 보고 싶지만 고개도 고정이 되지 않아 일관성이 없다. 교사는 어떤 방법을 사용해야 형은이의 의사소통 의도를 명확히 파악할 수 있을지 고민 중이다.

〈표 6-2〉 중도 · 중복장애학생의 의사소통 특성에 관한 사례 2

○ 민기의 사례

　민기는 8세로 초등학교 1학년이며 지적장애를 동반한 대두증(Macrocephaly) 판정을 받았다. 요즘음 가장 관심을 보이는 것은 교사의 휴대전화이다. '오호…' 라는 소리를 내면서 두 손을 모으고 교사의 눈을 바라보면 휴대전화를 달라고 하는 신호이다. 휴대전화를 통해 자신의 모습이 촬영된 동영상을 반복해서 보는 것을 즐기며, 특히 자신이 컵에 물을 따르는 장면이나 노래를 부르며 율동하는 모습 등 선호하는 장면을 쳐다본다.

　의사소통 시에는 '아' '오' '으으' 등의 발성과 손가락으로 가리키는 방법을 함께 이용한다. 예를 들어, 나가고 싶을 땐 검지로 문을 가리키면서 '아'라고 하거나 가지고 싶은 것이 있을 때는 '오'라고 소리를 내며 물건을 가리킨다.

　발성 발화가 부족하기 때문에 손가락을 이용해 나름대로 다양한 의사표현을 한다. 손가락 하나를 펴는 경우에는 1층으로 가자라는 뜻으로 교실 밖 혹은 집 밖으로 나가자는 의미이다. 두 개를 펴는 경우는 엄마 차를 타고 나가자는 의미인데 엄마 차가 주차되어 있는 곳이 지하 2층이기 때문이다. 손가락 세 개를 펴는 경우는 곰 세 마리를 부르고 싶을 때이다. 화장실에 가고 싶을 때에 소변인 경우는 손가락으로 자신의 신체 앞부분을 가리키고, 대변은 엉덩이를 가리킨다.

도움이 필요할 때에는 교사의 팔이나 옷을 잡아끌거나, 교사의 얼굴을 만져서 그 상황을 봐 달라고 요청한다. 다른 학생이 우는 소리를 싫어해서 귀를 막다가 화가 나면 소리 내는 친구의 머리카락을 잡아당기기도 한다. 간단한 동작모방은 가능하기도 하나 정확하지 않으며, '아빠빠'와 같은 발성모방을 시도한다. 배가 고프거나 물을 마시고 싶을 때에는 "밥밥…"이라고 말한다.

교사의 간단한 질문에 '예, 아니요'라는 의사표현을 할 수 있는데, 예는 '아'로 대답을 하거나 고개를 위아래로 흔들고, 아니요는 고개를 좌우로 흔든다. 웃어른께 인사할 때는 두 손을 배에 모으고 고개를 숙여 인사를 한다.

1) 의도성

열 달간 엄마의 배 속에 있던 아기는 울음으로 첫 호흡을 하면서 세상에 나온다. 아기는 자신의 의사를 표현하지 못하므로 배가 고프거나 무언가가 불편하면 그저 크게 울 수밖에 없다. 생후 0~3개월 때의 초보적 의사소통 단계에서는 울음, 미소, 눈맞춤과 같은 초보적인 의사소통 형태를 보인다. 양육자는 울음소리에 대해 반응을 해 주면서 점차 울음소리가 세분화되는 것을 깨닫는다. 즉, 각기 다른 울음소리를 듣고 상황에 따라서 '배가 고파서 우는구나!' 또는 '기저귀를 갈 때가 되었구나!'라고 알아차리고 반응해 주게 된다. 이때 아기가 크게 우는 행위는 구어를 이용하지 않았음에도 불구하고 강력한 의사소통 수단이 되었다고 할 수 있다. 아기는 울음이라는 비상징적인 의사소통 양식을 사용하여 목적을 달성하게 된 것이다. 그러나 아기는 자신의 우는 행동이 환경이나 다른 사람에게 어떤 영향을 미치는지에 대해서는 아직 인식하지 못한다. 아무런 의도가 없이 울었다고 할 수 있다. 즉, 처음에는 명확한 의사소통 의도가 없었으나 아이가 자라면서는 점차 의도를 가지게 된다.

유아가 팔을 벌리며 성인과 눈맞춤을 하고자 할 때 우리는 '아~ 안아 달라고 하는구나.'라고 의도를 파악한다. 의도적인 의사소통이라 함은 유아 자신이 어떤 신호를 보내기 전에 그 신호가 상대방에게 어떤 영향을 미쳐서 어떤 행동적인 결과를 초래하리라는 인과관계를 충분히 이해하는 것을 의미한다(김영태, 2014). 의사소통은 전 의도적 단계부터 의도적 단계까지 연속성을 가지고 발달하며, 직접적으로 측정할 수는 없지만 상호작용 중에 보이는 관찰 가능한 행동을 통해서 추론될 수 있다. 의도성을 중심으로 0~13개월에 이루어지는 의사소통 발달의 3단계를 살펴보면 〈표 6-3〉과 같다(Snell & Brown, 2006).

〈표 6-3〉 0~13개월 이후까지의 의사소통 발달의 단계

단계	시기	정의	예시
전의도적 단계	0~9개월	목표 지향적이지 않고, 별다른 의도성이 없는 단계로서 대화상 대자가 의미를 해석한다.	민수가 앞에 놓인 빈 컵에 손가락을 대자 친구들은 민수가 물을 마시고 싶어 한다고 해석하고 "물 줄까?"라고 묻는다.
의도적 의사소통 단계	9~13개월	의도적으로 의사소통을 하기 위해 전 구어적인 몸짓이나 소리를 사용한다.	민수가 앞에 놓인 빈 컵을 보다가 친구와 눈이 마주치자 다시 컵을 바라보다 친구와 눈 마주치기를 반복하면서(물을 가져다주길 바라며) 친구를 쳐다본다.
언어적 의사소통 단계	13개월 이후	참조적(지시적) 어휘를 사용하여 의도적 의사소통 행동을 한다.	물병을 향해 팔을 뻗치면서 "무… 무…"와 같은 소리를 내면서 요구한다.

출처: Snell & Brown (2006), 단계, 시기, 정의를 수정 발췌.

　중도 · 중복장애학생의 경우 의사소통의 의도성은 의사소통의 기능으로 발전해 나갈 수 있는 선행조건이므로 의도성을 기르는 것부터가 교수의 시작이 될 수 있다. 자신만의 고유한 신호나 몸짓을 가지고 있는 중도 · 중복장애학생의 의사소통이 기능적 의사소통이 되도록 하기 위해서는 비의도적인 의사소통 행동에서 그 의미를 찾아내고 결과를 제공함으로써 점차 의도적 의사소통으로 유도할 수 있어야 한다. 즉, 교사는 선호도검사를 통해 학생이 좋아하는 활동이나 사물을 알아내고 그것을 중단하거나 제거함으로써 계속하고 싶다는 의도를 표현하도록 유도할 수 있다. 교사는 장애학생의 특별한 행동이나 몸짓 등에서 의도나 의미를 유추하여 일관성 있는 결과를 제공함으로써 더욱 명확하게 의사표현을 하도록 지도할 수 있으며, 이러한 경험을 통해 기능적인 의사소통 활동으로 이끌 수 있다. 그 구체적인 예는 〈표 6-4〉와 같다.

〈표 6-4〉 의사소통행동의 의도성에 따른 지도방법

행동	의미	결과
고음의 '끼익' 하는 소리를 내는 행동	대개 고통스러워한다는 뜻임(두통 혹은 복통일 가능성이 매우 높음)	학생이 아파한다는 것을 알고 있으며, 보건선생님에게 가서 도움을 청할 것이라고 말한다. ("지금 많이 아프구나. 보건선생님에게 가서 도와달라고 얘기할게.")

| 머리를 앞뒤로 흔드는 행동 | 대개 지루하거나 주어진 일에 관심이 없다는 뜻임 | 학생이 지루해한다는 것을 안다고 말하고, 학생에게 촉각책과 음성출력기구를 사용해서 요구하는 방법을 알려 주고, 물건의 일부분이나 촉각적인 물체들을 제공함으로써 다른 선택을 할 수 있도록 한다.
("지금 지루하구나. 다른 걸 가져다줄게.") |
| 자신의 목을 두드리는 행동 | 목마르다는 뜻임 | 목마른지 물어보고 음료를 요구할 수 있는 촉각적 상징들을 보여 준다. 이후 물을 제공한다.
("지금 목이 마른 거니? 물 가져다줄게.") |

출처: Snell & Brown (2011).

2) 의사소통의 기능

의사소통은 기능과 형태의 요소를 함께 가지고 있는데, 앞의 민기의 사례에서처럼 '오'라고 하면서 물건을 가리키는 경우 의사소통의 기능은 원하는 것을 '요구하기'이며, 형태는 발성과 가리키기와 같은 몸짓이라고 할 수 있다. 같은 기능(예: 요구하기)이라도 상징이나 언어적 규칙에 대한 이해가 없는 경우 의사소통을 하기 위해서는 표정, 신체 움직임, 쳐다보기, 몸짓 등 다양한 방법을 이용하는데, 이러한 방법을 비상징적 의사소통방법이라고 한다. 보통의 경우는 비상징적 의사소통 단계를 거쳐 상징적 단계로 발전하지만, 장애의 정도나 종류에 따라 비상징적 의사소통 단계에 머무는 경우도 있다. 또한 중도·중복장애학생이 사용하는 비상징적 의사소통의 형태는 누구에게나 쉽게 통용되기 어렵다는 특징이 있기 때문에 의사소통 상대자가 보다 적극적으로 물리적, 사회적 환경이나 맥락을 살피며 반응성을 향상시킬 수 있도록 노력할 필요가 있다.

Bruner(1981)는 행동조절, 사회적 상호작용, 공동관심을 본질적 의사소통 의도로 간주

〈표 6-5〉 초기 의사소통 기능의 범주와 정의

범주	정의
행동조절	다른 사람으로 하여금 무엇인가를 하게 하거나 하는 것을 멈추게 하기 위한 의사소통 기능(예: 대상, 행동을 요구하거나 대상이나 행동에 저항 또는 거부하기)
사회적 상호작용	다른 사람이 바라보게 하거나 주의를 기울이게 하기 위한 의사소통(예: 사회적 게임 요구하기, 인사하기, 부르기, 보여 주기)
공동관심	다른 사람이 어떤 사물이나 사건을 쳐다보게 하기 위한 의사소통 기능(예: 설명하기, 정보 요구하기)

출처: Wetherby & Prizant (1993).

하고, 생후 첫해에 반드시 나타나야 하는 의사소통 기능으로 지적하였다. Wetherby와 Prizant(1993)에 의해 정의된 초기 의사소통 기능의 범주와 정의는 〈표 6-5〉와 같다.

중도·중복장애학생의 의사소통 기능 연구에서는 행동조절 기능이 다른 두 기능에 비해 상대적으로 많이 사용되며, 사회적 상호작용이나 공동관심 기능은 제한적으로만 사용하고 있다는 사실을 보여 준다(Snell & Brown, 2006). 즉, 중도·중복장애학생의 경우 타인과의 소통을 위한 기능보다는 요구하거나 거부하기 등의 기능을 더 자주 사용한다고 볼 수 있다.

3) 의사소통의 형태

특정한 의사소통 기능을 위해서 사용할 수 있는 의사소통 형태의 수준 또한 다양하다. 〈표 6-6〉은 특정한 의사소통 기능을 가지고 있는 의사소통의 비상징적(nonsymbolic) 또는 상징적(symbolic communication) 형태에 관한 예시이다.

〈표 6-6〉 **의사소통의 기능에 따른 다양한 의사소통 형태의 예**

의사소통의 기능	의사소통의 비상징적 형태	의사소통의 상징적 형태
(행동) 거절하기	활동과 관련된 물체들을 밀어 내기	'아니'라는 의미로, 혹은 '아니'라는 의도를 나타내기 위해 머리를 흔들기
(사람) 요구하기	사람의 손을 잡기	사람의 사진을 손가락으로 가리키기
정보를 물어보기	묻는 듯한 얼굴 표정	음성이 출력되는 의사소통기기의 사진이나 그림 상징을 이용하여 정보 요구하기
주의를 끌기	큰 발성	"실례합니다."라고 직접 말하거나 같은 의미의 상징을 지적하여 표현하기
무언가에 대해서 코멘트하기	관심 있는 물체에 길게 눈짓 하기	음성합성기 등의 의사소통기기를 사용해서 특정 주제에 관해서 한두 문장을 만들 때 여러 개의 상징을 조합하기
확인하거나 거부하기	지정된 장소로 움직일 것을 요청받았음에도 활동의 장소로 움직이지 않기	"아니, 그게 아니라 나는 다른 것을 원해요."라고 표현하기

출처: Snell & Brown (2011).

의사소통의 형태는 비상징적 형태에서 상징적 형태로 발전해 나가는 것이 보편적이다. 비상징적인 형태 중에서도 여러 사람에게 보편적으로 받아들여질 수 있는 전형적인 방법이나 보편적인 형태(예: 웃기나 울기)로 표현하는 방법도 있으나, 중도 · 중복장애학생 개인의 특성에 따라 독특한 형태가 나타날 수도 있다. 예를 들어, 기분이 나쁘면 온몸이 굳어진다거나 심한 짜증을 내기, 소리 지르기, 밀기, 자해와 같은 행동들을 나타낸다면, 이는 비관습적 행동인 동시에 의사소통 상대자에게 도전이 되는 비상징적 행동이다. 많은 연구자는 이를 문제행동(또는 도전행동)의 의사소통적 기능이라고 하여 비관습적이고 비상징적인 의사소통행동에 대한 해석을 통해 소통의 문제를 해결하고자 하였다.

중도 · 중복장애학생의 발달 단계나 장애 정도에 따라 의사소통의 형태는 매우 다양하며, 누구나 이해할 수 있는 형태가 아닌 경우는 기능적으로 사용하기가 쉽지 않다(〈표 6-7〉 참고). 그러므로 중도 · 중복장애학생의 의사소통 의도는 상대방에 의해 받아들여질 때 비로소 기능적일 수 있다. 이것이 교사가 중도 · 중복장애학생의 의사소통 의도에 대해 민감해야 하는 이유이다.

〈표 6-7〉 **비상징적 및 상징적 형태의 의사소통의 예**

■ 비상징적 의사소통
- 음성: 소리와 발성 사용하기(예: 웃기, 고함치기, 울기, 속삭이기)
- 감정: 감정 또는 정서를 표현하기(예: 얼굴 표정)
- 촉각: 만지기(수동적인 피부 수용기 자극 및 적극적인 조작 및 탐색)
- 행동: 때리기, 던지기, 찰싹 때리기, 입 맞추기, 한 번 치기, 밀어 젖히기, 가볍게 치기
- 신체 움직임: 기대기, 뿌리치기, 휘청거리기와 같은 일반적인 동작
- 몸짓: 팔과 손의 광범위한 움직임 사용하기
- 생리적 변화: 긴장감과 같은 경계태세, 땀 흘리기, 근긴장도와 같은 신체 상태 나타내기

■ 상징적 의사소통
- 구어: 단어 사용하기
- 수어: 손과 팔 사용하기
- 사진과 그림: 시각적인 표시와 이미지 사용하기
- 표상적 사물: 활동을 표현하기 위해 사물 사용하기, 실제 사물 또는 활동을 표현하기 위해 축소 사물 사용하기, 실제 사물 또는 활동을 표현하기 위해 실제 사물의 일부분을 사용하기
- 도형 체계: 문어, 상징 사용하기(예: Mayer & Johnson 상징, 로고, 리버스 상징)

출처: Stillman & Siegel-Causey (1989), p. 7.

비상징적 의사소통은 비구어 단계에 있거나 무발화 상태인 중도·중복장애학생에게 는 매우 중요한 의사소통수단이 될 수 있다. 이는 구어가 제대로 발달하기 전에 거치는 하나의 과정이 될 수도 있지만, 중도·중복장애학생에게는 의사소통의 많은 부분을 차 지하는 영구적인 수단이 될 수도 있기 때문에 중요하다. 또한 비상징적 의사소통 행동이 나 신호에 대해 반응하는 교사나 양육자 등 의사소통 상대자의 반응성, 민감성, 대처 능 력 등은 학생의 이후 발달에 영향을 줄 수 있다.

상징적 의사소통은 사물, 행동 또는 생각을 나타내는 특정 상징을 사용하여 의사소통 하는 것이다. 상징적 의사소통의 형태는 구어(speech), 수어, 사진, 문어(written language) 등이 있다.

3. 의사소통 진단

1) 중도·중복장애학생의 의사소통 진단

(1) 학습자에 대한 이해

중도·중복장애학생들의 의사소통 진단은 모든 영역이 그렇듯이 학습자에 대하여 잘 이해하는 데서 시작한다. 첫째, 의사소통을 하고자 하는 의도가 있는지를 살펴본다. 상 대방에게 어떤 방법으로든 자신의 의도를 전달하려는 의지가 있다면 희망적이라고 볼 수 있다. 둘째, 의사소통 시 어떠한 형태를 사용하는지 살펴본다. 즉, 앞에서 설명한 바 와 같이 발성이나 몸짓 등을 포함하여 비상징적 및 상징적 형태의 의사소통방법 모두를 통틀어 어떠한 형태로 의사소통을 하는지 파악해야 한다. 셋째, 사용하는 의사소통방법 이 타인, 즉 의사소통 상대자로부터 잘 받아들여질 수 있는지, 전달이 잘될 것인지도 판 단할 필요가 있다. 넷째, 의사소통의 기능이 무엇인지 파악한다. 다섯째, 의사소통이 원 활하게 일어나지 못한다면 학생은 어떤 반응을 보이는지 관찰한다.

이 외에도 의사소통하는 것을 좋아하는지, 의사소통 상대자에게 관심이 있는지, 특별 히 선호하거나 반응을 보이는 의사소통 상대자나 사물, 사건 등이 있는지의 선호도를 파 악하는 것도 중요하다. 학습자의 의사소통 특성에 대한 이해를 높이는 것이 진단의 시작 이자 가장 중요한 단계이다.

(2) 의사소통 진단 방법

중도·중복장애학생의 의사소통 진단이 한 가지 방법으로 이루어진다는 것은 매우 어려운 일일 것이다. 실제 교육 현장에서는 표준화된 언어발달검사가 무의미한 경우도 많이 있으므로, 형식적인 검사를 통한 진단은 제한적이다. 〈표 6-8〉은 관찰을 통해 의사소통적 측면에서 필요한 몇 가지 평가 영역을 간소화하여 프로파일 형태로 평가하는 방법이다.

〈표 6-8〉 **의사소통 측면 발달 평가의 예**

관찰 영역	1	2	3	4
눈맞춤이 가능하다.				
소근육 운동이 가능하다.				
머리를 가눌 수 있다.				
행동(가리키기, 주고받기, 끄덕이기 등)이 가능하다.				
감정표현(기쁨, 화남, 거부)이 가능하다.				
자기 이름을 부르면 반응을 한다.				
간단한 지시(이리 와, 이것 봐 등)를 이해한다.				
말소리를 산출할 수 있다.				
사람이나 사물을 명명할 수 있다.				
문장을 만들 수 있다.				

출처: 고은(2014), p. 339.

2000년 이후 중도·중복장애학생의 의사소통 관련 연구를 분석한 결과를 보면 한 가지 방법만으로 진단한 연구는 극소수이며, 대부분 2~6개까지 다양한 방법으로 진단하는 것으로 나타났다. 그중 가장 많이 사용한 방법은 관찰과 면담이었으며, 그 외에도 학생의 선호도 파악, 상황적 어휘 수집, 질문지, 기초어휘 목록 등을 사용하는 것으로 나타났다(강혜경, 2013b).

진단을 위해서 중도·중복장애학생의 부모와 교사, 보조 인력이나 또래 등 주변의 친숙한 사람들과의 면담이나 하루 일과 중 자연스러운 상황에서 관찰을 실시하면 많은 정보를 얻을 수 있다. 의사소통이 일어나는 일상적인 맥락에서의 관찰을 통해 학생이 선호하는 물건이나 활동, 사람이 누구인지 알아낼 수 있으며, 상황에 따른 의사소통의 의도나 형태, 기능을 파악하는 데 유용하다. 이러한 과정을 통해서 중도·중복장애학생의 의사소통 샘플을 모아 보고 개별적 의사소통사전을 만드는 것도 바람직하다. 영유아언어 발달검사(Sequenced Language Scale for Infants: SELSI)(김영태, 김경희, 김화수, 윤혜련, 2003) 는 수용 언어 영역과 표현 언어 영역의 평가와 즉각적 분석이 용이해 현장에서 유용하게 사용할 수 있는 검사 도구이다.

(3) 의사소통 환경에 대한 이해

중도 · 중복장애학생을 둘러싼 의사소통 환경은 어떠한지 점검할 필요가 있다. 무엇보다 중도 · 중복장애학생에게 의사소통을 시작하고 반응할 수 있는 기회가 과연 얼마나 주어지는지를 알아보는 것이 중요하기 때문이다. 의사소통이 일어날 수 있는 물리적 환경과 사회적 환경은 개인마다 다르므로 이에 대한 이해가 필수적이라 할 수 있다.

의사소통의 기회가 주어지지 않는 환경에서 중도 · 중복장애학생에게 의사소통이 일어나기를 바라며 진단하는 것은 의미가 없다. 일상적인 의사소통 환경이 어떠한지 이해하기 위해서는 규칙적이고 반복적인 공동행동 일과와 같은 방법을 사용할 수 있으며, 주변에서 중도 · 중복장애학생의 의사소통을 위해 어떤 지원이나 노력을 하고 있는지 파악하는 것도 중요하다. 또한 중도 · 중복장애학생의 의사소통 상대자는 주로 누구이고, 상대자의 의사소통 유형이나 상호작용 유형은 어떤지, 중도 · 중복장애학생의 의사소통을 유발할 만큼 학생에게 흥미롭고 관심이 있어 할 만한 자료를 이용하고 있는지도 파악할 필요가 있다.

2) 역동적 진단

아동의 언어습득을 설명하는 여러 가지 이론이 있지만 중도 · 중복장애학생들에게는 언어의 구조나 의미보다는 기능을 중시한다는 측면에 있어서 사회적 상호작용이론, 화용론, 기능주의이론 등으로 설명하는 것이 용이하다. 이러한 이론들은 언어의 형식(음운, 형태, 구문)과 내용(의미)이 화용적 경험 혹은 상호작용을 통해 습득된다고 설명하는 이론이다. 이러한 관점에서 부모나 교사 등 대화 상대자의 언어 사용, 아동의 행동과 관련된 대화 상대자의 반응, 의사소통이 이루어지는 맥락의 중요성을 강조한다. 표준화된 검사 도구가 중도 · 중복장애학생의 언어 또는 의사소통의 강약점을 진단하는 데 한계가 있기 때문에 도입된 역동적−상호작용적 평가 모델은 아동의 환경을 중요시하며, 평가에 있어서 맥락을 중요한 변인으로 다룬다. 다양한 상황적 맥락과 대화 상대자의 친숙도를 고려할 뿐 아니라 친숙한 주제 단서나 촉진의 제공, 잠재력에 대한 정보를 줄 수 있도록 검사-단기학습-검사와 같은 과정을 제공할 수도 있다(김영태, 2014). 이러한 역동적 평가의 전략을 통해 중도 · 중복장애학생의 의사소통 잠재력을 알아내고, 진단을 통해 강점중심의 접근을 할 필요가 있다. 보다 상세한 내용은 이 책의 제2장을 참고하기 바란다.

4. 중도 · 중복장애학생 의사소통 중재전략

1) 반다이크 접근법

Jan van Dijk 박사는 수십 년간 농맹아동을 직접 지도하여 오면서 시청각장애 외에도 중복장애를 가진 아동들을 돕기 위한 연구를 계속하고 있는 네덜란드의 교육자이자 연구자이다(Nelson, van Dijk, Oster, & McDonnell, 2009). 반다이크 접근법(van Dijk approach)은 매우 심각한 중복의 감각장애를 가진 학생들에게 적용할 수 있는 의사소통방법으로 이 접근법은 '움직임'을 의사소통의 기본적인 수단으로 사용한다. 감각장애를 동반한 중도 · 중복장애학생들이 적절한 의사소통방법을 개발하지 못했을 때는 자기 자신의 세계 속에 머무르면서 자기자극을 하는 상동행동을 보일 수 있는데, 이러한 상동행동으로 나타내는 신체적 움직임을 대화의 수단으로 활용하고자 하는 것이다.

이 접근법은 학생의 신체적 움직임을 교정해야 하는 대상이라고 생각하지 않고, 교사가 학생의 움직임에 동참 또는 동조함으로써 대화의 수단으로 활용한다. 이를 통해 수동적인 학생으로 도움과 보호를 받아야만 하는 대상이 아닌 능동적인 학습자가 될 수 있도록 의사소통 능력을 개발하기 위한 접근법이다.

이는 언어 이전기의 의사소통 프로그램으로 심한 자폐성장애아동, 농맹 등 자발적인 의사소통을 시도하지 않는 중복장애학생의 의사소통 훈련에 적용 가능하다. 움직임을 통해 중도 · 중복장애학생들이 자신을 둘러싼 환경, 즉 사람이나 사물들과 의미 있는 상호작용을 시도하며 세상을 이해하도록 돕는 방법이라 할 수 있다. 이 중재의 목표는 움직임을 기본으로 하는 여러 단계를 통해 사람이나 사물과 관계를 맺지 않는 자기중심적인 수준에서 벗어나 다른 사람과 목적을 지닌 의사소통을 하는 능력을 길러 주는 쪽으로 나아가도록 하는 것이다. 그 단계를 살펴보면 〈표 6-9〉와 같다(박순희, 2003). 이 접근법은 이해가 다소 어렵고 모호하며 국내에는 자세한 소개가 되어 있지 않고, 소요시간이 많이 걸리는 등 문제점이 많이 있음에도 불구하고, 기존의 방법으로 접근이 어려운 최중도장애학생에 대한 적극적인 교수적 접근이라는 측면에서 의미가 있다.

〈표 6-9〉 반다이크 접근법의 단계

	단계	내용
1	유대관계 형성 단계	교사는 아동과 긴밀하고도 따뜻한 유대관계를 맺는다.
2	행동 동조 단계	교사는 학생과 신체 접촉을 하면서 함께 움직인다. 이 단계에서 교사는 특정 의사소통행동을 가르치려는 시도를 하기보다는 학생의 움직임을 의사를 전달한 것으로 받아들인다.
3	공동 움직임 단계	아동이 교사와 신체적으로 접촉하지 않은 단계에서 같은 움직이면서 움직임을 여러 개 제시하여 그 순서를 익히고 다음에 올 움직임을 예측하게 한다. 예견 선반을 활용하여 학생의 예견 능력을 길러 주고 사물이 특정 활동들을 표상할 수 있다는 것을 가르친다.
4	비표상적인 참조 단계	아동이 자기 신체의 특정 부분을 참조점으로 사용하여 자신의 신체상을 수립하고 조작 활동을 하게 된다.
5	모방 단계	실제 생활에서 사용해야 하는 동작들을 교사가 보여 주어 모방하도록 촉진하는 단계이다. 모방동작은 대개 대근육 운동으로 시작되고, 팔, 다리, 손의 움직임으로 진전된다.
6	생활 몸짓 단계	의사소통의 수단으로서 생활 몸짓, 즉 아동이 실제적으로 하는 움직임들을 일과 속에서 직접 활용한다. 이 몸짓들은 서서히 수어의 형태를 이루게 된다. 이 단계에서 아동은 앞으로 일어날 것을 예견하는 수단으로 몸짓을 사용하고, 일상적인 움직임이 상징이 될 수 있음을 인식하게 된다.
7	언어 사용이 시작되는 단계	수어, 지화 또는 음성 언어를 사용할 수 있게 된다.

2) 기능적 의사소통 기술

기능적 의사소통은 의사소통의 체계적인 교수를 위하여 학생이 매일의 상호작용에 참여하도록 기능적인 기술을 효과적으로 가르치는 것을 목표로 한다(국립특수교육원,

2008). 즉, 중도·중복장애학생들의 의사소통 양식은 매우 다양하지만 현재 학생의 실생활에서 우선적으로 필요한 의사소통 기술을 먼저 가르쳐야 한다는 것이다. 실제 환경 속에서 언어의 사용이나 사회적 기능에 초점을 맞춘 중재방법을 사용하며, 일상생활 가운데 자발적인 대화와 사회적 상호작용을 통해 광범위하고 유용한 언어구조와 의사소통 기술을 습득할 기회를 증가시키고자 한다. 교사를 포함한 의사소통 중재자나 의사소통 상대자는 언어 촉진자의 역할을 하여야 하며, 매일 가정이나 학급에서 사용하는 자연스러운 맥락이나 상황 가운데서 자연스러운 언어학습이 이루어지도록 해야 한다. 이를 위해서는 생태학적 진단방법을 활용하여 기능적 의사소통의 발달을 위한 언어 환경 진단 및 평가를 실시하며, 풍부하고 의미 있는 언어 환경을 제공할 수 있도록 한다.

3) 의사소통 교수를 위한 자연적 접근: 강화된 환경중심 언어중재

자연적인 중재는 장애유아의 의사소통 기술 촉진에 널리 사용되어 왔으며(Hart & Risley, 1975; Kaiser, Alpert, & Warren, 1987; Venn et al., 1993), 이는 아동의 관심과 흥미에 기초하여 일상의 대화 상황에서 교사나 부모와 같은 대화 상대자들이 학생이 현재 사용하는 의사소통 형태와 방법에 반응하며 이를 조금씩 확장해 감으로써 효과적인 사회적 의사소통을 지원하는 방법이다. 이는 의사소통 맥락 속에서 소통의 기능과 형태를 함께 발전시키고자 하는 것이며, 기술의 일반화와 유지를 증진한다는 장점이 있다. 보편적으로 사용되던 환경중심중재는 점차 발전된 형태로 변화되어 갔다. 주어진 자연스러운 상황이나 환경 속에서 충분한 의사소통기회를 제공하는 데 한계가 있다는 제한점들이 인식되면서 환경중심 언어중재에 대한 수정안들이 제안된 것이며, 그 수정안 중 하나가 강화된 환경중심교수(Enhanced Milieu Teaching: EMT)이다.

강화된 환경중심 언어중재는 전통적인 환경중심 언어중재의 접근법에서 사용된 기존 환경교수기법을 동일하게 적용하며, 환경중심교수와 더불어 다음 두 가지 요소를 강조한 형태의 교수접근이라 할 수 있다.

먼저 의사소통을 위한 자연적 접근 가운데서도 환경중심 언어중재(milieu language intervention)는 교실이나 다른 학교 상황에서 학생의 흥미를 따라가면서 교사와 학생의 지속적인 상호작용 내에 교수 에피소드를 삽입하는 방법으로 대화하는 동안 학생의 언어사용을 증진시키고자 촉진과 지원을 하는 포괄적인 중재방법이라 할 수 있다(Kaiser,

Yoder, & Keetz, 1992). 이는 습득뿐 아니라 일반화의 문제까지 개선하고자 일상 환경 안에서 언어를 지도하려는 시도이며, 중도·중복장애학생의 경우에도 일상과 분리되지 않은 자연스럽고 규칙적인 하루 일과 및 교육과정 활동 안에서 발달과 변화를 이끌어 내는 것이 바람직하다.

환경중심 언어중재는 행동주의 원칙과 절차를 적용한 것으로 환경은 자연스럽지만 언어를 촉진할 수 있는 상황을 구성하여 중재하는 방법이다. 즉, 환경을 구조화한다는 것인데, 이는 학생의 자발성과 기능성을 높이기 위해 학생이 가장 크게 의사소통적 필요를 느낄 수 있도록 미리 기회를 만들어 지도하는 방법이다.

알려진 바와 같이 환경중심 언어중재의 네 가지 요소는 모델링, 요구-모델링, 시간지연, 우연교수(우발교수)이며, 절차 및 유의점은 〈표 6-10〉과 같다.

〈표 6-10〉 **환경교수전략의 절차 및 유의점**

전략	내용 및 절차	과정 및 예시
모델링 (아동중심 시범)	• 아동의 관심이 어디 있는지 관찰하고 관심사(물건 또는 행동 등)에 함께 참여하면서 그와 관련된 적절한 모델링(시범 보이기)을 함으로써 새로운 행동을 학습하는 것	• 좋아하는 그림책을 바라보고 있는 상황에서 교사는 아동과 같이 그림책에 공동관심을 형성하면서(예: "그림책" 또는 "그림책 주세요.") 시범을 보인다.
요구- 모델링	• 아동에게 구두로 언어적 반응을 요구해 본 후 시범을 보이는 것이다. • 비모방적 구어촉진을 한다는 점에서 모델링과 차이가 있다. • 새롭거나 어려운 형태를 훈련하거나 명료성 향상을 위해 주로 사용한다.	• 공동관심 형성 후, 아동에게 먼저반응을 요구(예: "뭐 줄까?" "뭐 하고 싶어?")한 후 시범을 보인다(예: "그림책" 또는 "그림책 주세요."). • 무반응이나 오반응을 보이면 두 번째 요구-모델링을 하며 이에 대해서도 부정확하면 교정적 피드백을 해 준다.
시간지연	• 아동과 함께 활동하는 중 아동의 반응을 기다려 주는 것으로 반복적 일과의 단계 중 잠깐 진행을 멈추고 학생을 바라보고 의사소통하기를 기다리는 것이다. • 목표행동이 이미 학생의 행동 레퍼토리에 있는 경우 효과적이며 초기 단계보다는 자발적 언어사용을 유도할 때 효과적이다.	• 아동이 자료나 요구를 필요로 하기 쉬운 상황에서 언어적 반응을 수 초간 기다린다. • 정확한 반응을 보이면 즉각적인 칭찬, 언어적 확장, 자료나 도움 등이 주어진다. • 부정확한 반응을 보이면 두 번째 시간지연, 요구-모델링 또는 모델링 절차로 진행한다.

우연교수 (우발교수)	• 생활환경에서 우연히 일어나는 의사소통이나 언어학습의 기회를 이용하여 학습을 시키는 것 • 아동 주도적이며, 자연적인 후속결과에 의해 적절한 행동이 강화되고 유지될 수 있다는 장점이 있으나 어느 정도 모방할 수 있는 능력이 선행되어야 한다. 또한 우연한 학습 기회가 자주 발생하기 어려우므로 교사가 아동의 환경이나 그와 유사한 환경에서 우발적인 학습의 기회를 만들어서 교수할 필요가 있다.	• 아동이 언어적 또는 비언어적 도움이나 자료를 요구할 만한 상황에서 시작(예: 다른 아동들이 놀이하고 있을 때 그 근처에 있게 함으로써 또래 상호작용에 참여할 수 있는 기회를 만들고 아동이 다른 아동의 놀이나 장난감에 관심을 보일 때까지 기다린 후)하며, 아동의 요구에 모델링, 요구-모델링, 시간지연 중 한 가지 방법을 사용한다.

강화된 환경중심 언어중재는 첫째, 아동의 활동 참여나 의사소통 대상자와의 참여를 촉진하기 위해 환경적 배열을 활용하는 것이다(Ostrosky & Kaiser, 1991). 환경적 배열 또는 환경조절전략은 아동의 언어를 촉진하기 위한 물리적인 상황을 제공하는 것이다. 둘째, 사회적 의사소통 상호작용과 새로운 언어 형태를 모델링하기 위한 반응적 상호작용 전략을 강조한다(Weiss, 1981). 구체적인 내용은 〈표 6-11〉과 같다.

〈표 6-11〉 강화된 환경중심 교수의 요소

구분	내용 및 절차
환경적 배열 또는 환경조절전략	• 흥미 있는 자료의 선택 • 요구를 불러일으킬 수 있는 자료의 배치 • 환경과의 조화 • 아동과 함께 활동에 참여하기
반응적 상호전략	• 공동관심 및 상호관심의 형성 • 차례 주고받기 • 아동의 주제나 복잡성의 수준을 아동 중심으로 유지하기 • 구어적 · 비구어적 의사소통 시도에 의사소통적으로 반응하기 • 긍정적인 정서 표현

〈표 6-12〉와 〈표 6-13〉은 이전의 환경중심 언어중재를 연구한 많은 학자가 함께 모여 실시한 2005년 EMT II(Kaiser et al., 2005) 프로젝트 내용을 기초로 하여 놀이상황 속에서 적용해 본 예이다.

〈표 6-12〉 놀이 상황에 적용한 환경조절전략의 예

전략	설명	예시
흥미 있는 자료	아동이 흥미 있어 하는 자료를 사용한다.	아동이 평소 좋아하는 공을 슬그머니 아동 쪽으로 굴려 준다.
닿지 않는 위치	아동의 시야 내에 자료를 놓아두되, 손에 닿지 않는 곳에 둔다.	아동이 좋아하는 장난감을 키보다 조금 더 높은 선반 위에 올려놓는다.
도움	성인의 도움을 필요로 하는 상황을 만든다.	아동이 좋아하는 간식을 잘 열리지 않는 투명한 병에 담아 놓는다.
자료의 불충분한 제공	추가적인 자료를 요구하도록 적은 수/양의 자료를 제공한다.	색칠하기를 좋아하는 아동의 경우, 밑그림을 하나만 주고 더 요구하기를 기다린다.
중요요소 빼기	과제를 제시할 때 그 활동의 완성에 필요한 중요한 요소를 빼고 완성하도록 지시한다.	퍼즐 완성에 꼭 필요한 한 조각을 빼고 과제를 준다.
선택	비언어적으로 선택의 기회를 제시한다.	두 가지 간식을 제시하고 난 후, 아동이 선택하기를 기다린다.
우스운 상황	우스꽝스럽거나 비상식적인 요소를 넣어 아동의 기대에 어긋나는 상황을 만든다.	양말을 손에 끼우거나 성인이 아동의 작은 옷을 입는 상황을 연출한다.

〈표 6-13〉 놀이 상황에 적용한 반응적 상호작용전략의 예

전략	설명	예시
아동 주도에 따르기	아동의 말이나 행동과 유사한 언어적 · 비언어적 행동을 하고 주제에 따르며, 관찰하면서 말하기를 기다리거나 아동의 말을 경청한다. 지시나 질문은 피한다.	아동: (인형에게 우유를 먹이고 있다.) 성인: (컵으로 인형에게 우유를 먹이며) "아기가 우유를 먹어요." 아동: (우유를 먹이는 행동을 멈추고 아기를 흔든다.) 성인: (인형에게 우유를 먹이는 행동을 멈추고 아기를 토닥이기 시작한다.) "아기가 자요."
공동관심 형성하기	같은 장난감이나 같은 활동에 참여하고 아동이 바꾸면 성인도 아동이 선택한 활동으로 이동한다.	아동: (자동차를 가지고 논다.) 성인: "붕붕"(하고 자동차 소리를 내며 놀이에 개입한다.)
정서 일치시키기	아동의 기분과 태도가 적절할 때 아동의 정서에 맞춰 반응한다.	아동이 부드럽게 이야기하면 성인도 부드럽게 이야기하고, 흥분하여 표현하면 성인도 흥분됨을 표현한다.

상호적 주고받기	성인과 아동의 상호작용에서 교대로 대화나 사물을 주고받는다.	• 사물 주고받기: 서로 공 굴리며 주고받기 • 대화 주고받기 아동: (공을 굴리며) "공" 성인: (공을 굴리며) "공을 굴려요." 아동: (공을 던지며) "공" 성인: (공을 던지며) "공을 던져요."
시범 보이기	• 혼잣말 기법: 성인이 자신의 입장에서 보고, 듣고, 느끼는 것을 말하여 아동에게 들려준다. • 평행적 발화기법: 성인이 아동의 입장에서 생각하고 느끼는 것을 아동이 말할 만한 문장으로 말해 준다.	• 혼잣말 기법 − 차를 밀면서 "차가 가네." − 물을 마시며 "물을 마셔요." • 평행적 발화기법 (아동이 블록을 쌓고 있는 상황에서) "블록을 쌓아요."
확장하기	아동의 발화에 적절한 의미론적, 구문론적 정보를 추가하여 보다 완성된 형태로 발화를 다시 들려준다.	아동: "차" 성인: "차가 가네."
아동 모방하기	아동의 말이나 행동을 모방하여 아동과 공동관심을 형성하거나 아동에게 자신의 말이 전달되었다는 것을 알려 준다.	• 아동이 자동차를 가지고 탁자 위에서 놀 때 교사도 탁자 위에서 자동차를 움직인다. 아동이 멈추면 따라 멈춘다. 아동: "공" 성인: "맞아, 공이야." 또는 "공을 굴리자."
아동 발화에 반응하기	아동이 한 말에 대해 고개를 끄덕이거나 긍정(예: 응, 그래, 그랬지, 그랬어)의 말을 해 줌으로써 이해했음을 알리고 발화를 인정해 준다.	아동: "자동차 타." 성인: (고개를 끄덕이며) "그래, 자동차에 타자."
아동 반응 기다리기	아동이 언어적 자극에 반응할 수 있도록 적어도 5초 정도의 반응시간을 허용하여 아동의 반응을 기다려 준다.	(아동이 자동차에 인형을 태운다.) 성인: "또 누구를 태울까?" 아동: (반응하지 않음) (5초 정도 기다렸다가) 성인: "누구를 태울까?"

자연적 의사소통에서 가장 중요한 발전은 반응적 대화양식(responsive conversational style)에 더욱 중점을 두게 된 것이다(Kaiser, Hancock, & Hester, 1998). 학생의 의사소통 시도에 민감성을 길러 빠르고 의미 있게 반응하는 것은 매우 중요하다. 시도를 인정하고 관심을 나타내는 반응적인 교사는 이미 대화를 촉진하고 있는 것이기 때문이다. 반면, 의도한 것이 아니라고 하더라도 목소리의 크기, 대화 속도나 의사소통 양식 등을 맞추지 못한다면 의사소통을 저해할 수도 있다. 그러므로 의사소통 중재를 위해서는 의사소통

상대자의 긍정적 정서, 부드러운 접촉을 바탕으로 한 개선된 상호작용 스타일을 발전시켜 나갈 필요가 있다.

4) 보완대체 의사소통

보완대체 의사소통(Augmentative and Alternative Communication: 이하 AAC)은 의사소통 장애학생의 말을 보완(augment)하거나 말 대신에 다른 대체적인(alternative) 방법을 사용하여 의사소통의 어려움을 해결하는 광범위한 지원책으로, 학생들의 의사소통 능력을 촉진하고 문제행동을 감소시키는 여러 가지 방법과 도움을 의미한다(박은혜, 김정연, 표윤희, 2018).

AAC에 사용되는 상징(symbol) 체계는 얼굴 표정이나 제스처, 음성, 몸짓, 수어 등 특별한 도구가 필요하지 않은 것과 실제 사물, 축소형 사물, 사물의 일부분을 이용하는 만질 수 있는 상징(tangible symbols)과 여러 가지 그림으로 구성된 표상적 상징(representational symbols), 추상적인 상징(abstract symbols), 철자와 철자 상징(orthography & orthographic symbols) 등으로 분류할 수 있다(박은혜 외, 2018).

만질 수 있는 상징이란 만져서 변별할 수 있는 2, 3차원의 명확한 상징 체계이다. 시각장애나 이중감각장애, 중도의 인지장애학생에게 사용할 수 있으며, 의사소통을 처음 시작하는 중도·중복장애학생에게 적용하기 용이하다. 그러나 앞으로의 의사소통 기능을 좀 더 확장하기 위해서는 추상적이고 융통성 있는 상징 체계를 사용할 수 있도록 해야 한다. 표상적 상징이란 선화나 사진, 그림 등을 이용한 그래픽 상징을 말하며, 국내에서 개발된 표상적 상징의 예로 한국형 AAC 상징(http://symbol.ksaac.or.kr/searchsymbols/)'을 들 수 있다. 추상적인 상징이란 의미를 포함하지 않은 선이나 면 등의 형태를 이용하여 표현한 상징을 말한다. 추상적 상징의 대표적인 것은 침팬지의 언어 습득을 연구하기 위해 만든 여키스 기호문자(Yerkish lexigrams)로 아홉 개의 기하학적인 형태로 구성되어 있다(Beukelman & Mirenda, 2012). 철자는 한글과 영문자, 한자 등의 언어 체계를 말하며, 음절, 낱말, 구절이나 문장 등의 형태로 사용된다. 철자 상징이란 점자(braille)나 지문자 등과 같이 철자를 나타내는 도구로 사용되는 상징을 말한다. 점자는 시각장애나 이중감각장애학생들이 읽기와 쓰기를 위해 사용할 수 있는 촉각 상징 체계이다. 지문자는 고유명사와 같이 수어 체계가 없는 낱말들을 철자로 표현하기 위한 상징 체계로, 청각장애학생뿐만 아니라 이중감각장애학생들이 촉각적 수용을 통해 사용할 수 있는 상징 체계이다.

　AAC 방법에 사용되는 도구 또는 보조기기(aids)는 사진이나 그림카드 등을 활용한 로우테크(low tech) 방법과 음성출력이 되는 하이테크(high tech) 의사소통기기를 활용한 방법이 있다(Binger & Kent-Walsh, 2010). 로우테크 의사소통기기란 그림, 사진, 글자, 숫자 등과 같은 상징과 코드로 구성하여 제작된 물리적 도구를 의미하며, 직접 제작하는 의사소통카드, 의사소통판과 도구를 말한다. 그림 상징을 사용할 경우 구어로 표현을 하면서 보완 자료로 상징이라는 시각적 단서가 제공되기 때문에 장애학생에게는 대안적인 표현 방법이 될 수 있으며, 이들의 문해력 신장에도 기여할 수 있다(박은혜 외, 2018). 의사소통판은 제작이 용이하고 저비용으로 학생의 필요와 요구에 따라 다양하게 접근할 수 있어 보편적으로 사용 가능하다. 또한 AAC를 처음 시작하거나 몇 개의 어휘만을 필요로 할 경우에 제작과 휴대, 이용이 편리하다는 장점이 있다.

　음성이 출력되는 AAC 기기를 사용할 경우에는 시 · 청각적 단서가 제공되기 때문에 학생의 이해를 촉진하여 의사소통 기능을 향상시킬 수 있다(Cockerill & Carroll-Few, 2001). AAC 기기를 사용할 경우에는 효율성을 높이기 위해 학생의 인지 기능과 의사소통 능력, 신체적 기능, 관심 영역 등을 고려한 다중양식방법으로 사용할 것을 권장한다. 최근에는 AAC 기기를 사용하는 것보다 뛰어난 접근성, 이동성, 편의성을 갖춘 스마트폰, 태블릿 PC 등의 스마트기기를 활용한 의사소통교육이 보편화되고 있는 추세이다. 스마트기기에 AAC 소프트웨어를 설치하여 사용할 경우 별도의 기기 사용으로 인한 부정적 영향을 줄일 수 있기 때문에 AAC 애플리케이션 활용에 대한 관심이 높아지고 있다(표윤희, 김정연, 김시원, 2017). AAC 체계를 적용하기 위해서는 앞서 설명한 AAC상징(symbol)이나 AAC보조기기(aids) 외에도 AAC기술(technique)이 필요하다. 이는 자기의 의견을 표현해 내는 방법으로, 크게 직접 선택과 간접 선택으로 나뉜다. 직접 선택은 손, 발, 다리, 팔 등과 같이 일관성 있게 의도적으로 움직일 수 있는 부분을 이용하여 짚거나 누르기 또는 눈으로 응시, 아이트래킹(김경양, 2016) 등을 통해 포인팅 하는 방법이 있다. 직접 선택이 어려운 경우 스캐닝 방법을 이용하여 간접적으로 선택하는 방법도 있는데, 교사나 다른 대화상대자가 천천히 말해 주면 원하는 항목이 나왔을 때 정해진 신호를 통해 선택하는 청각적 스캐닝과 시각적으로 확인하고 원하는 항목에서 주로 스위치를 누름(소리 내기나 손 들기도 가능)으로써 선택하는 시각적 스캐닝이 그것이다. 스캐닝 방법은 어느 정도 인지적 이해력을 가지고 있어야 하며, 스캐닝의 종류는 선형 스캐닝(linear scanning), 원형 스캐닝(circular scanning), 행렬 스캐닝(row/column scanning) 등이 있으며 각각 특성과 장점이 있으므로 개인의 요구에 따라 선택하여 적용 가능하다.

국내의 중도·중복장애학생을 대상으로 한 많은 연구에서 AAC 중재가 이들의 의사소통 기능 향상에 효과적임을 밝히고 있다(강혜경, 2013a; 김시원, 김정연, 2015; 김정연, 김시원, 권은애, 정수리, 김연지, 2017; 임장현, 박은혜, 2012). 강혜경(2013a)의 연구에서는 중도·중복장애학생의 의사소통 연구 중 AAC에 관한 연구가 전체의 80%로 AAC 중재가 매우 보편적인 접근방법임을 언급하였다. 김정연 등(2017)의 연구에서도 중도·중복장애학생 대상의 실험 연구 중 전체의 47.4%(18편)가 AAC 중재에 관한 연구로 나타나 AAC 접근에 대한 교육 현장의 관심이 높으며, 증거기반의 교수 실제임을 확인할 수 있다. 이와 더불어 국내에서는 학생들의 장애가 중도·중복화되어 감에 따라 의사소통 지도의 필요성이 더욱 강조되고 있으며, 이들의 제한된 능력을 보완해 줄 수 있도록 보조공학을 활용한 연구들이 확대되고 있다. 중도·중복장애학생의 의사소통 지원은 교육 정책에서도 강화되어, 2015 특수교육 교육과정에서 의사소통 지원을 새로 추가한 이후, 지속적으로 의사소통교육을 강화하고 있다(교육부, 2015).

AAC 지도의 목적은 말과 언어의 발달뿐 아니라 상호작용과 활동참여도의 증진, 그로 인한 문제(도전)행동의 감소로까지 이어질 것을 기대하며, 궁극적으로는 독립적인 생활을 촉진하는 데 있다. 지도 시에는 처음부터 질적인 측면을 강조하기보다는 의사소통의 빈도와 양을 최대한 증가시키는 데 일차적인 목표를 두고 화용론적으로 의사소통 맥락에서 효과적으로 기능하는가를 중요하게 고려해야 한다. 또한 AAC 지도는 장애학생 각각의 개인차를 충분히 고려하여 개별적으로 접근해야 하며, 가능한 한 비장애학생이 사용하는 방법과 유사한 방법으로 선정하여 상호관계성의 원칙과 정상화의 원칙을 저해하지 않도록 하는 것이 바람직하다.

이러한 AAC지도 계획은 참여모델에 근거한 접근이 필요하며, 개별 학생의 운동, 감각, 인지, 언어 능력 면에서 세심한 관찰과 평가를 실시해야 한다. 평가는 언어치료사, 물리치료사, 작업치료사 등을 포함한 전문가의 협력이 필요하며, 결과는 개별화교육 및 생활과 모든 교과와 통합하여 실시하는 것이 바람직하다. 또한 의사소통은 상호적인 것이므로 의사소통 상대자훈련이 포함되어야 함은 물론, 성과에 대해서는 정기적으로 평가하고 점검하여 기술의 일반화 유지 점검 등을 통해 성과를 측정해야 한다(박은혜 외, 2018).

5) 손짓기호[2]

중도 · 중복장애학생의 의사소통을 위해서는 앞서 말한 간단한 그림의사소통판이나 그림교환의사소통체계(PECS)와 같은 로우테크 방법을 사용하거나 음성산출이 되는 다양한 의사소통용 앱(예: 마이 AAC, 스마트 AAC, 마이토키 스마트 등)을 사용하기도 한다. 그림 상징을 활용한 의사소통방법은 시각적 상징을 첨가하여 사용함으로써 청각에만 의존하는 구어보다는 메시지를 보다 쉽게 전달한다는 장점이 있다. 그러나 로우테크나 하이테크 앱 모두 의사소통 도구(예: 의사소통판, 태블릿 PC, 휴대전화 등)를 사용하기 때문에, 도구나 상징 사용이 어려운 중도 · 중복장애학생들에게는 보다 즉각적이고 직관적인 제스처와 같이 도구 없이 할 수 있는 의사소통방법이 필요하다.

몸짓 상징은 별도의 도구를 사용하지 않고 손이나 몸을 이용하여 의사소통할 수 있도록 개발된 상징 체계로, 몸짓 상징이란 손이나 몸 등 신체의 한 부분이나 여러 부분을 이용하여 한 가지 동작이나 여러 가지 동작을 표현하는 비구어적, 비도구적인 AAC라 할 수 있다. 국외에서도 이러한 몸짓 상징이 개발되어 있으며 지원을 위한 다양한 노력이 이루어져 왔다. 독일의 구크(GuK)는 주로 다운증후군 등 지적장애학생을 대상으로, 영국의 마카톤(Makaton)은 영국 수어(British Sign Language: BSL)를 쉽게 만들어 지적장애가 있는 청각중복장애인들을 위해 개발되었다. 영국의 시그널롱(Signalong)이나 미국의 베이비사인(Baby Sign) 역시 비언어적 표현을 언어적 표현으로 이끌어 내기 위해 사용되는 보완적 의사소통 방법이다. 손담은 한국 수어를 그대로 사용할 수 없는 중도중복장애학생들을 위해 개발된 의사소통체계로서 간단한 손 표현을 기본으로 하되 몸동작을 이용한 표현을 함께 사용하도록 개발하였다(국립특수교육원, 2019).

다음은 손담의 예시이다.

---

2) 몸짓 상징 손담

화장실/소변보다   선생님

약   빵

[그림 6-1] 손담의 예시

몸짓 상징 손담은 더 쉽게 자주 소통하도록 하기 위하여 손담 카드와 포스터, 동영상을 함께 개발하였으며, 사람 및 호칭, 기분 및 감정, 건강 및 상태, 음식 및 식사, 위생 및 의복, 사회성 어휘, 행동 및 정도, 여가 및 놀이, 장소 및 위치, 시간 및 때, 자연 및 동식물, 학습 및 진로, 기타 어휘 등 총 13개 범주로, 272개 어휘, 204개 표현의 교수학습자료를 개발하여 현장에서 널리 활용되고 있다.

손담은 단순화되고 직관적인 표현으로 두 가지 이상의 장애가 중복되어 나타나 여러 가지 제안이 있는 중도지적 자폐성 및 청각중복장애까지도 고려하였으며, 접촉을 통한 소통이 강조되어야 하는 시각중복장애학생과 신체움직임의 제한이 많은 지체중복장애 학생을 위한 표현의 수정방법을 함께 개발하였다. 다음은 시각중복장애학생 지도 기법으로 가장 기본적이라 할 수 있는 손 아래 손, 손 위 손 전략을 활용하여 학습하는 예이다.

[그림 6-2] 왼쪽 '손 아래 손' 전략은 교사가 신발의 몸짓 상징 표현을 하고 있는 상태에서 학생이 교사의 손 위에 자신의 손을 얹어 교사의 손모양을 탐색하고 모방한다. [그림 6-2]의 오른쪽 '손 위 손' 전략은 교사가 학생의 손목을 잡고 화살표 방향으로 움직이며 '기차'를 표현하는 동작을 지도하는 방법이다.

중도·중복장애학생의 몸짓 상징은 기본적으로 몸짓이나 간단한 손 표현방법을 사용

 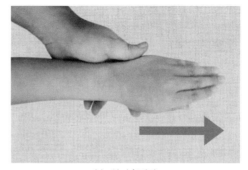

'손 아래 손' 전략　　　　　　　　　　　'손 위 손' 전략

[그림 6-2] '손 아래 손' 전략과 '손 위 손' 전략

하지만 목소리, 얼굴 표정, 터치 단서 등의 방법을 같이 지도한다면 더욱 효과적인 의사소통이 이루어질 수 있다. 또한 모든 표현의 지도는 손 표현과 함께 말 표현도 같이 사용하도록 지도해야 한다.

　중도·중복장애학생의 의사소통 체계로 사용될 몸짓 상징인 손담은 다음과 같은 장점을 가진다. 첫째, 학생의 장애 유형과 발달 특성에 맞추어 표현방법을 찾고 적용할 수 있기 때문에 의사소통의 효율성을 높이며 의사소통 지도를 처음 시작하는 학생들에게 효과적이다. 둘째, 도구를 사용하지 않아 간편하며, 의사소통에 필요한 인지 능력의 요구 수준이 낮아 학습하기 용이하다. 셋째, 소통이 필요할 때 즉각적으로 표현하기 때문에 의사소통과정에서 시간을 지연하거나 대화의 흐름이 단절되는 문제를 예방할 수 있다. 넷째, 구어 체계를 대체하거나 구어와 병행하여 사용함으로써 구어로 전달하기 어려운 내용을 보완하여 표현할 수 있다. 그 밖에 특별히 많은 교육을 받지 않아도 대화 상대자들이 그 의미를 쉽게 유추하거나 이해할 수 있다.

　특히 시각장애와 청각장애를 함께 가지고 있는 중복장애학생의 경우 장애 특성상 일반적으로 고려되는 몸짓 상징의 유형이나 단순화시킨 손 표현을 시각으로 변별할 수 없고 촉각으로도 이해하기 어려워할 수 있으므로, 개별 학생의 특성에 맞는 별도의 적용방법을 고려해야 한다. 〈표 6-14〉는 시각장애와 청각장애를 함께 가지고 있는 시청각 중복장애학생을 위한 몸짓 상징 활용방법의 예시이다.

〈표 6-14〉 시청각중복장애학생의 몸짓 상징 활용 예시

소통방법	어휘	손담 표현	수정 표현	설명
교사의 손 표현을 학생이 직접 만져 보기	'집'			신체에 표현된 단어의 의미를 정확히 이해하도록 교사의 손 모양을 학생에게 만져 보게 한다.
학생 몸에 직접 표현하기	'과일'			교사가 손가락을 동그랗게 구부려 학생의 어깨에 대고 동그라미를 그려 '과일'을 표현해 준다.
공동동작으로 같이 표현하기	'함께해요'			학생의 손을 잡고 공동동작으로 같이 표현하도록 한다.
학생이 혼자 표현하기	'끝났어요' '다했어요'			학생이 혼자 표현하도록 지도한 후에 표현한 것을 보고 교사가 표현한 내용을 말해 준다.
학생이 교사의 몸에 표현하기	'좋아요' '잘했어요'			학생이 표현하고자 하는 내용을 교사의 몸에 직접 접촉하여 표현하도록 한다.

출처: 국립특수교육원(2017), pp. 34-35, 46; 국립특수교육원(2018), pp. 24-33.

중도장애를 가진 학생 중에서도 심한 지적장애나 자폐성장애, 지체장애와 감각장애를 동반한 중복장애학생의 경우 더 많은 제한을 가진다. 이러한 제한은 의사소통의 기회 자체가 박탈된 채로 교사나 부모로부터의 타율적 결정에 길들여져(이숙정, 2007) 모든 동기나 기회가 차단될 수 있다. 이러한 점에 유의하여 중도중복장애학생의 의사소통을 지도할 때에는 학생의 심리적·정서적·신체적 상태에 기초한 주의 깊은 관찰을 통한 의

사소통 진단 평가를 실시하며, 의사소통 의도, 형태, 기능을 파악하고 개별적 학생의 요구에 따라 적절한 중재를 일관성 있게 지속적으로 진행함으로써 의사소통의 역량을 기를 수 있도록 노력해야 할 것이다. 또한 이러한 과정에서 교사, 가족, 학생과 관련된 사람들은 서로 의견을 공유하고 협력하는 것이 필수적이며, 무엇보다 중도 · 중복장애학생의 의사소통에 대해 긍정적으로 반응하고 격려하는 자세가 필요하다.

참고문헌

강혜경(2013a). 비구어 및 무발화 장애학생 의사소통에 관한 연구동향과 과제: 2000년 이후의 국내연구를 중심으로. **특수교육**, 13(3), 113-132.

강혜경(2013b). 중도 · 중복장애학생 의사소통 관련 연구동향과 과제: 2000년 이후의 국내연구를 중심으로. **특수교육**, 12(3), 269-287.

고은(2014). **의사소통장애아교육(2판)**. 서울: 학지사.

교육부(2015). **2015 특수교육 교육과정 총론**. 세종: 교육부.

국립특수교육원(2008). **특수교육학용어사전**. 경기: 국립특수교육원.

국립특수교육원(2017). **중도 · 중복장애학생 의사소통 몸짓 언어 기초 자료집**. 충남: 국립특수교육원.

국립특수교육원(2019). **중도중복장애학생을 위한 손담가이드북**. 충남: 국립특수교육원.

김경양(2016). Eye tracking 기법을 적용한 AAC중재가 지체중복 장애학생에게 미치는 효과. **지체중복건강장애연구**, 59(4), 181-211.

김시원, 김정연(2015). 보완대체 의사소통 사용을 위한 행동관찰 중재가 중도(重度)장애학생의 자기결정행동에 미치는 영향. **지체 · 중복 · 건강장애연구**, 58(1), 167-191.

김영태(1997). 언어장애의 화용론적 접근 방법에 관한 고찰. **인간발달연구**, 25, 115-135.

김영태(2014). **아동언어장애의 진단 및 치료(2판)**. 서울: 학지사.

김영태, 김경희, 김화수, 윤혜련(2003). **영유아언어발달검사(Sequenced Language Scale for Infants)**. 서울: 파라다이스복지재단.

김정연, 김시원, 권은애, 정수리, 김연지(2017). 중도 · 중복장애학생을 대상으로 한 실험연구의 동향 분석: 국내 특수교육 관련 학술지를 중심으로(2006~2016년). **특수교육재활과학연구**, 56(2), 61-85.

김정연, 박은혜(2006). 손짓기호체계와 그림의사소통판을 이용한 의사소통 중재가 중도장애학생의 의사소통 능력에 미치는 효과. **중복지체부자유교육**, 47(1), 265-289.

김정연, 표윤희, 김시원(2018). 통합학급에서의 AAC앱을 사용하는 장애학생에 대한 비장애학생의 태도. 특수교육, 17(1), 97-117.

김정효(2007). 선호하는 AAC 양식의 선택을 위한 대화책과 필기도구 중재가 정신지체 고등학생의 의사소통반응행동에 미치는 영향. 특수교육, 6(1), 143-164.

박순희(2003). 농맹학생의 의사소통 능력 개발을 위한 반 다이크 접근 고찰. 특수교육, 2(2), 103-124.

박은혜, 김정연, 표윤희(2018). 지체장애학생 교육. 서울: 학지사.

배소영(1998). 언어장애 아동을 위한 놀이언어치료: 정서 및 사회성 문제를 동반한 한 아동사례를 중심으로. 언어치료연구, 7(2), 47-67.

송만호, 한경근(2015). 반다이크 사정을 활용한 중도 뇌성마비 아동의 의사소통 특성 연구. 특수교육학연구, 50(3), 71-95.

이숙정(2007). 중도중복장애학생 수업구성을 위한 "기초적 관계 이론 분석". 특수교육저널:이론과 실천, 8(4), 241-262.

이은주, 박은혜(2022). 손담을 활용한 의사소통 중재가 시각중복장애 학생의 의사소통 반응 행동에 미치는 영향. 보완대체의사소통연구, 10(2), 25-54.

임장현, 박은혜(2012). ASD인을 위한 스마트 교육 미디어로서의 앱 개발 및 연구현황 분석. 자폐성장애연구, 12(1), 93-117.

정명철, 한경임(2016). 모바일 AAC앱 토크프렌드를 이용한 중재가 지역사회 상황에서 자폐성장애 고등학생의 자기결정력에 미치는 효과. 정서 · 행동장애연구, 32(3), 321-341.

표윤희, 김정연, 김시원(2017). AAC앱을 활용한 중재가 언어발달지체유아의 의사소통 능력에 미치는 효과. 특수교육, 16(2), 57-80.

Alpert, C. L., & Kaiser, A. P. (1992). Training parents to do milieu language teaching with their language-impaired preschool children. *Journal of Early Intervention, 16*(1), 31-52.

Bailey, D. B., & Wolery, M. (1992). *Teaching Infants and Preschoolers with Disabilities* (2nd ed.). 이소현 역(1995). 장애 영유아를 위한 교육. 서울: 이화여자대학교 출판부.

Beukelman, D., & Mirenda, P. (2012). *Augmentative and Alternative Communication: Management of Severe Communication Disorders in Children and Adults* (2nd ed.). Baltimore, MD: Paul H. Brookes.

Binger, C., & Kent-Walsh, J. (2010). *Augmentative and Alternative Communication*. Boston, MA: Pearson Education.

Bruner, J. (1981). The social context of language acquisition. *Language and Communication, 1*(2-3), 155-178.

Cockerill, H., & Carroll-Few, L. (2001). *Communicating without Speech: Practical Augmentative and Alternative Communication*. London: Mac Keith Press.

Coggins, T. E., & Carpenter, R. L. (1981). The communicative intention inventory: A system for observing and coding children's early intentional communication. *Applied Psycholinguistics, 2*(3), 235-251.

Hart, B., & Risley, T. (1975). Incidental teaching of language in the preschool. *Journal of Applied Behavior Analysis, 8*(4), 411-420.

Kaiser, A. P., & Hester, P. P. (1994). Generalized effects of enhanced milieu teaching. *Journal of Speech and Hearing Research, 37*(6), 1320-1340.

Kaiser, A. P., Alpert, C. L., & Warren, S. F. (1987). Teaching functional language: Strategies for language intervention. In M. E. Snell (Ed.), *Systematic Instruction of Persons with Severe Handicaps* (3rd ed., pp. 247-272). Columbus, OH: Merrill Publishing Co.

Kaiser, A. P., Hancock, T. B., & Hester, P. P. (1998). Parents as co-interventionists: Research on applications of naturalistic language teaching procedures. *Infants and Young Children, 10*(4), 1-11.

Kaiser, A. P., Hancock, T. B., Trent, A., Windsor, K., Hancock, L., McAtee, K., Salmon, S., & Radovich, L. (2005). *EMT II Milieu Teaching Project · Kidtalk Milieu Teaching Project.* Vanderbilt University Materials for SPED 3600.

Kaiser, A. P., Yoder, P. J., & Keetz, A. (1992). Evaluating milieu teaching. In S. F. Warren & J. Reichle (Eds.), *Causes and Effects in Communication and Language Intervention* (pp. 9-47). Baltimore, MD: Paul H. Brookes.

Light, J. B. (1997). Communication is the essence of human life: Reflections on communicative competence. *Augmentative and Alternative Communication, 13*(2), 61-70.

Nelson, C., van Dijk, J., Oster, T., & McDonnell, A. (2009). *Child-guided Strategies: The van Dijk Approach to Assessment.* American Printing House for the Blind. from http://www.perkins.org/resources/ask-the-expert/dr-j.html

Ostrosky, M. M., & Kaiser, A. P. (1991). Preschool classroom environments that promote communication. *Teaching Exceptional Children, 23*(4), 6-10.

Snell, M. E., & Brown, F. (2006). *Instruction of Students with Severe Disabilities* (6th ed.). 박은혜, 한경근 공역(2008). **중도장애학생의 교육**(6판). 서울: 시그마프레스.

Snell, M. E., & Brown, F. (2011). *Instruction of Students with Severe Disabilities* (7th ed.). Upper Saddle River, NJ: Pearson.

Stillman, R., & Siegel-Causey, E. (1989). Introduction to nonsymbolic communication. In E. Siegel-Causey & D. Guess (Eds.), *Enhancing Nonsymbolic Communication Interaction among Learners with Severe Handicapps* (p. 7). Baltimore, MD: Paul H. Brookes.

Van der Meer, L., Didden, R., Sutherland, D., O'Reilly, M. F., Lancioni, G. E., & Sigafoos, J.

(2012). Comparing three augmentative and alternative communication modes for children with developmental disabilities. *Journal of Developmental & Physical Disabilities, 24*(5), 451-468.

Van der Meer, L., Kagohara, D., Achmadi, D., O'Reilly, M. F., Lancioni, G. F., Sutherland, D., & Sigafoos, J. (2012). Speech-generating devices versus manual signing for children with developmental disabilities. *Research in Developmental Disabilities, 33*(5), 1658-1669.

Venn, M. L., Wolery, M., Werts, M. G., Morris, A., DeCesare, L. D., & Cuffs, M. S. (1993). Effects of teaching preschool peers to use the mand-model procedure during snack activities. *American Journal of Speech-Language Pathology, 2*(1), 38-46.

Weiss, R. S. (1981). INREAL intervention for language handicapped and bilingual children. *Journal of the Devision for Early Childhood, 4*(1), 40-52.

Wetherby, A. M., & Prizant, B. M. (1993). Profiling young children's communicative competence. In S. F. Warren & J. Reichle (Eds.), *Communication and Language Intervention Series: Vol. 1. Causes and Effects in Communication and Language Intervention* (pp. 217-254). Baltimore, MD: Paul H. Brookes Publishing Co.

Wetherby, A. M., Cain, D. H., Yonclas, D. G., & Walker, V. G. (1988). Analysis of intentional communication of normal children from the prelinguistic to the multiword stage. *Journal of Speech and Hearing Research, 31*(2), 240-252.

http://symbol.ksaac.or.kr/searchsymbols/ 웹기반 AAC 보드 메이커(한국형 AAC 상징)

제 7 장

테크놀로지를 활용한
교수 설계 및 실행

•

임장현

장애인을 위한 테크놀로지는 보조공학(assistive technology)이라는 용어로 사용되며, 장애학생이 학업 및 지역사회에 참여하여 이전보다 더 많은 것을 성취할 수 있는 가능성을 높인다. 특수교육 분야에서는 컴퓨터를 비롯한 스마트기기들을 통해 일반교육과정에 접근할 수 있고, 모든 수업에서 일상적으로 일어나는 읽기, 쓰기, 활동 평가와 같은 교육 경험을 할 수 있도록 장애학생을 지원한다. 장애학생을 포함한 비장애학생에게도 접근 가능한 교육과정의 제공은 성공적인 학교생활을 위해 필수적인 요소이다(Salend, 2004). 컴퓨터 공학 기술을 통해 장애학생의 의사소통을 지원하고, 멀티미디어 교수학습자료를 통해 읽기 기술을 도와주며, 과제를 수행하는 학생의 독립성을 증진시킬 수 있다(Bryant, Bryant, & Rieth, 2002). 또한 감각장애를 동반한 중복장애학생들이 세상과 접하고, 장애로 인한 기능의 손상을 보완할 수 있는 중요한 매개가 된다. 테크놀로지는 개인과 장애의 특성에 맞추어 요구 분석 후 제작, 지원되는 후속적 단계의 보조공학 지원도 있지만 물리적 환경 설계나 교육 콘텐츠 제작 단계에서부터 장애인·비장애인 모두가 접근 가능한 설계를 기획하는 보편적 설계, 보편적 학습 설계도 포함된다. 보편적 설계의 경우, 장애 유무만이 아니라 개인의 다양한 특성을 고려한 사전 설계라는 측면에서 중도·중복 장애학생의 사회적 통합을 지원할 수 있다.

테크놀로지가 중도·중복장애학생의 교육적·환경적 접근 장벽을 제거하거나 감소시킬 수 있는 잠재력이 있으나, 이러한 목적을 달성하기 위해서는 기기 자체에만 의존하지 않고 교사의 체계적인 교수계획이 같이 이루어져야 한다. 이와 함께 지역사회에서 이용할 수 있는 보조공학 전문가의 인프라를 지역교육청 차원에서 구축하여 통합학급 교사 혹은 특수교사가 보조공학 전문적 서비스 혹은 전문가가 필요시 보조공학의 지역 인프라를 사용할 수 있는 지원체계의 구축도 같이 이루어져야 할 것으로 강조되고 있다(송은주, 오연주, 박은혜, 2012). 이 장에서는 중도·중복장애학생을 위한 보편적 학습 설계를 비롯하여 테크놀로지를 활용한 교수방법과 장애 영역별, 교수 영역에 따른 특화된 테크놀로지에 대해 살펴본다.

1. 중도 · 중복장애학생을 위한 보편적 학습 설계

보편적 학습 설계(Universal Design for Learning: 이하 UDL)란 학습자가 교육내용에 대한 접근과 참여 수단에서 추가적인 조정의 필요가 없도록 사전에 교육내용이 설계되어야 한다는 것으로 물리적인 접근성을 강조한 보편적 설계(universal design)에서 유래하였다. 중도 · 중복장애학생의 교수환경 조성을 위해서는 보편적 설계와 보편적 학습 설계 두 가지 모두에 대한 고려가 필요하다.

먼저, 교수환경 조성에서 보편적 설계 원리를 적용하면 다음과 같다. 보편적 설계는 기능적 능력 범위가 다양한 사람들이 사용할 수 있는 제품과 서비스를 디자인하고 전달하기 위한 개념 또는 철학을 의미하는 것으로(ATA, 1998), 여기에는 보조공학, 보조공학 장치, 보조공학서비스가 포함된다. 되도록 모든 생산물과 환경을 부가적인 조정의 필요 없이 모든 사람이 사용할 수 있도록 사전에 계획하는 것을 강조하며, 접근에 대한 장애와 도전은 가능한 한 많이 없애고 최소화하는 것을 목표로 한다. 중도 · 중복장애학생을 위한 경사로 설치, 자동문, 엘리베이터, 장애인용 화장실 등 다양한 기준에 의하여 물리적 환경을 사전에 조정하는 것이 강조된다.

반면, 보편적 학습 설계는 중도 · 중복장애학생의 참여를 지원하기 위해 사전에 계획된다는 점은 비슷하지만 대상 영역이 교육과정이라는 것과 교사가 모든 학습자에게 추가조정 없이 학습할 수 있는 기회를 제공한다는 측면이 강조된다. 보편적 설계와의 가장 큰 차이점은 교육과정과 교수내용 접근에 대한 장애들은 없어져야 하지만 학습자들에게 인지적 도전은 적합하게 계속 유지되어야 한다는 점이다. 즉, 학습자들에게 적절한 인지적 도전이 이뤄지지 않으면 학습이 일어나지 않음을 가정하고 있는 것이다. 이 절에서는 교수방법 향상을 위해 보편적 학습 설계에 기초한 교수환경 구성방안에 대해 살펴볼 것이다.

1) 보편적 학습 설계와 중도 · 중복장애학생 교수방법

보편적 학습 설계에서는 교육적 결과를 극대화하기 위해 다음과 같이 세 가지 핵심적 특성을 강조하고 있다(Rose & Meyer, 2000)(〈표 7-1〉, [그림 7-1] 참고).

〈표 7-1〉 보편적 학습 설계의 세 가지 핵심적 특성

특성	설명	방안
다양한 정보 제시 수단의 제공	교사는 학생들이 선호하는 학습 양식을 고려하여 정보를 제시해야 한다.	글자기반의 교재뿐 아니라 미디어 자료를 활용한 영상, 내레이션, TTS(Text to Speech) 등 정보 접근에 대한 대안적 방안 마련
다양한 표현수단의 제공	학생이 선호하는 방식으로 자신의 의사와 학습한 결과를 표현할 수 있도록 교사는 학생의 다양한 표현수단에 허용적 자세를 가져야 한다.	필기에 의한 정형화된 평가뿐 아니라 그림, 구두에 의한 평가 등 학생들이 다양한 방식으로 반응할 수 있도록 해야 함. 이를 위해 포트폴리오, 면담 평가 등 다양한 대안적 평가 방법을 적용할 수 있음
다양한 참여수단의 제공	개별 학생들의 흥미를 유발하여 수업에 적극적으로 참여할 수 있도록 해야 한다. 교사는 학습자들에게 학습동기를 부여하는 요소를 찾아내야 한다.	동기와 주의집중에 대한 Keller의 ARCS(Attention, Relevance, Confidence, Satisfaction) 요소를 고려하여 학습자의 주의를 끌고, 학습자와 관련성이 높으며 자신 있게 부분 참여할 수 있는 방안을 계획하고 만족감을 줄 수 있도록 학습자 참여를 유발해야 함

　보편적 학습 설계를 중도 · 중복장애학생 교육과정에 적용할 때 교사는 두 가지 사항을 고려할 수 있다.

　첫째, 교육과정에 내재된 융통성의 개념을 적용한다. 즉, 교육과정의 핵심 개념을 학습자에 맞게 중다 수준으로 계획하여 교수를 제공할 수 있다. 예를 들어, 수와 연산이라는 단원에서 교사는 중도 · 중복장애학생에게 기능적 학업교과를 접목하여 교수내용에 대한 접근을 할 수 있다. 즉, 학습자의 현행 수준에 맞춰 동전과 화폐 구별하기, 돈 가르고 모으기, 돈 세기, 계산기 사용하기, 물건값 계산하기 등 다양한 교수내용을 탄력적으로 운영한다.

　둘째, 교사는 교실에서 정보에 대한 접근성의 향상뿐 아니라 학습에 대한 접근성을 향상시키는 방안을 고려해야 한다. 교육과정은 기본적으로 다양한 배경, 학습방식, 능력이나 장애를 가진 사람들이 접근 가능해야 하고 적절한 대안적 교육과정이 포함되어야 한다. 보편적이라는 것은 모든 사람을 위한 한 가지 최적의 해결책을 의미하는 것이 아니라 융통성을 내포하는 것을 강조한다. 이는 보고, 듣고, 말하고, 이동하고, 읽고, 쓰고, 이해하고, 기억하고, 참여하는 능력이 모두 다른 개별 학생들이 교육목적을 달성할 수 있도록 지원해 주는 교수자료와 활동을 의미한다. 교육과정 사후 조정은 많은 시간이 소요되고 다양한 학습자를 위한 적용 측면에서 제한이 따르지만, 보편적 학습 설계에 따른 사전 교육과정 조정은 계획 단계에서부터 교육과정 접근성을 (효율적으로) 높이는 장점이 있다.

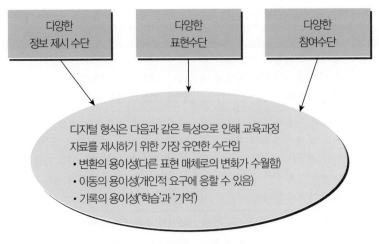

[그림 7-1] UDL의 핵심적 특성들 간의 관계

2) 중도 · 중복장애학생을 위한 보편적 학습 설계의 원리와 적용

중도 · 중복장애학생에게 보편적 학습 설계를 적용할 때 가장 중요하게 고려해야할 요소는 학습자의 다양성 차원에서 학생이 가지는 능력의 잠재력에 대한 부분이다. Gardner의 다중지능이론에 따르면 지능은 단일 능력요인이 아닌 서로 독립적이지만 상호작용하는 다수의 지능으로 구성된다. 다중지능에서는 인간의 지능이 언어적, 논리-수학적, 공간적, 신체적, 음악적, 인간관계, 내적 지능, 자연관찰 지능, 실존 지능의 아홉 가지 영역으로 구성되며, 모든 학생은 최소한 하나의 우수한 지능을 가지고 있어 이 지능을 이용하여 가르치면 성공적으로 학습할 수 있다고 보았다. 교사는 중도 · 중복장애학생의 다양한 능력과 관심, 학습 양식을 고려하여 보편적 학습 설계 차원에서 모든 학

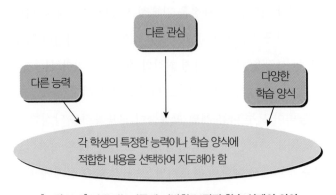

[그림 7-2] 다중지능이론에 기반한 보편적 학습 설계의 의의

생에게 접근 가능하고 의미 있는 교수방법을 설계해야 한다.

보편적 학습 설계의 일곱 가지 원리[(1)~(7)]와 보편적 수업 설계(universal design for instruction)에서 추가로 다루고 있는 두 가지 원리[(8), (9)]를 장애학생 교수에 적용한 정의와 예를 살펴보면 다음과 같다.

(1) 공평한 사용(equitable use)

① 정의: 다양한 능력의 학습자에게 유용하면서도 접근 가능하도록 설계, 가능한 한 모든 학습자에게 동일한 활용 수단을 제공해야 함

② 예: 온라인 자료실에 강의 동영상과 강의 노트 제공

③ 고려할 점

　-자료는 학습자의 시각, 청각 능력, 학습이나 주의집중도, 노트 작성 기술도 등에 상관없이 동일한 방법으로 접근 가능해야 함

　-전자문서의 경우 학습자가 스위치, 트랙볼 등 어떠한 보조공학 장치를 사용하든지 간에 내용을 읽고 듣고 학습할 수 있도록 해 주어야 함

(2) 융통성 있는 사용(flexible use)

① 정의: 다양한 특성의 학습자들을 수용할 수 있도록 설계하되 사용방법에 있어서 선호도와 능력에 따라 선택할 수 있는 옵션을 제공해야 함

② 예: 오른손/왼손잡이 모두 사용할 수 있는 교수자료

(3) 단순하고 직관적인 사용(simple and intuitive use)

① 정의: 학습자의 경험이나 지식, 언어 능력, 주의집중 수준 등에 상관없이 직관적이고 이해하기 쉬운 콘텐츠를 설계

② 예: 시험 성취도, 보고서, 포트폴리오 등에 대한 기대치를 분명하게 기술한 채점표 제공, 학습자가 어려운 과제를 수행할 때 참고할 수 있는 안내서 제공

(4) 지각할 수 있는 정보(perceptible information)

① 정의: 주위의 조건이나 학습자의 감각, 지각 능력 등에 상관없이 필요한 정보가 효과적으로 전달될 수 있도록 설계되어야 함

② 예: 디지털이나 온라인 형태로 된 교과서, 읽을거리, 다양한 교수 지원 방안들을 선택하여 전통적인 교수자료뿐만 아니라 다양한 공학적 도움을 받을 수 있는 자료에 접근할 수 있도록 함(적용 예: 3D프린터를 이용해 빗살무늬 토기를 제작하고, 시각장애 학생을 포함한 모든 학생이 직접 만져서 특성을 학습할 수 있도록 지원)

(5) 실수에 대한 안전성(tolerance for error)

① 정의: 학습자의 실수나 의도치 않은 행동에 의한 부정적이고 위험한 결과를 최소화할 수 있도록 설계

② 예: 실제로 직업이나 안전교육 기술을 시연하기 전에 온라인 프로그램이나 가상현실기반의 프로그램을 활용하여 연습해 볼 수 있는 기회 제공

(6) 낮은 수준의 신체적 노력(low physical effort)

① 정의: 학습에 대한 불필요한 신체적 수고를 최소화하여 편안하고 효율적으로 학습할 수 있도록 설계

② 예: 보고서나 과제를 쓰거나 편집할 때 워드프로세서를 사용하거나 최소한의 타이핑만으로 글자를 완성할 수 있도록 단어예측 기능이 있는 소프트웨어 사용[예: 클리키(Clickey) 프로그램]. 필요에 따라 필담 소프트웨어 적용

(7) 접근과 사용에 적절한 크기와 공간(size and space for approach and use)

① 정의: 학습자의 신장, 동작, 운동성, 이동 등에 상관없이 접근, 조작, 활용할 수 있는 여유 있는 크기와 공간을 제공하도록 설계

② 예: 지체중복장애학생에게 전동휠체어가 들어가는 크기의 개별화된 책상과 작업 공간 제공. 의사소통장애학생의 책상에 의사소통 상징 자료 부착

(8) 학습자 공동체(community of students)

① 정의: 학급 내 구성원들 간의 상호작용과 의사소통을 증진시킬 수 있도록 학습 환경 설계

② 예: 활동집단, 토론집단, 이메일이나 SNS 계정 등을 구조화함으로써 교실 안팎에서 학습자 간의 의사소통을 촉진

③ 학습자 수행에 대한 발표와 피드백을 통해 학습자 간 동기유발전략을 활용

(9) 교수 분위기(instructional climate)

① 정의: 학습자의 다양성과 차이에 대해 교사가 포용적인 태도 가지기

② 예: 교사가 허용할 수 있는 인내에 대한 기대를 설정하고 학습자의 특별한 학습 요
구 사항을 다루기 위해 다양한 학급 구성원이 행해야 할 것을 수업계획안이나 활동
지에 기술(예: 음악 시간에 지체중복장애학생은 타악기 연주, 시각장애학생은 점자 음표
읽기, 청각장애학생은 진동으로 음악을 듣고 표현하기 등)

이와 같은 보편적 학습 설계의 원리가 실제 특수교육 현장에서 적용된 사례를 살펴보
면 다음과 같다. 박민정(2014)의 연구에서는 중학교 체육 수업 시간에 보편적 학습 설계
를 적용하여 세 가지 측면, 즉 다양한 인지적 네트워크 지원, 다양한 전략적 네트워크 지
원, 다양한 정서적 네트워크 지원을 제공하였다. 첫째, 인지적 네트워크 지원에서는 다
수의 매체를 활용하고 과제분석, 모델링 등의 교수방법을 적용하여 과제를 습득하고 숙
련할 수 있도록 지원하였다. 둘째, 전략적 네트워크 지원에서는 수행 모델과 연습기회를
제공하며, 사이버 학급을 활용한 피드백과 다양한 표현의 기회를 제공하였다. 셋째, 정
서적 네트워크 지원에서는 학생의 선택과 자율성을 증진시키고 의사소통과 협력을 촉진
하며, 자기평가와 동기유발을 위한 사례를 제공하였다.

조선희(2011)의 연구에서는 통합학급 상황에서 초등과학 시간에 보편적 학습 설계를
적용하여 목표 설정, 현재 상태 진단, 수업계획 및 진행, 평가에서 관련 교수방법을 적용
하였다. 보편적 학습 설계의 적용 여부에 따라 수업 단계마다의 활동이 어떻게 달라지는
지의 예는 〈표 7-2〉와 같다.

〈표 7-2〉 **보편적 학습 설계를 적용한 수업 단계별 요소**

단계	초등과학 수업	보편적 학습 설계를 적용한 초등과학 수업
목표 설정	• 교육과정의 목표에 의거한 단일화된 목표 설정	• 교육과정의 목표를 참고하여 모든 학생이 성취할 수 있는 수준, 대부분의 학생, 일부분의 학생이 성취할 수 있는 세 가지 수준으로 개별적 교수목표 설정 • 장애학생을 포함한 모든 학생에게 적절한 도전을 주는 목표 설정

현재 상태 진단	• 학생의 현재 상태를 간단한 질문을 통해 진단함 • 수업의 도입 부분에 선발적 질문을 통해 학생의 배경 지식을 진단(이때 장애학생은 제외)	• 학생, 교육과정, 교실의 현재 상태를 세부적으로 진단
수업계획	• 수업방법, 매체 확인 • 수업계획 작성	• 보편적 학습 설계 교수방법, 교수매체 확인 • 보편적 학습 설계를 적용한 수업계획 작성 • 작성한 수업계획의 보편적 학습 설계 요소를 체크리스트로 재검토
수업 진행	• 계획에 따라 교수(이때 장애학생은 물리적 통합)	• 계획에 따라 보편적 학습 설계를 적용한 수업 교수-장애학생은 교육과정적 통합
평가	• 수업 평가, 다음 수업계획(장애학생은 제외됨)	• 보편적 학습 설계를 적용한 수업 평가 및 다음 수업계획(장애학생 포함)

2. 라이트 · 미드테크놀로지의 활용

라이트테크놀로지(light technology 혹은 low technology)에는 교사가 제작한 프린트물과 같이 간단하게 제작된 형태의 다양한 교수자료가 포함되며, 미드테크놀로지(mid technology)는 음성 녹음기, 버튼 등 간단한 형태의 전자기기를 활용한 교수자료를 일컫는다. 중도 · 중복장애학생이 의미 있는 학습 활동에 참여하도록 지원하기 위하여 때로는 라이트 · 미드테크놀로지와 같은 아주 간단한 형태의 도구를 적용하여 상호 인과관계를 익히고 유의미한 반응을 이끌어 낼 수 있다. 인지나 감각 · 운동장애를 중복하여 가지는 경우 외부 환경에 대한 자극에 민감하게 반응하지 못하며, Piaget 인지발달 단계의 영유아기 단계에서 나타나는 인과관계, 사물 영속성의 개념을 파악하는 것에 어려움을 나타낸다. 그러므로 이들에게는 외부 자극을 인지 및 변별하고, 자발적으로 다양한 반응을 나타내어 자극과 반응 간의 인과관계를 학습하도록 지원하는 방안이 필요하다. 이제부터 중도 · 중복장애학생들이 인지발달 및 학습준비 기술을 익히도록 지원할 수 있는 테크놀로지의 활용방안에 대해 살펴보도록 하겠다.

전자기기로 되어 있는 놀잇감은 작동 버튼과 함께 소리, 빛, 움직임 등 멀티자극을 제공하여 장애학생들이 흥미를 가지고 자극-반응관계를 학습할 수 있는 좋은 도구이다. 다양한 종류의 장난감이 사용될 수 있는데, 예를 들어 태엽을 돌리면 앞으로 가는 비전자기기 놀잇감과 건전지와 전원 버튼이 있어 전자장치로 움직이는 놀잇감 등이 있다.

비전자기기의 경우, 직접 태엽을 감거나 끈을 잡아당겨야 하는 신체적 조작을 자극 및 선행조건으로 학생에게 학습시킬 수 있고, 전자기기는 전원을 켜고 버튼을 누르는 행동을 이와 같은 목적으로 지도할 수 있다. 자극에 대한 반응으로 피드백을 제공하기 위해서는 장애학생의 선호도 평가가 이루어져야 한다. 선호도 평가에서는 학생이 평소 관심을 보이는 자극의 종류(노래, 목소리와 같은 청각적 자극, 불빛이나 그림과 같은 시각적 자극, 진동과 같은 촉각적 자극, 맛을 보는 미각적 자극 등)를 파악하고, 그러한 자극을 제공하는 놀잇감을 선별하는 것이 필요하다. 놀잇감 선별에서 고려해야 할 요소로는 장애학생의 조작 능력을 들 수 있는데, 운동 및 시각, 협응 능력 등을 토대로 자극에 해당하는 선행사건을 스스로 조작할 수 있도록 도구를 지원해 주어야 한다.

[그림 7-3] **다양한 형태의 스위치와 음성녹음기기**

이때 운동 기술, 협응, 시각적인 어려움으로 인해 일반적인 놀잇감을 조작하기 어려운 경우, 스위치 연결잭을 놀잇감에 연결하여 사용 가능하다. 이때 놀잇감은 스위치 입력을 제공하는 별도 단자를 가진 놀잇감을 선정하거나 전원 입출력 단자를 직접 수정하여 스위치에 연결할 수 있다. 그 밖에도 빛, 진동, 소리 등 스위치 자체에서 제공하는 피드백을 활용하여 인과관계를 학습할 수 있다.

놀잇감이 대상학생의 연령에 적합하지 않을 경우, 일반 전자기기들도 유용하게 활용된다. 음식에 관심이 높은 학생은 미니 믹서를 활용하여 과일 주스를 만드는 활동을 통해 버튼을 누르는 자극과 진동, 소리와 함께 과일음료를 맛보는 것의 인과관계를 학습할 수 있다. 또한 터치자극에 민감하여 작은 접촉에도 불이 켜지는 스탠드도 일상생활에서 쉽게 활용할 수 있는 도구이다.

이와 같은 라이트 · 미드테크놀로지를 활용한 도구는 학습의 가장 초기 단계에서 자극과 반응의 인과관계를 학습하는 것 외에도 수업시간이나 지역사회 활동 시 운동 기능상의 어려움을 가진 중도·중복장애학생의 의미 있는 참여를 이끌어 낸다. 예를 들어, 간접 선택방법 중 스캐닝 모드를 지원하는 AAC 도구를 쓸 때, 장애학생은 전달하고자 하는 다양한 메시지를 선택하고 전달하는 복잡한 과제를 단순하게 스위치를 누르는 동작만으로 충분히 수행할 수 있다. 환경통제시스템을 구축한 스마트 홈(smart home) 체계에서도 단순한 스위치 동작만으로 집의 온도, 문이나 창문의 개폐, 주변 환경 조절 등 대부분의 과제를 독립적으로 수행할 수 있다.

3. 하이테크놀로지를 활용한 교수방법

하이테크놀로지는 전자정보통신기기 등을 활용한 기기, 콘텐츠, 전원장치가 연결된 ICT(Information Communication Technology) 기술을 접목한 것이다. ICT란 정보 기술과 통신 기술의 합성어로 하드웨어 및 이들 기기의 운영과 정보관리에 필요한 소프트웨어 기술과 이들 기술을 이용하여 정보를 수집, 생산, 가공, 보존, 전달, 활용하는 모든 방법을 의미한다. 중도·중복장애학생 교수 장면에서 디지털카메라, 컴퓨터, 태블릿 PC 등의 하드웨어와 디지털교과서, 워드 프로세서, 웹 등의 소프트웨어 사용은 계속 보편화되어 가는 추세이고, 이를 지원하는 행정적 지원도 확대되고 있다.

하이테크놀로지 활용 교수의 일반적인 장점으로는 ① 학습자의 자율성을 높이는 유연한 학습 활동 제공, ② 학생들에게 자기주도적 학습 환경 제공, ③ 창의력 및 문제해결 능력 향상에 도움을 줌, ④ 교수자들은 다양한 교수-학습 활동을 유발, ⑤ 물리적으로 한정적이었던 교육의 장을 확대한다는 점 등을 들 수 있다. 하이테크놀로지가 중도·중복장애학생에게 적용될 때 다양한 교수학습방법을 적용할 수 있고, 주의집중이 어려운 학생에게 동기부여가 되며, 정보 활용 경험 부족으로 인해 겪게 되는 이중적 불이익을 방지할 수 있을 것으로 기대된다.

1) 컴퓨터보조 교수

컴퓨터보조 교수(Computer-Assisted Instruction: CAI)는 학습자의 요구에 맞게 사용자 지정을 할 수 있고, 충분한 반복이 가능하며, 조직적인 자료를 제공하기 때문에 필요한 기술을 반복적으로 연습해서 익혀야 하는 학생들에게 도움이 된다(Whemeyer, Smith, Palmer, & Davis, 2004). 잘 설계된 소프트웨어는 학생에게 반복적인 연습기회와 무제한적이고 다양한 사례, 개인 맞춤형 피드백을 제공한다. 교실에서의 컴퓨터 사용은 학생에게 흥미와 학습에 대한 동기를 부여하고 지속적으로 학습에 참여할 수 있게 해 준다. 교사는 학생의 교수목표와 현행 수준에 적합한 소프트웨어의 선택을 위해 목적성과 프로그램의 충실도를 고려해야 한다. 또한 장애학생의 읽기 · 쓰기 · 수학학습을 위해 특별히 제작된 소프트웨어를 살펴보고, 적절한 프로그램을 선정하여 사용하는 것도 권장된다.

요즘에는 인터넷 기술의 발달로 모든 학생이 이용할 수 있는 정보의 양이 확대되었고, 정보 접근성과 장애학생의 참여기회도 증진되었다. 인터넷 자원을 이용함으로써 모든 학생의 요구에 부합하는 차별화된 학습 자료 및 기회를 쉽게 설계하고 개발하여 실행시킬 수 있게 되었다(Smith & Meyen, 2003). 최근에는 특수교육과정의 교과내용을 웹 멀티미디어 자료로 제작하여 인터넷에서 쉽게 접근 가능하도록 지원하고 있다. 2019년 이후 교육부 에듀에이블(https://www.nise.go.kr/)에서는 장애학생을 위한 다양한 교육용 소프트웨어 콘텐츠를 장애 유형별(시각장애, 청각장애, 지체장애, 발달장애)로 개발하여 보급함으로써 교육 현장에서 활용가능성을 높이고 있다.

〈표 7-3〉 교육용 소프트웨어 자료 예시

시각장애학생을 위한 소프트웨어 교육 프로그램 웹기반 교재	장애학생을 위한 AI 교육 웹기반 콘텐츠

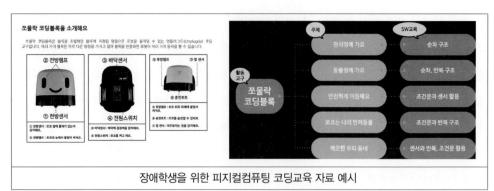

장애학생을 위한 피지컬컴퓨팅 코딩교육 자료 예시

출처: 국립특수교육원(https://www.nise.go.kr/).

2) 가상현실과 증강현실기반 교수방법

가상현실(virtual reality)이란 컴퓨터 하드웨어와 소프트웨어를 통하여 사용자에게 실제와 비슷한 경험을 하도록 만든 대화형 시뮬레이션을 말한다(Rizzo & Buckwalter, 1997). 최근에는 컴퓨터 프로그램의 개발과 함께 학생 개인의 목적에 맞는 다양한 형태의 과제를 가상 환경에서 수행하여 학습의 흥미와 참여도를 높이고 유의한 기능 향상을 보이는 가상현실기반 교수방법이 소개되고 있다. 학습자는 가상현실에서 물건을 옮기거나 조작하고, 정해진 과제를 수행하며 실제 과제를 하는 것과 같이 반응하게 된다. 가상현실에 참여하는 학습자는 게임 형식으로 표현되는 특정한 과제 수행 시 나타나는 시각적·청각적 피드백을 제공받고, 그로 인해 효과적으로 움직임을 조절할 수 있게 된다(Flynn, Palma, & Bender, 2007).

Bryanton 등(2006)은 가상현실을 뇌성마비 아동에게 적용한 결과 수의적 조절 능력과 협응 능력이 증가되었다고 보고하였으며, Wilson 등(1996)은 가상현실 훈련을 통해 뇌성마비 아동이 공간정보를 가상 환경에서 실제 환경으로 옮길 수 있는 능력이 향상되었다고 보고하였다. Harris와 Reid(2005)는 뇌성마비 아동 16명에게 가상현실 놀이를 중재 수단으로 하여 연구대상자들의 흥미 수준을 측정한 결과 유의하게 향상된 결과를 나타내었음을 보고하였다.

국내에서는 김중휘(2005)의 연구에서 뇌졸중 환자 10명을 대상으로 통제집단은 전통적 물리치료만 실시하고, 실험집단은 전통적 물리치료와 가상현실 프로그램을 일주일에 네 번 시행하여 정적 및 동적 균형을 평가한 결과 가상현실을 적용한 실험집단에서 동적 균형이 크게 향상되었다고 보고하였다. 한지혜와 고주연(2010)의 연구에서는 경직성 뇌

성마비 학생 20명을 10명씩 실험집단과 통제집단으로 나누어 통제집단에는 기존의 물리
치료만 실시하고, 실험집단에는 기존의 물리치료와 가상현실 훈련인 Wii FIT(Nintendo
Company Ltd, Japan, 2008)를 실시하였다([그림 7-4] 참고). 그 결과 대상학생의 훈련 전과
훈련 후 균형점수가 대조군에 비하여 가상현실군에서 향상되는 것을 보여 주었다. 특수
학교 상황에서 가상현실기반 게임을 적용한 조우련과 박은혜(2013)의 연구에서는 지체
장애학생 세 명을 대상으로 Wii Sports 볼링 프로그램을 활용한 중재를 체육 시간과 특별
활동 시간에 실시하였다. 그 결과 가상현실기반 게임 중재가 지체장애학생의 보치아 던
지기 정확성 및 던지기 거리를 향상시켰으며, 이러한 변화는 중재 종료 5주 후에도 지속
되어 그 효과를 나타내었다.

가상현실기반 교수방법은 실제와 비슷한 피드백이 제공되는 시뮬레이션 상황에서 중
도 · 중복장애학생들이 안전하고 경제적 위험 부담 없이 목표 과제를 연습할 수 있으므
로 학교 및 직업 교육 현장에서 유용하게 사용 가능하다.

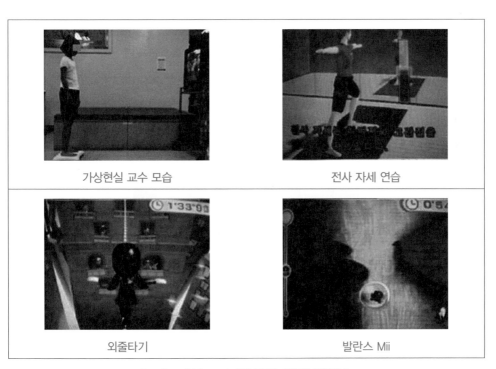

[그림 7-4] Nintendo Wii FIT를 이용한 균형학습

출처: 한지혜, 고주연(2010), p. 483.

가상현실이 가공의 상황이나 환경을 사람의 감각기관을 통해 느끼게 하여 학생이 가상이지만 실제 같은 현실에 있다고 느끼면서 상호작용하는 기술이라면 증강현실(augmented reality)은 가상현실의 한 분야로 컴퓨팅 기술을 물리적인 실제 사물에 삽입(embedded)하여 본래의 현실을 더욱 풍부하게 경험할 수 있는 개념이다(백영균 외, 2010). 증강현실은 현실에 가상의 이미지를 더하는 방식으로 현실과 접점을 유지함으로써 가상현실보다 현실감이 뛰어나다는 평가를 받고 있다. 증강현실 프로그램의 예로 'AR 동물관찰'과 '퀴버(Quiver)'를 들 수 있다.

• AR 동물관찰
마커 속 동물이 증강현실로 구현되어 서식지, 먹이, 해부 등 동물의 특징을 입체적으로 관찰할 수 있도록 구현된 앱 프로그램

• 퀴버
도안에 그림을 그린 후 앱을 이용해 보면 3D 기능으로 입체적인 이미지를 제공하는 프로그램

이미지 출처: http://www.quivervision.com

[그림 7-5] 증강현실 앱

가상현실과 증강현실 기술의 잠재력과 확장 가능성은 장애학생의 교육과 자립생활 측면에도 큰 변화를 가져올 것으로 기대된다(임장현, 2017). 가상 환경을 통해 장애학생의

문해력 · 신체적 · 언어 · 인지적 수준에 맞춘 지원을 제공할 수 있고, 장애학생의 강점을 향상시키기 위해 사용자에 맞춘 설계가 가능하다. 이를 통해 장애의 영향을 최소화하고 삶의 질을 향상시키며, 사회적 참여를 증진하고 생활 기술, 이동, 인지 능력을 지원할 수 있는 프로그램이 이미 많이 개발되어 장애학생에게 동기를 부여하고 재미있는 경험을 제공하고 있다.

〈표 7-4〉 **다양한 가상현실 앱**

	• Audio math 　시각장애학생이 음향을 통한 가상환경 속에서 학습과 단기기억을 활용함으로써 발달에 도움을 주는 프로그램
 	• Adjustable Virtual Classroom (AVC) 프로그램 　가상의 교실에서 모델, 아바타, 질감, 소리를 통해 사회적 상호작용 기술을 교수할 수 있는 콘텐츠 제공

출처: 임장현(2017), pp. 64-65.

가상현실과 증강현실이 중도 · 중복장애학생의 교육 및 재활에 미치는 잠재력에도 불구하고 다음과 같은 사항을 유의해야 한다. 첫째, 가상현실과 증강현실 모두 빛을 눈에 투과시켜 영상을 보이게 하는 기술이어서 시각에 대한 안전성이 우려되므로 의학적 부작용을 유의해야 한다. 특히 광과민적 발작에 유의해야 한다. 둘째, 가상현실이나 증강현실 기기를 오래 착용할 때 사이버 멀미(cybersickness)라고 하는 멀미 증상이 나타나면서 오심과 구토를 일으키는 경우가 있으므로 유의해야 하며, 이를 위해 고효율적 그래픽 프로그래밍이 된 프로그램의 적용이 필요하다. 셋째, 증강현실이 너무나 당연시되어 진짜 현실을 대체하게 되면 프로그램에 대한 장애학생의 의존도가 높아지므로 이에 대비하는 것이 필요하다.

가상현실, 증강현실의 보급과 함께 인터넷의 확산과 보급으로 이제는 버추얼 콘텍스트를 가진 메타버스가 연결되기 시작했고 모든 것이 클라우드로 올라가면서 인공지능도 누구나 사용할 수 있는 도구가 되어 가고 있다. 메타버스는 '초월하는, 더 높은'의 의미를 가진 '메타(meta)'라는 단어와 '세계, 세상'을 의미하는 '버스(verse)'가 연결되어 만들어진 용어로, 디지털로 구현된 무한한 가상세계이자 사용자와 상호작용하는 콘텍스트를 가진 다차원의 시공간이 존재하는 세계를 일컫는다(최형욱, 2021). 기존의 가상현실, 증강현실에서 더 나아가 메타버스는 실제 환경과 가상 객체가 상호작용하는 확장현실(Extended Reality: XR)의 경험을 제공한다. 메타버스는 전통적인 교육방법에서 위험이 따르거나 고비용이 드는 활동, 우주와 같은 접근 불가한 영역 등에서 실감나는 직감적 교육과 입체감으로 장애학생의 교육 경험을 향상시켜 줄 수 있다. 재난, 응급상황 대응, 아바타 기반 상담, 인문학, 예술 등 중도·중복장애학생을 교육하기 위한 다양한 방법으로 활용할 수 있다.

에듀에이블에서는 과학 과목과 연계한 다양한 콘텐츠를 개발하여 수업시간에 활용하도록 지원하고 있다([그림 7-6] 참고). 메타버스 관련 프로그램은 특수교육의 다양한 영역에 활용될 수 있으며 국내에서도 성인기 장애인을 위한 메타버스 직업 프로그램으로 성인기 직업준비 교육 프로그램을 실행하여 고용가능성의 증가와 프로그램에 대한 높은 만족도를 나타낸 연구 결과가 보고되기도 하였다(이설희, 박은혜, 이영선, 2022).

메타버스 수족관

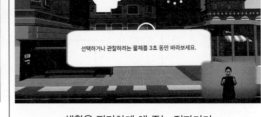

생활을 편리하게 해 주는 전자기기

[그림 7-6] 에듀에이블 메타버스 콘텐츠
출처: 국립특수교육원(https://www.nise.go.kr).

3) 스마트기기기반의 교수방법

최근 들어 모바일기기의 확산과 발달로 인해 장애학생에게 모바일 기술을 사용하는 것에 대한 연구가 관심을 모으고 있다. 모바일 기술이란 기존의 음성서비스뿐 아니라 웹브라우저를 통해 인터넷상의 웹서비스를 제한 없이 사용할 수 있으며 다양한 응용프로그램인 앱을 설치하여 사용할 수 있는 기술을 말한다(임정훈, 2008). 권정민 등(2012)의 연구에서는 스마트폰, 태블릿 PC를 포함한 스마트기기가 장애인의 삶을 지원하는 효율적인 도구로 사용될 잠재력을 강조하면서 그러한 요인으로 ① 예측 가능한 반응, ② 휴대 용이성, ③ 높은 사용성, ④ 앱의 다양성, ⑤ 개별성과 개인성, ⑥ 비주얼 디스플레이, ⑦ 문화적 수용성을 들었다. 또한 효과적인 개별화교육 도구로서 스마트기기의 활용은 잠재력 높은 도구이다. 앱으로 제작된 교육미디어는 하나의 기기에 의사소통, 언어, 일상생활, 돈 계산하기 등 다양한 기능의 앱들을 다운받아서 필요에 맞게 적재적시에 활성화하여 사용할 수 있어서 하나의 기기를 복합적인 기능으로 사용할 수 있는 장점이 있다(임장현, 박은혜, 2012).

최근 들어 활발한 앱 개발 동향에 비하여 관련 적용 연구는 부족한 상황이나, 장애학생을 대상으로 한 효과 적용 연구들이 국내에서 조금씩 이루어지고 있다. 통합 환경에서 중도·중복장애학생에게 태블릿 PC기반의 하이테크 AAC 교수를 적용한 연구(임장현, 박은혜, 2011)에서 중재를 통해 장애학생의 의사소통행동 향상뿐 아니라 장애학생 스스로의 중재 만족감, 비장애학생의 장애학생에 대한 인식이 향상되었음이 나타났다. 통합된 지적장애학생 세 명을 대상으로 물건값 계산을 도와주는 앱인 '얼마에요'(Merge사)를 적용한 연구(임장현, 2012)에서 세 학생 모두 돈 내기 과제 수행 정확도가 증가하였고, 교실뿐 아니라 학교 근처 문구점과 편의점에서도 높은 수행을 보여 일반화가 높게 나타났다.

교육용으로 개발된 다양한 앱이 마켓에 올라와 있는 상황에서 교사는 앱 선정 시 교육목표와 학생에 대한 적합성을 살펴보아야 한다. Mintz 등(2012)은 장애학생을 위한 프로그램 선정 시 고려할 사항으로 다음과 같은 세 가지 요소를 들었다.

- 기술적 요인: 스크린 멈춤 현상, 서버와의 교류 문제 등 발생 가능한 어려움
- 그래픽 UI설계: 화면의 그래픽이 사용자 중심으로 설계되어 직관적이며 편리한지의 문제
- 자료의 신뢰성: 모바일기기를 통해 수집된 자료의 신뢰성

태블릿 PC, 스마트폰 등 스마트기기는 중도·중복장애학생의 삶의 질을 향상시키는 데 높은 잠재력을 가지고 있다. 2011년 '모바일 애플리케이션 접근성 지침'에서 장애인이나 고령자도 모바일서비스를 편리하게 사용하도록 앱 개발 시 고려해야 할 사항을 법

〈표 7-5〉 **교육용 앱 예시**

영역 분류	AAC	물건 구입하기	사회적 기술 교수
주요 기능	• 상징 및 어휘 제공 • 음성출력 기능 제공 • 문법적 구성 및 대화 주제별 범주화	• 물건 구입 시 필요한 기술을 비디오 모델링으로 제시 • 계산 시 화폐에 대한 시각적 제시	• 상황별, 주제별 범주를 가지고 각 환경에서 필요한 사회적 언어와 행동 모델링, 가이드라인 제공
주요 앱 예시	 • Proloquo2Go(AssistiveWare): 문장/어휘, 상징 제공	 • 얼마예요?(MERGE사): 버추얼 지갑 기능, 계산 및 비디오 모델링 지원	 • SOCIAL SKILLS(MDR): 주제와 수준별 단계를 통해 사회적 기술 교수

출처: 임장현, 박은혜(2012), pp. 99, 100, 104에서 수정 발췌.

률로 고시하였는데(행정안전부, 2011), 이는 「장애인 차별금지 및 권리구제 등에 관한 법률」의 접근성 원칙을 모바일 앱까지 확장했다는 데 의의가 있다. 또한 앞으로 더욱더 그 교육적 적용 효과가 기대되는 교수방법이다.

4. 중도·중복장애학생의 특정한 요구에 따른 테크놀로지

1) 신체 기능 지원을 위한 테크놀로지

중도·중복장애학생 중 신체 움직임에 어려움이 있는 경우 기기 접근을 위해서는 추가적인 입출력 보조장치에 대한 지원이 필요하다. 입력장치란 사용자가 기기에 정보를 입력할 수 있도록 지원하는 장치로 키보드, 마우스 등이 대표적이고, 출력장치는 기기에서 제공하는 시각적·청각적 정보를 사용자에게 전달하는 매체로 컴퓨터나 스마트기기 모니터, 스크린, 스피커 등을 말한다.

(1) 대체 입력장치

대체 입력장치는 대소근육 사용의 어려움으로 정보를 입력하기 어려운 중도·중복장애학생이 간편하게 기기에 정보를 입력할 수 있도록 지원하는 장치로 대체키보드, 스위치, 조이스틱, 물리적인 보조기 등이 있다.

대체키보드는 일반 키보드와 같은 기능을 하며, 운동장애가 있어도 입력하기 편한 형태로 수정된 것이다. 키보드에 따라 자판 배열을 크게 확대하여 제공하는 형태와 단축키 등을 사용하여 입력을 단순화시킨 방법도 있다. 또한 화상대체키보드를 사용하는 것도 효과적인 방법이다. 화상대체키보드는 소프트웨어 프로그램 형태로 된 것이 일반적이며, 이지키(EZ Key), 바로키(Baro Key), 클리키(Clickey) 등이 있고, 프로그램을 설치하면 워드프로세서, 이메일, 웹 서핑 등 다양한 응용 프로그램과 인터페이스에서 사용할 수 있다. 또한 프로그램에 따라 초성만 입력해도 해당 초성으로 시작하는 고빈도의 표현들을 추천해 주는 다양한 예측 기능이 있어 운동 기능이 어려운 중도·중복장애인에게 입력의 수월성을 높여 준다. 대체키보드 사용과 함께 자판 입력의 정확성을 높이기 위해 키가드를 사용할 수도 있다.

키보드와 함께 마우스도 정보를 입력하고 조정하는 데 효과적으로 사용될 수 있는데, 마우스의 기능을 가지면서 조작 기능을 도와주는 도구로 트랙볼, 스위치, 조이스틱 등을 사용할 수 있다. 트랙볼은 마우스와 사용하는 방법이 같으며, 크기와 형태만 사용하

〈표 7-6〉 대체키보드의 예

예시	설명
	• 확대키보드 글자 간 간격이 크게 배열된 대체키보드와 키보드 간격 간 타이핑 실수를 줄이기 위해 키가드를 부착한 모습
	• 화상 키보드 프로그램인 바로키(Baro Key) 음절 예측 기능을 가지고 있고 한글, 이메일, 인터넷 검색 엔진 등 다양한 응용 프로그램에서 활용할 수 있음
	• 화상 키보드 프로그램인 클리키(Clickey) 응용프로그램에서 사용 가능하고 단어 예측, 단어 확장 기능이 있어 입력의 수월성을 높여 줌

기 편리하도록 변형하여 간단한 손동작만으로도 조작할 수 있도록 해 준다. 조이스틱은 게임에서 방향 조절 키 등으로 자주 사용되는데 마우스의 기능과 연계하여 컴퓨터나 기타 프로그램에서 마우스와 같이 방향키 조절, 선택 등을 할 수 있도록 도와준다. 마우스의 기능을 간단하게 만든 원버튼 스위치는 스위치 모드로 운영되는 홈페이지나 컴퓨터 프로그램에 연결하여 선택과 조절이 가능하도록 고안된 도구이다. 스위치가 대체마우스 형태인 트랙볼과 구분되는 점은 스위치만으로는 방향 조절 커서 등을 자유롭게 활용할 수 없고, '스위치 모드'라고 하여 프로그램 자체 내에 스캐닝 기능을 가지고 있어야 한다는 것이다. 스캐닝이란 마우스를 이용한 직접 선택과는 달리 간접 선택의 대표적인 방법 중 하나로 프로그램에서 자체적으로 선택 항목들을 순서대로 하이라이트해 주고 원하는 부분에 스위치를 누르면 선택할 수 있도록 하는 방법이다. 장애인의 정보접근권이 강조되면서 국가 수준의 웹 표준에서도 키보드의 Tab키를 이용하여 자동 스캔 기능을 제공하는 웹 페이지 구축을 제안하고 있다. 스위치는 중도·중복장애학생이 사용하기 편리한 신체 부위에 따라 사용할 수 있도록 손이나 발, 머리 부분에 부착하여 사용할 수 있다. 또한 조작 능력을 고려하여 약한 들숨, 날숨으로도 조작되는 Sip and puff 스위치, 입김으로 작동하는 마우스도 사용 가능하며, 2012년에는 미국 조지아공대 연구팀에서 혀로 컴퓨터나 휠체어를 움직일 수 있게 해 주는 구강 내 제어장치 기술을 개발하여 발표했다. 이 장치는 입천장에 맞게 개발되어 혀움직임시스템(tongue drive system) 센서를 사용해 사용자 혀에 있는 작은 자석의 움직임을 추적하도록 고안되었다. 이를 통해 혀를 다른 방향으로 움직이는 간단한 방식으로 컴퓨터나 휠체어를 다른 방향으로 움직이는 명령을 내릴 수 있다.

〈표 7-7〉 **기타 대체입력장치의 예**

예시	설명
	• 트랙볼 트랙볼을 사용하고 있는 지체중복장애학생의 모습. 트랙볼은 마우스와 동일한 기능을 하며 조작하기 쉽도록 크게 제작된 형태임
	• 조이스틱 게임 프로그램에 흔히 사용하는 조이스틱으로 컴퓨터와 연결하여 항목 선택 및 커서 이동 가능
	• 원버튼 스위치 다양한 모양의 원버튼 스위치. 스캐닝 옵션이 있는 프로그램이나 웹페이지에서 스위치를 눌러 원하는 항목을 선택할 수 있음
	• Sip and puff 스위치 입김으로 내쉬고 빨아들이는 동작을 통해 클릭과 조이스틱 모드, 키보드 커서 모드를 사용할 수 있도록 제작된 특수입력장치
 이미지 출처: http://www.ablelife.co.kr	• 리본스위치 끈 형태로 되어 있으며, 손으로 끈을 구부리거나 접으면 선택될 수 있도록 작동함
 이미지 출처: http://www.zdnet.co.kr/news/news_view.asp? article_id=20120301072627	• 혀움직임시스템 조지아공대 연구진이 개발한 혀움직임시스템. 구강수술을 통해 부착한 후 간단한 혀 움직임을 통해 휠체어나 컴퓨터 조작이 가능함

⟨표 7-8⟩ **입력 보조장치의 예**

예시	설명	예시	설명
	• 옵티컬 헤드포인터(Optical Head Pointer) 모자 형태로 되어 있으며 레이저빔을 통해 선택 가능	이미지 출처: http://www.eyecanproject.org	• 한국형 안구마우스 eyeCan 안구의 움직임으로 마우스 기능 대체. 눈을 깜박이는 동작으로 선택 및 스캔 가능
	• 마우스 스틱 입에 문 상태에서 선택이나 조작 가능		• 헤드포인터 목 조절이 가능한 경우 머리에 부착하여 사용

2) 감각장애 지원을 위한 테크놀로지

시청각의 손상이 있는 감각장애학생은 정보접근 기회가 제한되어 학습, 정서 및 행동 문제가 발생하기도 한다. 학생의 정보접근권과 학습 기회를 향상시키기 위해서는 감각장애학생들이 활용하는 보조공학 장치와 환경에 대한 이해가 필요하다. 시각과 청각에 대한 어려움이 동시에 나타나는 경우도 있지만, 다음에서는 각 영역의 어려움을 나누어 테크놀로지를 지원하는 방안에 대해 살펴보고자 한다.

(1) 청각 중복장애학생 지원을 위한 테크놀로지

청력 손실은 개인의 학습, 개인발달, 사회적 상호작용, 언어수용특성 등 다방면에서 영향을 미치게 된다. 청력 손실을 보상하는 보조공학 지원방안은 두 가지로 나뉘는데, 첫째, 청각적 입력을 증폭시키는 방법으로 다양한 형태의 보청기 착용이 이에 해당한다. 둘째, 청각적 정보를 보충하거나 대체하기 위한 다른 종류의 수단을 추가하는 것으로 인공와우, FM 보청기, 자막방송, 기타 보조공학기기 등을 들 수 있다. 보청기는 형태에 따라 귀에 착용하는 기도 보청기와 귀 뒷부분 진동으로 소리를 전달하는 골도 보청기 형태로 나뉜다. 개별 측정에 따라 보청기 조정과정이 이루어지며, 교사는 학생의 보청기 착용 방법과 상태 점검을 위해 학교에서 지속적으로 체크하는 것이 필요하다. 이를 위해 교사는 다음과 같은 사항을 점검해야 한다.

마이크	증폭기	수신기
• 음향에너지 → 전기에너지로 바꿈 → 증폭기로 전달	• 전기신호의 입력 증가 → 수신기로 보냄	• 전기신호 → 음향 에너지로 바꿈 → 외이도로 전달

[그림 7-7] 보청기 구성의 기본 세 가지 요소

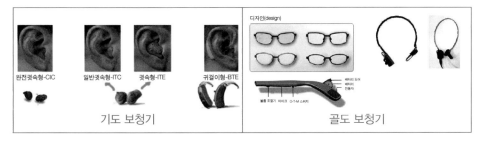

[그림 7-8] 다양한 보청기 형태

- 보청기의 부품[보청기는 기본적으로 마이크(microphone), 증폭기(amplifier), 수신기(receiver)로 나뉘는데, 각각의 기능은 [그림 7-7]과 같다.]
- 정확한 배터리의 삽입방법, 배터리 수명, 전압체크방법, 안전한 사용을 위한 예방조치
- 음량 조절 장치의 위치
- 보청기를 훼손시킬 수 있는 요인(예: 습도, 강한 충격 등)

청각적 입력을 보충하기 위한 FM 보청기는 일반적인 보청기의 소음과 거리, 반향효과의 부작용을 최대한 줄여서 청취하기 위한 목적으로 제작되었다. FM 보청기는 일반 보청기와 달리 소음의 저주파수 음을 이해하는 데 효과적인데, 이는 일정한 음압을 유지하고 소음이나 방음에서 음성언어 인지를 가능하도록 해 주기 때문이다. 다만 문제점으로는 주파선의 혼선, 물건이나 환경으로 인한 차폐물로 성능의 제약이 있을 수 있다. FM 보청기는 실내에서 수업 시 자리배치와 교사와의 거리에 따른 문제점을 해결하여 시끄러운 상황에서도 중도 · 중복장애학생이 음을 효과적으로 인식하도록 지원한다. FM 보청기를 사용하는 교실에서 교사는 송신기를 착용한 상태에서 수업을 진행하고, 학생은 수신기를 착용하여 음을 수신하게 된다. 이때 교사는 학생이 착용한 수신기의 주파수가

송신기의 주파수와 일치하는지 점검하는 것이 필요하다.

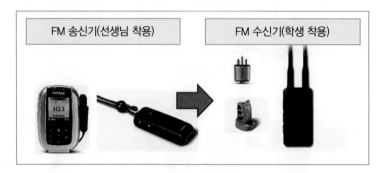

[그림 7-9] FM 보청기 구성

이미지 출처: http://www.dasanarl.com

그 외의 방법으로 인공와우는 최고도의 청각장애인과 보청기로 말소리를 이해할 수 없는 학생들의 듣기 기능을 향상시키기 위해 설계된 전기 장치로, 말과 그 이외의 환경으로부터 소리와 관련된 전기적으로 유발된 생리적 신호를 제공하는 것이다. 제조사에 따라 다양한 형태가 있지만 크게 프로그램 조절, 볼륨 조절, 마이크로폰 감도 조절로 나뉜다.

이와 함께 청각보조장치도 집단 환경에서 적절하게 적용 가능하다. 보청기나 인공와우는 개인의 청력 향상을 목적으로 설계되지만 청각보조장치(Assistive Listening Devices: ALDs)는 집단 환경에서 겪을 수 있는 청각적 문제를 해결하기 위해 사용하는 증폭기기의 유형이다. 청각보조장치의 종류로는 오디오 스피커를 사용하는 음장증폭과 앞에서 살펴본 FM 체계가 포함된다.

청각보조장치와 함께 시각적 영상에 음성 대신 문자를 사용하는 자막을 사용하면 효과적이다. 다만 문해력을 익히지 못한 중도ㆍ중복장애학생들에게는 간단한 그래픽 조직자 형태로 방송의 내용을 전달하면 효과적인 보조방안으로 사용할 수 있다.

다음은 일상생활에서 청각중복장애의 어려움을 가진 학생들에게 적용할 수 있는 테크놀로지의 예이다.

〈표 7-9〉 청각장애학생의 일상생활 지원을 위한 테크놀로지의 예

예시	주요 기능	기대효과
비쥬폰	• 화상통화 • 자동 밝기 조절 • 전화 수신 시 경광등 램프를 이용하여 수신 알림	• 수어로 상호 간 의사소통 가능 • 통신중계서비스, 전국 관공서, 공공기관, 수어통역센터 등에 설치
스마트 LED 스탠드	• 3단계 밝기 조절 및 꺼짐 기능 • 디지털 시계 및 알람(색깔, 진동, 소리 선택) • 소리 반응 알림	• 소리에 반응하는 조명 안내로 갓난아이 육아에 도움(아이의 울음소리에 진동 알람) • 진동 알람으로 일정 조정
케어데프 플러스	• 빛의 신호와 진동을 통해 일상생활의 전화, 팩스, 노크 소리 등을 인지하고 대처	• 집이나 직장에서 주위의 도움 없이 스스로 일상생활 기능 가능 • 침입자의 움직임을 감지하여 위험 예방
에숍 목걸이형	• 음성증폭기 • 블루투스 무선 청취 기능을 가진 디지털 복합 소리증폭기기	• 주변 소음과 원음과의 거리에 취약한 기존 보청기의 약점 보완 • 인공와우와도 호환 가능

이미지 출처: http://www.at4u.or.kr

(2) 시각중복장애학생 지원을 위한 테크놀로지

시각장애는 시력과 시야에 제한을 가지며, 미국에서는 실명 또는 맹과 저시력으로 나누어 구분하고 있다. 우리나라의 경우 「장애인복지법」과 「장애인 등에 대한 특수교육법」에서 시각장애에 대한 정의를 제시하고 있다. 시각장애는 맹 또는 저시력을 모두 포함하며, 교육을 위해 촉각이나 청각적 자료를 필요로 하거나 잔존시력을 이용하여 교정렌즈, 확대경, 망원경 등을 제공해 주는 것이 필요하다.

시각중복장애학생에게 가장 일반적인 교육적 접근은 점자교육이며, 최근 스마트폰 앱에서도 점자의 양식을 고안한 보조공학 앱이 개발되어 있다. 이와 함께 방향정위와 이동성을 지원하기 위해 스마트폰의 GPS를 기반으로 한 다양한 보조공학기기가 개발되어교육에 활용 가능하다.

〈표 7-10〉 시각장애학생을 위한 테크놀로지의 예

예시	설명
	• 오돌톨 뷰어(안드로이드 기반의 애플리케이션) 시각장애인이 점자를 읽을 수 있도록 개발됨. 점자손가락이 검은 부분에 닿으면 진동이 울리고, 흰 부분에 닿으면 진동이 울리지 않아 점자를 읽을 수 있음
	• 보이스아이(iOS, 안드로이드 기반의 애플리케이션) 인쇄물을 읽을 수 없는 시각장애인, 저시력인, 난독장애인 등 중도 · 중복장애인에게 적용 가능
	• 모스문자(안드로이드 기반의 애플리케이션) 스마트폰의 문자서비스를 모스 부호로 변환해 줌. 도착한 문자는 모스 부호로 변환되어 그 내용을 진동으로 확인할 수 있음. 문자를 초성, 중성, 종성으로 분해하고 각 글자에 맞는 모스 부호로 번역해 줌
	• 설리번+(iOS 애플리케이션) 시각장애인을 위한 시각보조앱으로 스마트폰 카메라를 통해 인식한 정보를 문자와 음성으로 알려 줌. 지하철 노선표나 식음료 유통기한, 얼굴인식과 이미지 묘사, PDF 리더 기능을 가지고 있음

이미지 출처: http://www.smartblog.kt.com/1459

보조공학의 활용은 중도 · 중복장애학생의 생활과 학습 측면의 지원을 제공하고, 물리적인 환경에 대한 접근성을 향상시킬 수 있다. 또한 직업 및 작업 환경에서 경쟁력을 높일 수 있으며, 학교 및 직장 환경을 포함한 여러 영역에서 학생의 독립성을 향상시키는 데 기여하는 잠재력을 가지고 있다. 이와 같은 보조공학의 이점은 궁극적으로 장애학생의 삶의 질을 개선할 수 있을 것이라는 기대로 이어진다.

그러나 보조공학의 발전은 우리 사회의 급속한 기술 발달 속도에 미치지 못하며, 오히려 이로 인한 정보 격차와 접근성의 불평등을 야기할 수 있다는 우려가 있다. 보조공학 접근이 장애학생의 삶의 질을 향상시킬 수 있는 기술로 이어지기 위하여 교사는 새로운 기술의 발전 동향에 관심을 가지고 장애학생들을 대상으로 한 정보화 소양교육 등을 비롯하여 꾸준한 지원방안을 마련하여야 할 것이다.

참고문헌

권정민, 박은혜, 임장현, 이영지(2012). 자폐성장애인을 위한 기능성 모바일 앱 및 게임제안서. 한국컴퓨터게임학회논문지, 25(1), 33-43.

김중휘(2005). 가상현실 프로그램이 뇌졸중 환자의 균형과 보행 및 뇌 활성화에 미치는 영향. 대구대학교 대학원 박사학위 청구논문.

박민정(2014). 보편적 학습설계를 적용한 중학교 체육수업이 장애학생에 대한 비장애학생의 태도와 수업 참여 행동에 미치는 영향. 이화여자대학교 대학원 석사학위 청구논문.

백영균, 박주성, 한승록, 김정겸, 최명숙, 변호승, 박정환, 강신천, 김보경(2010). 유비쿼터스 시대의 교육방법 및 교육공학(3판). 서울: 학지사.

송은주, 오연주, 박은혜(2012). 통합교육 환경에서의 장애학생을 위한 보조공학 연구분석. 특수아동교육연구, 14(3), 25-53.

이설희, 박은혜, 이영선(2022). 성인기 장애인을 위한 메타버스 기반 직업준비 교육 프로그램 적용. 장애와 고용, 32(4), 123-153.

임장현(2012). 발달장애인을 위한 문제해결중심의 기능성 모바일 앱 게임모델연구. 한국컴퓨터게임학회논문지, 25(4), 181-187.

임장현(2017). 장애학생을 위한 가상현실기술 기반의 게임 콘텐츠 분석. 한국컴퓨터게임학회, 30(2), 61-68.

임장현, 박은혜(2011). 참여모델을 적용한 태블릿 PC기반의 AAC중재가 통합된 장애학생의 의사소통행동에 미치는 영향. 특수교육학연구, 46(2), 85-106.

임장현, 박은혜(2012). ASD인을 위한 스마트 교육 미디어로서의 앱 개발 및 연구현황 분석. 자폐성장애연구, 12(1), 93-117.

임장현, 박은혜, 이명희, 표윤희(2012). 지체장애 성인의 통합교육에 대한 경험과 인식. 지체중복건강장애연구, 55(4), 23-44.

임정훈(2008). 모바일 학습을 위한 교수학습 모형의 설계 방향 탐색. 한국교육논총, 9(1), 119-124.

조선희(2011). 보편적 학습설계를 적용한 초등 과학 수업이 통합학급 학생들의 과학 학업성취도에 미치는 영향. 이화여자대학교 대학원 석사학위 청구논문.

조우련, 박은혜(2013). 가상현실 기반 게임 중재가 지체장애학생의 보치아 던지기 수행에 미치는 영향. 지체중복건강장애연구, 56(1), 121-140.

최형욱(2021). 메타버스가 만드는 가상경제 시대가 온다. 서울: 한스미디어.

한지혜, 고주연(2010). 전자게임을 이용한 가상현실프로그램이 경직성 뇌성마비 아동의 균형과 일상생활활동에 미치는 영향. 한국콘텐츠학회논문지, 10(6), 480-488.

행정안전부(2011). 모바일 애플리케이션 접근성 지침. 행정안전부.

Alliance for Technology Access. (n.d.). Principles. Retrieved June 2, 2006, http://www.ataccess.org/about/principles.html.

Assistive Technology Act (ATA) of 1998. 미국의 보조공학법.

Bryant, B. R., Bryant, D. P., & Rieth, H. J. (2002). *Computer Resources for People with Disabilities* (4th ed.). Alameda, CA: Hunter House.

Bryanton, C., Bosse, J., Brien, M., Mclean, J., McCormick, A., & Sveistrup, H. (2006). Feasibility, motivation, and selective motor control: Virtual reality compared to conventional home exercise in children with cerebral palsy. *Cyberpsychology Behavior, 9*(2), 123-128.

CAST. (1998). Three essential qualities of universal design for learning. Retrived February 27, 2003.

Denny, M., Marchand-Martella, N., Martella, R. C., Reilly, J. C., Reilly, J. F., & Cleanthous, C. C. (2000). Using parent-delivered graduated guidance to teach functional living skills to a child with Cri du Chat Syndrome. *Educational and Treatment of Children, 23*(4), 441-454.

Flynn, S., Palma, P., & Bender, A. (2007). Feasibility of using playstation 2 gaming platform for an individual poststroke: A case report. *Journal of Neural Physical Therapy, 31*(4), 180-189.

Harris, K., & Reid, D. (2005). The influence of virtual reality play on children's motivation. *Journal of Occupational Therapy, 72*(1), 21-29.

Heward, W. L. (2003). Ten faulty notions about teaching and learning that hinder the effectiveness of special education. *Journal of Special Education, 36*(4), 186-205.

Mintz, J., Branch, C., March, C., & Lerman, S. (2012). Key factors mediating the use of a mobile technology tool designed to develop social and life skills in children with autistic spectrum disorders. *Computers & Education, 58*(1), 53-62.

Rizzo, A., & Buckwalter, J. G. (1997). Virtual reality and assessment and cognitive rehabilitation: The state of the art. *Stru Health Technology Information, 44,* 123-145.

Rose, D. H., & Meyer, A. (2002). *Teaching Every Student in the Digital Age: Universal Design for Learning.* Alexandria, VA: ASCD.

Salend, S. J. (2004). Fostering inclusive values in children: What families can do. *Teaching Exceptional Children, 37*(1), 64-69.

Smith, S., & Meyen, E. (2003). Application of online instruction: An overview for teachers, students with mild disabilities, and their parents. *Focus on Exceptional Children, 35*(6), 1-16.

Snell, M. E. (2002). Using dynamic assessment with learners who communicate nonsymbolically. *Alternative and Augmentative Communication, 18*(3), 163-176.

Snell, M. E., & Brown, F. (2011). *Instruction of Students with Severe Disabilities* (7th ed.). Upper Saddle River, NJ: Pearson.

Whemeyer, M., Smith, S., Palmer, S., & Davis, D. (2004). Technology use by students with intellectual disabilities: An overview. *Journal of Special Education Technology, 19*(4), 7-21.

Wilson, P. N., Foreman, N., & Tlauka, M. (1996). Transfer of spatial information from a virtual to a real environment in physically disabled children. *Disability Rehabilitation, 18*(12), 633-637.

Zhang, D., & Stecker, P. (2001). Student involvement in transition planning: Are we there yet? *Education and Training in Mental Retardation and Developmental Disabilities, 36*(3), 293-303.

http://eyecanproject.org

http://www.ablelife.co.kr

http://www.at4u.or.kr/

http://www.dasanarl.com

http://www.isorimall.com

http://www.newstomato.com

http://www.quivervision.com

http://www.smartblog.kt.com/1459

http://www.zdnet.co.kr/news/news_view.asp?article_id=20120301072627

https://www.nise.go.kr

일상생활 기술 교수

·

김정연

일상생활 기술은 중도·중복장애학생이 자기를 돌보는 데 필요한 기술이며, 동시에 다른 사람과 어울려 살아가는 데 필요한 기술이다. 일상생활 기술은 식사, 화장실 이용, 옷 입고 벗기, 개인위생 등을 포함하며, 이러한 기술의 습득은 개인의 행복과 삶의 질에 영향을 준다. 일상생활 기술의 교수 절차는 가장 자연스러운 환경에서 체계적인 절차와 촉진을 통해 반복된 기회를 제공하여 숙달시키는 과정이 필요하다. 이를 위해서는 중도·중복장애학생을 자기결정력을 가진 독립된 개체로 보는 팀의 인식과 이를 바탕으로 한 협력이 전제되어야 한다. 일상생활 기술은 가족을 포함한 팀 협력을 기반으로 관찰하고 평가하며, 프로그램을 개발하고 실행하는 일련의 과정을 통해 지도한다. 이 장에서는 식사하기, 화장실 사용하기, 옷 입고 벗기 기술을 중심으로 살펴본다.

1. 일상생활 기술 지도의 개요

1) 개념

일상생활 기술은 개인의 위생을 유지하는 데 필요한 일상적이고 기초적인 능력이다. 중도·중복장애 아동과 청소년에게 스스로 돌보고 관리하는 능력은 다른 사람에게 도움을 받아 수행한다고 하더라도 매우 중요한 의미가 있다(Snell & Brown, 2008). 또한 식사하기, 화장실 사용하기, 옷 입고 벗기, 그리고 개인위생을 포함한 일상생활 기술은 평생 매일 사용하는 기술이며, 생활 자립과 사회적 독립의 중요한 요건이 된다.

일상생활 기술은 건강과도 직결되며 긍정적 자아상, 자기결정 능력, 개인적 요구의 실현, 지역사회 환경과 활동에서의 접근 기회와 사회적 수용 가능성을 높인다. 또한 장애학생에게 일상생활 기술을 지도하면 부모와 양육자, 교사 및 서비스 지원인력의 시간과 에너지를 절약할 수 있다. 그러므로 부모로부터 독립해서 살아야 함을 인식하고, 독립적으로 살기 위해서는 일상생활 기술을 습득해야 한다.

2) 일상생활 기술 지도의 필요성

일상생활 기술은 가정에서 시작되어 학령기 동안 꾸준히 학습하고 수행하여 일생에 걸쳐 생활 전 영역에서 활용하는 기술이다. 일상생활 기술은 몇 가지 의미에서 지도의 필요성이 강조된다.

첫째, 일상생활 기술은 개인의 가치와 존엄성을 존중받기 위해서 학습해야 하는 가장 중요한 기술이다(Westling, Fox, Carter, Da Fonte, & Kurth, 2021). 예를 들어, 식사하기는 음식을 섭취하는 것 이상으로 타인과의 상호작용, 관계 맺기 등의 소속감을 느끼게 하며 정서적 만족감을 줄 수 있다. 타인과 함께 존중받으며 식사하는 것은 개인의 가치와 존엄성에 영향을 주기도 한다.

둘째, 일상생활 기술은 기초적인 사회화 과정의 발달을 촉진한다. 일상생활 기술은 부모와 아동 간의 상호작용 속에서 이루어지며 부모와의 만족스러운 관계는 이후의 사회적 관계에도 영향을 준다. 단정한 용모와 매력은 또래와의 사회적 상호작용을 유도하고 좀 더 긍정적인 평가를 받을 수 있게 한다(이소현, 박은혜, 2010).

셋째, 일상생활 기술은 모든 발달의 기초가 된다. 감각과 인지 발달과도 연관이 있으며, 식사 기술은 언어 기술과도 관련이 있다. 식사 시간에는 음식물의 섭취뿐만 아니라 음식의 맛과 촉감, 온도 등을 탐색하고, 색, 크기, 양을 비교할 수 있으며 같은 종류끼리 모으거나 분류하는 활동도 자연스럽게 이루어진다. 식사 시간은 언어, 학습 및 의사소통의 기회로도 사용된다.

넷째, 일상생활 기술은 통합된 사회에서 독립적으로 살아가는 데 필요한 기술이다. 일상생활 기술을 수행하는 과정은 선택하기, 선호하는 것 표현하기, 의사소통과 사회적인 상호작용 등 자기결정력을 향상할 많은 기회를 제공한다. 습득된 기술은 자기 통제력과 성취감을 증진하며, 독립적인 생활을 가능하게 하고, 자기결정의 기회를 확대하여 자기 효능감 및 긍정적인 자기 인식에도 영향을 미친다.

다섯째, 일상생활 기술은 부모나 양육자에게 중요하다. 장애학생 부모의 스트레스에 관한 연구를 보면 장애학생의 부모는 비장애학생의 부모보다 스트레스 수준이 높다(박지연, 2012). 장애 자녀의 양육에 따른 많은 시간의 소요 및 정신적·신체적 피로, 여행이나 외출 등의 활동 제한, 여가의 부족 등 양육 부담과 정서적 문제를 호소하고 있다(김정연, 이금진, 김은숙, 김주혜, 박지연, 2005). 그러므로 적절한 수준의 일상생활 기술은 가족의 양육 부담을 줄일 수 있다.

3) 일반적인 교수 원칙

(1) 자발적 참여 촉진

모든 기술은 자연스러운 환경에서 학생이 자발적으로 참여할 수 있는 교수 방법을 사용한다. 일상생활 기술의 지도는 학생과 촉진자의 상호작용 과정에서 이루어진다. 그러므로 기술을 지도하는 모든 단계에서 학생을 준비시키고 의사소통하는 절차를 포함한다. 학생에게 수행해야 할 활동과 참여해야 할 구체적인 과제를 알리고, 예측할 수 있는 상황이나 단서를 제공한 후 일방적인 지도가 아닌 같이 협조하여 참여하는 것임을 인식시킨다.

자발적 참여를 촉진하기 위해서는 다양한 애플리케이션(application: 이하 앱)을 활용하는 것도 추천한다. 일상생활 기술 지도와 관련한 앱은 학생이 좋아하는 캐릭터와 함께 게임을 활용하여 스스로 할 수 있도록 하는 데 유용하다. 예를 들어, 올바른 양치질 방법을 지도할 때, 정확한 순서에 따라 시간을 점검하며 할 수 있는 양치질 타이머 앱을 활용할 수 있다.

(2) 팀 구성원의 협력적 접근

일상생활 기술을 지도하기 위해서는 팀 구성원의 긴밀한 협력관계와 훈련이 필요하다(Orelove, Sobsey, & Silberman, 2004). 팀에는 장애학생과 가족, 교사, 관련서비스 전문가, 특수교육 지원인력 등이 포함되며, 장애 유형에 따라 팀 구성은 달라질 수 있다. 예를 들어, 중도 뇌병변장애학생의 교육지원팀에는 다음과 같은 구성원을 포함할 수 있다.

- 물리치료사: 운동 기능과 관련된 반사, 자세, 치료적 중재와 관련된 정보 제공
- 작업치료사: 감각 기능, 음식물의 제시 방법, 보조기기 사용과 관련된 정보와 자원 제공
- 학교보건교사: 식사지도 중 질식, 호흡과 관련한 사항에 대한 지원
- 학교영양교사: 음식물의 형태, 영양 상태, 적정량 등에 관한 정보 제공
- 학교전담의사 등: 식사 기술 및 일상생활 기술과 관련한 의학적 정보 제공

팀 구성원에 의해 교수 내용과 방법을 결정하는 것은 최선의 실용적인 선택이 될 수 있다. 진단과 계획 단계에서부터 공동의 목표를 가지고 정보를 수집하며 체계적인 계획과 절차로 지도하는 것이 효율적이다. 일상생활 활동에 관한 정보 수집의 예는 〈표 8-1〉과 같다.

〈표 8-1〉 일상생활 활동에 관한 정보 수집 예시

구분		내용
식사	식사 여부	□아침(○, ×) □점심(○, ×) □저녁(○, ×)
	식욕	□잘 먹는다. □보통 수준이다. □잘 먹지 않는다.
	선호 음식	
	식사 시 주의점	
	알레르기 반응 음식	
수면	일어나기	( )시경에 일어난다.
	수면 시간	하루 평균 ( )시간 잔다.
	수면 습관	□규칙적이다. □보통 수준이다. □불규칙적이다.
	수면 태도	□혼자 잔다. □재워 주어야 잔다. □자주 깬다. 기타( )
배변	대변	□아침 □낮 □밤 □혼자 한다. □도움이 필요하다. □기저귀를 사용한다.
	소변	□자주 □보통 □가끔 □혼자 한다. □도움이 필요하다. □기저귀를 사용한다.
	배변 습관	
자기 관리	옷 입고 벗기	□혼자 한다. □도움받아서 한다. □입히고 벗겨 준다.
	손 씻기	□혼자 한다. □도움받아서 한다. □씻겨 준다.
	이 닦기	□혼자 한다. □도움받아서 한다. □닦아 준다.
	세수하기	□혼자 한다. □도움받아서 한다. □씻겨 준다.
	신발 신기	□혼자 한다. □도움받아서 한다. □신기고 벗겨 준다.
	소지품 정리	□혼자 한다. □도움받아서 한다. □정리해 준다.
	기타	

(3) 관련 기술의 통합적 계획과 지도

일상생활 과제는 단일 기술이 아니라 여러 개의 관련 기술을 통해 습득해야 하는 복합적인 과제이다. 예를 들어, 식사를 위해서는 식사 전 손 씻기, 바른 자세로 앉기, 식사 도구 사용, 식사의 양과 속도 조절, 음식의 선택, 식사 관련 의사표현, 식사 예절, 식사 후 정리 등 여러 가지 기술이 필요하다. 즉, 교육, 건강, 안전, 영양을 고려하여 올바른 습관과 태도를 형성하고, 사회생활에 필요한 기본 생활 습관이 형성되도록 통합적인 지도가 필요하다.

일상생활 기술은 핵심 기술(core skill), 심화 기술(enrichment skill), 확장 기술(extension skill)을 고려하여 통합적으로 계획하고 지도한다(Brown, McDonnell, & Snell, 2015). 식사 지도 사례를 바탕으로 설명하면 다음과 같다.

- 핵심 기술 지도: 식사하기를 처음 지도할 때는 스스로 먹기와 같은 핵심 기술에 초점을 맞추어 가르친다.
- 심화 기술 지도: 식사는 음식을 먹는 것 외에 좋아하는 음식을 선택하고, 맛에 대한 느낌을 표현하고, 또래와 같이 즐거운 식사 시간을 보내는 등 심화 기술의 지도가 필요하다. 독립적으로 수행하지는 못하더라도 부가적으로 필요한 관련 기술, 즉 심화하여 풍부화하는 기술을 고려하여 지도한다.
- 확장 기술 지도: 확장 기술이란 습득한 기술을 숙련되게 사용할 수 있도록 속도와 질을 점검하고, 자연스러운 환경에서 의미 있는 활동에 좀 더 잘 참여할 수 있도록 가르치는 기술이다.

지도 효과를 높이기 위해서는 정서적인 안정감을 느끼고 기능을 자연스럽게 습득할 수 있도록 환경을 수정한다. 교실 내에 화장실과 세면실, 바닥 난방 및 냉·난방시설이 갖추어진 쾌적한 환경은 편안하게 생활하면서 기술을 학습하는 데 유익하다. 활동 참여에 관심과 동기를 유발할 수 있는 다양한 일상생활 기술에 관한 교재 및 보조기기를 준비한다.

(4) 성과 생활연령, 가족의 우선순위

일상생활 기술은 가족과 학생의 성, 생활연령에 따른 개별적 요구와 발달 수준, 가족의 문화와 우선순위 등 사회 문화 환경의 특성을 반영하여 결정한다.

- 성: 화장실 사용이나 개인위생과 관련한 기술은 동성의 보조자가 지도한다. 자기 몸에 대한 이해를 바탕으로 성교육의 기초를 지도하며, 사적인 공간에서 세밀한 동작을 반복해서 지도해야 하므로 동성의 지도자가 가르치는 것이 바람직하다.
- 생활연령과 발달 수준: 학생의 생활연령에 따라 생활환경의 물리적 조건도 다르며, 필요한 기술 영역도 다르다. 나이와 개별적 요구 수준을 고려하여 적합한 지도 장소와 도구, 기술을 선정하여 지도한다. 나이에 적합한 기술이란 비장애학생에게 기대되는 것과 유사한 수준의 기술을 말한다.
- 가족의 우선순위: 일상생활 기술의 교수는 팀 협력에 의한 결정도 중요하지만, 개인과 가족의 선택을 우선한다. 예를 들어, 바닥의 좌식 식탁에서 식사하는 학생과 입식 식탁에서 식사하는 학생의 식사 기술 및 자세 지도의 내용은 다르게 계획해야 한다.

2. 식사하기

1) 식사하기와 관련한 문제

식사지도의 목적은 바른 자세로 앉아 식사 도구를 사용하여 적합한 음식으로 필요한 영양을 섭취하도록 하는 것이다. 그러나 중도 · 중복장애학생의 식사지도는 단순히 기술을 습득하여 독립적으로 수행하는 것만을 목표로 하지 않는다. 부분 참여를 통해서라도 다른 사람과 식사 시간을 함께한다는 것은 교육적으로 긍정적 의미가 있다.

식사의 어려움은 나이가 어리거나, 장애가 중도일수록 심각하게 나타나므로 여러 영역의 발달을 고려하여 지도한다.

- 신체 발달: 음식을 먹기 위해서는 바른 자세로 앉기 등 대근육 운동과 식사 도구를 사용하기 위한 소근육 운동 조절 능력이 필요하다. 씹고 삼키는 과정에서 구강 운동과 호흡 조절 등의 신체 기능 발달과 연관이 있으며, 음식의 맛과 냄새, 온도 등 감각 발달과도 연관이 있다.

- 언어와 의사소통 발달: 씹고 삼키는 과정을 포함한 식사 행동은 구강 운동 발달을 촉진하여 언어와 의사소통 발달에도 영향을 준다.
- 인지 발달: 식사를 통한 영양 공급은 인지 발달과도 연관된다. 뇌 성장에 필요한 영양소를 충분히 섭취하지 못하면 두뇌의 발달이 지연될 수 있다.
- 정서 및 사회성 발달: 발달 초기의 식사 행동은 부모 및 양육자와 애착과 신뢰감을 형성하는 기회가 되며, 매일 반복되는 식사 시간은 다른 사람과 상호작용하는 기회가 된다. 또한 음식물을 섭취하는 구강 운동의 유쾌한 경험은 정서 발달에 긍정적 영향을 미치며, 구강 만족과 배설 욕구 충족은 성격 발달의 기초가 된다.

2) 평가

(1) 구강 운동 기술 및 감각의 평가

음식을 먹기 위해서는 씹기, 빨기, 삼키기 등의 활동이 필요하다. 이러한 활동은 턱 운동, 혀의 움직임, 입술 근육 등 구강 운동 기술이 발달하여야 한다. 그러나 중도 · 중복장애학생은 혀의 돌출이나 입에 자극을 받으면 입을 강하게 다물게 되는 강직성 씹기 반사(tonic bite reflex), 비정상적인 구토 반사(gag reflex) 등 구강 운동 발달의 지체로 음식물의 섭취가 어렵다(Best, Heller, & Bigge, 2005). 이러한 어려움은 음식에 대한 거부 및 편식 습관으로 이어질 수 있으며, 다양한 음식을 먹어 본 경험이 제한되어 새로운 맛과 식감에 대한 시도를 저해한다. 그러므로 씹기, 빨기, 삼키기 등의 식사 활동에 필요한 구강 운동 기능을 평가하여 이후에 발생할 어려움을 예방한다.

〈표 8-2〉 **과민반응에 대한 지침**

- 자극은 먼 곳에서부터 가까운 곳으로 제공한다.
  - 자극은 얼굴에서 먼 곳으로부터 시작하여 점차 얼굴 쪽으로 이루어져야 한다.
  - 감각에 좀 더 익숙한 손이나 팔에서부터 얼굴, 입으로 순차적으로 자극한다.
- 깊숙하고 안정된 자극을 제공한다.
  - 가벼운 자극은 중추신경계를 자극할 수 있다. 깊숙하고 안정된 자극이 신경계를 활성화시키기에 가장 좋으며, 이는 관절과 근육, 감각기관까지 잘 전달된다.
- 자극은 대칭적인 형태로 제공한다.
  - 몸의 한쪽 부분에 자극을 주었다면 다른 한쪽도 동일하게 자극한다.

출처: Best et al. (2005).

중도·중복장애학생 중에는 얼굴 주변이나 입안에 음식이 들어오면 신체가 경직되거나 긴장도가 높아지기도 한다. 식사지도는 감각자극에 대한 입과 얼굴 주변 과잉 반응의 민감도를 줄이는 활동으로 지도를 시작한다. 학생이 견딜 만한 자극부터 시작하여 신체 부위에 여러 가지 자극을 제공하고, 점차 얼굴 쪽으로 이동하여 접촉 자극에 대한 과민성을 줄인다. 감각자극에 대한 민감도를 줄이는 활동을 할 때 유의해야 할 사항은 〈표 8-2〉와 같다.

(2) 식사 자세 평가

장애학생의 식사지도 시 장애 유형의 특성에 따라 특별히 고려되어야 할 사항이 있다. 뇌성마비 학생은 비정상적인 근육의 움직임과 근긴장도의 이상으로 인해 안정적인 자세를 취하거나 유지하기 어렵다. 이러한 이유로 한꺼번에 먹을 수 있는 음식의 양이 적고, 오랜 식사 시간으로 피로감이 높아질 수 있어 자세 지도가 필요하다. 식사 자세를 점검해야 할 항목과 지도 전략은 다음과 같다.

〈표 8-3〉 **식사 자세 점검 항목과 지도 전략**

항목	지도 전략
식탁과 의자의 높이가 적절한가?	• 식탁 의자에 바르게 앉을 수 있도록 높이를 조정해 줌
식탁 의자에 바르게 앉았는가?	• 목의 근육이 이완되도록 하고, 정면에서 볼 때 머리와 몸통이 신체의 정중선을 중심으로 좌우 균형이 맞게 정렬된 자세를 취하게 함 • 신체의 경직과 근긴장도를 낮출 수 있도록 가능한 몸을 일으킨 상태가 좋으나, 힘들 경우에는 몸통을 45° 정도 기울여 앉게 함
머리와 몸통이 뒤로 젖혀지지 않는가?	• 원시반사로 인해 목의 위치가 뒤로 젖혀지지 않도록 고개를 약간 앞으로 구부린 자세를 취하게 함. 머리가 뒤로 젖혀지면 입을 다물어 씹거나 삼킬 수 없음
몸통과 식탁의 거리가 가깝게 배치되어 있는가?	• 몸통의 안정성을 유지하도록 식탁과 의자 사이의 간격을 좁게 조정해 줌
양팔을 식탁 위에 올려놓았는가?	• 머리와 몸통이 신전되지 않도록 정중선을 중심으로 양팔을 모아 앉게 함

(3) 식사 관련 문제행동의 평가

식사하기와 관련한 문제행동은 너무 빨리 먹는다거나 너무 천천히 먹는 것과 같은 식사 속도, 이식중, 거부하기, 편식, 과다한 양의 식사 등으로 다양하다. 예를 들어, 시각중복장애학생은 한두 가지 음식만 집중적으로 섭취하려는 편식을 보이거나 구강 근육의 이상으로 유동식만 먹기도 한다. 때로는 촉각적 민감성을 이유로 음식을 거부하기도 한다(박순희, 2014).

부적절한 식사 행동의 원인은 적절한 행동을 배우지 못해서일 수도 있고, 싫어하는 사람 옆에서 먹거나 음식이 충분하지 않을 때, 배가 매우 고플 때 등 주변 상황이 원인인 경우도 있다. 이러한 행동은 문제행동의 기능적 진단과 의사소통 중재를 통해 줄일 수 있다.

식사지도 중 먹기를 거부하는 학생의 경우에는 강압적으로 먹이지 않도록 유의한다. 먹는 것에 대하여 학생과 다투는 것을 피하고, 먹지 않으면 배가 고프게 된다는 것을 깨닫도록 지도한다. 가능하면 학생이 선택하게 하고, 자기결정에 의하여 어떤 결과가 오는지 배울 수 있도록 기회를 제공한다.

식사 행동의 문제는 개별적으로 접근한다. 심한 편식이나 유동식만 먹으려 하는 문제는 작업치료사나 영양 관련 전문가의 조언을 통해 구강 근육 이상의 문제가 아니라면 조기에 다양한 음식을 경험할 기회를 통해 지도한다. 식사 준비 및 정리에 학생을 자발적으로 참여시키는 것은 바른 식사 태도를 지도하는 데 도움이 된다. 자발적 참여 촉진 방법은 다음과 같다.

- 식사 준비에 참여하기: 자기 숟가락 찾기, 식사 전에 앞치마 챙기기 등
- 선택할 기회 제공하기: 음료수 종류 고르기, 컵의 색 고르기 등
- 식사 시간 중 의사소통에 참여하기: 좋아하는 음식, 오늘의 메뉴, 음식의 맛 표현 등
- 수정된 식사 도구 사용하기: 수정된 숟가락, 미끄럼 방지 패드(non slip pad) 등
- 식사 후 정리 활동에 참여하기: 식탁 닦기, 깨끗한지 확인하기 등
- 단서 제시하기: 식판을 들 때 손으로 잡아야 할 곳 표시해 주기, 식탁에 식판을 놓을 위치 표시해 주기 등
- 환경 수정하기: 식사 장소의 소음, 온도, 자리배치, 식탁 높이 등의 수정

식사와 관련한 문제행동을 지도하기 위해서는 교사, 지원인력, 가족, 전문가 간의 협력과 명확한 역할 수립이 요구된다. 식사 기술의 기능적 진단과 식사 관련 기술을 점검할 수 있는 의학적 진단, 건강 상태의 검사 등 다른 영역과의 협력이 필요하다. 중도·중복장애학생의 지원팀은 적절한 음식물의 형태, 식사 시간, 식사지도 방법, 식사 장소를 평가하고 결정한다. 학생의 식사 기술 지도는 장기적인 계획을 바탕으로 꾸준한 실행이 이루어질 수 있도록 팀의 협력과 합의가 필요하다.

(4) 기타 사항

그 밖에 식사지도 과정에서 영양 및 건강 상태를 점검한다. 식사 기술을 습득하지 못하면 자세 문제나 식사 시간이 길어져서 절대적인 식사량과 성장에 필요한 열량 부족, 영양 섭취의 문제가 발생한다. 때로는 가족의 식생활 문화가 영향을 미치기도 하므로, 가족의 문화 및 식사 습관을 살펴보는 것도 식사 기술의 목표와 내용, 기준을 설정하는 데 중요하다.

3) 지도 전략

(1) 손가락으로 먹기

일반적으로 생후 7~8개월경이 되면 손으로 음식을 잡고 먹을 수 있다. 그러나 중도·중복장애학생은 이 기술이 지연되므로 잡기 기능이 발달할 때까지 기다리기보다는 손가락으로 먹는 법을 우선 지도해야 한다. 손가락으로 먹기를 지도할 최적의 시기는 배가 고플 때, 음식물에 관심을 가질 때, 먹고 싶은 동기가 높아질 때이다.

지도할 때는 잡기 좋은 형태의 음식을 사용한다. 긴 모양의 빵이나 과자를 잼이나 생크림 등에 찍어 먹도록 하거나, 잘 익은 바나나와 같이 부드러운 과일, 작은 크기의 익힌 채소, 부드러운 치즈 조각, 삶은 국수 등으로 연습한다.

손으로 먹기는 과제분석을 통해 지도한다. 음식을 향해 손 뻗기, 손으로 음식 쥐기, 음식을 입으로 가져가기, 입안에 넣기, 씹고 삼키기 등 각 단계를 신체적 촉진을 통해 지도한다. 이때 사용할 수 있는 전략은 최대-최소 촉진(most-to-least prompting) 절차나 점진적 안내(graduated guidance) 등이 있다.

(2) 도구를 사용하여 먹기

숟가락과 포크를 잡는 방법과 잡고 입으로 가져가는 방법을 지도한다. 보조자가 옆에서 식사 도구를 바르게 쥐도록 손의 움직임과 속도를 조절해 준다. 수정된 식사 도구와 보조기기를 사용하면 유용하다. 식사 도구 사용 시 유의 사항은 다음과 같다.

- 숟가락의 선택: 초기 지도 시에는 둥근 형태로 크기가 작고 평평하며 깊이가 얕은 숟가락을 사용한다. 크기가 크거나 깊이가 있는 숟가락은 입안에 상처를 낼 수 있고, 치아에 부딪혀 씹기 반사(bite reflex)를 유발할 수 있으며, 적정량의 음식을 뜨거나 입안의 적절한 위치로 가져오는 것을 방해한다.
- 음식의 선택: 식사 도구 사용법을 처음 배울 때는 도구사용에 익숙해질 때까지 한 종류의 음식으로 지도한다. 익숙해진 후에 음식의 종류는 점차 추가하여 지도한다. 고형식과 음료는 별도로 지도하며, 먼저 고형식을 지도한 후에 물 마시기를 지도한다.
- 수정된 식사 도구의 선택: 초기 지도 시에는 도구를 쉽게 다룰 수 있도록 손잡이 부분이 굵은 숟가락이나 음식물을 잘 뜰 수 있도록 적절한 깊이의 국그릇 등을 사용한다. 수정된 식사 도구는 [그림 8-1]과 같다.

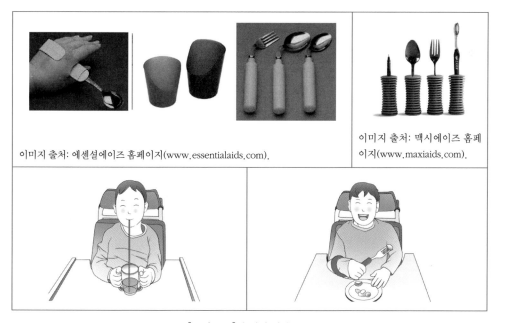

이미지 출처: 에센셜에이즈 홈페이지(www.essentialaids.com).

이미지 출처: 맥시에이즈 홈페이지(www.maxiaids.com).

[그림 8-1] **수정된 식사 도구**

(3) 마시기

마시기는 숟가락, 컵, 빨대를 이용하여 지도한다. 지도 방법은 다음과 같다.

- 숟가락을 이용한 마시기 지도: 마시기를 처음 지도할 때는 숟가락을 이용한다. 숟가락으로 물을 떠서 학생의 아랫입술 위에 놓아주고, 윗입술은 입을 다물듯이 내려 물에 닿게 한다. 윗입술을 적시면서 물을 마시도록 처음에는 기다린다. 마시지 못할 때는 숟가락을 약간 기울여서 입안으로 물이 들어가게 한다. 입안에 음식이나 음료가 들어가면 위아래 입술을 다물도록 촉진한다. 혀를 사용하지 않고 입술을 사용하여 마시도록 한다.

- 컵을 이용한 마시기 지도: 숟가락으로 마시는 것이 익숙해지면 컵으로 지도한다. 숟가락을 이용할 때와 마찬가지로 아랫입술에 물컵을 대고 윗입술에 물이 닿도록 기울여 준다. 한 번 삼킬 정도의 물이 입안으로 들어가면 컵을 바로 세워서 안전하게 삼키는지 확인한다. 컵을 머리 위의 방향에서 제시하면 학생이 고개를 뒤로 젖히게 되므로 주의한다. 이 자세에서는 음료를 식도가 아니라 기도로 잘못 삼켜 갑자기 뿜어내어 사레가 들리거나 몸의 균형을 잃게 된다([그림 8-2]의 (a) 참고). 그러므로 학생이 마실 수 있도록 몸통과 머리를 정면을 향하게 하고, 머리를 뒤로 젖히지 않은 상태에서 약간만 기울여 주어 물이 윗입술에 닿게 한다. 컵의 윗부분이 대각선으로 잘린 수정된 컵(cutaway cup)을 사용하면 지도하기 쉽다([그림 8-2]의 (b) 참고). 물을 삼키면 바로 컵을 떼지 말고 기다린다. 연속적으로 삼킬 수 있다면, 아랫입술에 컵을 대고 윗입술이 음료에 닿은 상태에서 연속하여 마시기를 지도한다.

- 빨대를 이용한 마시기 지도: 빨대는 물 마시기 지도에 유용한 도구이다. 그러나 흡철 반사(sucking reflex)[1]가 남아 있는 학생에게는 빨대를 사용하지 말고, 흡철 반사가 약해졌을 때 지도를 시작한다. 빨대는 15cm 정도의 가늘고 투명한 빨대를 사용하여 흡입되는 양을 점검하면서 지도한다. 빨대는 입술로 물게 하며, 입 깊숙이 넣지 않는다.

---

1) 흡철 반사는 빨기 반사, 흡인 반사라고도 불린다. 신생아는 손가락 등 무엇이든 입안에 넣고 빨려는 행동을 보인다. 흡철 반사는 태어나면서부터 생후 4~7개월까지 일반적인 발달 단계에서 나타나는 행동 반사의 한 종류이다.

(a) 마시기 지도의 나쁜 자세　　　(b) 마시기 지도의 좋은 자세

[그림 8-2] **마시기의 지도**

(4) 먹이기

먹이기 지도 시 가장 먼저 고려할 것은 음식의 형태이다. 구강 운동 기능 및 식사 기술 발달 정도에 따라 다음과 같은 순서로 음식의 형태를 수정해 준다.

- 1단계: 초기에는 음식의 형태는 남아 있으나 씹으면 쉽게 으깨지는 음식으로 지도 한다. 반유동식 음식이나 갈거나 으깬 음식으로 지도한다. 숟가락에 놓인 음식을 윗 입술로 긁어내어 씹게 한다.
- 2단계: 익숙해지면 혀로 눌러서 으깨지는 정도의 음식을 사용한다.
- 3단계: 잇몸으로 씹었을 때 으깨지는 정도의 부드러운 음식이나 잘게 썬 음식으로 씹게 한다. 씹기 연습은 베어 물거나 끊어 먹는 음식이 아닌, 치아를 이용하여 음식 을 잘게 부숴 씹을 수 있는 한입 크기의 음식을 사용한다.
- 4단계: 다양한 종류 및 식감의 음식을 사용한다. 손으로만 집어 먹으려 하거나 부드 러운 음식만을 선호하고, 단단한 음식은 피하려는 학생은 균형 잡힌 영양분을 섭취 할 수 없다.

먹이기 지도 방법은 다음과 같다.

- 음식을 먹일 때는 입술 사용 방법을 제일 먼저 지도한다. 음식이 입안으로 들어오면 입술을 다물게 한다.
- 음식은 숟가락의 끝부분에 놓아 입의 중앙에 놓아 주고, 스스로 윗입술을 내려 음식 을 가져가게 한다.

- 윗입술의 움직임을 지도한다. 음식이 놓인 숟가락을 입에 넣으면 윗입술을 내려서 음식물을 긁어내도록 한다. 도움이 필요한 경우 학생의 윗입술을 검지로 내려서 입을 다물게 한다.
- 입을 다물고 씹는 방법을 지도한다. 입술을 다물지 못하면 턱이나 아랫입술을 위로 올려 준 후 숟가락을 뺀다. 이때 입이 벌어지지 않도록 아랫입술을 살짝 눌러주며 아래턱을 조절하여 씹게 한다. 턱을 들어 올려서 다물게 하면 입 주위의 과민성으로 인해 긴장도가 높아지므로 유의한다.
- 씹기를 촉진하기 위해서는 혀의 중앙뿐만 아니라 어금니 쪽에 좌우 교대로 음식을 넣어 준다.

음식을 먹일 때는 어떤 음식인지 확인할 수 있도록 학생의 눈높이보다 낮은 위치나 입의 높이에서 수평으로 제시한다. 학생의 눈높이보다 높은 곳에서 음식을 제시하면 머리를 뒤로 젖히게 되어 삼키기 어려우며 구토, 기침을 유발한다([그림 8-3] 참고). 음식을 먹일 때는 숟가락으로 음식을 주는 것과 동시에 언어 촉진을 같이 제공하여(예: 밥 먹자! 맛

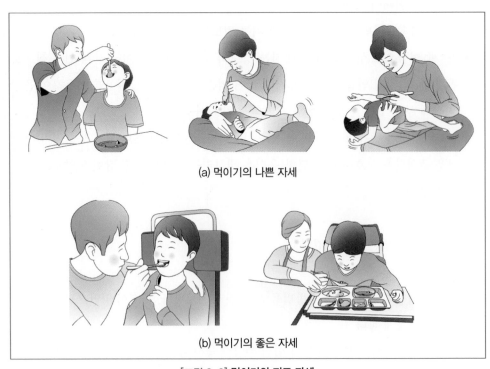

(a) 먹이기의 나쁜 자세

(b) 먹이기의 좋은 자세

[그림 8-3] 먹이기의 지도 자세

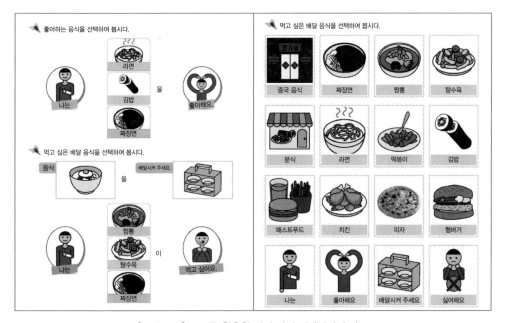

있는 두부네!) 수동적인 식사가 되지 않도록 유의한다.

(5) 식사지도와 의사소통 기술

식사 시간은 다른 사람과의 사회적 관계 속에서 함께하는 시간이다. 식사 기술을 지도하는 것도 중요하지만 식사 시간이 자신이 원하는 것을 표현하고 다른 사람과 상호작용하면서 의사소통할 수 있는 동기부여의 시간이 되도록 계획한다. 먹고 싶은 것 표현하기, 싫은 것 거절하기, 더 좋아하는 것 선택하기, 더 먹고 싶을 때 요구하기, 맛에 대한 느낌이나 생각을 표현하기 등의 의사소통 기술을 지도한다([그림 8-4] 참고). 시각중복장애학생의 경우, 식사가 시작되기 전에 음식의 종류와 위치를 알려 준다. 어떤 음식이 어떤 방향에 놓여 있는지를 설명할 때는 인지 수준에 따라서 시계의 시침 방향을 이용하여 알려 줌으로써 이해를 돕는다.

[그림 8-4] AAC를 활용한 식사 관련 선택하기의 지도

출처: 국립특수교육원(2014), p. 274.

식사 관련 의사소통 기술은 실물이나 구체물을 이용하거나 사진이나 그림 카드 등을 사용하여 지도한다([그림 8-5]의 (a) 참고). 좋아하는 간식을 사전에 조사하고, 사진을 이용하여 간식 계획표 만들기 활동도 자발적인 표현을 촉진하는 좋은 예이다([그림 8-5]의

(b) 참고). 음식을 선택하지 못하거나 반응이 없을 때는 간단한 제스처나 손담(제6장을 참고하기 바람) 등을 사용하여 표현하도록 촉진한다.

숟가락 사용하기와 같이 초기 기술의 지도 단계에서는 같은 훈련자가 지도하는 것이 효과적이다. 초기에는 필요에 따라서 조용한 장소에서 개별적으로 지도할 수도 있으나, 가능한 한 일반화의 원칙에 따라 자연스러운 환경에서, 정해진 식사 시간에 지도한다 (Bigge, 1991).

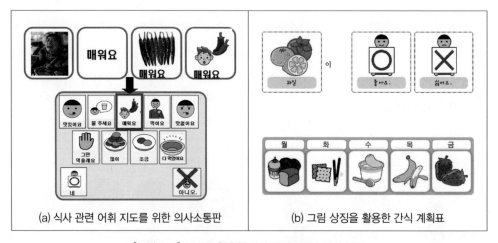

(a) 식사 관련 어휘 지도를 위한 의사소통판 (b) 그림 상징을 활용한 간식 계획표

[그림 8-5] AAC를 활용한 식사 관련 의사소통의 지도

출처: 국립특수교육원(2014), p. 175.

(6) 위루관을 이용한 식사지도

음식물을 입으로 가져가 삼키기 좋은 상태로 씹은 후에 인두, 식도를 거쳐 위에 도착하는 과정을 연하과정이라고 한다. 연하기능이 원활하게 이루어지지 않으면 음식물을 삼키는 매우 짧은 시간 동안에 음식물이 기도로 흘러 들어가거나, 질식이나 흡인성 폐렴 등의 문제가 발생할 수 있다.

입으로 식사하기 어려울 때 선택하는 방법이 튜브 섭식이다. 입으로 식사하더라도 식사량이 충분하지 못할 때 의료진은 식사 과정의 경련과 삼킴장애 등의 어려움을 종합적으로 고려하여 튜브 섭식을 결정한다. 콧줄을 통해 영양을 섭취하는 비위관(L-tube)이나 복부에 구멍을 뚫어 위장관에 직접 관을 연결하는 위루관(Percutaneous Endoscopic Gastrostomy: PEG) 삽입은 학생의 식사 기능 잔존 능력, 인지 기능, 내과 상태 등을 고려하여 결정한다.

위루관을 이용한 식사는 다음 사항을 숙지하여 청결하고 안전한 식사가 되도록 유의한다.

〈표 8-4〉 위루관 식사 시 유의 사항

- 위루관으로 음식물을 주입하기 전에 감염을 방지하기 위해 손을 깨끗이 씻는다.
- 음식물의 역류를 막기 위해 음식물을 주입하는 동안과 주입한 후 1시간 정도는 상체를 45~90°로 세워 앉은 자세를 유지한다.
- 주입할 음식물은 냉장고에 보관하되, 주입 전에 실내 온도만큼 따뜻한 정도를 유지한다. 먹다 남은 음식은 냉장 보관하더라도 24시간 이내 사용하지 않는다면 폐기한다.
- 음식물 주입 시 위루관 삽입 부위로부터 길이의 변화가 있는지 확인하며 위루가 막히거나 중간에 새어 나오는지 주의한다.
- 평상시에도 위루관 주변의 피부 자극, 위루관 막힘 등에 유의한다.
- 위루관의 위치 변화나 빠짐 예방을 위해 통 목욕, 수영을 자제하고, 충돌의 위험이 있는 운동은 제한한다.

위루관을 이용한 식사는 입으로 직접 음식물을 먹는 것이 아니어도 식사의 과정이기 때문에 바른 식사 태도를 지도한다. 식사 과정에서 일방적으로 튜브를 통해 필요한 영양분을 넣어 주어 수동적으로 먹게 하는 것이 아니라 식사할 준비를 하고, 음식에 대한 주의를 기울이게 하여 식사 활동에 능동적인 참여자가 될 수 있도록 지도한다(Valentini, 2012). 또한 식사를 보조하고 지원할 때 발생할 수 있는 문제상황과 그에 따른 조치 방법을 숙지한다.

〈표 8-5〉 위루관 식사 중 문제와 응급상황 조치 방법

문제상황	발생원인 및 증상	조치
사례 또는 흡인	• 음식이 기도로 들어가서 발생하는 문제임 • 구토를 하거나 음식물의 역류가 발생할 때, 누워서 영양을 공급받을 때 발생함 • 심장 박동이 빨라지고, 호흡이 짧아짐	• 즉각 튜브 영양 공급을 멈추고 병원에 연락함 • 호흡 곤란 증상이 올 경우 119에 호출함
튜브 이탈	• 학생이나 다른 사람의 실수로 튜브나 장치가 빠짐 • 일부 위루관은 튜브나 장치가 대체되지 않으면 몇 시간 내에 닫힘	• 튜브 영양 공급을 즉시 중단함 • 비위관은 병원에서 튜브를 교체하고, 위루관은 깨끗한 수건 등으로 유출을 막으면서 병원으로 이동함

메스꺼움, 구토 및 경련	• 영양 공급을 너무 빨리하거나 튜브와 위장 안으로 들어가는 절차상의 실수로 발생함 • 위장 내에 있는 음식물이 빨리 비워지지 않거나, 너무 많은 양이 주어질 때, 유동식이 너무 빨리 공급될 때 발생함	• 내용물의 온도 등 내용물의 준비가 잘 되었는지 확인함 • 음식물 주입 시 공기가 들어가지 않도록 주의함 • 복부 팽만, 오심, 구토가 있으면 속도를 줄이고, 만약 속도를 줄였는데도 변화가 없다면 주입을 중지함
설사	• 메스꺼움, 구토 및 경련과 같은 이유로 발생함	• 설사 증상이 나타나면 탈수 상태가 되지 않도록 주의함 • 어지러움, 구토 및 경련에 명시되어 있는 절차를 따름
감염	• 튜브 주변의 감염이 발생함	• 튜브 주변이 붉거나 의심스러운 증상이 있으면 병원을 방문함 • 튜브 영양 공급의 상태에 관한 정밀 검사를 통해 주변의 붉은 피부, 열감 등 초기 징후를 발견함
위 속 내용물 유출	• 음식물의 공급 튜브나 피부 접착 장치가 안전하게 닫히지 않음	• 클램프가 꽉 닫혀 있는지 확인 후, 닫혀 있어도 새고 있으면 튜브를 교체함
튜브 막힘	• 물이나 다른 유동식이 장치를 통해 흐르지 못하여 발생함 • 유동식 찌꺼기나 알약 조각, 약물 간의 불화합성, 잘 섞이지 않은 유동식으로 인해 발생함	• 정확한 절차에 따라 튜브를 짜냄 • 짜내도 계속 막힐 때는 주사기에 물을 넣은 다음 튜브에 꽂아 막힌 부분을 뚫어 주고, 그래도 막혀 있으면 병원에 연락함

출처: 경기도교육청(2018), p. 23 수정 발췌.

(7) 기도폐색의 예방과 지도

식사 기능은 호흡과 삼키기 기능 간의 협응이 필요하다. 식사 중 협응의 문제로 호흡이 차단될 상황을 대비하여 대처법을 인지한다. 기도폐색은 사전 경고 없이 발생한다. 그러나 구역질이나 그르렁거리는 천명음, 호흡이 거칠어지거나 얼굴과 입술이 파랗게 변하는 청색증은 기도폐색을 예측할 수 있는 경고 사인이다. 학생에게 나타날 수 있는 기도폐색 증상과 대처 절차는 IEP나 개별화건강관리계획에 기록하여 적절한 조치가 이루어지도록 한다(Bigge, 1991).

응급상황에서는 119에 즉시 신고하고 도착할 때까지 응급 처치한다. 심한 기도폐색은 빠른 처치가 필요하며, 즉각적인 치료가 이루어지지 않으면 뇌 손상, 호흡 부전, 사망에 이를 수 있다. 뇌세포는 4~6분간 산소가 공급되지 않으면 손상을 입게 되며, 드물기는 하지만 기도를 막았던 이물질이 입으로 빠져나오지 못하고 폐로 들어가면 폐렴이 발생할 수 있다(서울충남병원 Daum 백과, http:// 100.daum.net/cp/35). 하임리히법(Heimlich maneuver)은 기도 폐쇄 시 실시하는 응급 처치법이다. 이는 복부를 압박하여 학생의 흉부 압력을 높게 만들어 기도를 막고 있던 물질을 제거하는 방법이다. 이 방법은 훈련받은 사람이 실시하여야 하며, 교사 연수를 통해 응급 처치 방법을 습득할 것을 권장한다.

기도폐색은 자세에 따라서도 상습적인 음식물의 역류가 나타나기도 하므로 바른 자세 지도로 호흡장애를 예방한다. 음식물의 역류와 흡인을 막기 위해서는 자세 잡기(positioning)를 통한 예방이 중요하다. 음식이 기도로 유입되는 것을 방지하고 삼키기 쉽도록 식사 자세는 수직 상태를 취하는 것이 좋으며, 음식물의 역류를 막기 위해 식사 후 45분간은 이 자세를 유지하게 한다(Bigge, 1991). 앉은 자세에서 식사하는 것이 힘든 학생의 경우라도 상체를 최소한 30° 이상 세워서 먹도록 지도한다.

3. 화장실 사용하기

1) 화장실 사용하기와 관련한 문제

화장실 사용 기술을 학습하는 것은 제한적 환경에서 통합된 환경으로 교육적 배치 기회를 증가시키며, 비장애 또래와의 상호작용을 증진한다. 또한 가족의 양육 부담과 비용을 줄여 준다.

화장실을 사용하려면 특정 근육을 조절하는 신체 기능 외에 배뇨에 대한 인식과 옷을 벗거나 입고, 변기의 물을 내리고, 닦고, 손을 씻는 것과 같은 관련 기술이 필요하다. 또한 적절한 때와 장소에서 수행할 수 있어야 한다. 일반적으로 배뇨 및 배변 기술은 예측할 수 있는 순서로 발달하지만, 장애학생은 중추신경계의 결함으로 인해 배뇨감을 느끼지 못하거나, 운동 기능상의 어려움이 발생할 수 있다. 그러므로 지도 시 배변 훈련 준비도 평가가 이루어져야 한다. 장애학생의 배뇨 및 배변 기술은 개별화된 수정과 부분 참여를 통해 관련 기술의 일부를 수행하거나 대안적인 방법으로 지도한다.

신체 기능의 어려움이 있는 학생은 배뇨 및 배변 기술을 촉진하고 스스로 기능적으로 움직일 수 있도록 환경 조정과 수정이 필요하다. 휠체어 사용 학생을 위해 화장실 출입구는 91cm 넓이를 확보하고, 이동할 수 있는 공간을 확보한다. 이동을 위해서는 손잡이의 위치와 형태, 화장지걸이, 세면대, 거울, 수건걸이의 위치를 조정한다(Orelove et al., 2004).

2) 평가

중도·중복장애학생은 화장실 사용 기술을 익히는 데 방해 요인이 많다. 배변 활동에 필요한 근육의 제한된 움직임, 신체적 활동의 결여는 배변 활동을 방해한다. 또한 섬유질 섭취의 부족 등으로 인해 변비가 나타날 수 있으며, 스스로 처리하지 못할 때는 비뇨기 감염과 질환으로 이어질 수 있다. 그러나 성급하고 잘못된 배변 훈련은 변비, 설사, 야뇨증, 강박증이나 화장실 가는 것에 대한 기피 또는 두려움을 유발할 수 있다.

대부분의 아동은 2~3세 사이에 소변이나 배변을 조절하는 능력을 배운다. 중도장애학생의 화장실 사용 훈련에 관한 초기 연구에서는 개인의 인지발달과 생활연령이 직접적인 관계가 있는 것으로 보았다. 그러나 인지발달과 생활연령은 배변 기술의 결정적인 요소는 아니다(Westling et al., 2021). 물리적 단서를 인식하는 능력, 적절한 화장실 사용 기술의 중요성에 관한 사회적 인식, 다른 학생을 모델링하는 것 등의 요인이 더 큰 영향을 미칠 수 있다. 화장실 훈련의 준비도를 파악하기 위해 중요하게 살펴보아야 하는 요인은 다음과 같다(Westling et al., 2021).

- 비교적 예측 가능한 배변 패턴이 있는 경우
- 옷이 젖거나 배변하지 않고 마른 상태를 1~2시간 정도 유지할 수 있는 경우
- 생활연령이 최소한 2.5세 이상인 경우

화장실 훈련을 하려면 보행능력, 소근육 운동 능력, 수용 언어, 시각 능력 등이 필요하다. 그러나 이러한 능력은 교육의 전제 조건은 아니며, 더 중요한 것은 생리적 발달의 적절성을 파악하는 것이다. 신체적 준비도가 의심된다면, 부모와 교사는 훈련에 앞서 의학적 검진을 받아야 한다. 학생에 따라서는 의학적 문제로 인해 배뇨를 느끼지 못하는 기능적 문제일 수 있다. 이때는 의료 전문가와의 협력이 필요하다.

3) 지도 전략

(1) 화장실 사용 기술의 3단계 지도

중도 · 중복장애학생의 화장실 사용 기술은 규칙적인 배변 습관을 형성하거나 배뇨의 느낌을 표현하는 것을 목표로 지도한다. 화장실 사용 기술은 다음의 세 단계로 지도한다 (Farlow & Snell, 2000).

- 1단계(배변 습관의 형성): 배변 습관은 규칙적인 일과에 따라 화장실에서 방광과 장운 동을 촉진하는 것이다. 배변 패턴이 밝혀지면 10분 전에 화장실에 데려가고 변기에 5분간 앉힌 후 교실로 돌아온다. 이때는 변기에 바르게 앉아 있을 수 있도록 손잡이 를 만들어 주거나 발판을 사용한다. 좁은 공간에 대한 거부감이 있는 경우 화장실 문을 열어 두거나 접이식 문, 커튼 등으로 수정한다.
- 2단계(배변 욕구의 표현): 교사는 배변 욕구를 의미하는 단어나 신호에 민감하게 반응 하고 일관성 있게 사용하도록 지도한다. 표정이나 바짓가랑이를 잡아당기는 등의 표현을 할 때는 즉각적으로 적절한 행동을 취해야 하며, 이후 다른 사람이 보아도 알 수 있는 객관적인 표현 방법으로 수정하여 지도한다. 화장실의 의미를 뜻하는 물 건(예: 변기나 욕조의 미니어처 등)이나 사진, 그림 등을 이용하는 것도 좋은 방법이다. 화장실 사용을 지도하기 위해서는 말이나 그림카드, 손담 등 AAC를 활용하여 화장 실에 가고 싶은 의사를 표시하도록 지도한다.
- 3단계(스스로 배변 욕구를 느끼고 화장실 이용하기): 진정한 의미에서 독립적인 화장실 사용 기술은 배변 처리과정 전체에 참여하는 기술이다. 배변 욕구를 인식하고 배설 하기, 닦기, 손 씻기, 배설 후 돌아오기 등을 포함하는 일련의 연속된 행동을 포함하 는 전체 기술을 습득해야 한다(Bailey & Wolery, 1992). 이 단계에서는 혼자서도 능숙 하게 사용하도록 지도한다. 많은 학생이 이 단계에 이르지 못할 수 있으나, 부모와 협력하여 IEP 목표에 포함하고 일과 중 반복 연습을 통해 지도한다.

(2) 시간표 점검법

시간표 점검법은 계획된 시간에 맞추어 규칙적으로 화장실에 가서 일정 시간 동안 변기에 앉아 있도록 하는 것이다. 성공했을 때는 강화하고, 배설하지 않을 때는 정해진 시간이 지난 후에 화장실에서 데리고 나와 하던 일과를 계속하는 방법이다. 이는 일반적인 배변 훈련 방법이며, 장애학생에게는 추천할 만한 방법이 아니다(Bailey & Wolery, 1992).

장애학생에게는 수정된 시간표 점검법을 적용한다. 이 방법은 계획된 시간에 맞추어 지도하지 않고 학생의 배뇨 및 배변 패턴을 먼저 조사하여 지도계획을 수립하는 방법이다. 배뇨 및 배변 패턴은 2주간 취침 시간을 제외한 전체 시간을 15~30분 단위로 나누어 배설 여부와 장소, 섭취한 음식이나 음료의 양을 기록하여 파악한다. 기록된 내용을 분석하여 학생이 소변을 볼 확률이 가장 높은 두 개의 시간을 선정하여 훈련하는 방법이다. 만약 2주간의 조사에서 규칙적인 배뇨 및 배변 패턴이 나타나지 않을 때는 훈련 시기를 좀 더 늦추거나 자료 수집 기간을 연장한다.

〈표 8-6〉 배변 훈련 점검표

요일 시간	일 3/1	월 3/2	화 3/3	수 3/4	목 3/5	금 3/6	토 3/7	일 3/8	월 3/9	화 3/10	수 3/11	목 3/12	금 3/13	토 3/14
9:00	D	D	U	D	D									
9:15	D	U	D	D	D									
9:30	D	D	D	D	D									
9:45	U	U	U	U	Ⓤ									
10:00	D	U	U	B	D									
10:15	D	D	U	D	D									
10:30	D	D	D	U	U									
15:00	U	D	D	U	U									
15:15	D	D	D	D	D									
15:30	D	U	U	D	D									
15:45	D	D	D	D	D									
16:00	U	D	U	U	U									

기록 기준: U=소변(바지에 실수), B=대변(바지에 실수)
　　　　　Ⓤ=소변(변기에서 성공), Ⓑ=대변(변기에서 성공)
　　　　　D=마른 상태, L=식사 시간

(3) 교수적 촉진

다른 기술과 마찬가지로, 화장실을 사용 방법을 지도하기 위해서는 학생이 필요한 단계를 배울 수 있도록 촉진이 필요하다. 점진적 안내, 최소 촉진 체계(system of least prompting)와 같은 절차는 화장실을 이용하는 데 필요한 단계를 학습할 때 교사 개입을 줄여 학생이 성공할 수 있게 한다. 촉진은 옷을 내리고, 변기에 앉아 소변을 보고, 닦고, 일어나서 옷을 다시 입고 손을 씻고 닦는 등 화장실에서 필요한 과제를 분석하여 학생이 할 수 있도록 지시하기 위해 사용한다.

　예를 들어, 〈표 8-6〉의 배변 훈련 점검표에서 학생이 9:30에서 9:45 사이에 정기적으로 젖은 상태로 관찰된다면 그 시간대가 변기에 앉기를 지도하기에 가장 적절한 시간이 된다. 남학생은 소변을 보기 위해 서 있는 것을 가르쳐야 하지만, 초기에 배뇨와 배변 두 가지를 모두 지도할 때는 변기에 앉은 자세에서 지도하는 것이 수월하다.

　어떤 학생은 변기에 앉는 것을 싫어할 수 있다. 학생이 5분 이상 변기에 앉지 못할 경우, 교사는 칭찬과 사회적 관심, 유형의 강화제로 강화하여 점차 이러한 행동을 형성하게 한다. 처음에는 학생이 앉기를 시도하도록 지원하고 강화한다. 그런 후에 점차 좀 더 긴 시간(5초, 10초, 15초… 1분) 앉아 있도록 강화한다. 지도 초기에 화장실에 가는 것조차 싫어해서 소리를 지르거나 저항할 때는 화장실에 바로 들어가지 말고 화장실 근처를 걷는 등 보다 점진적인 접근 방식과 강화를 사용한다. 학생이 울거나 소리를 지를 때에는 너무 불쾌한 경험이 될 수 있으므로 화장실에서 나오게 한다. 대신에 화장실에 가까이 갈 때 그러한 행동을 형성하도록 매우 점진적인 패턴을 사용한다. 강화 전략의 예는 다음과 같다.

〈표 8-7〉 강화 전략을 사용한 배변 훈련 사례

　김 교사는 배변 훈련 점검표의 자료에 따라 민수가 소변볼 가능성이 가장 클 때, 충분한 시간 동안 화장실에 머무르게 했다. 민수가 화장실에 있는 동안 소변을 보면 충분한 칭찬과 나이에 적합한 사회적 강화를 제공했다. 예를 들어, "네가 무엇을 했나 볼래? 정말 잘했지? 바지가 안 젖었어!"라고 말해 주었다. 그리고 소변을 다 보고 나면 변기에서 바로 일어나게 했다. 교실로 돌아가서는 민수가 좋아하는 장난감이나 활동을 강화제로 제공했다.

　김 교사는 화장실이 아닌 곳에서는 사전 훈련 기간과 마찬가지로 정기적으로 바지 상태를 점검했다. 젖지 않고 마른 상태가 관찰되면 그때마다 강화했다. 강화할 때는 마른 상태와 강화를 연결하여 인지할 수 있도록 민수에게 바지 앞부위를 만져 젖지 않은 상태를 확인시켰다. 예를 들어, "아주 깨끗해!" "정말 잘했어!" "젖지 않았어!", "뽀송뽀송해!"라고 말해 주었다.

　훈련 중에 옷이 더러워지거나 젖으면 교사는 아무런 주의나 강화 없이 바로 갈아입혔다. 이때 약간의 실망감(예: "바지가 젖어 버렸네." "이렇게 젖어서 선생님이 정말 실망했어!")은 표현할 수 있으나 그 이상의 표현은 하지 않았다.

(4) 집중 연습

화장실 사용 기술을 지도하기 위해 배뇨의 횟수를 증가시키는 방법은 가장 흔하게 사용하는 방법이다. 집중 연습(massed practice) 방법은 물이나 음료를 많이 마시게 한 후 훈련기회를 증가시키는 것이다. 어떤 음료를 사용할 것인지는 건강상의 문제가 없는지 확인한 후에 결정한다. 음료에 따라 카페인이나 당분 등의 과다섭취가 되지 않도록 해야 하며, 수분의 과다섭취는 저나트륨혈증(hyponatremia)을 초래할 수 있다. 이는 신경학적인 증상을 일으키는데, 두통, 오심, 구토, 흥분 등의 증상에서 심하면 정신 이상, 의식 장애, 발작 등이 나타날 수 있으므로 반드시 의학적 평가 후에 시행한다(서울충남병원 Daum 백과, http://100.daum.net/cp/35).

행동수정이나 과잉교정 등이 효과적인 중재방법으로 알려져 있다 하더라도 사회적 맥락에서의 문화적 수용가능성을 고려하여 긍정적인 전략을 사용해야 한다(Brown et al., 2015). 실수했을 때 과잉교정이 강제로 제공된다면 학생의 자아 존중감을 훼손시킬 수 있으며, 반복적인 연습은 학생에게 벌로 느껴질 수 있다. 분리된 장소에서의 지도나 혐오적인 절차를 포함한 중재는 비효과적이다. 개인의 안전이나 존엄을 위해 필요한 경우를 제외하고는 분리하지 않고 또래와 동일한 활동으로 지도한다.

(5) 부적절한 행동의 지도

중도·중복장애학생 중에는 화장실에 가서 변기에 앉거나 물을 내리는 데 공포를 느끼는 학생도 있다. 이러한 문제점을 해결하기 위해서는 학생이 거부하지 않고 참여할 수 있는 활동을 먼저 지도한다. 예를 들어, 변기에 앉기를 거부하는 학생은 훈련을 시작할 때 손을 씻는다거나 거울을 보는 등의 행동을 먼저 지도하여 화장실에 가는 것을 거부하지 않을 때까지 기다렸다가 변기에 앉히는 것을 시도한다. 변기에 앉아 있는 채로 물을 내리지 않도록 유의하며, 물을 내릴 때는 학생에게 미리 알리고 난 후에 내린다.

닦기와 관련하여 민감성이 높아 거부감을 나타낼 때는 부드러운 휴지, 물휴지, 따뜻한 수건 등으로 대체하여 시도한다. 학생이 선호하는 재료가 무엇인지 파악한 후 지도하며, 다른 사람이 해 줄 때도 학생에게 수행해야 할 역할을 지도한다. 점진적으로 촉진의 양을 줄이고, 독립적으로 수행할 수 있도록 절차에 대한 그림이나 상징을 제시한다.

(6) 시각, 촉각적 단서의 활용

시각 손상이 있는 학생은 화장실 내의 환경과 구조를 훑어볼 수 없어서 말해 주지 않으면 어떤 상황인지 알 수 없다. 교사는 화장실 사용 기술을 지도하기 전에 화장실까지 이동하는 경로와 화장실 환경, 화장실 내 사물의 위치를 구조화하며, 모든 작업을 단순화, 조직화한다. 예를 들어, 시각중복장애학생의 경우 수도꼭지, 변기 물 내림 버튼 등에 점자 라벨이나 단서가 될 만할 시각적, 촉각적 단서를 사용하여 지도한다.

화장실 사용 기술을 지도할 때 습득 단계에서는 과제분석이 필요하다. 필요한 기술을 가르치기 위해서 각 단계에 해당하는 과제를 사진이나 그림으로 제시하여 순서대로 실행할 수 있도록 지도한다([그림 8-6] 참고). 이에 대한 세 가지 접근법(전진연쇄, 후진연쇄, 전체-과제 접근)은 다음의 옷 입고 벗기 기술의 지도 전략을 참고하기 바란다.

[그림 8-6] AAC를 활용한 화장실 사용 기술 지도 전략

4. 옷 입고 벗기

1) 옷 입고 벗기와 관련한 문제

옷을 입고 벗는 기술은 몸의 거의 모든 부분을 움직이는 연속된 행동반응으로 구성된 기술이다. 일반적으로 간편한 방법으로 옷을 입고 벗는 데 협조하기까지 12개월이 걸리

고, 완전히 수행하기까지 5년 혹은 그 이상이 걸린다(Bailey & Wolery, 1992). 장애학생의 경우, 착탈의 기술을 학습하는 데 여러 가지 이유로 어려움이 있지만 기술이 습득되면 용모가 단정해지고, 자신의 만족감과 성취감이 높아져서 또래와의 상호작용에도 긍정적 영향을 줄 수 있다.

신체적 장애로 인해 스스로 하지 못하는 학생은 부분 참여하게 하여 모든 단계의 기술을 독립적으로 수행하지는 못하더라도 각 단계에서 도와주는 사람에게 협조하는 역할을 지도한다. 예를 들어, 셔츠를 입힐 때 학생에게 팔을 들게 하고, 익숙해진 후에는 팔을 소매에 반쯤 넣고 점차 학생 스스로 팔을 뻗도록 유도한다.

착탈의 기술의 지도는 장애의 유형과 정도에 따른 지도가 필요하다. 나이와 특성, 가족의 요구, 환경 등의 여건에 따라서도 필요 기술이 달라질 수 있다. 예를 들어, 초등학생의 경우에는 옷을 개거나 서랍에 넣는 수납 기술, 중학생은 세탁기 사용 기술, 고등학생은 청결하고 단정한 옷차림을 하거나 기본 메이크업과 머리 손질하기 등의 다른 목표가 필요하다. 그러므로 무엇을 어떻게 지도할지 결정할 때는 사회적으로 적합하고 가족의 문화를 존중하여 지도한다.

2) 평가

옷 입고 벗기 기술을 지도하기 위해서는 학생의 준비도 평가, 선수 기술 평가, 선호도 평가가 이루어져야 한다. 준비도와 선수 기술 평가는 옷을 입고 벗는 기술을 학습할 준비가 되었는지 점검하는 절차이다. 최소한 교사의 지시를 이해하고 따를 수 있어야 하며, 모방 기술이 있어야 좀 더 쉽게 학습 가능하다. 옷을 입고 벗는 데 필요한 기술은 옷의 구조, 형태, 기능에 따라 다양하나 공통적으로 요구되는 선수 기술은 다음과 같다.

- 자세 잡기와 균형 유지 능력: 옷을 입고 벗는 동작은 연속된 움직임이므로 신체의 균형을 유지하면서 신체의 부분을 조정할 수 있어야 한다.
- 한쪽 팔의 자발적 운동 기능: 최소한 한쪽 팔을 스스로 움직일 수 있어야 한다.
- 소근육 동작 기능: 팔을 움직이는 동안에도 옷깃을 잡거나 단추를 잠그는 등 손으로 잡는 동작을 유지할 수 있어야 한다.

옷 입고 벗기 기술은 일상생활 속에서 독립적으로 수행하는 것을 목표로 하여 개별 학생의 수준에 적절한 단계의 평가와 지도가 필요하다. 옷 입고 벗기 기술의 지도 및 평가 단계는 〈표 8-8〉과 같다.

〈표 8-8〉 옷 입고 벗기 기술의 지도 및 평가 단계

	단계	지도 내용
1	학생 관찰	기술 수행 정도와 현재 환경에서 필요한 기술이 무엇인지 관찰한다.
2	부모 및 양육자 상담	부모와 상담하여 필요한 기술의 영역을 정한다. 생활 속에서 시급히 지도해야 할 문제와 충분히 연습할 수 있는 환경 조건을 점검한다.
3	과제분석	우선순위로 선정된 기술에 대해 과제를 분석한다. 수행에 어려움을 보이는 단계가 무엇인지 파악한다.
4	지원의 형태와 정도 결정	과제 수행 시 필요한 지원이나 촉진의 형태, 정도를 결정한다.
5	과제 수행 지도 및 기록	학교와 가정이 협력하여 동일한 방법과 절차로 지도한다. 일정한 실시 횟수나 조건을 기록하고, 수행 여부에 대해 구체적으로 기록한다.
6	수행 평가 및 계획 조정	일정 기간이 지난 후에 성취 정도에 대해 평가한다. 평가 결과에 따라 필요한 경우 계획을 수정한다.

선호도 평가는 학생의 성별, 문화, 개인의 취향이나 관심을 살펴보는 것으로 의사소통판이나 옷 사진이 있는 잡지 또는 광고지, 인터넷 쇼핑몰의 사진 등을 활용하여 조사할 수 있다. 옷 스타일에 관한 선호도 외에 머리 모양, 액세서리, 화장 등을 파악해 볼 수 있다. 그 밖에 또래의 모습이나 나이에 적절한 스타일 등을 살펴보는 것도 도움이 된다.

3) 지도 전략

(1) 옷 입고 벗기의 단계별 지도

착탈의 기술은 학생의 신체 기능과 인지 능력에 따라 개별화된 목표를 수립하여 지도한다. 옷 입기 기술은 생활에서의 중요도와 빈도, 부모 요구의 우선순위, 의복의 특징 등을 고려하여 계획한다. 옷 입고 벗기의 단계별 지도 내용은 〈표 8-9〉와 같다.

〈표 8-9〉 옷 입고 벗기의 단계별 지도 내용

단계	지도 내용	예시
1	스스로 하지 못하여 성인이 전적으로 해 줄 때 협력하도록 요구한다.	옷을 입히거나 벗길 때 울거나 저항하지 않도록 천천히 지도한다.
2	규칙적인 일과 내에서 특정 단계 행동을 예측하고 약간의 책임을 지게 한다.	티셔츠를 입힐 때 머리가 잘 들어가도록 고개를 숙이게 한다.
3	규칙적인 일과 내에서 몇몇의 행동은 독립적으로 수행하게 한다.	바지 안으로 다리를 넣어 주면 바지를 잡고 허리까지 끌어 올리게 한다.
4	규칙적인 일과에 대해 독립적으로 수행하게 한다.	성인이 직접 도움을 주지 않더라도 지켜보는 가운데 스스로 옷을 입게 한다.
5	모양새를 갖추어 옷을 입는다.	단추나 지퍼를 잠가서 단정하게 옷을 입는다.

(2) 옷 입고 벗기의 지도 전략

옷 입고 벗기 기술은 최소한의 감독과 지도로 독립적인 수행을 촉진하는 것이다. 구조화된 공간보다 풍부한 자극이 있는 자연스러운 일상에서 일과에 근거한 중재(routine-based intervention)가 기술을 촉진하는 데 효과적이다(Bailey & Wolery, 1992). 예를 들어, 점퍼를 입거나 벗을 때 지퍼 올리기와 내리기를 연습하는 것은 적절하지만 교재교구를 이용해 반복 연습하는 것은 부적절하다. 인위적인 상황에서 학습이나 교재를 이용한 지도는 일반화의 어려움이 있다. 옷 입고 벗기의 지도에 사용되는 지도 전략은 〈표 8-10〉과 같다.

〈표 8-10〉 옷 입고 벗기의 지도 전략

지도 전략	지도 내용
점진적 안내 (graduated guidance)	• 교사가 학생의 손을 잡고 옷 입기 순서에 따라 각 단계를 안내해 주는 것이며, 주로 전체-과제 접근으로 지도함 • 점진적 안내법은 지도 초기에 교사가 개입하여 전체적 신체보조로서 집중적인 촉진을 제공하는 것이며, 점차로 촉진을 줄여 나가는 방법임 • 예를 들어, 옷 입기를 지도할 때 처음에는 학생의 손 위에 교사의 손을 포개어 모든 과정을 같이해 주는 것에서 시작하고, 점차로 교사는 손을 잡아 주던 것에서 손가락으로만 보조하거나 손목, 팔꿈치 등만 살짝 건드리는 것으로 촉진을 제공하고 스스로 하도록 지도함
최소-최대 촉진 (least-to-most assistance)	• 학생이 독립적으로 수행할 수 있도록 보조의 양을 점차적으로 늘려 나가 과제분석의 각 단계를 수행하도록 촉진하는 방법임

전진연쇄 (forward chaining)	• 옷 입기 과제들을 여러 단계로 나누어 첫 단계부터 가르친 후 습득되면 다음 단계를 지도함 • 첫 단계를 완벽하게 수행할 수 있도록 촉진과 보조를 제공하고, 나머지 단계에서는 전적인 보조를 통해 각 단계를 수행함 • 첫 단계가 완벽하게 숙달되었을 때 다음 단계도 절차에 따라 지도함
후진연쇄 (backward chaining)	• 여러 단계의 옷 입기 과제 중 마지막 단계를 제외한 모든 단계를 안내와 도움을 받으면서 하게 한 후 마지막 단계만 지도함 • 마지막 단계가 숙달되었을 때 그 전 단계의 기술을 지도함 • 전체 단계의 기술을 학습할 때까지 한 단계씩 후진하여 내려오는 방법임 • 후진형 교수법은 각 단계를 학습할 때마다 전체 단계를 완성할 수 있기 때문에 자연적 강화로 인해 동기 부여가 된다는 장점이 있음(Alberto & Troutman, 2003)
전체-과제 접근 (whole-task approach)	• 옷 입기를 지도할 때 성취 여부와 관계없이 옷 입기의 모든 단계를 동시에 지도하는 방법임 • 가장 효과적인 교수방법으로 권장됨(Bailey & Wolery, 1992)
관찰학습 (observational learning) 또는 모델링 (modeling)	• 직접 지도하는 과정에서 계속적인 언어적 촉진과 칭찬을 제공할 수 있고, 언어적 촉진을 제공하지 않더라도 직접적인 신체적 연습 없이 시각적으로 모델의 시범수행을 보는 것만으로도 학습이 됨 • 직접 지도하는 과정에서 계속적인 언어적 촉진과 칭찬을 제공할 수 있고, 언어적 촉진과 칭찬을 제공하지 않더라도 다른 학생의 행동을 관찰하는 것이 학습의 기회가 되기 때문에 일상생활 기술을 지도할 때 효율적인 전략임(Wolery, Ault, & Doyle, 1992)

그 외에 장애학생의 일상생활 기술을 교수하는 데 효과적인 방법으로 알려진 것은 비디오 모델링(video modeling)이다. 비디오 모델링은 발달장애학생에게 다양한 행동과 기술을 지도하는 데 유용한 절차이다. 과제 참여 전에 학생은 적절하게 과제를 수행하는 유능한 학생의 비디오를 관찰한다. Dowrick과 Raeburn(1995)의 연구에서는 장애학생에게 옷 입기 기술과 관련한 자기모델링 비디오를 보여 준 결과, 자기의 모습이 담긴 비디오를 보는 것만으로 옷 입기 기술 습득에 긍정적 효과를 나타냈으며, 시간이 지난 후에도 습득된 기술은 유지되었다. 비디오 자기모델링(video self-modeling)은 학생이 수행한 기술 중 잘못 수행한 부분은 삭제하고, 핵심적인 요소가 포함되도록 편집해서 동영상으로 만든 후 자신이 수행한 장면을 보면서 학습하게 하는 방법이다(Brown et al., 2015). 비디오 자기모델링은 청소년의 위생 관리, 면도하기, 침대 정리 등 일상생활 기술을 지도할 때 사용할 수 있다(Delano, 2007; Mechling, 2005).

(3) 옷의 선택과 수정

처음 옷 입고 벗기를 지도할 때는 옷의 선택과 수정이 중요하다. 효율적으로 입고 벗을 수 있어야 하며, 학생의 동기유발을 위해 외관상의 모습도 좋아야 한다. 그 밖에 고려할 사항은 다음과 같다.

- 옷의 재질: 느슨하게 짜인 면이나 울 등의 천연 섬유 또는 함기성 있는 혼방이 체온 조절을 돕고 신축성이 좋다. 나일론 소재는 바른 자세를 유지하거나 이동시킬 때 옷 감이 밀릴 수 있으므로 피한다. 편안함, 내구성을 고려하여 튼튼하게 이중 처리된 솔기가 좋다.
- 옷의 색: 옷감은 침이나 음식물 등의 얼룩을 덜 보이게 하는 어두운색이 좋으나, 학생의 취향을 존중하여 선택한다.
- 옷의 장식: 초기에는 운동 기능에 따라 과제의 난이도를 고려하여 장식(단추나 지퍼 등)이 없는 옷으로 연습한다.
- 옷의 크기: 신체 경직이 있거나 근긴장도가 높거나 보조기기를 착용한 학생은 꼭 맞는 옷보다 큰 사이즈의 옷으로 연습한다. 폭이 넓은 옷이 입고 벗기 쉽다.
- 지도 순서: 옷을 입는 것보다 벗는 것을 먼저 지도한다. 단추나 지퍼, 끈도 여는 것보다 푸는 것을 먼저 지도한다.
- 기타: 사용하기 편하도록 주머니가 큰 옷, 여닫기 좋은 큰 단추, 손잡이가 있는 지퍼, 쉽게 여밀 수 있는 벨크로 장식 등 장애 특성을 고려하여 독립적 수행을 촉진하는 옷을 선택한다. 그러나 수정된 것으로 인해 비장애학생과 다르게 보이거나 두드러져 보이지 않도록 유의한다.

(4) 기술의 일반화와 유지

옷 입고 벗기 기술이 습득되면 기술에 대한 숙련도를 높이기 위해 교사는 독립적으로 수행할 기회를 더 많이 제공한다. 지도과정에서 제공되었던 촉진과 모델링, 강화를 소거하고 스스로 완수할 수 있도록 한다. 습득된 기술은 다양한 크기와 종류의 옷을 사용하여 자극에 대한 일반화를 점검하고, 다양한 보조자나 훈련자와 수행하게 하여 대상에 대한 일반화와 모든 환경에서 수행할 수 있도록 장소에 대한 일반화를 촉진한다. 옷 입고 벗기 기술의 효과적인 유지 전략은 다양하게 알려져 있다. 순서에 따라 할 수 있는 사진 스케줄이나 자기 점검표, 녹음 메시지, 비디오테이프 및 동영상 등은 수행을 촉진하고 수행 여부를 스스로 점검할 수 있도록 하는 데 유익하다.

중도·중복장애학생의 일상생활 기술 지도는 학생의 흥미와 관심사를 바탕으로 생활에서 경험한 내용을 다룰 때 가장 의미 있는 활동이 될 수 있다. 생활 주변에서 경험할 수 있는 내용, 실생활과 연관된 내용을 지도하는 것은 학생의 적극적인 참여를 끌어낼 수 있으며, 궁극적으로는 삶의 질을 높이는 데에도 이바지한다. 그러나 일상생활 기술의 지도 내용과 방법을 계획하고 실행할 때는 학생의 장애 상태가 매우 다양하고 복잡한 만큼 개인의 선호도, 환경 여건, 준비도에 따라 필요한 핵심 기술을 중심으로 개별적으로 접근해야 한다. 또한 일상생활 기술은 현재의 생활뿐만 아니라 미래의 독립적이고 생산적인 개인으로 성장하는 데 필요하므로 학교교육을 통해 가정을 포함한 전문가팀과 협력하여 체계적으로 지도한다.

참고문헌

경기도교육청(2018). 복합 특수학급 운영을 위한 중도중복장애 특수학급 운영 매뉴얼.

국립특수교육원(2014). 중도·중복장애학생 의사소통 교수·학습자료: 기능적 읽기와 쓰기. 충남: 국립특수교육원.

김정연, 이금진, 김은숙, 김주혜, 박지연(2005). 의사소통 장애아동을 둔 가족의 어려움과 지원요구에 관한 질적 연구. 언어청각장애연구, 10(1), 58-81.

박순희(2014). 시각장애아동의 이해와 교육(3판). 서울: 학지사.

박지연(2012). 장애인 가족지원을 위한 증거기반의 실제. 서울: 학지사.

이소현, 박은혜(2010). 특수아동교육(2판). 서울: 학지사.

Alberto, A. A., & Troutman, A. C. (2003). *Applied Behavior Analysis for Teachers* (6th ed.). Boston, MA: Pearson Education, Inc.

Bailey, D. B., & Wolery, M. (1992). *Teaching Infants and Preschoolers with Disabilities* (2nd ed.). 이소현 역(1995). 장애 영유아를 위한 교육. 서울: 이화여자대학교 출판부.

Best, S. J., Heller, K. W., & Bigge, J. L. (2005). *Teaching Indivisuals with Physical, Health, or Multiple Disabilities* (5th ed.). New York: Merrill.

Bigge, J. L. (1991). *Teaching Individuals with Physical and Multiple Disabilities* (3rd ed.). New York: Merrill.

Brown, F., McDonnell, J., & Snell, M. E. (2015). *Instruction of Students with Severe Disabilities* (8th ed.). 박은혜, 한경근 공역(2017). **중도장애학생의 교육**(8판). 서울: 시그마프레스.

Delano, M. E. (2007). Video modeling interventions for individuals with autism. *Remedial and Special Education, 28*(1), 33-42.

Dowrick, P. W., & Raeburn, J. M. (1995). Self-modeling: Rapid skill training for children with physical disabilities. *Journal of Developmental and Physical Disabilities, 7*(1), 25-37.

Farlow, L. J., & Snell, M. E. (2000). Teaching basic self-care skills. In M. E. Snell & F. Brown (Eds.), *Instruction of Students witn Severe Disabilities* (4th ed., pp. 331-380). New York: Merrill.

Mechling, L. (2005). The effect of instructor-created video programs to teach students with disabilities: A literature review. *Journal of Special Education Technology, 20*(2), 25-36.

Orelove, F. P., & Sobsey, D. (1996). *Educating Children with Multiple Disabilities: A Transdisciplinary Approach* (3rd ed.). Baltimore, MD: Paul H. Brookes.

Orelove, F. P., Sobsey, D., & Silberman, R. K. (2004). *Educating Children with Multiple Disabilities: A Transdisciplinary Approach* (4th ed.). Baltimore, MD: Paul H. Brookes.

Quill, K. A. (2000). Strategies to enhance social and communication skills. In K. A. Quill, K. N. Bracken, M. E. Fair, & J. A. Fiore (Eds.), *Do-Watch-Listen-Say, Social and Communication Intervention for Children with Autism* (pp. 111-181). Baltimore, MD: Paul H. Brookes.

Snell, M. E., & Brown, F. (2000). *Instruction of Students with Severe Disabilities* (5th ed.). New York: Merrill.

Valentini, J. L. (2012). *G-tube Feeding by a Busy Mom: The Tale of How I Fed My Child to Victory.* CreateSpace: Independent Publishing Platform.

Westling, D. L., Fox, L., & Carter, E. W., Da Fonte, M. A., & Kurth, J. A. (2021). *Teaching Students with Ssevere Disabilities* (6th ed.). Upper Saddle River, NJ: Pearson Education, Inc.

Wolery, M., Ault, M. J., & Doyle, P. M. (1992). *Teaching Students with Moderate to Severe Disabilities: Use of Response Prompting Strategies.* New York: Longman.

http://100.daum.net/cp/35 서울충남병원-Daum 백과
http://www.essentialaids.com 에센셜에이즈
http://www.maxiaids.com 맥시에이즈

가정과 지역사회생활 기술 교수

•

이명희

중도·중복장애학생이 가정과 지역사회의 생활에서 조금이라도 도움을 덜 받고 살 수 있으려면 스스로 생활하는 기술을 갖추는 것이 필요하다. 즉, 일상적인 가정생활과 하루의 일과 수행에 필요한 기술을 가르쳐 지역사회의 일원으로 살며 자기 스스로 결정하고 실행하는 능력을 갖도록 하는 것이다. 최근 들어 통합교육과 일반교육과정 접근이 강조되면서 교수의 초점이 기능적 기술만이 아니라 학업적 기술도 함께 가르치는 것이 필요하다는 관점이 대두되고 있으며, 이는 서로 상반되는 것이 아니다. 따라서 학교는 이러한 생활 기술 습득을 위한 교수내용 및 방법에 관심을 가져야 할 것이며, 이는 가족의 의견과 학생의 요구에 기반하여 개인중심으로 계획이 세워지고 전문가와 학교 밖 인력까지를 포함하여 협력적으로 이루어져야 한다. 최근에는 기계 기기가 발달하여 이를 사용하는 방법이 많이 보고되고 있다. 식사와 청소 등 가정생활을 위한 기술과 소비 기술 등의 지역사회생활 기술은 교수의 효과와 일반화를 위해 교수환경이 학교 안일 수도 있고 지역사회일 수도 있다. 이러한 다양한 교수환경에서의 효과적인 교수를 위해서는 다양한 교수방법이 필요한데, 이 장에서는 모의 수업, 지역사회중심 교수, 일반사례 교수 방법을 살펴보고자 한다.

1. 가정과 지역사회생활 기술 교수의 필요성

중도·중복장애학생 교육에서의 궁극적 목표는 가정에서 도움을 덜 받고 살고, 지역사회에서 자립해서 사는 생활일 것이다. 대부분의 사람은 체계적으로 수업을 받지 않아도 장을 보고, 음식을 준비하고, 빨래를 하고, 청소를 하고, 전화를 거는 것을 생활 속에서의 직간접적인 경험을 통해 배워서 할 수 있다. 이때 학교 교육과정에서의 국어, 수학, 사회 과목에서 배운 내용을 접목시키는 방법도 알게 되며, 대체로 집이나 지역사회 환경 내에서 부모나 형제 또는 친구들이 하는 행동을 보고 모방하면서 기술을 습득하게 된다.

하지만 중도·중복장애학생은 이러한 것들을 체계적으로 가르쳐도 습득하기 어려운 경우가 많아 중도·중복장애학생의 부모들은 자녀가 성장할수록 걱정이 커진다. 중도·중복장애학생은 인지적, 신체적인 한계로 인해 기술을 배우고, 조합하고, 기억해서 적절하게 사용하는 데 제한을 갖고 있다. 따라서 생활 기술의 일반화에도 어려움을 보여 학생이 특정한 기술을 배웠다고 하더라도 이를 다른 환경에서 적용시키지 못하는 경우가 많다. 복잡하고 어려운 기술의 경우 이러한 제한이 더 커지며, 중도·중복장애학생은 가정과 지역사회생활에서 필요한 기술을 배우려면 학교와 이외의 환경에서 직접적인 방법으로 배우는 것이 필요하다(Alwell & Cobb, 2009). 중도·중복장애학생은 학령기 이후 가정이나 시설에서 고립되어 생활할 확률이 상대적으로 높으나(이명희, 2017), 생활 기술 교수를 통해 혼자 할 수 있는 영역이 많아지면 지역사회시설과 자원을 이용하며 지역사회 구성원으로서 살아갈 수 있을 것이다.

최근 특수교육에서도 지역사회에서 독립적으로 생활하는 데 필요한 기술을 교수하는 데 많은 노력을 기울이고 있다. 최중도·중복장애학생의 경우에는 생활 기술 교수에 한계가 있지만, 학교 내외에서 교육과정 경험을 기초로 생활 기술을 가르치고 활동 참여를 증가시킨다면 그들 삶의 행복감을 증진시킬 수 있을 것이다(이명희, 2009).

2. 가정과 지역사회생활 기술 교수에서의 고려사항

가정과 지역사회생활 기술을 효과적으로 교수하기 위해서는 누가, 어떤 내용을, 어디서, 어떻게 가르쳐야 할지를 고려해야 한다.

첫째, 교수자에 대한 고려가 필요하다. 대부분의 특수교육 중재가 그러하듯이 중도·중복장애학생에게 가정과 지역사회생활 기술을 가르치는 것도 교사와 가족, 전문가, 지역사회서비스 지원인력 등이 협력하여 계획을 수립하고 교수하는 것이 필요하다. 나이가 어린 경우는 부모와 함께해야 효과적이며, 특히 초등학생들은 특별한 상황에서 가르치는 것보다는 또래들과의 일반적이고 자연적인 학교 활동 중에 가르치는 것이 더 바람직하다.

〈최유미 학생 이야기〉

유미는 15세의 중등도 지적장애와 청각장애를 가진 중학생이다. 부모님은 유미를 유치원과 초등학교, 중학교 모두 일반학교 특수학급에 보냈고 유미가 원하는 학교 내외의 여러 활동에 참여시키려 애를 썼다(미술 그리기, 만들기, 수영 등). 부모님은 현재 사춘기인 유미의 여러 욕구와 교육적 성취에 관심이 많다. 그러나 언젠가 유미가 독립적으로 그가 좋아하는 일로 직업을 갖고, 지역사회에서 활동하며 지내려면 지금 무엇을 해야 하는지 걱정과 고민이 시작되었다. 부모님은 앞으로의 삶을 위해 학교생활 외에 가정과 지역사회에서 현재와 미래에 필요한 기술들이 무엇인지를 유미의 전환교육계획에 넣고 선생님과 서로 협력해서 가르치기를 원한다.

둘째, 교수내용에 대한 고려가 필요하다. 장애학생도 가능한 한 일반교육과정에 접근하여 참여하도록 되어 있지만, 한편에서는 가정과 지역사회에서 필요한 기능적 기술을 먼저 가르쳐야 한다는 의견도 있다. 교사는 중도·중복장애학생의 교육에서 일반교육과정에의 접근이 논의되면서 학업적 교육과정과 기능적 교육과정을 조화시키는 것에 어려움을 느낄 수 있고, 일반 생활 상황에서 이러한 생활 기술을 가르쳐야 하는지 아니면 학교생활 경험 내에서 하는 것이 좋은지에 대한 고민이 있을 수 있다(Westling, Carter, Fonte & Kurth, 2021). 그러나 기능적 기술과 일반교육과정에 포함되어 있는 학업적 기술의 교수가 서로 상반되는 것은 아니라는 것이 다음과 같이 보고되고 있다. ① 학업적 기술을 가르치는 것을 더 중요하게 여기는 사람들조차도 기능적 기술의 교수에 반대하지는 않으며, ② 일반교육과정에 의해 현재 학업적 기술을 학습하는 중도·중복장애학생일지라도 개별화교육계획(IEP)에 기능적인 목표를 포함시키는 것이 가능하다. ③ 학업적 기술을 통해 가정과 지역사회생활에 대한 지식을 쌓음으로써 가정과 지역사회에서 성공적으로 살아가기 위한 기술의 효과를 배로 증가시킬 수 있고, ④ 교사들은 체계적인 계획을 세워 일반교육과정에 기능적·학업적 기술 두 가지를 모두 포함시킬 수 있다(Collins, Karl, Riggs, Galloway, & Hanger, 2010). 이에 따라 학생에게 식사 준비하기(기능적 생활 기술)를 가르치면서 수학, 읽기 및 과학(학업 기술)을 동시에 가르칠 수 있다고 보고하였고(Collins et al., 2010), 초등학생이나 유치원생 등의 경우에는 점심시간이나 간식을 먹은 후에 책상을 정리하고 닦기 기술을 지도하면서 '한 번' '두 번' 등의 수 개념과 언어 지도를 함께할 수도 있다.

셋째, 부분 참여에 대한 고려가 필요하다. 중도·중복장애학생의 경우 장애가 심하다는 이유로 지역사회에 기반한 교수에서 배제되는 경우가 있어서는 안 된다는 것이다. 장애가 심한 학생도 가정과 지역사회생활 기술을 연습하는 것은 그들의 삶에 있어서 매우 중요한 일이기 때문이다. 최중도·중복장애학생의 경우 가정 및 지역사회생활 기술에서 할 수 있는 부분이 아주 적지만, 하나의 지역사회생활 기술 습득을 통해 타인으로부터 도움을 덜 받게 하고 본인의 자존감을 높여 줄 수 있으며, 삶의 질을 향상시킬 수 있다.

예를 들어, 위험 시 빨간색 호출 버튼 누르기를 연습하면 화재 시 위험에서 생명을 구할 수 있다. 교사는 목표 기술이 단계적 학습을 통해 성취될 수 있음을 인지하며, 학생이 전체 활동에 참여하기 어려운 경우에는 부분적으로라도 다음과 같은 방법으로 참여할 수 있게 해야 한다. 즉, 과제분석을 통해 후진법을 사용하여 마지막 부분의 활동부터라도 학생이 실행해 보도록 연습하게 한다. 예를 들어, 세탁기 사용하기 연습 시 맨 마지막 버튼을 누르게 하여 세탁기를 작동하게 할 수 있다.

교수적합화를 통해 교재나 활동방법을 수정하여 중도·중복장애학생이 스스로 할 수 있도록 사전에 준비하여 제공한다. 예를 들어, 인지가 낮으며 손가락 기능 문제를 가지고 있는 학생이 버튼을 누르는 전화기 사용을 연습할 때 가장 많이 거는 단축번호에 빨간색으로 색 표시를 붙여서 연습하게 한다.

넷째, 교수환경 선택에 대한 고려가 필요하다. 가정과 지역사회생활 기술은 학교보다는 그 실제 환경 조건에서 직접 가르치는 것이 효과적인 기술이다. 중도·중복장애학생은 학교에서 배운 기술을 일반생활 환경에서 일반화하는 것을 어려워할 수 있다. 최근의 연구들은 학교 밖의 여러 환경(은행, 음식점, 도로, 가정 등)에서 생활 기술을 가르치는 것이 효과적임을 보고하고 있다(장혜성, 2004; 최윤정, 2004; Awell & Cobb, 2009). 즉, 안전한 길 건너기 교수를 위해서 실제 도로에서 신호등 보기와 길 건너기 연습을 하는 것 등이다. 그러나 이러한 교수를 위해서는 일반교육 경험 또한 필요하므로 교사는 생활 기술 교수를 학교 일과와 환경에 삽입해서 할 것인지, 학교를 기반으로 모의 수업을 할 것인지, 가정과 지역사회에서 실습을 할 것인지, 아니면 모의 수업과 지역사회 실습을 병행할 것인지를 고려하여 선택해야 할 것이다.

다섯째, 목표 장소와 기술을 결정하는 것에 대한 고려가 필요하다. 중도·중복장애학생은 가정과 지역사회 활동에 참여한다 해도 경도나 중등도 학생에 비해 생활 기술 습득이 쉽지 않다. 교사는 보편적인 가정과 지역사회 기술을 중도·중복장애학생에게 꼭 가르쳐야 하는 것은 아니며, 개별 학생마다 필요한 생활 기술 요구가 다르다는 점을 고려하여 개인 중심적으로 계획하고 교수해야 한다. 이러한 개별적 요구를 파악하기 위해 교사는 학생, 부모, 가족 구성원들과 어떤 장소가 교수에 적합하고 어떤 생활 기술이 가장 필요한지를 의논하여 결정하는 것이 바람직하다(Westling et al., 2021). 교사는 가족들이 그들의 필요에 가장 적절한 기술을 목표로 삼도록 가족을 도울 수 있고, 가족들이 사용할 교수전략을 개발하고, 부모가 가정에서 잘 가르칠 수 있도록 정보를 제공하며,

가정에서 전환·적용이 가능한 생활 기술을 학교 수업 중에 교수할 수도 있다(Brown, McDonnell, & Snell, 2015).

여섯째, 기계 기기(technology device)를 적용한 교수를 실행할 필요가 있다. 이제 우리는 일상생활에서 휴대전화로 친구와 교류하고, 전자레인지로 음식을 조리하고, 카드로 결제를 하며 살고 있다. 학교에서도 교사는 학생들에게 컴퓨터나 태블릿 PC, 휴대전화 등을 사용하면 기능적 기술을 효율적으로 가르칠 수 있을 것이다. 이는 전통적인 교수법과 더불어 사용할 수도 있다.

〈표 9-1〉 **기계 기기를 적용하여 가정과 지역사회 기술을 교수하는 일반적 단계**

1. 교수할 기술을 정하고 그 기술을 과제분석한다.
2. 전달할 모델이나 촉진을 제공할 기기(PC나 태블릿, 휴대전화 등)를 정한다.
3. 학생이 과제를 완수하도록 촉진이나 지시로 사용할 디지털 카메라, 음향기기, 시각적 매체 등을 정한다.
4. 교수를 위한 적절한 상황을 만들도록 수정된 소프트웨어를 사용한 매체, 시각적, 청각적 촉진 내용을 기기에 탑재한다.
5. 전달할 기기를 학생이 어떻게 사용하는지 과제분석을 한다.
6. 전통적 촉진절차(촉진체계 등)를 사용하여 기기 사용에 대해 학생에게 가르친다.
7. 학생이 독립적으로 사용할 때까지 필요하면 오류점검, 시도하기 등을 통해 기기 사용을 안내한다.
8. 학생이 과제를 완수하기 위해 기기를 사용하도록, 기기를 사용하여 촉진을 하고, 과제완수 데이터를 수집한다.
9. 일반화를 위해 비슷하고 새로운 기술을 시도해 보도록 과정을 반복한다.

출처: Westling et al. (2021), p. 260.

3. 가정과 지역사회생활 기술 교수내용

가정과 지역사회 관련 교육은 중도·중복장애학생에게 사회생활 기술을 가르칠 수 있는 중요한 기회도 제공한다. 이러한 기술의 습득 및 일반화는 중도·중복장애학생이 지역사회의 일원으로 받아들여지고 이들이 적절하게 생활할 수 있도록 도와주는데, 교사는 가정과 지역사회생활 기술을 가르치기 전에 학생의 나이, 학생과 가족의 선호도를 고려하여 가르칠 내용을 정해야 한다.

1) 가정생활 기술

중도(重度)장애인의 가정생활을 위한 기술은 〈표 9-2〉에 제시된 내용으로 나누어 볼 수 있다(Westling et al., 2021). 가정에 따라서는 특정한 집안일에 대한 중요도가 다를 수 있으므로 상황에 맞게 중요한 것부터 가르치는 것이 좋다.

〈표 9-2〉 중도장애학생이 배울 수 있는 가정생활 기술의 예

침대 정리하기
장난감이나 놀잇감, 게임기 등을 제자리에 두기
더러운 빨랫감을 세탁 바구니에 가져다 두기
반려동물에게 물과 먹이 주기
식사와 간식 준비하기
빨래 분류하기
욕실 수건을 걸기
방을 정돈하기
쓸거나 청소기 돌리기
설거지대에서 그릇 치우기
휴지통 비우기
개인이 속한 일에 책임지기

출처: Westling et al. (2021), p. 260.

(1) 식사와 간식 준비하기

식사와 간식 준비하기 수업은 끝난 후 그 음식을 먹을 수 있기 때문에 학생들이 재미있어 하는 시간이다. 여러 연구에서 경도·중등도·중도 지적장애인들이 다양한 음식을 준비하는 것을 배울 수 있다고 보고하고 있다(Alwell & Cobb, 2009; Mechling, 2008). 음식 준비 기술을 가르치는 것은 다른 것을 가르치는 교수와 크게 다르지 않다. 그러나 먼저 가족에게 학생이 배워야 할 요리나 음식물 준비에 대해 상의하여 어떤 것을 할지 결정하는 것이 좋은데, 부모들은 자녀들이 배우는 기술이 기능적이기를 바란다(예: 샌드위치를 혼자 포장하여 부모의 손이 가지 않게 하기). 또 학생의 나이를 고려하여 나이가 많은 경우에는 음식 만들기뿐만 아니라 음식 재료 준비도 가르치면 좋다. 식사 준비에서는 영양과 식품군을 고려하는 것을 가르쳐서 학생이 밥, 반찬, 국, 음료 등 전체 요리를 계획할 수 있게 지도한다. 이때 음식별 요리카드를 만들어서 걸어 두고 카드에 준비물 및 요

리방법을 적어 두면 학생이 선택하여 편리하게 사용할 수 있다. 요리방법은 그림이나 사진으로 제시해도 좋으며, 음식 재료를 준비한 후에는 과제분석 단계에 따라 지도하는데, 〈표 9-3〉은 라면 끓이기 기술에 대한 과제분석의 예이다. 요리카드를 만들 때 첫 번째 카드에서는 모든 재료를 보여 주고, 두 번째 단계 카드에서는 첫 번째 단계의 음식 재료를 빼놓기 등으로 단서를 제시하면 학생의 독립적 수행에 도움이 된다. 음식 준비에서도 기계기기를 사용한 교수가 소개되고 있다. 즉, 음식 만들기 교수에서 휴대용 DVD 플레이어를 사용하고 최소 촉진 체계를 적용하여 전자레인지의 햄버거 기능을 사용한 조리, 그릴에 치즈굽기 등을 효과적으로 교수한 사례(비디오 모델링, 비디오 촉진 등)가 보고되고 있다(Mechling, 2008).

〈표 9-3〉 라면 끓이기 기술 과제분석의 예

단계	라면 끓이기 기술
1	냄비에 물을 2컵(혹은 3컵)을 붓는다.
2	냄비를 불에 올리고 불을 켠다.
3	라면 봉지와 수프 봉지를 가위로 자른다.
4	물이 끓으면 냄비에 라면 국수와 수프를 넣는다(흘리지 않게 넣기).
5	타이머를 맞춘다.
6	타이머가 울리면 라면을 조리기구로 꺼내서 그릇에 담는다.

(2) 집안일 하기

중도·중복장애학생이 부모와 주변의 도움을 받아 수행했던 집안일을 조금이라도 스스로 할 수 있다면 자립생활이 더 가능해질 것이다. 주된 집안일은 청소와 세탁이며, 이는 학생의 나이에 따라 그 지도 내용과 단계가 달라진다. 즉, 어린 아동들의 경우 자신의 빨래를 세탁기에 갖다 두는 것까지만 하고 세탁기 사용은 가르치지 않는 경우가 많다. 집안일도 가족들을 면담하여 그 요구에 근거해서 내용을 정하는 것이 좋으며, 교사는 중도·중복장애학생이 가족 내에서 역할을 더 담당하며 생활하는 데 필요한 방향으로 지도 내용을 정하여 교수계획을 세워서 지도한다. 그러나 모든 집안일을 중도·중복장애학생이 다 배워야 하는 것은 아니며, 학생의 수준에 맞는 기술을 가르쳐서 가정에서 실제로 수행이 가능하게 하는 것이 중요하므로 일반화를 고려하여 가르쳐야 한다. 휠체어를 사용하거나 인지 능력이 낮아 수행할 수 있는 기술이 적은 중도·중복장애학생도 모든 집안일을 제외하는 것보다는 수행 수준에 맞추어 과제분석을 한 후 할 수 있는 작은 일이라도 교수하는 것이 필요하다. 특히 최중도 · 중복장애학생은 학령기 이후가 되면 활동보조인과 함께 생활하는 시간이 더 많아질 수도 있는데, 일상생활 전체를 지원받아야 하는 경우에는 활동보조인을 구하기 어려울 수 있다. 이에 스스로 할 수 있는 부분이 많아지면 활동보조인이 자주 교체되지 않고 마찰 없이 지내는 데 도움이 되므로 아주 작은 부분부터라도 집안일 하기 훈련이 필요하다. 〈표 9-4〉는 세탁 기술에 대한 중도 · 중복장애학생의 수행 가능한 능력을 체크하기 위한 과제분석내용으로 각 단계별 능력을 파악하여 목표를 수립할 수 있다. 물건 집기 도구 등 보조공학적 지원이나 기타 지원이 필요한 경우에는 함께 적어 두어 참고하여 지도한다.

〈표 9-4〉 **세탁 기술 체크리스트**

단계	내용	세탁 기술	완수	부분 완수	미완수	지원 여부
1	담기	빨래를 바구니에 담기				
2	분류하기	빨래를 세탁 종류별로 구분하여 분류하기				
3	세탁기 사용하기	세탁기에 빨래 넣는 것 돕기				
		세탁기 다이얼을 작동하기				
		세탁기에서 빨래 꺼내는 것 돕기				
4	개기	수건 개기				
5		옷 개기				

* 완수, 부분완수, 미완수에 대한 기준은 학생별로 정하여 ○표 한다. 지원을 받아서 가능한 경우에는 지원의 종류를 써 준다.

(3) 전화하기

전화하기는 응급 시 도움 구하기, 친구 부르기 등 많은 일상생활에 필요한 기술인데, 이는 일반 전화기나 휴대전화를 사용하여 수행하게 된다. 어떤 학생들은 쉽게 학습할 수 있으나 학습하기 어려운 학생의 경우 간단하게 가르치는 것이 중요하다. 즉, 중요한 사람 번호에 사진 이모티콘을 만들고 화면에 띄워 사진이나 단축키 누르기만 교수하는 방법 등이다. 대화에 적절하게 참여하기가 필요한 학생은 그것을 목표로 하고, 지역사회의 다양한 활동에 참여하기를 배우는 학생의 경우에는 전화로 정보를 얻는 방법을 가르치는 것이 필요할 것이다. 이 경우에는 전화 상대방에게 인사하기, 자신에 대해 소개하기,

대화 목적 말하기, 감사 인사 전하기 등의 전화 통화내용을 교수한다. 휴대전화 사용에 대한 하위 기술들은 〈표 9-5〉에 제시된 바와 같이 정리할 수 있으며, 손의 사용이 자유롭지 않은 지체장애학생들은 버튼식으로 되어 있는 화면이 큰 전화기를 사용하면 조작이 용이할 것이다.

〈표 9-5〉 **휴대전화 사용 기술**

휴대전화 사용하기	• 휴대전화 켜기 • 전화번호나 단축번호 누르기(또는 음성변환 버튼 누르기) • 대화하기 • 대화가 끝났을 때 종료 버튼 누르기 • 문자 아이콘 누르기 • 자음과 모음 누르기 • 문자 보내기 • 화면 없애기 • 하루 사용이 끝나면 충전기 충전하기

(4) SNS 사용

SNS(Social Networking Service)는 온라인상에서 사용하는 이용자들이 인적 네트워크를 형성할 수 있게 해 주는 서비스를 일컫는 말이다. 즉, 관계망을 구축해서 서로 의사소통하고 정보를 공유할 수 있도록 제공되는 온라인 서비스로 장애학생들도 많이 사용하고 있다. 그러나 사용 시 자신의 이름이나 특정 사항 등 개인정보를 무분별하게 올리지 않기, 잘 대해 주는 사람에 대한 경계(유혹이나 학대에 대한 방어 등), 댓글에 대한 예의와 주의 사항 등을 교수할 필요가 있다.

(5) 안전 기술 배우기

화재가 났는데 중도 · 중복장애인이 대피하지 못해서 화를 당했다는 이야기를 들어 본 적 있을 것이다. 일반인들이 위협이나 위험한 상황에서의 대처법을 배워서 사용하듯이 혼자서 잘할 수 없는 중도 · 중복장애학생에게도 대처법을 체계적으로 가르쳐서 위험 상황에 대비하도록 하는 것이 필요하다.

① 사고 예방과 응급 처치

많은 사고가 가정에서 일어난다. 중도·중복장애학생은 혼자서 일상생활을 다 수행하지 못하는 경우가 많지만, 사고 예방이나 응급 처치에 대해 기본적인 훈련은 필요하다. 과제분석을 통해 사고를 예방하는 방법을 체계적으로 교수하면 일부 사고는 미연에 방지할 수 있다. 중도·중복장애학생에게 난로나 드라이어 등의 전기용품 사용법, 목욕탕 사용법, 약물이나 깨진 그릇 등 위험물 주의하기, 위험 경고문 내용 알기 등을 알려 줄 필요가 있다. 또한 아픈 경우 자기점검을 하고 처치하는 절차에 대해 알려 주어야 한다. 즉, 가벼운 화상이나 외상, 벌레 물린 데에 약을 바르고 밴드 붙이기 등 우선적 처치법을 교수한다. 이러한 기술 교수에는 모의 상황을 만들고 직접 교수를 하는 것이 효과적이라고 연구되었는데, 즉 인형을 피가 나는 모습으로 꾸미고 처치법을 연습하게 하여 중도장애학생으로 하여금 모델링과 스스로 연습하기를 통해 배우게 하는 방법이 보고되고 있다(Westling, Fox, & Carter, 2015). 최근에는 휴대전화로 사진이나 영상 촬영이 보편화되고 있고 유튜브 등에서 좋은 훈련영상을 많이 찾을 수 있으므로 이러한 영상을 사용하여 실제에 가까운 교수효과를 내는 방법을 모색할 수 있다.

② 약 관리

지적장애나 뇌성마비, 시각장애 등을 동반한 중도·중복장애학생은 스스로 약을 먹고 관리하기가 어려울 수 있다. 이 경우 기계기기를 사용하여(예: 타이머를 작동하여 소리를 나게 하기, 빛이 나게 하기 등) 가능한 한 혼자 약을 먹도록 반복적 교수를 한다.

〈표 9-6〉 약 관리

내용	교수 내용	주의 사항
복용 시간	• 식후 30분이나 정해진 시간에 타이머를 울리게 하기(타이머에 빨간 줄 스티커 붙여 두기)	• 청각장애학생은 빛이 나는 알람이나 보조 공학기기 사용하기
약 먹기	• 스스로 따르거나 누를 수 있는 물병 사용하기 • 약을 삼키기 어려운 경우 시판되는 점도 증진제를 첨가하여 삼키기 • 정량의 약물 복용하기(물약통에 선표시)	• 내 약이 맞는지 이름이나 표식 확인하기 • 내 약을 다른 사람에게 주지 않기

약 보관	• 일정한 장소에 두기 • 한 번 먹을 양만큼 포장하여 두기	• 일정한 보관장소에 변별이 되도록 모양 스티커 등을 붙여서 표시해 두기 • 시각장애학생은 시중에서 파는 입체 숫자 스티커 등을 통에 붙여서 약이름 등을 변별하고 익히기 • 사용기한이 지난 약은 먹지 않기 • 사용설명서를 읽어 보기 • 약을 뜨거운 곳이나 애완동물이 올 수 있는 곳에 두지 않기
약 구입	• 안전상비약에 대해 알기(소화제, 진통제, 감기약, 지사제 등)	• 안전상비약은 슈퍼나 약국에서 간단하게 구입할 수 있음을 알기

③ 성교육

많은 중도 · 중복장애학생의 부모들은 자녀가 성장함에 따라 성적인 문제가 생기지 않을까 걱정하게 된다. 중도 · 중복장애학생은 그들의 성적 관심을 관리하고 성적 피해를 예방하기 위해서 성교육이 필요하나 그동안 피하거나 간과되어 왔다. 그 결과 지적장애 성인들은 일반인에 비해 성 지식이 부족하고 성에 대해 더 부정적일 뿐 아니라 임신 경험과 성병의 경험이 더 많은 것으로 보고되었다(McCabe & Cummins, 1996). 중도장애학생에게 성교육을 할 때는 교육 활동이 그들로 하여금 자신의 성을 남용하거나 프라이버시를 침해하지 않도록 주의해야 한다. 학교에서 성교육 시 비장애학생들의 교육자료를 그대로 활용해도 되지만 중도 · 장애학생은 이해하지 못할 수도 있음을 유의해야 한다. 성교육은 건강한 성적 태도와 행동을 갖도록 하는 것이 목표이며, 기본적인 성 관련 사실, 언제 어떻게 하는지에 대한 기술 알기, 긍정적 태도에 의한 느낌, 타인을 이해하고 존중하는 관계에 초점을 맞추고 발달적으로 적절하게 시행되어야 한다(Snell & Brown, 2011). 자신의 성에 대해 긍정적으로 생각하고 친밀하게 지내고 사랑하는 것은 개인의 삶의 행복을 높이는 요인이 될 것이다. 이때 가족과 협의하여 우선적으로 가르칠 기술을 선정하여 과제분석을 통해 지도하면서 학생의 진보를 체크하도록 한다. 여학생의 경우 개인위생 차원에서 월경에 대한 이해 및 처리방법을 교육하는 것도 필요하다(김주연, 2016). 또한 개인위생에서는 남녀 학생 모두 신체적으로 기능적 관리뿐만 아니라 깔끔하고 좋은 인상을 주도록 외모를 단장하는 것도 강조해야 한다. 즉, 학교나 지역사회 모임(예: 영화관 가기, 교회 가기 등)에 참석하기 위해서 좋은 옷 고르기, 머리스타일 알맞게 단장하기,

간단한 화장법 등에 대해 교수한다. 초등학령기 이후 사춘기를 지나며 자신이 잘생기고 아름답다고 느끼는 것은 학생의 자존감을 높일 수 있는 방법이다.

　가정에서의 일상적인 생활 가운데 성 개념이나 성에 대한 태도를 가르치는 것도 아주 좋은 방법이다. 즉, 부모의 동의를 얻어 목욕하는 과정에서 신체 부위별 명칭을 가르치거나 부모가 옷 입고 벗기나 자위행위 등은 침실이나 화장실 같은 사적인 공간에서만 가능함을 가르쳐 공적인 공간에서는 이러한 행동이 허용되지 않음을 알게 하는 것이다.

　이러한 성교육은 교사가 교수하기에 한계가 있을 수 있는데 부모의 협력을 얻어 실행하면 도움이 된다. 〈표 9-7〉은 생활에서 필요한 기본적인 성 관련 지식 습득과 이성에 대한 바람직한 성적 태도 익히기, 성과 관련한 권리와 책임에 대해 인식하게 하기, 지역사회에 바람직한 태도로 참여할 수 있게 하기, 성폭력에 대해 이해하고, 적절한 행동을 할 수 있게 하기를 목표로 개발된 성인장애인 성교육 프로그램의 예이다(김주연, 2016).

〈표 9-7〉 **성인 장애인 성교육 프로그램**

회기	지원단계	영역	주제	주요 내용	교수방법 및 자료
1	보편적 지원		오리엔테이션	• 오리엔테이션 – 프로그램 소개 및 라포 형성	• 강의 • 집단토의(규칙설정)
2	소그룹 지원	인간발달	신체	• 신체발달의 특징 알기 • 남자와 여자의 신체 구분하기 • 성과 관련된 신체부위 명칭 알기(엉덩이, 음경, 음순, 가슴)	• 인간 발달 단계 그림 • 남녀 신체부위 그림 • '성적 안전 삼각대'
3			성별 지원 (복습)	• (남) 자신의 성 관련 신체부위를 명칭과 연결하기 • (여) 자신의 성관련 신체부위를 명칭과 연결하기	• 남녀 교사별 수업 • 남녀 신체부위 그림/글자 카드, 박스 • '성적 안전 삼각대'
4			인식	• 남녀 성 이해하기(생리, 정자, 난자) • 생식기 위생관리 방법 알기 • 사적 공간, 공적 공간 구별하기	• 시청각 자료 • 그림 자료(사적 공간/공적 공간) • 그림 자료(음경/자궁, 정자/난자)
5			성별 지원	• (남) 자위 관리법 알기 • (여) 자위 관리법, 생리처리와 응급 시 대처방법 알기	• 남녀 교사별 수업-그림 자료(자위) • 그림 자료(화장실/욕실) • 그림 자료(사적 공간/공적 공간) • 생리대, 휴지

6		정서	• 결혼, 임신과 출산의 뜻 알기 • 결혼의 책임 알기 • 임신과 출산의 과정 알기	• 시청각 자료 • 결혼, 임신, 출산 그림 자료
7	보편적 지원	체험관 견학(Ⅰ)	• 남녀의 성적 신체부위(생식기) 명칭과 특징 알기 • 사적 공간, 공적 공간 구분하여 성적 행동을 해야 함을 알기 • 임신, 태아성장에 대한 체험하기	• 남녀 생식기 모형 • 자궁방 • 임신 체험 활동
8	소 그 룹 지 원	관 계	성적 행동	• 성적권리와 책임 (1) − 신체 접촉의 의미 알기 − 사적 공간과 공적 공간 구분하기 − 불법적인 성행동 구분하기 −성병에 대해 알기	• 시청각 자료 • 그림 자료(피임, 결혼, 사랑, 음란물, 성매매, 경찰, 성병) • 그림 자료(사적 공간/공적 공간)
9				• 성적권리와 책임 (2) − 성적절제, 경계 범위 설정하기 − 성관계와 임신의 관계 알기 − 피임의 의미와 방법 알기	• 시청각 자료 • 역할극(사례) • 그림 자료(임신부, 돈, 아기, 병원, 피임도구)
10			성별 지원 (복습)	• (남) 콘돔 구입처와 올바른 사용 방법 알기 • (여) 피임약 구입처와 복용 방법 알기	• 남녀 교사별 수업 • 시청각 자료 • 역할극(사례) • 지역사회 그림(약국, 병원, 편의점) • 남녀 피임자료
11			대인관계	• 이성 교제를 맺을 때 필요한 예절 알기 • 적절한 감정 표현하기(자기주장 메시지 전달법)	• 시청각 자료 • 지역사회참여(커피숍 이용) • 감정표현 사례 • 감정 카드 • 예절판
12			성별 지원 (복습)	• (남) 이성에게 지켜야 할 예절 알기 • (여) 자신의 감정을 전달하는 방법 익히기	• 남녀 교사별 수업 • 감정표현 사례 • 감정 카드 • 예절판
13			성폭력	• 성폭력 피해와 가해 구분하기 • 성폭력 예방과 대처법 알기	• 시청각 자료 • 성폭력 상황 그림 • '나를 지켜주는 손'
14			성별 지원 (복습)	• (남) 성폭력의 (가해)유형 알기 • (여) 성폭력의 (피해)유형 알기	• 남녀 교사별 수업-시청각 자료 • 성폭력 상황 그림 자료
15			자기결정	• 성폭력 판단, 거절, 보고기술 익히기 • 성폭력 상황에 대처하는 법	• 역할극(사례) • '성폭력 신고판' • '나를 지켜주는 손': 성폭력 보고용

| 16 | 보편적 지원 | 체험관 견학(II) | • 성관계에 따른 임신예방(피임)방법 알기
• 이성교제의 예절과 소중한 나에 대해 인식하기 | • 피임도구 체험
• 자존감 활동(하늘의 별) |

출처: 김주연(2016), pp. 48-49에서 수정 발췌.

* 이 프로그램은 기본적인 성지식과 태도의 향상을 목표에 두고, '인간발달'영역의 신체, 정서, 인식에 대한 주제를 프로그램 전반에 반복하여 적용한다. 또한 '관계'영역의 대인관계, 성폭력, 자기결정 주제들은 역할극이나 체험 등의 다양한 교수방법으로 실시하며 16회로 진행한다.

청소년의 경우에는 발달 단계에 따라 내용을 선별하고 발췌하여 교수할 수 있다. 최근 장애인에 대한 성적학대가 종종 보고되고 있고 이러한 성적학대는 낯선 사람이 아니라 주변의 지인인 경우가 많다. 교사나 부모는 성학대 방지 방법(반응)을 가르치고 실제 성학대 사건이 일어났을 때 알려야 함을 교육할 필요가 있다. 또한 최근 채팅 앱을 통해 장애여성을 유인하거나 그루밍하는 경우가 발생하고 있어 채팅 앱 사용에 주의하고 함부로 이성을 따라가지 않도록 가르쳐야 한다.

〈표 9-8〉 **성학대 방지 중점 행동기술 훈련프로그램**

성학대 방지 중점 행동기술 훈련프로그램 'No-Go-Tell'의 예	
대상	장애 성인 여성
목표	지원하는 직원으로부터 원하지 않는 성관계에 대처하는 방법 가르치기
방법 · 내용	• '만약 직원이 가슴을 만진다면 어떻게 해야 하지요?'라는 시나리오에 따라 역할놀이에 참여하기 　－1단계: No-유혹 또는 행동을 언어적으로 거절한다. 　－2단계: Go-상황에서 벗어난다. 　－3단계: Tell-믿을 수 있는 성인에게 사건을 보고한다. • Circle 교육과정과 No-Go-Tell 전략을 조합하기 　－예: "여자친구 또는 남자친구와 키스(입에 오랫동안 하는)는 서로 좋아할 때는 괜찮지만, 낯선 사람(혹은 동네 사람), 선생님, 혹은 가족 구성원과 하는 키스는 절대 안 돼요."

출처: 박은혜, 한경근 공역(2017), p. 480에서 수정 발췌.

④ 소방안전

중도·중복장애학생은 신체적·인지적으로 집이나 아파트, 학교의 교실이나 기숙사 등에서 불이 났을 때 혼자 대피하기 어려운 경우가 많다. 화재가 났는데 대피하지 못해 숨진 장애인에 대한 뉴스를 들어 본 적이 있을 것이다. 따라서 화재 모의 상황을 준비하여 각자 몸을 낮추어 이동하며 대피하는 방법을 교수하고, 문손잡이의 뜨거움 여부를 확인하고 창문을 열어 대피하도록 하는 실제 연습이 필요하다. 또 전화기를 사용하여 119에 전화 걸기를 연습하는 것도 필요하며, 움직이기 어려운 최중도·중복장애학생의 경우 방 안에 비상벨을 설치하여 누르도록 연습시키는 것도 한 방법이다. 우리나라의 학교기관은 정기 소방대피 훈련을 하고 있으므로 대피 훈련일에 실제 연습을 하면 더 효과적이다. 외부기관에서 만든 자료나 앱 등이 있으므로 이를 이용하면 교수에 도움이 된다. 또한 최근에는 안전의 중요성이 부각되면서 중도·중복장애학생 교육기관의 안전 대피시설 개선과 재난 및 안전사고 대응매뉴얼 개발과 보급의 필요성이 언급되고 있다(국가인권위원회, 2018).

2) 지역사회생활 기술

중도·중복장애학생의 성인기 소망은 지역사회 내에서 보통 사람의 삶처럼 살아가는 것이다. 중도·중복장애학생이 학령기를 지나면 부모는 노쇠하여 더 이상 자녀의 생활을 일일이 돌보기가 어려워진다. 그러므로 학생이 성인이 되어 시설에 가지 않고 지역사회에서 생활하려면 쇼핑방법을 알고 돈을 지불하고, 음식을 사고, 은행을 이용하는 것 등의 지역사회생활 기술이 필요하며, 부모에게 덜 의지하고 활동보조인 등의 도움을 덜 받을 수 있게 하기 위한 각 학생별 필요 기술 교수는 매우 중요하다.

⟨표 9-9⟩ 지역사회생활에 필요한 사회적 기술

• 낯선 사람 경계하기	• 돈 벌고 저축하기
• 다른 사람들에게 적절하게 인사하기	• 가게 직원에게 도움 요청하기
• 말할 때 적당한 거리 유지하기	• 적절하게 대화 끝내기
• 실수에 대해 사과하기	• 사적인 것이나 곤란한 질문하지 않기
• 사지 않을 것은 만지지 않기	• 다른 사람에 대한 부적절한 접촉 삼가기
• 감정 조절하기	• 차례 순서 기다리기
• 필요한 경우 조용히 앉아 있기	• 지역사회 규범 따르기(예: '흐트러뜨리지 마시오.')
• 약속 시간 지키기	

출처: Westling et al. (2015), p. 409.

(1) 소비 기술

① 쇼핑하기

쇼핑은 기본적인 식료품이나 옷, 여가생활 관련(CD나 게임 등) 물품을 사는 데 초점을 두어 교수한다. 중도·중복장애학생도 가능하면 식료품 사는 기술을 익힐 필요가 있는데, 쇼핑 목록을 만들어 미리 품목을 적어 두도록 한다. 글자를 잘 모르는 경우는 그림이나 쇼핑 전단지 등의 사진을 오려 만들 수도 있다. 가게에 들어가서 물건을 고르는 일상적인 절차를 가르치며, 쇼핑 절차는 과제분석을 통해 단계적으로 지도하도록 한다. 이때 후진연쇄법을 사용하여 마지막 단계부터 지도하는 것이 하나의 방법이 될 수 있다. 최근에는 다음과 같이 기계기기를 활용하여 효과적으로 교수하는 방법이 보고되고 있다.

〈표 9-10〉 기계 기기 활용 교수의 예

- 학생이 가게 내의 물품명 목록을 사용할 수 있게 교수하기 위해 식료품점의 영상녹화를 사용함
  - 중등도 지적장애학생이 이 비디오 영상을 보고 원하는 품목을 찾아서 터치스크린 방식으로 선택하게 한다.
- 큰 돈 내기 전략을 교수하기 위해 비디오 모델링을 사용함
  - 학생은 사람들이 물건을 가져오고 점원이 물건의 합계 금액을 말하는 영상을 본다.
  - 그리고 나서 학생이 그에 맞는 금액을 골라서 화면 앞에 가져다 두도록 기회를 준다.
  - 만약 바른 응답을 했으면 다음 화면에서 사람이 가게 밖으로 나갈 수 있다.
- 지적장애학생이 휴대전화를 이용해서 식료품점에서 물건 이름 목록을 일반화하는 것을 교수함
  - 목록에 그림과 글자가 같이 포함되어 있을 때 더 잘 골랐다.

출처: Westling et al. (2021), p. 266에서 수정 발췌.

② 물건값 지불하기

물건을 사고 돈을 지불하는 것은 지역사회에서 살아가는 데 기본적으로 필요한 기술이다. 식료품을 사고, 지하철을 타고, 음식점에서 식사를 할 때 돈을 지불하는 것은 중요한 교수내용이다. 즉, 학생이 효과적으로 물건 사기를 여러 지역사회 상황에서 독립적으로 수행할 수 있도록 가르치는 것이 필요하다. 이러한 지불하기 기술은, 첫째, 여러 물건값을 합하여 계산하도록 하는 방법이 있다. 이는 학생에게 미리 정해진 합계 금액 내의 물건 목록이 적힌 종이를 점원에게 내게 하고 "목록에 있는 것 주세요."라고 말하게 한 후 정해진 금액의 돈을 내게 하는 방법이다. 구어가 어려운 학생에게는 보완대체 의사소

통(AAC) 도구에 미리 음성을 입력해 두거나 의사소통책을 만들어 가지고 다니게 할 수 있다. 둘째, 일정 금액을 내게 하는 것으로 자판기 등을 이용할 때 항상 1,000원짜리 지폐를 넣게 하는 방법을 들 수 있다. 셋째, 학생에게 계산기를 사용하여 물건값을 계산하도록 가르치는 방법이 있으며, 넷째, '큰 돈 내기 전략(next-dollar strategy)'으로 점원이 말하는 금액을 듣고 금전등록기의 금액을 살펴본 후 지불 금액보다 하나 더 많은 돈을 내도록 하는 방법이다. 즉, 5,400원이면 6,000원을 내서 잔돈은 점원이 계산해서 주도록 하는 방법이다(Browder & Spooner, 2011; Denny & Test, 1995). 이와 함께 최근에는 계산할 필요 없이 직불카드(체크카드)를 사용하여 물건값을 내는 방법이 제안되고 있어(제5장 참고) 중도·중복장애학생이 쉽게 계산하는 데 적용할 수 있다.

〈표 9-11〉 금전관리 능력 평가척도

금전관리 능력 평가척도		
물건 사기(가장 잘하는 수준에 체크하시오.)	예	아니요
1. 자신에게 필요한 것은 무엇이든지 스스로 살 수 있다.		
2. 양말, 장갑, 속옷 등과 같은 간단한 일상품을 스스로 살 수 있다.		
3. 지원 없이도 간단한 물건(과자, 음료 등)을 살 수 있다.		
4. 약간만 지원해 주면 간단한 물건(과자, 음료 등)을 살 수 있다.		
5. 적극적으로 지원해 주면 간단한 물건(과자, 음료 등)을 살 수 있다.		
6. 물건을 사지 못한다.		
* 5점 척도로 표시한다.		

출처: 국립특수교육원(2018).

③ 외식하기

음식점에서 식사하거나 간단한 음식을 사서 가져오는 것은 단순히 먹는다는 것을 넘어 여가활동이 될 수 있다. 교사는 공공장소에서의 외식 연습을 위해 학교 상황을 이용하여 실제로 음식을 가져오고 돈을 지불하는 것을 가르칠 수 있다. 첫째, 학교에 모의 카페나 음식점을 만들어 연습할 수 있는데, 실제 가게처럼 메뉴, 쟁반, 컵 등을 갖추어 연습하면 지역에서 하는 것보다 실제적인 연습을 더 많이 할 수 있어 최근 특수학교를 중심으로 학교 내에 카페를 만들어 학생들이 연습하는 경우가 많아지고 있다. 둘째, 모의 상황 교수뿐만 아니라 부모를 학교에 초청하여 가족들로 하여금 음식점 상황에서의 학생 훈련 방법을 배우도록 하는 것이다. 셋째, 음식점에서 주문하기 위해 비디오 녹화, 사진, 음성 녹음 등을 포함한 컴퓨터기반 비디오 교수를 매개로 하는 보완대체 의사소통 도구를 사용하는 방법이 있다(Browder & Spooner, 2011). 이에 대한 자세한 사례는 이 장의 〈표 9-16〉 지역사회 패스트푸드점 이용하기 활용 기술 중재의 일부 내용을 참고하기 바란다.

④ 은행 이용하기

은행 업무에는 입출금, 수표 발행 등 여러 가지가 있겠으나, 최근에는 비장애학생도 은행창구에 가는 대신 자동화기기에서 카드로 입출금을 많이 하고 있다. 따라서 중도·중복장애학생이 현금입출금 자동화기기를 사용할 수 있도록 교수해야 한다. 이때 교사는 먼저 학교의 모의 지급기를 통해 연습하게 한 후 실제 상황으로 일반화시킬 수 있다. 이는 다양한 연습을 필요로 하기 때문에 교사는 박스 등을 이용하여 학교에 모의 입출금기를 만들어 사진을 붙이거나 기계 기기를 사용해서 연습하게 하거나 녹화 동영상을 이용할 수 있고, 컴퓨터 모의 환경을 활용하여 연습하게 할 수 있다.

> 김교사는 빈 박스로 교실 내에 현금지급기 모형인 모의입출금기를 만들었다. 입출금 화면이 바뀌는 것은 안에 태블릿 PC를 장착하여 터치스크린 방법으로 익히게 하였다. 이러한 모의수업 후에는 지역에 있는 은행에 가서 실제로 연습할 계획이다.

〈표 9-12〉 **금융기관 이용 시 기억해야 할 사항: 금융 관련 용어를 쉽게 알려 주기**

금융 용어	용어 설명
주거래 은행	급여 등이 입금되는 통장이 있는 은행
계좌번호	은행에서 수입과 지출을 기록하고 관리하기 위해 고객에게 부여하는 식별 번호
입금	은행에 맡긴 금액(예금을 찾기 위해 은행에 돈을 들여놓음)
출금	은행에서 찾은 금액(돈을 내어 씀)
잔액	통장에 남은 금액(쓰고 남은 돈의 액수)
이자	은행에 맡긴 돈에 대한 대가

출처: 국립특수교육원(2018).

⑤ 자판기 이용하기

자판기 이용하기는 이제 많은 수의 사람이 이용하고 있는 기술로서 자판기 사용은 중도·중복장애인의 생활을 편리하게 해 준다. 교수계획 시 교사는 어느 정도의 일반화를

할 것인지를 정해야 한다. 학생이 만나게 되는 어떤 기계든 작동하게 하는 것을 목표로
하면 교사는 일반사례 교수방법을 사용해야 한다. 그렇지 않고 일정한 유형의 기계를 작
동하게 하는 것을 목표로 한다면 각 기계에 대한 과제분석을 실행해서 교수한다.

⑥ 키오스크

키오스크(Kiosk)란 상품과 서비스를 제공하는 소규모 가게나 공공장소에 설치되는 터
치스크린 방식의 무인정보단말기, 즉 자동판매기를 의미한다. 하지만 사용자가 이미지
와 텍스트를 기반으로 하는 터치스크린을 직접 조작하는 방법이 대부분이므로 저시력
자, 시각장애인, 지적장애인 또는 휠체어를 사용하는 장애인에게는 오히려 더 불편하고
사용이 어려울 수 있다. 그러나 키오스크는 앞으로 보급이 늘어날 것이므로 장애학생을
위한 접근성 보장이 필요하다. 즉, 앞으로 키오스크 개발에서 시각정보와 동기화된 음성
정보를 함께 제공하거나 화면에 표시되는 텍스트의 크기를 크게 하고 명도대비를 높이
고, 위치가 높아 휠체어 사용자가 사용하기 어려운 점 등이 개선되어야 한다.

〈표 9-13〉 키오스크 사용 훈련

상황	내용	
교실 활동	1. 무인단말기 에피소드가 잘 생각나도록 에피소드 예시 및 사용 영상을 미리 컴퓨터로 보기 2. 가고자 하는 가게의 메뉴를 미리 찾아보고 메뉴를 정하기	
지역사회 활동	1. 가게 무인단말기 옆에 붙은 도움 요청 버튼을 누르거나 인터폰을 들어서 말하기 2. 투입부에 카드 삽입: 돌출된 카드 삽입부에 카드 넣기(카드 삽입 방법이 여러 가지임) 3. 미리 학습한 주문 내용 영상 화면을 누르기 4. '다음' 화면 누르기 5. 번호표가 나오면 당겨서 받기 6. 기다리기	* 청각중복장애학생의 경우 청력의 보완 및 대체를 위해 스피커와 이어폰 단자가 있는 곳 찾기 * 시각중복장애학생의 경우 화면에 촉각돌기 및 점자가 표시된 키오스크 있는 곳 찾기

출처: 한국장애인단체총연합회(2018)에서 수정 발췌.

(2) 지역사회에서의 이동 기술과 대중교통 사용하기

중도(重度)장애인도 버스나 대중교통 타기뿐 아니라 보행 기술을 배울 수 있으며,
이러한 기술들을 배우기 위해 최근 다양한 종류의 공학이 사용된다고 보고되고 있다

(Westling et al., 2021). 지역사회 이동 기술에는 안전한 보행 기술, 대중교통수단 이용하기, 지역사회 내의 위치 찾기 등의 내용이 있다.

위험에 대비해 가장 중요한 것은 적절한 시간 내에 안전하게 길을 건너야 한다는 것이다. 학생들은 교통신호를 보고 판단하여 안전한 길 건너기를 배울 때 보통 교실 내 모의 상황에서 빨간불, 초록불 모형 신호등으로 정지나 건너기 등을 연습하는데, 이는 실제 횡단보도에 갔을 때 일반화가 안 되는 경우가 많다. 따라서 실수하여 위험한 상황이 되지 않도록 교사는 미리 그림 단서(학생이 갈 길 사진 등), 글자 등을 준비하고 촉진을 한다. 학생이 자연적 단서를 사용하여 행동하도록 연습시키고, 교사의 언어적 지시나 단서, 촉진 등의 지원은 점차적으로 제거해 나가야 한다. 안전하게 보행하는 것이 이루어지면 더 멀리 있는 특정 지점을 향해 걸어가는 것을 연습하는데, 이때 표적이 될 장소를 정해서 찾아가는 것을 연습한다.

Kelly 등(2013)은 중등도 지적장애 청년에게 비디오 아이팟 사진을 따라 다니도록 하여 캠퍼스 내의 다양한 목적지로의 길 찾기를 가르쳤다. 또한 대중교통 중 버스 타기는 모의 수업을 통해 가르칠 수 있는데, 지역의 여러 모습을 찍은 사진이나 영상을 학생들에게 보여 주어 어디서 어떤 버스를 타고, 어떻게 차비를 내고, 어디서 내릴지, 내릴 때는 어떻게 벨을 눌러야 하는지를 사전에 연습하게 한다(Westling et al., 2021).

❖ **버스 이용하기 기술의 예**

대중교통 이용하기 기술

- 길 표지판이나 번호 또는 앱을 보고 타야 할 버스 알기
- 버스 타기
- 동전이나 카드로 요금 내기
- 자리에 앉기
- 내릴 곳에서 필요한 경우 버스기사에게 신호하기(또는 벨 누르기)
- 버스에서 내리기
- 걸어서 가기

* 최중도·중복장애학생의 경우 지역 내 버스정류장 위치 알기, 버스 번호 인식하기 등으로 기술을 단순화하여 교수한다.

4. 가정과 지역사회생활 기술 교수방법

1) 교수지침

　가정과 지역사회생활 기술을 가르치기 가장 좋은 환경은 가정과 지역사회일 것이다. 따라서 중도장애학생에게 지역사회 내의 다양한 환경에서 지역사회 구성원으로 가능한 한 독립적으로 사는 데 필요한 지역사회 적응 기술을 직접 가르치는 지역사회중심 교수는 매우 중요하다(장혜성, 김수진, 김지영, 2010). 지역사회를 중심으로 하는 교수 모형을 살펴보면 우선 다음과 같은 생태학적 평가가 필요하다(장혜성, 2010). 첫째, 현재와 미래에 가장 많은 시간을 보내게 될 환경에 대해 장애학생 자신과 부모, 교사, 지역사회 주민에게서 정보를 얻는다. 둘째, 이러한 정보를 바탕으로 중도·중복장애학생에게 필요한 지역사회 기술이 무엇인지를 알아보기 위해 학생이 현재와 미래에 참여하게 될 지역사회 환경에 필요한 기술을 과제분석한다. 셋째, 관찰을 통해서 현재 지역사회에서 필요한 기술과 미래에 필요한 기술을 비교해 차이를 분석한다. 넷째, 수행할 수 없는 기술은 어떤 목표 기술을 어떠한 방법으로 가르칠 것인지, 어떠한 개별화된 수정을 사용해서 교수할 것인지에 대해 교수계획안을 작성한다. 이러한 생태학적 평가는 학생의 지역사회중심 기술 교수에 중요한 정보를 제공해 준다.

　가정과 지역사회생활 기술을 가르칠 때 자기결정 개념에 의해 자기주도학습과 학생의 능력 강화를 촉진하는 방법으로 무엇을 어떻게 가르칠 것인가를 결정하는 것이 필요하다. 즉, 생활 기술 내용이 학생과 가족의 선호에 의해 결정되고, 교수목표는 전문가들의 기능적인 관점이 우선되기보다는 학생 개인의 특별한 관심과 필요에 따라 개별화되어야 한다. 교사는 이러한 기술을 가르칠 때 학생의 주도와 관심을 따르고 학생이 선호하는 학습 양식에 따라 교수 상황에서 가능한 한 자발적 선택을 하게 하고 교수를 수정하는 것을 의미하며, 자기결정 능력은 부분 참여 원리에 따라 교수를 하는 동안 향상될 수 있다. 이러한 교수는 학생이 중심이 되지만 가족과 협력적 전략을 사용하고, 체계화된 실행계획하에서 여러 전문가와 협력적 회의를 통해 실행되어야 한다.

2) 교수환경

가정과 지역사회에서 필요한 생활 기술들을 가르치기 위한 교수 장소는 교실 이외에 다양한 곳에서 가능하다. 학교 건물 안에서도 학급 교실 외에 가사실, 화장실, 체육관, 매점 등의 여러 장소에서 해당되는 목표행동 기술을 가르칠 수 있으며, 가정이나 지역사회의 여러 장소에서도 실제적인 생활 기술교육을 실시할 수 있다. 중도 · 중복장애학생에게 이러한 실제 장소에서 생활 기술을 가르치는 것이 중요한 이유는 기술의 일반화 (generalization) 때문이다. 해당 기술을 실제로 사용하는 장소와 학교 환경이 많이 다르기 때문에 교육받은 기술을 실제로 가정과 지역사회에서 사용할 수 있도록 하기 위해서는 교수환경 선정에도 유의해야 한다. 교수하는 환경은 학교의 교실 수업 환경, 특별한 모의 수업 환경, 가정과 지역사회의 실제 환경, 모의 수업과 지역사회 실습을 병행하는 환경 등 다양할 수 있다(〈표 9-14〉 참고). 이러한 각 환경은 다음과 같은 특성과 장점이 있으므로 가르칠 내용과 학생의 특성에 따라 적절한 최선의 교수환경을 선정한다(Snell & Brown, 2011).

〈표 9-14〉 **교수환경**

환경	특징	교수 상황의 예
학교의 전형적 활동	• 학교 학급 수업에 목표 기술을 삽입하여 가르침 • 소집단으로 수업하는 경우 대상 학생에게 맞는 역할을 배정해서 목표 기술을 연습할 수 있게 할 수 있음. 목표 기술이 완성단계의 생활 기술이 아닌 부분적 또는 기초 기술이 될 수도 있음(예: '라면 끓이기' 전체를 가르칠 수도 있고, 야채 다듬기나 그림 레시피 따라 하기 등이 목표가 될 수도 있음) • 가정이나 지역사회 환경에서 실제적으로 사용할 수 있게 하기 위한 환경으로는 충분치 못함	• 가사실에서 요리 시간에 음식 준비 기술 교수하기 • 교실 청소나 체육 시간에 청소, 여가 기술 교수하기 • 학교 환경을 활용하여 창의적 체험 활동 시간을 실제적 생활 기술 교수를 위한 다양한 활동으로 구성하여 교수하기
학교기반 모의 수업	• 학교 교실에서 특정한 교수목표를 위한 모의 수업을 계획하여 실행함 • 대상 학생의 학습 수준을 고려한 반복학습과 적절한 성공 경험 및 단서제공이 용이함 • 지역사회에서 실행 시 실패 가능성이 높거나 위험할 수 있는 과제들을 연습하는 데 유용함	• 교실에 모의투표소를 만들어 투표과정을 연습하기 • 학교 안에 지역사회와 비슷하게 가게를 만들어 물건을 고르고 구입하는 단계를 학습하기

가정과 지역사회에서의 실습	• 일반화 능력이 부족한 중도·중복장애학생들에게는 실제 환경에서의 실습교육이 필요함 • 실습교육은 일회성 실습으로는 교육효과를 성취하기가 어려우므로 학생의 수준에 맞는 빈도와 횟수의 지역사회 실습교육기회를 계획하는 것이 좋음	• 모의 수업에서 물건 사기를 해 보고, 실제 가게에서 실습하기
모의 수업과 가정과 지역사회에서의 실습 병행	• 학교에서 준비교육이나 모의 수업을 통해 미리 연습할 기회를 가진 후 실제의 현장에서 적용하도록 하면 숙달하기가 더 용이함 • 현장실습 시 너무 사람들 속에서 두드러지는 교수자료나 교수방법을 사용하지 말아야 함 • 가능한 한 자기관리와 자기감독 방법을 가르쳐서 교사의 촉진이나 존재를 감소시킬 수 있도록 해야 함	• 교실에서 사진이나 그림카드를 이용하여 세탁기 이용하기, 식당 이용하기, 장보기 등 활동의 각 단계를 예습하는 모의 수업 후 현장교육을 실시하기. 그림카드 외에도 실제 상황에서 기술을 수행하는 모습이 담긴 동영상도 좋은 모의 수업 자료가 될 수 있음 • 자기관리를 위한 사진이나 그림 자료를 학생들의 스마트기기에 탑재하여 활용하도록 하는 것도 좋음

첫째, 교수환경은 전형적인 학교 활동과 학급 수업에 목표 기술을 삽입하여 가르치는 것으로, 일반교육과정이 운영되는 통합교육 상황 내에서도 학생을 분리교육할 필요가 없다. 특히 유치원에서 많이 실행하는 활동중심 삽입교수방법은 단순한 수정을 넘어 학생 주도의 활동 중에 교사가 직접 개입하는 구체적인 교수 활동을 계획하고 진행한다는 측면에서 더 큰 강조점이 있다. 예를 들어, 교수목표가 '활동 중에 제시된 세 개 이상의 사물을 손가락으로 하나씩 짚으면서 세 개까지 셀 수 있다.'인 경우 자유선택활동 시간에 역할놀이 영역에서 '시장 보기 목록에 적힌 쇼핑 품목을 세 개 단위로 세게 한다.'라는 삽입교수계획을 세우는 것이다(이소현, 2011). 초·중등학생의 경우에도 가사실에서의 요리 시간, 체육 시간 등을 활용하여 가르칠 수 있다(〈표 9-14〉 참고). 둘째, 학교기반 모의 수업 환경에서 교수하는 방법으로 교실에서 특정한 교수목표를 위한 모의 수업을 계획하여 실행할 수 있다. 셋째, 가정과 지역사회에서의 실습을 위한 교수환경이다. 중도·중복장애학생에게 궁극적으로 필요한 것은 실제 그 기술을 사용할 환경에서 잘할 수 있도록 일반화하는 것이므로 실제 가정이나 지역사회 환경에서의 실습교육이 중요하다. 넷째, 모의 수업과 가정이나 지역사회에서의 실습을 병행하는 교수환경이다.

Browder와 Spooner(2011)는 교실 내의 모의 수업이나 가정이나 지역사회에서의 실습 하나만을 강조하는 것보다 두 가지를 적절히 함께 활용하는 것이 더 효율적이라고 설명한다.

가정 및 지역사회 기술을 교수할 때 가장 중요한 것 중 하나는 이와 같은 다양한 환경에서의 교수가 계획적이고 반복적이며 명확한 교수목표를 가지고 이루어져야 한다는 것이다. 일회성 현장실습으로는 중도·중복장애학생이 목표 기술을 습득할 가능성이 거의 없으므로 교육계획에 충분한 실습기회를 넣거나 미리 충분한 모의 수업을 한 후 이를 검증하고 적용할 수 있도록 지역사회 방문의 기회를 계획해야 한다. 다음은 모의 수업과 지역사회 실습을 병행한 예이다.

❖ 통합동아리-인근 복지관 노인봉사(휘○고등학교)

고등학교 통합동아리 활동의 일환으로 주 1회 학교 인근의 복지관으로 봉사를 나간다. 특수학급의 지적장애학생과 휠체어를 타는 학생도 함께 가며 어르신들의 산책을 돕고 레크리에이션 활동 등을 한다. 준비 활동을 통해 특수학급에서 미리 레크리에이션 활동을 해 보고, 그곳까지의 이동을 연습하며, 지적장애학생은 직접 어르신의 휠체어를 밀도록 연습할 수 있다. 교실에서의 요리 활동을 통해 미리 복지관에 가져갈 부침개 등의 간식을 만들어 가기도 한다. 이때 장애학생들의 역할을 미리 계획해서 필요한 기술을 습득할 수 있도록 한다.

❖ 진로교육-복지관 직업반

고등학교의 많은 장애학생이 진로교육을 위해 주 1회 복지관 직업반으로 간다. 가서 하는 작업이 특수학급 또는 특수학교에서의 교육 활동과 연계되도록 미리 계획한다. 오고 가는 교통수단의 활용도 교육 활동이 될 수 있으며, 인솔하는 성인이 보조교사라면 어떻게 적절히 촉진해야 하는지 미리 사전교육을 하도록 한다. 장애학생이 익숙해짐에 따라 자기관리전략을 사용할 수 있도록 한다. 시각적 지원을 위한 지하철이나 버스 번호, 복지관 입구 사진 등이 있는 그림 일정표를 사용한다든지 스마트폰의 관련 앱이나 미리 만들어 둔 메모 등을 참조할 수 있도록 한다. 복지관이 학교와는 다른 부대시설이 있는 기관이며, 장애학생들이 학교 밖을 자주 나가지 못한다는 것을 감안하여 한 번 방문했을 때 복지관 직업 프로그램 참여 외에 다른 연계생활 기술 교수도 가능하도록 탐색해 볼 수 있다.

3) 교수전략

여러 교수전략 중 지역사회기술을 가르치는 데 유용한 모의 수업, 지역사회중심 교수, 일반사례 교수에 대해 알아보고자 한다.

(1) 모의 수업

중도·중복장애학생에게는 지역사회를 중심으로 생활 기술을 가르치는 것이 가장 좋지만 교사들은 다음과 같은 이유로 항상 학생들을 지역사회에 데리고 가서 가르칠 수는 없다. ① 교통수단, 비용, 직원, 안전 또는 지리적 위치의 제한 요소들이 있다, ② 통합교육 환경의 학생들은 학교생활에 참여해야 하므로 시간이 부족하다, ③ 학교 정책에 의해 어린 학생들은 나이가 많은 학생들보다 지역사회중심 기술 교수를 적게 받는 경우가 있다, ④ 개별 학생들의 특성(의료와 행동 문제 등)에 따라 지역사회중심 교수 참여에 제한점이 있을 수 있다. 이러한 제약 때문에 교사들은 학교기반의 모의 상황을 선택하여 지역사회를 참조한 모의 수업을 통해 학습한 기능적 기술들을 지역사회에 일반화시키는 방법을 사용할 수 있다. 지역사회를 참조한 모의 수업 교수란 지역사회를 참조해서 학교 내 또는 학급 내에서 실제와 유사한 모의 상황을 체험할 수 있도록 하여 필요한 기술을 가르치는 교수방법이다(이성용, 2013; 이영선, 이효정, 성유진 공역, 2015; 장혜성, 2004; Alberto, Cihak, & Gama, 2005). 즉, 모의 수업 교수는 학교 내에서 대집단, 소집단, 개별화 교수 등 교사가 익숙한 전략을 사용하여 실행할 수 있고, 필요한 기술을 자주 가르칠 수 있어 학생의 기술 습득에 효율적인 방법이다(이영선 외 공역, 2015). 이러한 방법은 지역사회에서 직접 가르치는 경우보다는 일반화가 덜 될 수는 있지만, 대안적인 방법으로서 정기적으로 실시될 수 있다.

Nietupski 등(1988)은 지역사회중심 교수와 함께 모의 수업을 실시할 것을 제안하고 있다. 이들은 모의 수업이 지역사회중심 교수를 위한 선택조건이 아니라 교실과 지역사회에서 동시에 교수하는 것이 필요하다고 하였다. 이때 고려해야 할 점은 다음과 같다.

첫째, 교사는 수용 가능한 학생들의 반응 유형과 학생들이 반응하는 데 필요한 다양한 자극의 범위를 결정하기 위해 지역사회의 목록을 작성해야 한다. 이것은 생태학적 목록 접근방식과 일치한다. 둘째, 교실에서의 모의 수업 교수는 다양한 훈련 사례를 제공할 수 있어야 한다. 교사는 교실에 모형 슈퍼마켓 계산대를 만들어 놓을 수 있다. 학생이 물건값을 계산하기 위해 계산대 앞에 서면, 교사는 다양한 언어적 단서를 제공하고 여러 회에 걸쳐서 학생들이 다양한 자극에 대해 반응하도록 계산 훈련을 시킬 수 있다. 셋째, 모의 교수를 수정하기 위해서는 지역사회 수행 자료를 사용하는 것이 바람직하다. 이런 경우에 교사는 지역사회중심 교수 동안 학생들을 관찰하고, 학생들이 교실에서의 모의 수업에서 지역사회로 일반화하는지의 여부를 결정하기 위해서 과제분석을 통해 자료를 기록한다. 그런 다음 자료에 문제가 되는 단계들이 나타나면, 교사는 오류분석을 통해 지역사회 실제 장소에서의 수행을 보다 잘 반영할 수 있도록 모의 수업 교수를 수정할 수 있다. 넷째, 교실에서의 모의 수업 교수는 학생이 특별히 어려워하는 부분에 대해 집중적으로 연습시키는 데 이용 가능하다. 예를 들어, 계산대에서 올바르게 돈을 지불하기 위해 애쓰는 동안 계산을 하기 위해 줄을 선 많은 사람에게 방해가 될 수도 있다. 학생이 지불한 돈이 잘못되었다는 것을 발견하면 즉시 현장에서의 시도를 종료하고 교사는 학생을 위해 돈을 지불해야 한다. 교사는 교실로 돌아와서 교실 모의 수업 교수 동안 여러 번에 걸쳐 집중적으로 '큰 돈 내기 전략'을 이용하여 돈을 지불하는 부분을 훈련시킬 수 있다.

(2) 지역사회중심 교수

중도 · 중복장애학생이 학교에서 배운 내용에 졸업 후에 성공적인 지역사회 참여를 위해 필요한 요구를 반영하여 생태학적이고 기능적인 접근으로 교수하는 것이 지역사회중심 교수(Community-Based Instruction: CBI)이다. 중등도 및 중도장애학생은 모의 환경에서 기능적 기술을 가르쳐도 실제 환경에서 그 기술을 잘 수행하기 어려운 경우가 많기 때문에 자연적인 환경에서 같은 기술을 가르쳐야 실제 환경에서 일반화될 수 있다(이영선 외 공역, 2015; 장혜성, 2004). 이러한 지역사회중심 교수는 장애학생의 중등기 이후의 생

〈표 9-15〉 **지역사회중심 교수 계획 시 고려점**

1. 교수 장소까지의 학생 이동(예: 걷기, 학교버스, 대중교통)
2. 정기적으로 학교를 나가는 것에 대해 허락받기(예: 학교장 허락, 부모 허락)
3. 이동수단 및 지역사회서비스와 관련된 재정적 자원 찾기(예: 식료품점에서 쇼핑을 함으로써 물건사기 기술을 연습할 때 학생에게 필요한 돈)
4. 학교와 지역사회 장소 모두 일정 잡기(예: 점심시간, 이동수단 가능성, 지역 가게가 가장 바쁜 시간 혹은 한가한 시간, 작업치료)

출처: 이영선 외 공역(2015), p. 58.

활에 필요한 기능적 기술을 향상시키고 유지하는 데 효과적이다. 그러나 이의 계획과 실행은 교실 수업만으로는 어려움이 있으므로 교사는 지역사회중심 교수를 위해 다음과 같은 점을 고려하여 계획해야 한다(이영선 외 공역, 2015).

교사는 지역사회중심 교수를 위해 사회의 자연스러운 비율을 고려하는 것이 필요한데, 이는 너무 많은 장애학생이 지역사회에 참여하면 학생이 수행할 기술을 자연스럽게 가르치기가 어렵기 때문이다. 또한 일반적인 대중의 관심을 끌지 않고, 훈련받는 학생의 존엄성과 학습수행 능력을 지킬 수 있도록 주의를 끌지 않는 전략과 교구를 사용하는 것이 필요한데, 지역사회 활용 기술 습득도 중요하지만 지역사회에서 주민들이 수용할 수 있는 교수전략을 사용하는 것도 매우 중요하다고 보고되고 있다(Wolfe, 1994).

최중도·중복장애학생의 경우 지역사회에 데리고 나가는 것이 어려워서 교실에서 가상으로 모의 수업을 하는 경우가 많은데, 이는 지역사회중심 교수와는 맥락 및 결과에서 많은 차이가 있다.

〈표 9-16〉 패스트푸드점 이용하기 활용 기술 중재의 일부

과제분석 단계의 내용	중재절차
셀프음식점이 있는 곳을 찾아간다.	1. "여기가 롯데리아예요. 들어가요." 하고 언어적 촉진을 한다. 2. 언어적 촉진과 함께 롯데리아를 손으로 가리킨다. 3. 언어적 촉진과 함께 신체적 촉진을 하여 롯데리아로 내려가게 한다.
메뉴를 보고 원하는 음식을 고른다(메뉴판).	1. "여기에서 먹고 싶은 햄버거를 골라요." 하고 언어적 촉진을 한다. 2. 언어적 촉진과 함께 손으로 메뉴판에 세트메뉴를 가리킨다. 3. 언어적 촉진과 함께 신체적 촉진을 하여서 세트메뉴 중에서 먹기 원하는 음식을 선택하게 한다.
카운터로 걸어간다.	1. "주문하는 데로 가요." 하고 언어적 촉진을 한다. 2. 언어적 촉진과 함께 손으로 카운터를 가리킨다. 3. 언어적 촉진과 함께 신체적 촉진을 하여 카운터로 걸어가게 한다.
줄을 선다.	1. "여기에서 줄을 서요." 하고 언어적 촉진을 한다. 2. 언어적 촉진과 줄 서는 곳을 가리킨다. 3. 언어적 촉진과 함께 신체적 촉진을 하여 줄을 서게 한다.
주문하기 위해서 자리 이탈을 하지 않고 조용히 서서 기다린다.	1. "왔다 갔다 하지 말고 여기에 서서 기다려요." 하고 언어적 촉진을 한다. 2. 언어적 촉진과 줄 서는 곳을 가리킨다. 3. 언어적 촉진과 함께 신체적 촉진을 하여 카운터 앞에 바르게 줄 서게 한다.

주문순서가 되면 원하는 메뉴를 말하거나 손으로 지적한다(메뉴판).	1. "'○○버거 주세요'라고 말해요." 하고 언어적 촉진을 한다. 2. 언어적 촉진과 함께 메뉴를 지적하라고 손표시를 한다. 3. 언어적 촉진과 함께 신체적 촉진을 하여 메뉴판을 손으로 지적하게 한다.
"여기서 드실 거예요?" 하고 종업원이 물으면 대답한다.	1. "'네'라고 말해요." 하고 언어적 촉진을 한다.
돈(5천 원 또는 만 원)과 할인카드를 낸다.	1. "돈하고 할인카드를 내요." 하고 언어적 촉진을 한다. 2. 언어적 촉진과 지갑을 가리킨다. 3. 언어적 촉진과 함께 신체적 촉진을 하여 지갑에서 돈과 할인카드를 꺼내서 내게 한다.

출처: 장혜성(2004), p. 143.

이러한 모의 환경과 자연스러운 환경을 결합하여 교수하는 것이 장애학생에게 효과적임이 입증되어 보고되고 있다. 즉, 안전하게 길 건너기를 교수하기 위해 도로 사진을 포함한 모의 교수와 지역 도로에서의 지역사회중심 교수를 함께하였을 때 효과적이었고(Pattavina, Bergston, Marchand-Martella, & Martella, 1992), 길을 잃었을 때 휴대전화 사용하기 교수를 위해 마트, 공공도서관 등에서 실제로 연습하기 전에 교실에서 기술 배우기를 포함한 모의 교수가 함께 이루어졌을 때 효과적이었다(Tarber, Alberto, Hughs, & Seltzer, 2002). 이렇게 모의 교수와 지역사회중심 교수를 함께 사용하면 학생이 지역사회의 교수

〈표 9-17〉 **모의 교수와 지역사회중심 교수 비교**

목표기술: 마트에서 물건값 지불하기

상황: 교사는 여러 자료를 수집하여 철수가 마트에서 물건값 지불하기를 제외한 모든 기술을 독립적으로 완수하는 것이 가능한지를 판별한 상황임(예: 필요한 물건이 있는 쪽에 가기, 물건 고르기, 바구니에 담기 등)

교수유형	교수방법	예상 결과
모의교수	다양한 계산서 금액(예: 2,600원, 500원 등)을 매일 8번 교수하기	• 긍정적 결과: 매일 연습기회를 8번씩 주어서 충분히 연습하여 학습함 • 부정적 결과: 실제 지역사회에서 수행한 경험이 적어 일반화가 어려움
지역사회중심교수	학생을 일주일에 한 번 마트에 데리고 가서 물건값 지불기술 교수하기	• 긍정적 결과: 학생이 실제 지역사회환경을 접하게 됨 • 부정적 결과: 돈 지불하기를 일주일에 한 번 배우는 것은 충분하지 않음

자료를 접하게 되어 교사가 지역사회를 대체하는 교수자료를 준비하는 노력과 비용을 줄여 줄 수 있다. 이는 교사가 학생에게 모든 상황을 제공하기 어려운 문제도 풀어 주며, 여러 지역사회 환경만 이용하는 경우에 생기는 많은 문제(예: 승낙받기, 비용, 일정, 대중교통 등)로 인해 학생의 수업이 줄어들고 느려지는 문제도 해결할 수 있는 방법이다. 또한 이는 더 많은 학생을 교실에서 수업할 수 있게 하고 자연스러운 장애인 비율을 유지하면서 가장 효과적인 교수전략 사용이 가능하고, 눈에 너무 띄지 않는 교수자료와 전략을 사용할 수 있게 한다(이영선 외 공역, 2015). 그러나 어려움도 있는데, 지역사회 참여 기술의 자료는 자연스러운 환경에서 수집해야 하는데 모의 수업 중에는 이것이 어렵다.

(3) 일반사례 교수

학생들은 일반화가 가능한 지역사회 관련 기술을 배워서 여러 다른 지역사회 환경에서 적용하여 사용할 수 있어야 한다. 현재 장애학생의 일반화를 촉진하는 가장 성공적인 방법 중 하나가 일반사례 교수방법이라 할 수 있다(박은혜, 1998; 최윤정, 2004). 즉, 매우 자연스러운 몇 가지 사례들을 사용해서 교수하는 것을 말하는데, 특정 기술 수행을 요구하는 구체적인 지역사회 환경을 파악한 뒤 그 환경들 중 다양한 자극과 반응변인을 충분히 경험할 수 있는 대표적인 환경들을 선택해서 가르치는 것이다. 이는 지역사회중심 교수를 통해서 습득한 지역사회 활용 기술을 다른 환경에서 쉽게 적용할 수 있게 한다(Chadsey-Rusch, Drasgrow, Reinoehl, Halle, & Collet-Klingenberg, 1993; Ferguson & McDonnell, 1991). 일반사례 교수에서는 일반화에 필요한 모든 범위의 자극과 반응을 포함하는 교수사례를 선택하여 지도하므로 지역사회생활 기술을 일반화하기에 효과적이다(박은혜, 1998).

이러한 일반사례 교수의 단계는 다음과 같다(김유리, 1999; 최윤정, 2004). 첫째 단계, 교수 영역을 결정한다. 이는 수행해야 할 지역사회 환경의 특성, 대상자의 현재 능력, 교수할 지역사회 활용 기술의 특성을 고려해서 결정한다. 둘째 단계, 정해진 교수 영역 내에서 관련된 자극과 반응의 다양성을 조사한다. 셋째 단계, 교수와 평가에 사용될 실례들을 선정한다. 이러한 교수사례 선정을 위해서는 다음과 같은 점을 고려해야 한다.

- 자극과 반응의 다양성 범위에서 최소한의 교수사례를 선정하고,
- 동일한 양의 새로운 정보가 포함되도록 하며,

- 학생이 해야 할 것과 하지 말아야 할 것도 교수할 수 있는 예를 선정하고,
- 중요한 예외가 포함되도록 하며,
- 비용, 시간, 지역사회의 특성을 고려하여 실행이 가능한 예를 선택해야 한다.

넷째 단계, 교수할 실례들의 순서를 결정한다. 다섯째 단계, 순서에 따라 실례들을 교수한다. 이때 최소 촉진법, 시간지연법, 시각적 단서 등의 교수전략을 함께 제시하여야 한다. 여섯째 단계, 교수하지 않는 지역사회에서 실례들을 평가한다. 이때 일반화 증가를 위해서 일반화를 위한 모든 범위의 자극과 반응을 포함해서 실시하는 것이 효과적이다. 이러한 일반사례 교수로 지역사회 기술을 교수한 결과, 중등도 지적장애 성인을 대상으로 패스트푸드점에서 식사하기 기술을 교수하였을 때 효과가 있었고(김유리, 1999), 지체장애를 가진 중도장애학생에게 지역사회에서 길 건너기 기술을 가르쳤을 때 길 건너기 행동의 습득과 유지 및 일반화가 효과적으로 이루어졌다고 보고되었으며(김은영, 1999), 지적장애 고등학생의 휴대폰을 이용한 도움 요청하기 기술 수행에도 효과가 있었다(최윤정, 2004). 이 연구에서는 〈표 9-18〉과 같이 7단계로 도움 요청을 위한 휴대폰 걸기를 교수하는데, 각 단계를 독립적으로 과제 수행을 시작하여 5초 이내에 성공하면 다음 단계로 넘어가도록 하였다. 만일 학생이 오반응을 보이면 그 단계부터 교수를 다시 시작하는데, 적절한 반응을 보이지 않으면 최소 촉진법을 사용하여 언어적 촉진, 언어적

〈표 9-18〉 휴대폰을 이용한 도움 요청하기 기술의 과제분석 단계

1단계	휴대폰의 폴더를 열어 동행인의 전화번호가 저장된 단축번호를 길게 누른다(동행인과 바로 전화연결이 되지 않는 경우, 동행인에게 다시 전화를 걸거나, 다른 사람의 전화번호가 저장된 단축 번호를 길게 누른다).
2단계	상대방이 전화를 받으면, 자신의 이름이나 상황을 알리는 말하기를 한다(예: "여보세요? 저 ○○예요. 선생님을 잃어버렸어요." 또는 "선생님, ○○예요. 선생님을 잃어버렸어요.").
3단계	지시 사항("○○야, 제일 가까운 곳(앞)에 보이는 물건이나 가게를 말해 보세요.")을 듣는다.
4단계	주변의 물건이나 가게를 말한다.
5단계	지시 사항("○○야, 선생님이 갈 때까지 거기에 그대로 있어요.")을 듣는다.
6단계	지시 사항에 대한 확인 대답을 한 후, 휴대폰의 폴더를 닫아 통화를 마친다.
7단계	동행인이 올 때까지 제자리에 머물러 있는다.

출처: 최윤정(2004), p. 43.

촉진+모델링을 단계적으로 적용하여 과제를 수행하도록 하였다.

　다음은 일반사례 교수를 적용한 지역사회 중심기술교수 절차의 예이다.

> 　K 교사는 중학교 3학년 학생들과 지역사회 안에 있는 패스트푸드점을 이용하여 식사하는 기술을 가르치려고 하였다. 이러한 기술을 일반사례 교수를 적용하여 지도하기 위해 먼저 이 기술이 수행될 것으로 기대되는 모든 패스트푸드점 다섯 곳(맥도날드, 롯데리아, 버거킹, KFC 등)을 정의하였다. 그리고 정의된 패스트푸드점들 중 다양한 자극과 반응변인을 포함하는 대표적인 환경들을 각각 교수사례 두 곳과 검사사례 두 곳으로 선택하였다. 패스트푸드점에 들어서는 단계부터 주문하고 주문한 음식을 찾고 먹고 나오기까지의 과정을 20~23단계로 과제분석하여 지도하고 검사사례로 택한 두 곳의 패스트푸드점에서 기술 습득의 성과를 측정하였다(김유리, 1999).

　이 장에서는 중도 · 중복장애학생이 가정과 지역사회에서 좀 더 독립적으로 질 높은 삶을 살아갈 수 있게 하기 위한 생활 기술 교수내용에 대하여 살펴보았다. 가정과 지역사회 생활 기술 교수의 필요성, 교수에서의 고려사항, 교수내용, 교수방법으로 나누어 구체적인 사례와 함께 알아보았다. 중도 · 중복장애학생도 일반교육과정을 기반으로 학습해야 하지만, 그들이 가진 여러 제한점으로 인해 기능적 교육과정이 병행되어야 하는 경우가 많다. 특히 최중도 · 중복장애학생의 경우에는 가정과 지역사회생활 기술 중 본인이 독립적으로 수행할 수 있는 부분이 아주 적으므로 교사도 이들에 대한 생활 기술 교수에 한계를 느끼는 경우가 생긴다. 그러나 교사는 장애가 심한 학생도 가족 및 전문가와 함께 협력하면서 학생의 수행 수준과 요구에 따라 개별화되고 다양한 교수방법을 사용하면 교수목표가 성취되고 변화가 생겨 학생의 삶의 질이 향상될 수 있음을 확신하며 교수해야 할 것이다.

참고문헌

국가인권위원회(2018). 중증 · 중복장애학생 교육권 실태조사보고서. 서울: 국가인권위원회.

국립특수교육원(2018). 발달장애성인 가정생활.

김유리(1999). 일반사례 교수가 정신지체인의 패스트푸드점 식사 기술 습득 및 일반화에 미치는 효과. 이화이화여자대학교 대학원 석사학위 청구논문.

김은영(1999). 일반사례 교수를 이용한 중도장애학생의 길 건너기 기술의 습득과 일반화. 이화여자대학교 대학원 석사학위 청구논문.

김주연(2016). 자기결정 구성요소를 적용한 성교육 프로그램이 거주시설 지적장애성인의 성 인식에 미치는 영향. 이화여자대학교 대학원 박사학위 청구논문.

박은혜(1998). 중도장애아를 위한 지역사회 중심의 교수전략. 재활복지, 2(1), 20-47.

이명희(2009). 보완대체 의사소통을 적용한 또래 중재가 중도뇌성마비장애 유아의 행복감에 미치는 영향. 특수교육학연구, 44(3), 307-326.

이명희(2017). 성인기 주거관련 이슈와 방향. 2017 한국지체·중복·건강장애교육학회 동계학술 대회 자료집, 159-180.

이성용(2013). 증거기반 교수기법을 활용한 통합교과교육 프로그램이 지적장애학생의 지역사회생활 기술에 미치는 효과. 순천향대학교 대학원 박사학위 청구논문.

이소현(2011). 개별화교육과정. 서울: 학지사.

장혜성(2004). 비장애동료가 참여하는 지역사회중심교수가 일반고등학교 발달장애학생의 지역 사회활용 기술 수행과 학생 사이 관계에 미친 영향. 이화여자대학교 대학원 박사학위 청구논문.

장혜성(2010). 지역사회중심 교수가 정신지체 중학생의 지하철, 대형매장, 패스트후드점 이용하기 기술에 미치는 효과. 재활복지, 14(4), 153-179.

장혜성, 김수진, 김지영(2010). 기능적 기술습득을 위한 개별화교육프로그램의 실제(개정판). 서울: 교육과학사.

최윤정(2004). 일반사례 교수를 적용한 지역사회중심 교수가 정신지체 고등학생의 휴대폰을 통한 도움 요청하기 기술수행에 미치는 효과. 이화여자대학교 대학원 석사학위 청구논문.

한국장애인단체총연합회(2018). 무인단말기(키오스크) 장애인 접근성 보장을 위한 토론회.

Alberto, P. A., Cihak, D. F., & Gama, R. I. (2005). Use of static picture prompts versus video modeling during simulation instruction. *Research in Developmental Disabilities, 26*(4), 327-339.

Alwell, M., & Cobb, B. (2009). Functional life skills curricular interventions for youth with disabilities: A systematic review. *Career Development for Exceptional Individuals, 32*(2), 82-93.

Browder, D. M., & Spooner, F. (2011). *Teaching Student with Moderate and Severe Disabilities.* New York: A Division of Guilford Publications, Inc.

Brown, F., McDonnell, J., & Snell, M. E. (2015). *Instruction of Students with Severe Disabilities* (8th ed.). 박은혜, 한경근 공역(2017). 중도장애학생의 교육(8판). 서울: 시그마프레스.

Chadsey-Rusch, J., Drasgrow, E., Reinoehl, B., Halle, J., & Collet-Klingenberg, L. (1993). Using general-case instruction to teach spontaneous and generalized requests for assistance to learners with severe disabilities. *Journal of the Association for Persons with*

Severe Handicaps, 18(3), 177-187.

Collins, B. C., Karl, J., Riggs, L., Galloway, C. C., & Hanger, K. D. (2010). Teaching core content with moderate and real-life application to secondary student with moderate and severe disabilities. *Teaching Exceptional Children, 43*(1), 52-59.

Ferguson, B., & McDonnell, J. (1991). A comparison of serial and concurrent sequencing strategies in teaching generalized grocery item location to student with moderate handicaps. *Education and Training in Mental Retardation, 26*(3), 292-304.

Kelly, K. R., Test, D. W., & Cooke, N. I. (2013). Effects of picture prompt delivered by a video ipod on pedestrian navigation. *Council for Exceptional Children, 79*(4), 459-474.

McCabe, M. P., & Cummins, R. A. (1996). The sexual knowledge, experience, feeling and needs of people with mild intellectual disability. *Education and Training in Mental Retardation and Developmental Disabilities, 31*(1), 13-21.

Mechling, L. C. (2008). High tech cooking: A Literature review of evolving technologies for teaching a functional skill. *Education and Training in Developmental Disabilities, 43*(4), 474-485.

Nietupski, J., Hamre-Nietupski, S., Houselog, M., Donder, D. J., & Anderson, R. J. (1988). Proactive administrative strategies for implementing community-based programs for students with moderate/severe handicaps. *Education and Training in Mental Retardation, 23*(2), 138-146.

Pattavina, S., Bergston, T., Marchand-Martella, N. E., & Martella, R. C. (1992). "Moving on": Learning to cross streets independently. *Teaching Exceptional Children, 25*(1), 32-35.

Snell, M. E., & Brown, F. (2011). *Instruction of Students with Severe Disabilities* (7th ed.). Upper Saddle River, NJ: Pearson.

Tarber, T. A., Alberto, P. A., Hughes, M., & Seltzer, A. (2002). A strategy for student with moderate disabilities when lost in the community. *Research and Practices for Persons with Severe Disabilities, 27*(2), 141-152.

Test, D. W., Bartholomew, A., Hudson, M., Kelley, K., Kortering, L., Mazzotti, V. L., Mustian, A., Richter, S. M., Rowe, D. A., Uphold, N., & Walker, A. (2012). *Evidence-Based Instructional Strategies for Transition.* 이영선, 이효정, 성유진 공역(2015). 장애청소년을 위한 전환교육: 증거기반 교수전략. 서울: 학지사.

Westling, D. L., Carter, E. W., Fonte, A. D., & Kurth. J. A. (2021). *Teaching Students with Severe Disabilities* (6th ed.). Hoboken, NJ: Person.

Westling, D. L., Fox, L., & Carter, E. W. (2015). *Teaching Students with Severe Disabilities* (5th ed.). Upper Saddle River, NJ: Prentice Hall.

Wolfe, P. S. (1994). Judgment of the social validity of instructional strategies used in community-based instructional sites. *The Association for Persons with Severe Handicaps, 19*(1), 43-51.

감각 및 운동 지도와 건강 관리 지도

•

표윤희

　중도·중복장애학생은 인지적 손상, 시각이나 청력의 손상 외에도 운동 능력의 제한으로 인해 신체적 발달과 학습 및 수행력에 어려움을 보인다. 특히 감각 및 운동 발달의 문제는 대근육 운동 기술뿐만 아니라 독립적인 식사, 옷 관리, 화장실 사용 등의 활동 참여를 방해하여 가정이나 학교, 지역사회 등 모든 환경에서 일상적인 활동과 일과에 참여하는 것을 어렵게 한다. 그러므로 특수교사는 감각 및 운동 능력의 어려움이나 건강상의 어려움을 가지고 있는 중도·중복장애학생을 효율적으로 지원하기 위해서 감각 및 운동 발달을 이해하고, 이를 바탕으로 한 감각 및 운동 지도, 건강 관리 지도방법을 숙지하고 있어야 한다.

　이 장에서는 시청각중복장애학생을 포함한 중도·중복장애학생의 감각 체계와 운동 체계의 특성을 살펴보고, 어떠한 방법으로 지도해야 하는지 구체적인 교육 프로그램을 소개하고자 한다. 또한 만성질환 및 희귀질환을 포함하여 다양한 건강상의 어려움을 가진 학생을 가르치는 교사가 알아야 하는 건강 관리에 관한 정보와 방법을 살펴봄으로써 교사들에게 필요한 실제적인 정보를 제공하고자 한다.

1. 감각 및 운동 지도

　인간의 움직임은 중추신경계와 근육 체계의 감각 및 운동(sensory and motor) 영역이 통합되면서 일어난다(Shumway-Cook & Woollacott, 2001). 감각 체계(sensory system)는 환경 자극 및 인간과 환경 사이에서 얻은 정보를 통합하고, 운동 체계(motor system)는 환경적 요구에 반응하여 움직이기 위해 이러한 정보를 활용한다(Orelove, Sobsey, & Silberman, 2004). 중도·중복장애학생은 이러한 체계에서 비전형적인 발달을 보일 수 있으므로 교사는 중도·중복장애학생의 교육을 계획할 때 감각 및 운동 체계의 기능과 상호의존성을 이해하는 것이 필요하다(Heller, Forney, Alberto, Best, & Schwartzman, 2009).

　장애학생의 운동 기술은 다양한 감각이 입력되고 그로 인한 운동이 산출되는 과정에서 지속적인 상호작용을 통해 서서히 정교화된다. 그러나 어떠한 이유로든 중도·중복장애학생이 기술 실행에 필요한 감각 및 운동 기술을 충분하게 경험하지 못한다면 정교화된 감각 운동 과제를 수행할 수 없게 된다. 그러므로 가족, 교사, 치료사를 포함한 교육팀은 중도·중복장애학생의 기술을 진단하고 그들이 기능적인 움직임을 실행할 수 있도록 감각 운동 발달에 대한 내용을 이해하고 활용할 수 있어야 한다.

1) 감각 및 운동 체계의 발달

장애학생의 기능적 움직임을 발달시키기 위해서 가족, 교사, 치료사 등 모든 전문가는 학생의 감각 및 운동 체계의 기능과 상호작용을 이해해야 한다. 아동은 감각 및 운동 체계를 활용하여 다양한 탐색을 하고 환경과 상호작용하며 세상을 배워 나간다. 이러한 과정에서 아동은 감각 운동 기술 발달은 물론이고 지각·언어·사회성·인지 능력이 발달한다. 그러나 영아와 유아가 환경적 결핍, 발달지체, 감각장애, 지체장애로 인해 중요한 발달 시기에 전형적인 감각 및 운동 경험을 하지 못하면 많은 발달 영역이 영향을 받게 되고, 비전형적인 감각 운동 능력을 가진 아동과 성인의 경우 적절한 수정이나 중재 없이는 많은 과제를 수행하지 못하게 된다(Orelove et al., 2004).

감각 운동 체계는 신경계 내에서 밀접하게 작동하는 감각 및 운동 체계가 조합된 것을 말한다. 시각 및 촉각을 통한 감각 정보는 신경계에 정보를 제공하고, 입력된 다양한 감각자극에 반응하여 기능적인 움직임과 협응이 이루어진다. 이렇듯 다양한 형태의 감각 정보는 두뇌에 입력되어 정보가 처리되고 조직화되며 기능적인 움직임 반응으로 나타난다. 그러므로 교사를 포함한 교육팀은 학생의 감각 운동 발달을 이해함과 동시에 감각 및 운동 영역의 발달을 촉진하기 위한 구체적인 지원방안에 대하여 알아 두어야 한다.

2) 감각 체계 특성

(1) 다양한 감각 체계

자신과 세계에 대한 정보를 알기 위해서는 촉각(체지각), 고유수용성 감각, 전정 감각·미각·후각·시각·청각 체계를 모두 활용해야 한다. 두뇌는 사람과 사물의 관계, 신체에 대한 중요한 정보를 제공하기 위해 모든 감각 체계에서 입력된 내용을 조합하고 다양한 감각 경험은 운동·지각·자조·사회성·인지·언어 기술의 발달에 기여한다(Orelove et al., 2004).

시각, 청각, 후각, 미각의 주된 역할은 보기, 듣기, 냄새 맡기, 맛보기이고, 촉각 체계는 피부 수용기를 통해 들어오는 외부 자극에 반응하는 역할을 담당한다. 고유수용성 감각 체계는 개인이 공간에서의 신체 자세 및 근육의 움직임을 인식하도록 돕는 역할을 한다. 고유수용성 감각 체계의 수용기는 근육과 관절인데, 고유수용성 감각을 통해 입력된 정보는 신경 체계에 입력되고 입력된 정보를 활용하여 공간 안에서 신체를 움직이는 데 활용한다(Westling, Fox, & Carter, 2015). 학생은 탐색 활동을 통하여 고유수용성 감각 체계를 자연스럽게 자극하고 공간에서의 신체 자세 및 근육의 움직임을 인식하고 조절하게 된다(Shumway-Cook & Woollacott, 2001). 근긴장에 이상을 보이는 중도 · 중복장애학생의 경우에는 근육, 관절을 통한 고유수용성 감각에서 잘못된 정보를 받아들일 수 있고, 결국 움직임 조절에 어려움을 보일 수 있다. 전정감각 수용기는 내이에 위치하며 공간에서의 머리 움직임에 대한 정보를 제공한다. 자세 및 움직임 조절과 균형감 조절에서 중요한 역할을 담당하는 전정감각 체계는 개인이 직립 자세를 유지할 수 있도록 근육의 움직임을 조절한다.

중도 · 중복장애학생은 적절한 전략 및 중재를 제공받지 못하면 복잡한 감각 운동 과제를 수행하는 데에 어려움을 보일 수 있다. 다음의 예시는 감각 운동 과제를 수행하는 과정을 보여 준다.

> 학생이 종이컵에 든 탄산음료를 마시려면, 시각 수용기는 공간에서 책상 위에 있는 탄산음료의 위치를 가리켜 주고, 과거에 미각 수용기를 통해 느꼈던 탄산음료의 맛을 떠올리며 탄산음료를 잡기 위해 손을 내민다. 시각, 손과 팔의 관절과 근육에 있는 감각 수용기를 통해 입력된 다양한 정보를 기초로 종이컵에 든 탄산음료를 정확하게 잡는다. 손과 손가락의 촉각 수용기를 통해 종이컵에 든 탄산음료의 질감과 무게에 대한 정보를 얻고, 손과 손가락의 관절 및 근육 수용기를 통해 얻은 정보로 종이컵이 찌그러지지 않도록 잡는다. 탄산음료를 마시기 위해 컵을 시각, 후각, 촉각(체지각), 전정감각, 고유수용성 감각 체계를 활용하여 입으로 흘리지 않고 가져간다. 동시에 입 주위의 관절과 근육에 있는 수용기들은 음료를 마시고 삼키기 위해 구강 주변 근육의 움직임 형태와 강도를 조절한다.

(2) 비전형적 감각 운동 반응

감각 운동 입력에 대한 반응을 진단하는 것은 학생의 능력과 기술 수준을 이해하는 데 중요하다. 학생이 문제행동, 회피행동 등을 보이면 교육 활동 수행에 큰 어려움이 있을 수 있으나, 이러한 어려움은 다양한 감각자극 입력에 어려움이 있는 것에 비하면 부차적인 어려움이다.

중도 · 중복장애학생은 감각 입력에 여러 어려움을 보일 수 있는데, 식이제한을 하는 중도 · 중복장애학생은 미각에 대한 제한된 경험을 하게 되고, 시청각중복장애학생은 후각에 의존하면서 다양한 감각을 활용하고 반응하는 데에 제한을 보이게 된다. 촉각 경험에 제한이 있는 중도 · 중복장애학생은 비전형적인 방법으로 촉각 입력에 반응하는데, 팔을 건드리면 뻣뻣해질 수 있고 찬물에는 괴로워하는 반응을 보일 수도 있다. 협력팀은 자극에 대한 학생의 반응에 기초하여 수정전략을 세울 수 있는데, 신체에 대한 인식을 유지하고 자극을 조절하기 위해 촉각 입력을 사용하는 교수 활동을 계획할 수 있다. 촉각 방어기제를 보이는 학생에게는 촉각 입력에 점진적으로 노출시키고 촉각 탐색 활동을 강화하고 경험을 제공하는 것도 하나의 방법이다.

중도 · 중복장애학생은 과긴장 및 저긴장으로 인해 부적절한 고유수용성 감각 입력을 가져 공간지각과 신체 움직임에 어려움을 보일 수 있다. 팀의 구성원들은 기능적인 움직임을 수행하기 전에 근육 긴장도를 감소시키거나 적절하게 유지하는 기술을 개발해야 하는데, 이때 다양한 수정 도구를 활용하는 것이 한 방법이 될 수 있다. 중도 · 중복장애학생은 전정기관 입력에도 어려움을 보이는 경우가 있어 공간에서 머리를 움직이거나 자세를 바꾸기가 어렵다. 몸을 아래로 숙여 양말과 신발을 신을 때 어지러움을 느낀다면 신발을 의자 위에 올려 두는 방법을 활용할 수 있다.

협력팀은 중도 · 중복장애학생의 감각 특징과 학생의 행동을 살펴보고 학생이 감각 입력을 다룰 수 있도록 수정전략을 개발할 필요가 있는지 없는지를 결정하고, 학생에게 적절한 방법으로 지원을 제공하도록 노력해야 할 것이다.

(3) 감각 손상 관련 운동 문제

중도 · 중복장애학생은 시각 및 청각 손상과 같은 감각 손상으로 인해 운동 문제가 가중될 수 있으므로 지도 시 이를 염두에 두어야 한다.

① 청각 감각 손상

뇌막염으로 인해 감각신경성 청력 손실(sensorineural hearing loss)이 발생한 학생은 내이 전정기관의 손상으로 운동조절과 균형감각에 제한을 갖게 되어 걸을 수 있던 학생이 기어서 움직이거나 앉는 것도 어려울 수 있다. 또한 이전에 보였던 자세 반응을 더 이상 보이지 않기도 한다. 이러한 어려움을 보이는 학생에게도 균형 및 평형 능력이 발달할 수 있도록 적절한 중재를 제공한다면 전형적인 발달을 보일 수 있다. 그러나 시력 문제가 동시에 있을 경우에는 균형 및 평형에서의 손상은 지속될 수 있다(Orelove et al., 2004).

② 시각 감각 손상

시각 손상을 갖는 학생은 언어, 사회성, 자조 기술, 운동 발달 등 다양한 발달 영역에서 지체를 보일 수 있다(Orelove et al., 2004). 시각 손상 학생은 정상적인 시력을 가지고 있거나, 정위 · 방위 · 평형 반응 등 정상적인 자세 반응을 가진 학생보다 움직임을 덜 보이고 자세의 발달이 느리며 균형감이 지체될 수 있다. 예를 들어, 어머니가 이리 오라고 손짓할 때, 그 손짓을 보지 못하면 어머니에게 가고자 하는 움직임에 대한 동기가 떨어지게 된다. 이러한 이유로 시각 손상 학생은 기기 및 걷기와 같은 이동성 지표(mobility milestones)가 앉기 및 서기와 같은 안정성 지표(stability milestones)보다 지체되는 경향을 보인다(Heller, Forney et al., 2009).

걸음마를 배우고 걷기를 시작할 때 시각 손상 아동은 보행패턴에 있어서 비전형성을 보인다. 균형감 및 안정감을 확보하기 위해서 발을 넓게 벌리고 보행하며, 지면의 상황(예: 울퉁불퉁하지는 않은지, 턱은 없는지 등)을 살펴보기 위해 발을 바닥에 끌면서 걷고, 두 팔은 올려서 보호 자세를 취하며 걷는다. 시각 손상 학생은 촉각자극과 소근육 운동 기술에도 어려움을 보일 수 있고, 촉각 자극에 예민하며 방어적인 반응을 보이기도 한다. 보이는 물건을 잡기 위해 손을 뻗는 기술이 늦게 나타나고 사물을 탐색할 때에도 더 많은 시간을 필요로 하며, 사물을 조작하는 활동에서도 다른 사람의 도움이 필요할 수 있다.

3) 운동 체계 특성

협력팀은 중도 · 중복장애학생의 감각 및 운동 반응을 이해하기 위해 학생의 운동 능력을 진단해야 하고, 그로 인한 어려움을 살펴봐야 한다. 중도 · 중복장애학생이 보이는 운동성의 제한은 매우 다양하여 장애의 원인, 정도에 따라 어떤 학생은 보행하고 이동하는 데 어려움이 있을 수 있고, 어떤 학생은 자세를 잡거나 앉는 데에도 어려움을 보일 수 있다. 그러므로 자세와 운동에 어려움을 보이는 학생의 요구를 충족시켜 주기 위해서는 이들이 왜 어려움을 보이는지에 대한 원인과 특징을 이해하고 적절한 방법과 전략을 활용하여 지도하는 것이 필수적이다.

(1) 근긴장도

① 근긴장도의 개념

골격은 신체 움직임의 기초를 제공하지만 신체의 움직임을 가능하게 하는 힘은 골격을 움직이는 근육에서 산출된다. 움직임은 두뇌가 뇌척수와 신경을 통해 전기적 신호를 근섬유로 보낼 때 섬유의 길이가 짧아지며 발생하는데, 근섬유를 끌어당긴 힘은 근섬유가 붙어 있는 골격을 움직이게 하며 이는 신체의 각 부분을 움직이게 한다.

척수는 일정 수준의 근육 긴장을 유지하기 위하여 신체의 모든 근육에 일정한 수준의 지속적인 자극을 가하는데, 이러한 긴장의 상태를 근긴장도라고 부른다. 근긴장도는 중추신경계가 신체의 모든 근육에 의해 지속적으로 영향을 미치는 긴장된 상태로 정상적인 근육의 긴장은 중력의 힘에 대항하여 신체의 움직임을 가능하게 한다.

② 비전형적인 근긴장도

운동장애를 보이는 중도·중복장애학생은 근긴장도 및 자세 긴장도가 적절하지 않아 비전형적인 근긴장도와 신체의 움직임을 보이며, 이는 결과적으로 운동 발달과 기능적인 운동에 영향을 미친다. 근긴장도 이상은 중추신경계의 손상으로 발생할 수 있는데, 비전형적인 근긴장도의 형태와 위치는 손상 부위에 따라 다르다.

근긴장도가 기대 수준보다 낮은 경우는 과소긴장(hypotonia)이라 부른다. 과소긴장은 중력에 저항하여 신체 부위를 움직이는 힘을 감소시키고 자세 정렬을 흐트러뜨린다. 앉기와 같은 반중력적인 자세를 취하는 데 어려움을 보이고, 앉기 자세에서 서기 자세로 바꾸는 데 필요한 반중력적인 움직임에도 어려움을 보인다.

근긴장도가 기대 수준보다 높은 경우는 과다긴장(hypertonia) 또는 경직성(spasticity)이라고 부른다. 과다긴장을 보이는 중도·중복장애학생의 경우, 움직이는 데 힘이 들어가고 관절의 동작이 유연하지 않으며, 그 범위가 매우 제한적이고 자세가 정렬되지 않을 수 있다. 때로는 팔다리나 머리 등 신체의 한 부분이 강한 경직성으로 인해 움직임이 일어나는 반대 방향으로 당겨지는 현상이 나타난다.

이 외에도 근육이 수축하는 시기가 비전형적일 경우 균형 및 평형 감각이 필요한 활동을 하는 동안 통합되지 않은 움직임을 보이고(운동실조, ataxia), 수시로 근긴장도가 변하는 경우에는 과소긴장과 과다긴장이 함께 나타나며 통제되지 않은 움직임을 보인다(불수의운동형, athetosis). 어떤 학생은 복합적인 근긴장도 문제가 나타날 수 있는데, 머리와 몸통 부분은 근긴장도가 낮은 과소긴장을 보이고 팔과 다리는 과다긴장을 보일 수 있다.

근긴장도의 증가와 감소는 정형외과적인 문제를 유발한다. 근긴장도의 증가는 고관절 주위 근육이 당겨지면서 다리의 대퇴골이 고관절에서 빠져나오는 고관절 탈구를 유발한다. 그리고 척추 주위 근육이 비대칭적으로 긴장하면서 척추가 S자형, C자형으로 변형되는 척추측만증을 보인다. 또한 근육을 지속적으로 잡아당기는 힘으로 인해 근육, 인대 등의 길이가 단축되는 관절구축이 발생하고, 근육의 움직임이 제한되며, 이는 자세 및 보행에 영향을 미칠 수 있다(Geralis, 2003).

근긴장도의 감소는 근긴장도가 증가된 경우와 일부 비슷한 문제점들을 가지고 있으나 그 이유는 다르다. 무릎 관절이 뒤쪽으로 휘어져 있다면 이는 무릎 뒤쪽 근육의 긴장이라기보다는 관절의 과도한 신전에 의한 것으로 볼 수 있다. 이로 인해 다리의 대퇴골이 몸에서 뒤쪽으로 빠져 있기 때문에 고관절 탈구나 척추 이상을 유발할 수 있다.

(2) 원시반사

움직임에 문제가 있는 중도·중복장애학생은 전형적인 운동 기술의 발달이 지연되고 반사가 사라져야 할 시기에도 사라지지 않고 지속될 수 있는데, 이것을 '지속적인 원시반사'라고 한다. 지속적인 원시반사는 신체 움직임을 조절하는 능력과 정상적인 운동 발달을 저해할 수 있고, 높은 수준의 자세 반사 출현을 지체시킬 수 있다.

원시반사는 학생의 의도적인 움직임을 방해한다. 비대칭형긴장성목반사(Asymmetric Tonic Neck Reflex: 이하 ATNR)를 지속적으로 보이는 학생은 오른손으로 숟가락을 쥐고 음식을 먹을 때 친구를 보려고 머리를 오른쪽으로 돌린다면 ATNR이 나타나 오른팔이 신전된다. 이러한 원시반사로 인해 오른팔을 구부려 숟가락에 있는 음식을 입에 넣는 것이 어려워진다.

대칭형긴장성목반사(Symmetric Tonic Neck Reflex: 이하 STNR)는 목을 아래로 숙이면 팔은 굴곡되고 다리가 신전되며, 목을 뒤로 젖히면 팔은 신전되고, 다리는 굴곡되는 반응으로 나타난다. STNR은 기기, 팔을 사용하여 앉기, 기능적인 앉기의 자세 유지를 방해한다.

긴장성미로반사(Tonic Labyrinthine Reflex: 이하 TLR)는 바닥에 등을 대고 누운 자세에

서는 신전근의 긴장이 증가하고, 바닥에 배를 대고 엎드린 자세에서는 굴곡근의 긴장이
증가한다.

> 교실 현장에서 원시반사를 보이는 학생을 지도할 때, ATNR을 보이는 학생은 머리를 좌우로 돌리
> 면 머리를 돌리는 방향으로 팔이 신전되어 과제를 수행하기 어려우므로 학생의 중심선 바로 앞에서
> 과제를 제시하며, STNR을 보이는 학생은 목을 숙이면 팔이 굴곡되고, 목을 젖히면 팔이 신전되므로
> 과제를 학생의 정면에서 눈높이에 맞춰 제시한다.

(3) 자세 및 움직임

중도 · 중복장애학생이 자세를 잡고, 움직이고, 이동하는 데 어려움을 보이는 원인은
다양하다. 신체 기능 이상으로 운동성에 제한을 보이는 지체장애와 다른 장애를 중복으
로 가지고 있는 경우(지체장애-지적장애, 지체장애-의사소통장애, 지체장애-시각장애 등)가
있고, 신체적인 기능에 뚜렷한 이상은 없으나 시각장애를 가지고 있어서 운동발달에 제
한을 보이는 경우(농-맹, 시각장애-지적장애 등)가 있다. 이들은 시각 손상으로 인하여 발
달 초기부터 자신의 움직임을 관찰하거나 다른 사람이 움직이는 모습을 보고 배우지 못
하여 기거나 걷기와 같은 중요한 단계에서의 지연을 보일 수 있고, 운동 기술 발달에도
영향을 미친다(박은혜 외, 2012).

비전형적인 근긴장도, 지속적 원시반사, 기형으로 인해 균형적이고 안정적인 자세를
취하는 데 어려움을 보이는 중도 · 중복장애학생은 과제 수행에 필요한 움직임을 수행
하기 어렵고, 지속적으로 보이는 비정상적인 움직임은 근육의 길이를 변화시키고, 부차
적인 정형외과적 문제 등의 2차적인 문제를 야기한다(Batshaw, Roizen, & Lotrecchiano,
2013).

중도 · 중복장애학생은 자신이 가진 여러 가지 자세 및 운동 관련 문제로 인해 바른 자
세를 잡거나 움직이는 데에 어려움이 있으므로 적절한 자세 잡기와 다루기가 필요하다.
중도 · 중복장애학생의 신체 안정성 확보와 사지의 움직임 향상을 위해서는 적절한 자세
잡기가 필수적이다. 교사는 학생이 다양한 학교 활동에 독립적으로 참여하거나 부분 참
여를 할 수 있도록 수정 장비와 보조공학을 활용할 수 있다. 학교 일과 동안 적절한 자세
를 유지해야 학생의 수업이 잘 이루어질 수 있으므로 교사는 학생이 바른 자세를 유지할
수 있도록 지도한다.

이동에 제한을 보이는 학생은 휠체어, 워커(보행기), 지팡이와 같은 이동용 보조기기를 사용하도록 하며, 교사는 보조기기의 사용방법과 관리방법을 숙지해야 한다. 움직임이 어려운 중도·중복장애학생이 움직이지 않고 눕거나 앉아서만 지내면 근육의 양이 감소하고 가벼운 증상의 감기도 폐렴으로 진행되어 위험한 상황에 처할 수 있으므로 학생에게 적절한 보조기기를 사용하여 서거나 움직이는 경험을 가질 수 있도록 지도할 필요가 있다. 학생의 운동 능력은 시간이 지나면서 변화할 수 있으므로 교사는 학생의 변화를 점검하고 학생의 상태가 악화 또는 향상되었는지 보고해야 한다.

4) 교육 프로그램

(1) 감각통합

감각통합(Sensory Integration: 이하 SI)이론에 따르면 학습은 환경과 신체 움직임으로부터 감각 정보를 받아들이고, 중추신경계에서 이러한 감각 입력 정보를 처리하고 통합하여 조직화된 움직임과 행동을 만들기 위해 정보를 사용하는 학생의 능력에 달려 있다고 본다(Heller et al., 2009). SI는 균형감, 근긴장도, 중력에 저항하는 움직임, 자세 적응, 각성 또는 활동 수준에 영향을 미치는 전정감각을 자극하는 활동(박은혜 외, 2012)을 통해 중추신경계를 활성화시키고, 학생이 활동에 참여하면서 촉각, 전정감각, 고유수용감각자극 등 다양한 감각자극에 반응할 수 있도록 촉진하는 역할을 한다. SI에서는 학생이 균형판(balance board), 그물그네(hammock), 플랫폼(platform) 그네를 활용한 활동에 참여하게 함으로써 자세 적응 및 움직임 반응의 향상을 도모한다.

(2) 시청각중복장애학생 지도

시청각중복장애학생은 잔존 시각 및 청각 기술을 갖고 있을 수 있으므로 의미 있는 교육 활동 중 촉각을 활용하여 시각 및 청각자극을 강화함으로써 학생이 목표로 하는 시각 및 청각 기술 발달을 촉진하는 교수전략이 필요하다(Downing & Chen, 2003; Lewis & Tollar, 2003).

시청각중복장애학생이 활동에 참여할 수 있도록 학생의 신체를 터치하는 촉각 단서를 활용하고(예: 학생의 입술을 두드리며 식사할 시간이라는 신호를 보내기, 팔꿈치 아랫부분을 만지는 것으로 일어나라는 신호를 보내기), 사물단서(만질 수 있는 상징: 축소형 사물, 사물의 일부분, 질감 있는 물건)를 순서대로 놓아 학생이 일과를 이해하여 구체적인 활동에 참여하도록 할 수 있다. 항목과 개념을 대표하는 촉각 사물과 자료를 선정할 때, 교사는 학생에게 의미 있는 자료를 선택해야 한다(Westling et al., 2015).

시청각중복장애학생을 가르치는 교사는 학생이 교실 여기저기를 다녀 보고 편안함을 느낄 수 있도록 추가적인 지원과 정보를 제공하고, 직접 경험을 통해 새로운 개념을 습득하도록 하며 반복적으로 정보를 제공한다. 이와 함께 학생이 정보를 얻고 대답할 수 있는 추가적인 시간을 제공하여 잔존 시청각 감각을 활용할 수 있도록 지도한다.

시청각중복장애학생을 위해 사용할 수 있는 접근 중 하나는 반다이크가 설명한 움직임에 기초한 접근법이다(Westling et al., 2015). 이 접근법은 학생에게 운동 경험을 제공하여 학생이 의사소통하고 타인과 상호작용하는 것을 돕는다. 교사는 시청각중복장애학생과 함께 움직이고, 학생에게 활동을 제시하기보다는 학생과 함께 활동을 수행한다. 이러한 상호적인 움직임을 하는 활동 과정에서 학생은 자신의 시도가 반응적임을 배우게 되고 성인과의 관계를 발전시켜 나간다(van Dijk, 1997). 많은 시청각중복장애학생은 의사소통에 어려움을 보이므로 교사는 학생이 자신의 신호(signal)를 인식하고 학생이 의미 있는 방법으로 반응하고, 좀 더 상호적인 행동을 촉진할 수 있도록 환경을 재배치하여 조화로운 상호작용관계를 발전시키도록 도울 수 있다.

(3) 방향정위 및 이동성 지도

시각에 손상을 가진 중도 · 중복장애학생과 농–맹이 있는 학생을 위해서는 방향정위 및 이동성 기술이 필요하다. 방향정위는 자신과 주위 환경의 관계를 이해하는 것으로 공간적인 위치 개념을 파악할 수 있도록 돕고, 학생 자신의 신체상을 발달시키는 역할을 한다. 이동성은 물리적 환경 내에서 안전하고 독립적으로 움직일 수 있는 능력을 의미한다. 교사는 시각장애를 중복으로 가지고 있는 학생의 경우, 가능한 한 독립적인 생활을 유지할 수 있도록 방향정위와 이동성을 지도하여야 한다.

방향정위와 이동성은 매일의 활동과 일과에서 필요하므로 학생을 교육하는 팀 구성원들이 협력하고 서로 전략과 방법을 배워 다양한 활동에서 직접 학생을 교육하는 것이 중요하다. 교사는 보행기(walker), 시각장애인용 지팡이(cane), 기타 이동 보조기기를 사용하여 학생이 안전하고 독립적으로 방향을 알고 이동할 수 있도록 기술을 가르쳐야 한다. 시각장애인용 안내견, 전자 보행 안내 장치도 활용하여 이동하는 기술을 가르쳐야 한다.

이때 학생이 목표장소까지 독립적으로 이동하기 어렵더라도 친숙한 환경에서 부분 참여의 원리를 활용하여 한곳에서 다른 곳으로의 짧은 거리를 이동할 수 있도록 실제적인 목표를 세워 실행에 옮길 수 있도록 지도하는 것이 중요하다. 또한 학생의 일상생활을 단계적으로 기록하여 생태학적 목록을 작성하고, 학생의 행동을 관찰한 후 매일의 일과 중 자연적인 환경에서 학생이 배워야 할 기술을 삽입하여 반복적으로 가르치는 것이 필요하다(Orelove et al., 2004).

시각장애를 가지고 있는 중도·중복장애학생의 방향정위와 이동성 지도에 도움을 줄 수 있는 환경적 수정 방안으로, 첫째, 교실이나 식당의 문에 각 장소를 확인할 수 있는 물체를 두어 학생이 손으로 잡아서 구별하도록 하는 방법, 둘째, 교실의 각 구역을 다양한 질감의 바닥으로 구분하여 학생이 각 구역을 알아차릴 수 있도록 하는 방법이 있다. 학생이 소리가 나는 방향으로 움직이도록 지도하는 것도 시각장애를 가지고 있는 중도·중복장애학생에게 필요한 부분이다.

농-맹 학생에게 방향정위를 지도할 때는 후각(냄새) 및 촉각(온도) 단서를 활용하여 목표한 장소로 찾아가고, 후각, 촉각, 고유수용성 감각을 통해 수집한 정보를 활용하여 자신의 위치를 파악하고, 이동 방향을 정하도록 한다. 그리고 어느 정도 크기의 공간인지를 파악하기 위해 손뼘, 팔 길이와 걸음걸이 수로 측정하여 환경을 파악하도록 지도한다(박순희, 2005).

운동장애와 시각장애를 중복으로 가지고 있는 경우, 필요하다면 휠체어, 보행기, 목발(클러치) 등의 보조기기를 활용하여 지도한다. 농-맹 학생을 대상으로 운동성을 지도하는 것은 매우 어렵지만 학생에게 적절한 지도방법을 선택하여 반복적이고 체계적인 계획을 수립하여 이동성을 최대화할 수 있도록 지도하는 것이 필요하다.

(4) 협력적 팀 접근

중도·중복장애학생은 다양한 신체·인지·의사소통적인 어려움을 가지므로 그들의 특성을 고려한 적절한 중재를 제공하여 그들의 필요를 충족시켜 주고, 더 나은 가능성을 개발해 주어야 한다. 그러나 특수교사의 역량만으로는 장애학생의 필요를 모두 충족시키는 데 제한이 있다. 운동 기능상의 어려움을 보이는 중도·중복장애학생은 교실이나 활동을 위한 장소에 도착해서 책상·사물함에서 교재를 꺼내고, 공부하기 위하여 책상에 앉고, 과제를 완성하고, 교재를 정리한 후 교실을 떠나는 것으로 구성된 일상적인 교육 활동 일과를 수행하는 데 제한을 갖는다. 또한 학교식당으로 이동하여 식사를 하고, 화장실에 가서 손을 씻는 일련의 일상생활 활동도 움직임과 관련된 신체 활동을 필요로 하므로 중도·중복장애학생은 이러한 활동 수행에서도 어려움을 보인다.

교육 프로그램 및 일상생활에서의 활동을 수행할 때 운동 능력이 중요한 기반이므로 물리치료사, 작업치료사와의 협력적 팀 접근이 효과적인 중재방법이 된다. 교사와 전문가 간의 협력을 통해 중도·중복장애학생이 운동 및 일상생활 활동, 학업 활동을 수행하는 데 필요한 움직임, 자세잡기, 이동 능력을 향상시킬 수 있다.

〈표 10-1〉은 자세 및 운동 지도를 위한 교사와 물리치료사의 협력적 팀 접근 사례이다(표윤희, 박은혜, 2010). 물리치료사가 주간교육계획안에 삽입한 활동기회를 교사가 자연스러운 교육 활동 중 실행에 옮김으로써 학생의 기능적 활동 수행을 촉진하는 개별화교육목표의 성취를 도울 수 있다. 활동기회를 실행에 옮기기 위해 교사는 물리치료사에게 중도·중복장애학생의 앉은 자세, 선 자세, 이동자세에 대한 정보, 적절한 자세 잡기 및 다루는 방법, 적합한 보조기기의 사용, 학생의 움직임을 향상시키기 위한 구체적인 기술에 대한 훈련을 받는다.

〈표 10-1〉 자세 및 운동 지도를 위한 교사와 물리치료사의 협력적 팀 접근

단계	내용
1단계	• 협력적 진단 및 IEP 목표 수립 - 협력팀 구성원이 협력적으로 진단하여 IEP 목표 수립 <table><tr><td>목표 1</td><td>목표 2</td></tr><tr><td>가슴벨트를 매고 3분 동안 의자에 바르게 앉아 교사를 바라볼 수 있다.</td><td>교사가 이름을 부르면 한 손을 귀 높이까지 올린 후 대답할 수 있다.</td></tr></table>
2단계	• 협력적 팀워크 중재 실행 - 활동기회가 삽입된 주간교육계획안 작성 - 삽입한 활동기회 실행에 옮기기 - 훈련 및 역할방출, 상담 및 자문, 역할 지원, 정보교환과 협력팀 미팅
3단계	• 모니터링 및 피드백 - 중도·중복장애학생의 상황에 대한 의사 교환, 주간교육계획안에 삽입된 활동기회 시간 증감에 대한 논의, 보조기기 수정, 목표수행 정도 점검

2. 건강 관리 지도

중도 · 중복장애학생의 특성상 희귀질환을 가지고 있거나 건강상의 어려움이 있는 경우가 많으므로 이들의 건강 관리는 필수적이다. 건강 관리를 위해서 우선적으로 필요한 것은 중도 · 중복장애학생이 보이는 다양한 건강상의 어려움에 대한 실제적인 정보를 수집하는 것이다.

중도 · 중복장애학생은 뇌성마비, 골격 손상, 청각 및 시각 손상과 같은 감각장애, 뇌전증, 호흡기의 어려움, 기타 의학적 문제를 보일 수 있으므로 학생의 개별적 요구를 충분히 반영한 체계적인 교육을 제공하고 관리를 해야 한다. 그러므로 교사는 다양한 질환의 특성, 원인, 증상 및 예후, 주의 사항 등 전반적인 정보, 학생이 복용하는 약물에 대한 정보, 응급 상황 시 처치방법, 발작 시 대처방법 등 구체적인 사항을 알고 있어야 한다.

중도 · 중복장애학생의 건강 관리 지도 시 학생의 건강을 증진시키는 다양한 활동과 절차가 교실 활동에 삽입되어야 학생의 건강 유지뿐 아니라 문제를 예방하는 데 도움이 된다. 예를 들어, 약물을 투여하는 동안 약물 바라보기, 약물을 향해 손 뻗기, 물 마시고 약 삼키기, 현재의 자세를 유지하는 것이 힘들 때 자세를 바꿔 달라고 요청하기 등을 중도 · 중복장애학생이 수행하도록 하여 학생이 건강 관리 절차에 참여할 수 있도록 지도해야 한다.

1) 건강 관리의 중요성

건강상의 어려움을 가진 중도 · 중복장애학생은 그들의 건강 상태에 적절한 관리를 제공받으며 교육 활동에 참여해야 하는데, 교육 현장에 중도 · 중복장애학생의 비율이 증가한 현 시점을 고려할 때, 교사와 간호사를 포함한 협력팀의 역할이 확대될 필요가 있다. 예전에는 가정이나 병원에서 관리를 받던 건강상의 어려움을 가진 중도 · 중복장애학생이 학교로 복귀하면서 학교에서의 건강 관리가 중요해졌고, 이에 따라 학교에서는 이들을 위한 건강 관리 지침을 수립해야 하는 것이다. 중도 · 중복장애학생의 건강 관리는 이들에게 발생할 수 있는 더 심각한 문제를 예방하고, 중도 · 중복장애학생이 지속적으로 교육 활동에 참여하도록 도움을 제공한다.

중도·중복장애학생이 학교생활에 참여하기 위해서는 치아 및 구강 관리, 욕창 관리, 변비 관리, 영양 관리, 발작 관리 등 일상적인 건강 관리에서부터 호흡기 및 도뇨관 관리 등의 특별한 건강 관리가 필요하다. 그러나 이는 교사 혼자서 실행하기에는 어려움이 있으므로 중도·중복장애학생의 건강 관리를 위해서는 팀 구성원들의 협력이 필수적이다. 건강 관리 절차 중 대부분은 간호사, 보건교육교사가 수행해야 하지만 교사 또한 이러한 건강 관리 절차에 대하여 훈련받고 인지하고 있어야 한다. 이와 함께 응급 상황 시 대처법에 대해 숙지하여 중도·중복장애학생의 지속적인 건강 관리와 체계적인 교육 활동 참여를 위해 필요한 교사 차원에서의 지원을 제공한다.

2) 일상에서의 지속적인 건강 관리

(1) 치아 및 구강 관리

중도·중복장애학생의 치아와 잇몸 관리를 위해서는 구강 내 위생 관리 및 치아관리와 좋은 영양을 제공하고 바른 식습관을 갖도록 하는 것이 필요하다. 중도·중복장애학생은 독립적으로 앉거나 서기가 어렵고, 비전형적인 근긴장도를 보이므로 치아 및 구강 관리가 어려울 수 있다. 그러나 치아 및 구강 관리는 학생의 건강 관리에 필수적이므로 가정과의 협력을 통해 잘 관리되어야 한다.

이 닦기는 치아 문제를 예방하기 위한 중요한 방법으로 적절한 이 닦기 방법을 교수하는 것이 필요하다. 중도·중복장애학생의 특성상 혼자서 양치질하기가 어려울 수 있으므로 가능한 한 학생을 앉히고 목에 수건을 대 준 후 한 손으로 뺨을 잡고 양치질을 해 줄 수 있다. 경직이 심해 입을 벌리기 어려운 경우에는 억지로 벌리지 말고 거즈 등을 사용하여 잇몸을 닦아 주도록 하고, 양칫물을 뱉기 어려운 학생의 경우에는 학생의 얼굴을 기울인 채로 입에 물을 흘려보내 양칫물이 나오게 한다. 이때 교사는 학생의 잇몸에 염증이 있거나, 잇몸이 부었거나, 출혈이 보이는지 살펴서 학생의 구강 문제에 대하여 점검할 필요가 있다.

중도·중복장애학생의 치아 및 구강 관리를 위해서는 적절한 영양 공급과 바른 식습관 교육이 필요하다. 균형 있는 영양 공급은 치아와 잇몸의 건강을 위해 필수적이므로 다양한 영양분이 함유된 음식물을 제공하여 충치 발생을 예방하고 건강한 잇몸을 유지하도록 지도한다.

(2) 피부자극 및 욕창 관리

중도·중복장애학생은 제한된 움직임으로 인해 오랜 시간 같은 자세로 있거나 용변기술을 습득하지 못해 기저귀를 착용하는 경우가 있으며, 도뇨관을 통해 소변을 배출하거나 인공항문 성형술을 통해 파우치를 착용하기도 한다. 이는 피부자극을 유발하는 원인이 된다. 피부자극을 예방하기 위해서는 청결을 유지하는 것이 중요하다. 중도·중복장애학생이 자세를 조금씩이라도 움직이도록 촉진하고, 스스로 또는 다른 사람의 도움을 받아서 피부자극 부위의 청결을 유지하는 데 필요한 기술을 지도한다.

반복적인 피부자극이나 압력의 증가는 욕창을 유발한다. 같은 자세로 오랜 시간 있다 보면 혈액순환이 잘 되지 않아 상처가 나고, 여러 보조기기에 피부가 닿으면서 마찰이 생겨 상처가 나면 결국 그 부분의 세포가 괴사하고 피부박리가 일어나는 심각한 상황까지 갈 수 있다. 욕창을 예방하기 위해서는 자세를 자주 바꿔 주어야 하며, 피부의 청결을 유지하도록 해야 한다.

(3) 만성변비 관리

중도·중복장애학생은 비전형적인 근긴장도와 움직임의 어려움으로 인해 변비 증상을 보이기 쉬우므로 이에 대한 지원이 필요하다. 이들은 특정 약물의 부작용, 항문근육 조절의 어려움, 한 자세로 오랜 시간 앉아 있는 것으로 인해 만성변비에 걸려 고생할 수도 있다.

〈표 10-2〉에 중도·중복장애학생의 변비를 관리하기 위한 방법을 제시하였다.

〈표 10-2〉 **중도·중복장애학생의 변비 관리 방법**

• 적당한 수분 섭취 • 정기적인 운동 • 섬유질이 많이 함유된 식이요법 실행 • 주기적인 배변을 할 수 있도록 배변 훈련 계획 실행	• 전반적인 근육긴장 상태 조절(평상시 웅크리고 앉는 자세 취하는 연습하기) • 배설을 위한 적절한 자세 취하기(변기에 앉을 때 앞으로 기울인 자세를 취하여 근긴장도 유지하기)

(4) 영양 관리

중도·중복장애학생은 음식물을 삼키는 것이 어렵고, 위식도 역류와 변비의 문제를 가지고 있어서 지속적인 영양 관리가 필요하다. 중도·중복장애학생은 특정 음식에 알레르기를 보일 수 있고, 특정 약물 복용 시 제한해야 하는 음식이 있을 수 있으므로 개별 학생의 소화 기능과 건강 상태를 점검해야 한다.

영양 문제를 해결하기 위해서는 균형 잡힌 식사를 해야 한다. 입으로 음식을 섭취할 수는 있으나 씹기에 어려움을 보이는 중도·중복장애학생에게는 쉽게 씹고 삼킬 수 있도록 음식을 조리하거나 죽 혹은 퓨레 형태의 음식, 유동식 등을 제공한다. 학생이 음식물을 섭취하는 동안 음식물을 눈으로 볼 수 있는 자세에서 식사하게 하는 것이 좋다. 특정 음식을 거부하거나 특정 영양소가 부족할 때에는 비슷한 영양소를 함유한 대체식을 제공하거나 의사와 상의하여 다른 보충제를 활용하는 것도 한 방법이다. 특히 움직임이 어려운 중도·중복장애학생은 근육의 양을 유지할 수 있도록 단백질 섭취와 흡수에 유의해야 한다.

중도·중복장애학생의 식사 기능과 영양 섭취 상태를 고려하여 구강 섭식과 튜브 섭식 중 선택해야 하는데, 튜브로 섭식을 하다가도 학생의 상태가 호전되면 구강 섭식으로 전환하여 지도할 수 있다.

중도·중복장애학생을 위한 학교인 H 학교에서는 학생의 영양 섭취를 위하여 의사의 진단을 통해 학생의 장애 정도와 상태에 따라 일반적인 식사가 가능한 학생, 간죽(믹서에 간 죽)을 섭취할 수 있는 학생, L-튜브(Levin Tube)를 통해 섭식하는 학생, PEG 튜브(Percutaneous Endoscopic Gastrostomy Tube)로 섭식하는 학생 등으로 구분하여 식사지도를 하고 있다. 일반식을 하던 학생이라도 경련을 보인 후 제대로 식사하지 못하는 경우에는 진단 후 간죽을 제공하여 학생의 상황을 고려한 영양 관리를 진행하고 있다. 장기간 L-튜브 섭식으로 코와 위에 출혈이 생기는 경우 PEG 튜브로 교체하여 섭식을 진행하기도 하고, L-튜브로 섭식하던 학생이 음식물을 삼키는 연하 기능이 향상되면 간죽으로 식사하는 것을 시도하기도 한다.

입으로 음식물을 섭취하기 어려운 학생을 위해서는 위루관 튜브나 위루관 버튼을 통해 유동식으로 영양공급이 이루어지는데, 이는 또래들과의 간식 시간이나 식사 시간에 같이 이루어지도록 하는 것이 좋다. 튜브로 영양 공급 시 튜브가 막히는 것을 예방하기 위해서는 음식 공급 후에 튜브에 물을 주입하여 물로 튜브를 씻어 주어야 하고, 튜브로 유동식을 너무 빨리 공급하면 메스꺼움, 구토 등의 증상이 나타날 수도 있으므로 주의한다.

튜브로 영양 공급 시 폐로 음식이나 물이 들어가는 흡인이 발생할 수 있고, 튜브가 빠지거나 튜브가 삽입된 부위가 감염되는 문제가 발생할 수 있으므로 이에 대한 주의가 필요하다. 흡인을 예방하기 위하여 튜브로 영양 공급 시 앉아 있는 자세를 취하도록 하고, 튜브가 빠졌을 때에는 빠진 부위를 깨끗하게 하고, 건조한 수건이나 드레싱으로 빠진 부위를 덮어 두어야 한다. 이러한 처치 후, 튜브나 장치를 교체할지의 여부에 대해 의료진에게 연락을 취하여 결정하고 병원으로 이송한다. 교사를 포함한 학교 구성원은 이러한 상황에서의 행동계획 및 적절한 응급 처치 절차에 대하여 미리 숙지하고 있어야 한다.

(5) 발작 관리

발작(seizure)은 두뇌의 빠르고 비정상적인 전기화학적 방전에 의해 행동 · 감각 · 운동 기능이 갑작스럽게 변화하는 것으로(Freeman, Vining, & Pillas, 2003), 중도 · 중복장애학생에게 발생하는 신경계 장애의 하나이다. 중도 · 중복장애학생의 발작은 어렸을 때 시작하여 빈번히 발생하고, 복잡한 유형을 보인다(Devinsky & Westbrook, 2002).

발작의 원인으로는 두뇌 손상, 뇌종양, 약물과다복용, 독성물질, 태아무산소증, 저혈당 및 고혈당과 같은 대사 이상, 중추신경계의 감염 등이 있다(Orelove et al., 2004). 발작 증상은 영향을 받는 두뇌의 부위에 따라 다르게 나타나는데, 비정상적인 감각(deviant sensation), 근경련, 의식상실 등의 증상이 있다. 발작은 시작하기 전에 전조 증상을 보이는데, 가장 일반적인 증상은 불안정함, 두통, 불쾌감, 메스꺼움, 집중력 감소, 현기증, 피로 등이 있다(Schulze-Bonhage, Kurth, Carius, Steinhoff, & Mayer, 2006).

발작은 한쪽 대뇌반구의 부분에서 시작하는 부분발작과 양쪽 대뇌반구 모두에서 시작하는 전신발작으로 구분된다. ① 부분발작(partial seizures)의 종류에는 단순부분발작, 복합부분발작 등이 있고, ② 전신발작(generalized seizures)의 종류에는 소발작이라고 불리는 부재발작(absence seizures), 대발작이라고 불리는 전신 긴장성-간대성발작(generalized tonic-clonic seizures) 등이 있다. 〈표 10-3〉은 발작의 분류에 대한 것이다.

〈표 10-3〉 **발작의 분류**

부분발작
• **단순부분발작**: 의식상실이 나타나지 않고 신체의 한 부위에서 목이나 어깨, 다리 등 신체의 다른 부분으로 불수의적 움직임이나 떨림이 나타남 • **복합부분발작**: 의식상실이 나타나고 전조 증상을 보이며, 무의식적인 반복적 행동(씹기, 반복적 몸짓)을 보임
전신발작
• **부재발작**: 의식상실이 나타나고 하던 일을 멈추고 한곳을 응시하는 모습을 보이며, 소발작이라고 불림 • **전신 긴장성-간대성발작**: 의식상실이 나타나고 몸이 뻣뻣해지는 강직기를 거쳐 이후에는 몸을 떠는 간대기로 진행되며 대발작이라고 불림

발작은 종류에 따라 나타나는 증상이 다르므로 발작 관리는 개별 중도·중복장애학생의 요구에 맞추어 진행되어야 하고, 응급 시 처치방법 등 발작 관리방법에 대하여 교사가 반드시 숙지하고 있어야 한다. 〈표 10-4〉에 발작 관리방법을 제시하였다.

〈표 10-4〉 **발작 관리방법**

응급 처치
전신 긴장성-간대성 발작을 보일 시 다음과 같은 응급 처치를 실행해야 함 • 발작 시 – 학생의 움직임을 억지로 멈추려 하지 말기 – 학생 주변의 딱딱하거나 위험한 물건 치우기 – 머리 부분을 부드러운 것으로 받쳐 주기 – 호흡을 방해하지 않도록 목 주변에 조이는 것을 느슨하게 풀어 주기 – 학생을 옆으로 뉘어 입으로부터 침이 흘러나오도록 하여 질식의 위험 예방하기 – 발작이 5분 이상 지속되거나 호흡곤란이 있다면 구급차 부르기 • 발작 후 – 부상이 있는지 확인하기 – 쉬게 두면서 의식이 돌아올 때까지 지켜보기
예방방법
• **항경련제 복용**: 졸림, 행동변화, 위장 문제 등의 부작용을 최소화하는 약물 종류를 선택하고 복용량을 조절할 필요가 있는데, 교사는 학생이 약물 복용 시 어떠한 반응을 나타내는지 신중하게 관찰하여 의사나 부모에게 보고하는 것이 필요함 • **케톤 식이요법**: 탄수화물과 단백질의 양을 제한하고 지방이 함유된 식품으로 구성된 식단으로 식사하는 요법으로, 교사는 학생에게 식이요법으로 인한 영양상의 문제는 없는지, 다른 간식을 먹고 있지는 않는지 등을 세심하게 확인하는 것이 필요함

(6) 약물 투여

중도 · 중복장애학생은 그들이 가진 증상의 완화, 건강 증진, 질병 예방을 위해 다양한 약물을 복용한다. 약물 투여는 학교에서도 정기적으로 실행되어야 하므로 교사의 협력이 필요하다. 교사는 중도 · 중복장애학생이 처방받고 있는 약물의 효능과 부작용, 알레르기 반응에 대하여 알아야 한다. 그러므로 교사는 인터넷 검색엔진에서 다양한 처치와 약물에 대한 용어를 익히고, 의료진과의 상담을 통해 정확한 정보에 대하여 알아 둘 필요가 있다. 교사는 교실에서 학생 상태를 점검할 수 있으므로 의약품 투여를 관리하는 부모와 의사에게 유용한 정보를 제공할 수 있다.

중도 · 중복장애학생에게 약물 투여 시에는 약물 투여에 대한 동의를 받아야 하며, 투여 약물명, 1회 복용량, 약물 투여 시간, 약물의 효능 등을 명시하여 교사가 확인할 수 있어야 한다. 학생의 구강 운동 능력을 고려하여 안전하게 삼킬 수 있는 학생에게 알약을 투여해야 하며, 교사와 학교 구성원은 학생의 약물 투여 방법에 대하여 알고 있어야 잘못된 약물 복용을 최소화할 수 있다.

교실에 학생을 위한 약품보관함을 마련하여 약품을 담아 두고, 약품을 투여할 학생의 이름, 1회 복용량, 투여 시기를 적어 둔다. 교사는 특수교육 지원인력과 협력하여 해당 학생이 정확한 약물을 정확한 시간에, 정확한 방법으로 투여할 수 있도록 지도한다.

N 학교에 근무하는 최 교사가 담임을 맡은 학급은 중도 · 중복장애학생 다섯 명이 입급되어 있고, 다섯 명 모두 학교에서 매일 약물을 복용해야 하는 상황이다. 수업을 진행하다 보면 최 교사는 학생에게 약을 먹였는지 헷갈리는 경우가 발생하였다. 이러한 문제를 해결하기 위해 최 교사는 점심식사 후 개별 학생이 복용해야 할 약을 요일별로 구분한 상자에 정리해 놓았고, 교사는 학생이 복용해야 할 약을 실수 없이 먹일 수 있었다.

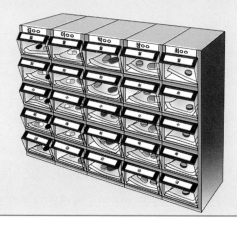

3) 특별한 건강 관리

(1) 호흡기 관리

중도 · 중복장애학생은 심장결손, 발작, 음식물의 흡인, 기관절개 등 그들이 가진 특성으로 인해 응급 상황에 노출되기 쉽다. 이들은 음식물을 잘 씹지 못하고 잘못 삼켜서 음식물의 일부가 기도로 들어가는 상황이 발생하여 응급 처치를 필요로 할 수 있다. 학생이 숨이 막혀 힘들어하는 상황이 발생할 경우 학생이 말을 할 수 있는지, 기침을 할 수 있는지를 확인하고 기도의 완전폐쇄 여부를 확인해야 한다. 교사는 학생의 기도를 막고 있는 물체나 음식물이 있는 경우에는 토하게 하고, 학생이 기침을 할 수 없을 경우에는 하임리히법을 실시한다.

> 미소는 지체장애와 지적장애를 중복으로 가지고 있는 10세의 중도 · 중복장애학생으로 간식 시간에 선생님께서 찰떡을 가위로 잘라서 먹여 주셨다. 미소의 입천장은 아치형으로 높아서 찰떡을 삼킬 때 찰떡의 일부는 식도로 넘어갔지만 일부가 입천장에 조금씩 붙어 공기알 정도의 크기가 되었고, 무게 때문에 갑자기 입천장에서 아래로 떨어지면서 찰떡이 목에 걸리는 응급 상황에 처하게 되었다. 교사는 하임리히방법을 훈련받은 사람으로 하임리히방법을 실시하여 목에 걸린 찰떡이 입 밖으로 나오게 하였고, 미소는 안정을 되찾을 수 있었다.

심폐소생술(cardiopulmonary resuscitation: CPR)은 심장과 폐의 활동이 멈춰 호흡이 정지되었을 때 실시하는 응급 처치로, 이는 기도확보, 호흡회복, 순환회복의 기술로 구성한다. CPR은 의사나 119 요원 등 전문적인 지원인력이 도착할 때까지 실시하는 것으로 모든 교사는 이에 대한 훈련을 받고 있다.

> S 재활학교는 CPR 훈련을 위해 연 2회 전문요원이 학교를 방문하여 특수교사, 특수교육실무원에게 CPR 훈련을 제공한다. 또한 보건교육교사는 학교 교직원 연수나 회의 시간을 활용하여 교사, 특수교육실무원 및 학교관계자가 CPR 훈련법을 실습하도록 하고, 이에 대한 피드백을 제공하는 등 학교 전체 구성원들이 CPR에 대하여 숙달할 수 있도록 지원을 제공한다.

교사를 포함한 학교 구성원들은 학교의 어느 장소에서, 어느 시간에 이러한 응급 상황이 발생할지 모르므로 갑작스러운 호흡곤란과 기도폐쇄를 감지하고 처치하는 훈련을 적절하게 받아 두는 것이 매우 중요하다. 이에 대한 더 많은 자료는 행정안전부 홈페이지 (http://www.mois.go.kr)를 활용하기 바란다.

(2) 장루 및 도뇨관 관리

정상적인 배변이 어려운 중도 · 중복장애학생은 장에 별도의 배설구를 만들어 복부 밖으로 끌어내어 변을 제거하는 인공항문 성형술을 받는다. 교사는 인공항문 성형술을 받은 학생의 배설물이 모인 파우치를 교체할 수 있도록 중도 · 중복장애학생이 최적의 자세를 취하게끔 지도하고, 가능하다면 학생이 주변을 깨끗하게 닦을 수 있도록 지도하는 것도 필요하다. 파우치 교체 전후에는 손을 깨끗이 씻도록 지도하고, 학생이 수치심을 느낄 수 있으므로 이러한 과정이 개인적인 공간에서 이루어질 수 있도록 배려한다.

이분척추 또는 척수 손상으로 인해 소변을 스스로 배출하기 어려운 중도 · 중복장애학생에게는 도뇨관을 삽입하여 소변을 배출할 수 있도록 한다. 도뇨관을 통한 소변 배출 시에는 요로 감염을 조심하고, 실행 전에 손을 깨끗하게 씻도록 지도한다.

> 은수는 13세의 이분척추 학생으로 서너 시간마다 도뇨관을 통해 소변을 배출한다. 그런데 새 학기가 시작되자 은수는 여름캠프에 참여하지 못할까 봐 걱정했다. 은수는 아직 스스로 도뇨관 관리를 하지 못하고 재활관 생활을 하고 있으며, 재활관 담당선생님과 보건교육교사는 여름캠프에 참여하지 못하는 상황이다. 그래서 은수의 여름캠프 참여를 위해 보건교육교사, 치료사의 협력 아래 은수가 도뇨관을 쥐고 간헐적인 도뇨관 관리를 할 수 있도록 체계적인 훈련을 실시하였다. 3개월 뒤에 은수는 여름캠프에 참여할 수 있었다.

(3) 감염질환 관리

감염질환은 질병을 일으키는 병원체가 학생의 신체에 침입하여 발생하게 되는데, 사람에게 직간접적으로 전이되는 질환을 말하며 대부분의 감염질환은 전염성이 있다 (Kennamer, 2002). 감염 관리의 목적은 중도 · 중복장애학생의 전염 예방과 학교에서 다른 사람의 전염을 예방하는 것이다. 중도 · 중복장애학생은 감염질환에 노출되면 더욱 심각한 상황에 처할 수 있다. 건강상 취약한 중도 · 중복장애학생은 비장애학생보다 전염병에 노출되기 쉽고, 한 번 감염될 경우 비장애학생보다 오랜 기간 동안 더 심한 증상이 나타날 수 있기 때문이다.

일부 중도·중복장애학생은 저항력이 떨어지는 유전적·대사적 장애를 보이고, 영양 문제와 신체 활동의 감소를 보인다. 또한 학생이 복용하는 약물은 부작용을 일으켜 질환에 대한 저항력을 감소시킬 수 있으므로 감염질환에 노출될 위험이 더 크다.

감염질환을 예방하기 위해서는 손 씻기 등 자기관리가 필수적이다. 중도·중복장애학생은 독립적인 자기관리가 어려운 경우가 대부분이고, 아프다고 하거나 고통의 특징 및 정도를 구체적으로 표현하기가 어렵다. 그래서 더 심각한 질환으로 진행된 후에야 질환에 걸린 것을 알게 되므로 중도·중복장애학생을 위한 감염질환 관리는 더욱 세심한 주의가 요구된다. 학교에서는 중도·중복장애학생에게 음식을 먹이거나 기저귀를 갈아 주어야 하는 등 일상적인 지원을 제공할 때 일회용 위생 장갑을 착용하여 감염을 예방하도록 한다.

중도·중복장애학생의 감염을 예방하기 위해서는, 첫째, 예방 접종을 실시하고 접종 여부에 관한 정확한 정보를 기록해 둔다. 이와 함께 예방 접종 후의 반응도 살펴보아야 한다. 둘째, 개인 청결과 위생을 유지할 수 있도록 중도·중복장애학생 교육 활동에 손 씻기, 이 닦기 등의 기술을 포함하여 가르치고, 피부에 상처를 내는 문제행동을 보이는 학생이 있다면 이러한 행동을 감소시킬 수 있는 지원전략을 강구해야 한다.

4) 건강 관리 교육

(1) 개별화건강관리계획(IHP)

특별한 건강 관리가 필요한 중도·중복장애학생을 위해서는 개별화건강관리계획(Individualized Health Care Plan: 이하 IHP)을 작성한다. 미국에서는 학교 간호사의 책임하에 교사, 가족 등 협력팀의 구성원이 참여하여 IHP를 개발한다. 국내에서는 IHP의 작성이 의무사항은 아니지만 보건교육교사의 책임하에 개별 학생의 건강 관리에 대한 서류를 작성하고, 개별 중도·중복장애학생의 건강 관리를 위한 지침 및 내용을 교사와 함께 공유할 수 있는 체계가 마련되어 있다.

IHP에는 중도·중복장애학생의 상태, 의학적 정보, 알레르기, 응급 처치계획, 건강 관리 절차에 대한 내용 등이 포함된다. 또한 학생의 상태를 점검하는 방법과 필요한 경우 실행해야 할 사항 등에 관한 내용을 포함한 IHP를 학교 관계자에게 제공할 수 있어야 한다. 발작을 하는 학생이라면 평상시 보이는 발작 시간보다 좀 더 오래 발작을 보이는 경

〈표 10–5〉 개별화건강관리계획(IHP) 양식

1. 학생 인적사항

학생명		성별	
생년월일		학년	
보호자명		연락처	
다른 보호자명		응급호출번호	

2. 건강 관련 사항

현재 건강 상태		복용 중인 약물	
알레르기		제한할 활동	

3. 필요한 건강 관리 절차

시간		장소	
방법		필요인력	
보조기기			
주의 사항			

4. 응급 처치 상황

상황	처치내용

5. 특별한 건강 관리 및 점검이 요구되는 부분

20   년   월   일

학부모:　　　　　(서명)

담당자:　　　　　(서명)

우 어떻게 대처해야 하는지 등에 대하여 교사가 알고 있어야 하기 때문이다. 개별 학생의 건강 상태에 따라 응급 상황이 있을 수 있으므로 평상시 장비를 확인하고, 교사가 그 상황에서 어떻게 행동해야 하는지에 대하여 훈련을 받아야 한다. 이러한 사항과 절차에 대하여 서류로 작성해 놓은 것이 IHP이므로 개별 중도ㆍ중복학생에게 적절한 개별화건강관리계획이 필요하다. 〈표 10-5〉는 IHP 양식의 예시이다.

중도ㆍ중복장애학생을 위해서는 학교 차원에서의 건강관리계획이 필요하다. 〈표 10-6〉은 학교의사 제도를 두어 학생의 건강 관리를 위해 지속적으로 노력하고 있는 H 중도ㆍ중복장애 학교의 사례이다.

〈표 10-6〉 H 중도ㆍ중복장애 학교 의료재활 전문가 컨설팅 사례: 학교의사 운영

- 운영방법
 – 병원과 학교가 협정식을 진행하고 교의지정서를 전달하여 지속적으로 운영
 – 학교 교육과정 운영계획 수립 시 연간 정기방문 일정 수립
 – 컨설팅을 통하여 취득한 정보는 담임교사, 교과교사, 학부모가 공유하고 학생의 개별화교육 및 학교생활에 반영
 – 정기적인 방문을 통해 학생들이 사용하는 보장구의 청결과 안전 관리
- 연간 운영계획
 – 건강 및 재활계획
  : 개별화교육 운영을 위한 의료ㆍ재활 전문가 컨설팅
  : 정기 컨설팅(학기별 2회-재학생 근력 검사, 건강 및 재활 관련 진단 평가)
  : 비정기 컨설팅(학기당 1회-교직원 연수, 병원 방문 진료)
 – 재활 기자재 보수계획
  : 치료실 재활 기자재 점검 및 보수, 학생 재활 기자재 점검 및 보수
  : 분기별 실시(3, 6, 9, 12월)

(2) 응급 상황 대처

교실에서는 갑작스러운 응급 상황이 발생할 수 있다. 학교에서 빈번하게 일어나는 응급 상황은 간식이나 식사 시간 동안 음식으로 인한 질식 및 연기 흡입 등 호흡 곤란 상황, 낙상이나 골절 등의 외상, 발작 등이다. 응급 처치는 정규적인 의료 처치 이전에 실시하는 것으로 학교에서 실시하는 대부분의 응급 처치는 생명이 위급한 상황은 아니지만 처치가 적시에 실행되지 않거나 부적절하게 실행되면 심각한 상황을 초래하므로 적절한 응급 처치가 이루어져야 한다. 이러한 노력을 통해 학교 환경이 건강하고 안전하게 유지될 수 있다.

〈표 10-7〉 **응급 처치 동의서 양식**

응급 처치 동의서

• 학생명:	• 성별(남, 여)	• 생년월일:　년　월　일

교육 활동 중 사고 발생 시 응급 처치는 부모의 동의를 얻어야 합니다.
　학교에서 사고 발생 시 응급 처치에 대한 신속한 동의가 이루어지도록 다음의 연락처로 연락을 취해 주시고, 다음의 절차에 따라 응급 처치를 하는 경우 그 권한을 학교에 위임할 것을 동의합니다.

20　년　월　일

부모님 성함: ＿＿＿＿＿＿＿ (서명)

■ 응급 처치 절차

1. 사고 발생 시 가장 먼저 부모님께 연락합니다.

구분	성함	직장 전화번호 ☎	휴대전화 ☎
아버님			
어머님			

2. 부모님과 신속하게 연락이 안 될 경우 아래의 사람에게 연락합니다.

성함	학생과의 관계	집 전화번호 ☎	휴대전화 ☎

3. 필요한 경우 119 구조대에 연락할 것이며 학교에서 지정한 의료기관이나 부모님께서 정하신 의료기관 (　　　　　　　　　　)으로 응급 수송할 것입니다.

4. 의료기관 수송 후에는 다음의 건강 보험 관련 정보를 주어 신속한 치료를 받을 수 있도록 합니다.

건강보험 종류	(직장, 지역)
조합 기호	
건강보험증 번호	

■ 기본정보

알레르기 반응	
예방 접종 상태	
복용 중인 약물	
의료적 상황 및 정보	

응급 상황 시 처음 발견한 사람이 응급 처치를 실행하고, 보건교육교사나 훈련을 받은 학교 구성원이 지원을 제공할 수 있다. 교사는 학생의 상태를 가장 먼저 알아차릴 수 있도록 항상 학생을 주시하고 점검해야 하며, 천식, 음식물 및 약물 알레르기 등 응급 처치가 필요한 상황에 직면했을 때 적절하게 처치해야 한다.

학교에서는 응급 상황이 발생했을 때 교사 외에도 다른 직원이 응급 처치를 실행할 수 있도록 응급 상황 계획과 처치 절차를 갖추어야 한다. 응급 요청을 할 사람, 학생의 부모에게 전화할 사람, 병원 및 응급실에 함께 동행할 사람, 응급 상황에 처한 학생 이외에 다른 학생을 맡아 책임질 사람을 지정해 두고 부모님 연락처, 병원 및 응급실 연락처를 확보하고 있어야 한다. 교사를 포함한 학교 구성원은 응급 상황에 대처하기 위한 분명한 행동수칙을 숙지해야 한다.

중도·중복장애학생은 다른 학생에 비하여 더 자주, 더욱 심각한 상황에 놓일 수 있으므로 응급 상황 발생 시 학교에서 중재를 실행하기 위한 학부모의 응급 처치 동의(〈표 10-7〉 참고)가 응급 상황 계획 및 처치 절차에 포함되도록 해야 한다. 여기에는 학생의 알레르기 반응, 예방 접종 상태, 의료적 상황 및 정보, 투여하고 있는 약물에 관한 정보가 포함되어야 하며, 응급 처치 계획은 IEP 또는 IHP에 포함되어야 한다.

(3) 안전하고 건강한 환경 유지

중도·중복장애학생의 부상을 예방하기 위해서는 안전하고 건강한 교실 환경이 유지되어야 한다. 다양한 이동용 보조기기를 사용하는 학생이 교실에서 부딪치지 않고 잘 다닐 수 있도록 적절한 공간을 확보하고 모서리에 보호대를 부착해야 하며, 이동할 때 장애물에 걸려서 넘어지는 일이 발생하지 않도록 복도를 정리해 두어야 한다.

천식 발작을 일으키는 학생이 있을 수 있으므로 햄스터와 같은 애완동물을 교실에서 키우는 것은 학생의 개별적인 상황을 모두 확인한 후 신중하게 결정해야 한다. 이와 함께 학교 구성원은 교실에서의 응급 대피 절차를 마련하여 중도·중복장애학생이 화재경보 시 도움을 받아 안전한 곳으로 대피할 수 있도록 해야 한다.

교사는 학교 및 교실 환경을 안전하고 건강하게 유지하기 위해 중도·중복장애학생에게 손 씻기, 이 닦기와 같은 개인위생 관리 기술을 교수하고, 개인 보호 장비(헬멧, 장갑 등) 착용 지도, 깨끗한 환경을 위해 청소하기 등 예방적 차원에서의 노력을 기울여야 한다.

　이 장에서는 중도 · 중복장애학생의 건강한 생활과 교육 활동 참여를 위해 교사가 알아 두어야 할 감각 및 운동 발달에 대한 기본 지식과 교육프로그램, 감각 통합 및 건강 관리에 대한 구체적인 내용을 살펴보았다.

　많은 중도 · 중복장애학생이 가진 다양한 손상은 운동, 움직임과 시각, 청각에 영향을 준다. 교사는 중도 · 중복장애학생의 운동 기능, 시각 및 청각적 기능을 유심히 점검해야 하는데, 이는 시간이 지나면서 변화될 수 있기 때문이다. 교사는 학생의 기능을 최대한으로 촉진하기 위해서 중도 · 중복장애학생의 신체 및 감각적 손상을 적절하게 보완하여 다양한 활동에 참여할 수 있도록 노력해야 한다. 또한 다양한 건강상의 어려움을 갖는 중도 · 중복장애학생을 가르치는 일은 교사의 힘만으로는 역부족이므로 교사와 의료진의 의사소통 체계가 갖추어져 있어야 하고, 학부모와의 정보 공유 또한 필수적이다. 교사와 전문가는 긴밀한 협력관계를 유지하여 정보를 지속적으로 공유하고, 학교에서는 중도 · 중복장애학생의 건강과 관련한 정보를 제공하기 위해 연수를 진행하며, 안내 자료를 제공할 필요가 있다.

참고문헌

박순희(2005). 시각장애아동의 이해와 교육. 서울: 학지사.

박은혜, 강혜경, 이명희, 김정연, 표윤희, 임장현, 김경양(2012). 지체, 중복 및 건강장애학생에 대한 이해. 서울: 학지사.

표윤희, 박은혜(2010). 운동 능력 향상을 위한 협력적 팀워크 중재가 뇌성마비 학생의 대근육 운동 능력 및 운동 능력 관련 개별화교육목표 성취에 미치는 영향. 특수교육학연구, 45(1), 313-340.

Batshaw, M. L., Roizen, N. J., & Lotrecchiano, G. R. (2013). *Children with Disabilities* (7th ed.). Baltimore, MD: Paul H. Brookes.

Cowan, L. D. (2002). The epidemiology of the epilepsies in children. *Mental Retardation and Developmental Disabilities Research Reviews, 8*(3), 171-181.

Devinsky, O., & Westbrook, L. E. (2002). *Epilepsy and Developmental Disabilities.* Boston, MA: Butterworth-Heinemann.

Downing, J., & Chen, D. (2003). Using tactile strategies with students who are blind and have severe disabilities. *Teaching Exceptional Children, 36*(2), 56-61.

Freeman, J. M., Vining, E. P. G., & Pillas, D. J. (2003). *Seizures and Epilepsy in Childhood: A Guide for Parents* (3rd ed.). Baltimore, MD: Johns Hopkins University Press.

Geralis, E. (2003). *Children with Cerebral Palsy: A Manual for Therapists, Parents and Community Workers.* 김세주, 정인영, 박승희, 정한영 공역(2005). 뇌성마비 아동의 이해. 서울: 시그마프레스.

Heller, K. W., Forney, P. E., Alberto, P. A., Best, S. J., & Schwartzman, M. N. (2009). *Understanding Physical, Health, and Multiple Disabilities* (2nd ed.). Upper Saddle River, NJ: Merrill/Pearson Education, Inc.

Kennamer, M. (2002). *Basic Infection Control for Health Care Providers.* Albany, NY: Delmar Thomson Learning.

Lewis, S., & Tollar, J. (2003). Creating and using tactile experiences books for young children with visual impairment. *Teaching Exceptional Children, 35,* 22-35.

Orelove, F. P., Sobsey, D., & Silberman, R. K. (2004). *Educating Children with Multiple Disabilities: A Collaborative Approach* (4th ed.). 곽승철, 박재국, 오세철, 정진자, 정해동, 조홍중, 한경임, 홍재영 공역(2010). 중도 · 중복장애학생 교육: 협력적 접근. 서울: 교육과학사.

Schulze-Bonhage, A., Kurth, K., Carius, A., Steinhoff, B. J., & Mayer, T. (2006). Seizure anticipation by patients with focal and generalized epilepsy: A multicentre assessment of premonitory symptoms. *Epilepsy Research, 70*(1), 83-88.

Shumway-Cook, A., & Woollacott, M. H. (2001). *Motor Control: Theory and Practical Applications.* Philadelphia, PA: Lippincott Williams & Wilkins.

van Dijk, J. (1997). History and change in the education of children who are deaf-blind since the rubella epidemic of the 1960s: Influence of methods developed in the Netherlands. *Deaf-Blind Perspectives, 5*(2), 1-5.

Westling, D. L., Fox, L., & Carter, E. W. (2015). *Teaching Students with Severe Disabilities.* Upper Saddle River, NJ: Merrill/Pearson Education, Inc.

http://www.mois.go.kr 행정안전부

제11장

중도·중복장애학생의 통합교육 및 전문가 협력

김주혜

통합교육의 확대에 따라 최근에는 중도·중복장애학생에 대한 통합교육기회도 증가되고 있다. 지금까지 중도·중복장애학생들은 특수학교에 재학하는 것이 당연한 현실로 받아들여졌으며, 일반학교에 배치된다고 하여도 특수학급에서 보내는 시간이 상대적으로 많은 비중을 차지하였다. 그러나 시간이 지날수록 중도·중복장애학생들을 통합교육 환경에서 만날 가능성이 높아지고 있으며, 이러한 현상은 통합교육 현장의 체제 변화와 장애학생 교육과 관련한 전문가들의 협력, 일반교육과정에의 접근을 위한 다양한 방법에 대한 요구를 증가시키고 있다.

이 장에서는 중도·중복장애학생들을 중심으로 생각해 볼 수 있는 통합교육 개념과 효과적인 통합교육 실행을 위한 학교 문화 형성, 학교에서 함께 일하는 전문가들의 협력 등에 대해 살펴본다.

1. 통합교육의 개념

우리나라의 통합교육은 1971년 공립초등학교에 특수학급이 개설되면서 실제적으로 시작되었고, 1994년「특수교육 진흥법」이 통합교육 실행을 명시하고 이를 지원하는 실행지침을 설정하면서 특수교육 분야에 통합교육 이념이 활성화되는 법적 기초를 마련하였다. 1998년부터 시작된 특수교육 발전 5개년 계획에 의해 특수교육기회 및 통합교육 실시의 확대가 이루어졌고, 2007년에는「장애인 등에 대한 특수교육법」이 새로이 제정되면서 장애 유형과 정도와 무관하게 통합될 수 있음을 제시하여 중도·중복장애학생들의 통합교육에 대한 권리와 가능성을 확인하였다. 이제 장애학생의 통합교육은 공식적인 교육 제도로서 국가 정책으로 자리매김하였으며, 이를 위한 교육의 지속적인 변화가 요구되고 있다. 그러므로 장애 영역이나 정도에 따른 배치의 개념을 넘어서서 중도·중복장애학생에게도 통합교육이 의미 있는 성과를 낼 수 있는 교육 환경이 되어야 한다.

1) 통합교육의 정의

통합교육에 대한 개념은 시대에 따라 다양한 유형으로 제시되고 있으며, 통합의 의미에 대해 명확하게 동의된 것은 없다. 현재 우리나라 「장애인 등에 대한 특수교육법」 (2007)에서는 통합교육을 "특수교육대상자가 일반학교에서 장애 유형·장애 정도에 따라 차별을 받지 아니하고 또래와 함께 개개인의 교육적 요구에 적합한 교육을 받는 것"으로 정의하고 있으며, 각급 학교에서는 교육에 관한 각종 시책을 시행함에 있어서 통합교육의 이념을 실현하기 위한 노력으로 특수교육대상자에 대한 교육과정의 조정, 특수교육지원인력의 지원, 학습보조기기의 지원, 교원연수 등을 포함한 통합교육계획을 수립·시행하는 한편, 특수학급을 설치·운영, 시설·설비 및 교재·교구 등에 대한 물리적 환경을 갖추도록 명시하고 있다. 최근 여러 문헌의 통합교육에 대한 정의에서 공통적으로 언급되고 있는 내용을 살펴보면 "모든 학생이 지역사회 내의 학교에 재학하고 있으며, 각자의 교육적 요구에 따라 개별화된 교육을 받아 성과를 낼 수 있는 반응적인 교육과정과 학교의 시스템" 등을 추구하는 내용이 주로 포함되고 있다. Giangreco(2011)는 〈표 11-1〉과 같은 요소가 학교 안에서 매일 지속적으로 일어나야 한다고 제시하였다.

〈표 11-1〉 **통합교육의 요소**

1. 모든 학생은 일반교육에 참여할 수 있다.
2. 장애는 다양성의 형태로 이해되어야 한다. 장애학생은 한 개인으로 받아들여져야 하고 장애로 인해 접근이 차단되어서는 안 된다.
3. 장애의 유형이나 정도에 관계없이 적절한 지원이 제공되어야 한다. 지원을 받기 위해 장애학생이 특별한 환경에 배치되는 대신에 일반적인 환경 내에서 필요한 지원이 제공되어야 한다.
4. 학급은 장애학생과 비장애학생의 자연적인 비율로 구성되어야 한다. 즉, 비장애학생의 비율이 장애학생의 비율보다 훨씬 높아야 한다.
5. 발달이나 수행 정도에 관계없이 학생들은 같은 연령의 또래와 함께 교육받아야 한다.
6. 장애학생은 적절한 성과를 위해 요구되는 지원을 제공받는 중에도 또래와 동일한 교육적 경험에 참여할 수 있어야 한다.

출처: Giangreco (2011).

일반적으로 장애학생들에게 최소제한환경이란 통합교육이 이루어지는 일반학급이라고 생각하는 데 반해, 중도·중복장애학생의 경우에는 많은 부모와 교사들이 이들을 위한 최소제한환경이 통합된 일반교육 환경이 아닌 좀 더 집중적인 교육을 받을 수 있는 특수학급이나 특수학교라고 생각하는 경향이 있다(Palmer, Fuller, Arora, & Nelson, 2001). 우리나라와 같이 국가 교육과정이 정해져 있고, 진학을 위한 입시를 중심으로 하는 학교 문화가 고착된 환경에서는 중도·중복장애학생의 통합교육에 대한 논의가 더욱 쟁점이 될 수 있을 것이다. 기본적으로 통합교육은 물리적인 배치만을 말하는 것이 아니며, 모든 학생의 교육적 요구에 대한 충족과 이를 위한 지원을 전제로 한다. 중도·중복장애학생에게 통합교육이 진정한 최소제한환경이 되기 위해서는 장애학생에 대한 이해를 갖춘 학교 문화 형성과 장애학생의 학업 기술 및 사회적 기술 등의 개별적 요구를 충족시킬 수 있는 교수의 질적인 향상, 이러한 성과를 가능하게 하는 협력적인 팀의 지원과 체제 변화에 대한 노력이 필요하다.

인천광역시에서는 2010년에 국내 최초로 일반학교에 중도·중복장애학생을 위한 특수학급 네 개를 설치하였고, 2023년 현재는 17개 교 18학급으로 확대되었다. 중도·중복장애학생을 위한 특수학급 설치는 중도·중복장애학생들이 먼 거리의 특수학교가 아닌 자신의 집과 가까운 일반학교에서 교육을 받을 수 있게 하고, 장애학생들의 통합교육 여건을 조성하여 중도·중복장애학생 교육배치의 '최소제한환경' 기준을 실현한 대표적 사례라 할 수 있다. 인천광역시교육청에서는 중도·중복장애학생의 교육지원을 위한 정책 연구를 실시하고, 중도·중복장애학생을 담당하는 특수교사의 역량 강화, 중도·중복장애학생을 위한 교육 프로그램 개발, 병원을 포함한 지역사회 협력 기관 확대 등 중도·중복장애학생의 효과적인 통합교육 지원을 위한 과제들을 단계적으로 해결하고자 노력하고 있다.

2) 통합교육의 질적 요소

장애학생들의 통합교육이 보편화되고 학생들의 장애 정도나 개별적인 요구가 다양해지면서 통합교육의 양적인 성장뿐만 아니라 질적인 차원의 성장에 대한 관심이 증가하고 있다. 통합교육 개념의 정의와 학교에서 이루어져야 할 교육의 실행 정도에 대한 논쟁은 계속되고 있지만 통합교육이라는 환경이 갖추고 있어야 할 주요 요소에는 큰 이견이 없으며, 여러 연구에서 제시된 성공적인 통합을 위한 요건들을 요약하면 다음과 같다.

첫째, 통합은 자기 집주소를 근거로 한 지역사회 내의 일반학교에서 또래들과 함께 교육이 이루어질 수 있어야 한다.

둘째, 학교 구성원의 통합교육과 장애학생에 대한 긍정적인 인식이 요구된다. 장애학생의 교육을 담당하고 학교 문화를 형성하는 데 결정적 역할을 하는 교사와 통합의 성공 지표라고 할 수 있는 비장애학생의 태도는 통합을 위한 필수적인 요소이며, 구조화된 중재와 학교 문화 형성을 위한 지속적이고 세심한 노력으로 형성해 나가야 한다(권효진, 이숙향, 2008; 김주혜, 2002).

셋째, 장애학생은 통합교육 환경에서 자신의 개별적인 요구에 따른 학업 및 사회적 기술을 배워 성인기의 다양한 환경에 필요한 여러 삶의 기술을 대비할 수 있도록 해야 하며, 개별화된 교육과정에 따라 교육적 요구를 충족시킬 수 있어야 한다. 교육과정은 모든 학생에게 반응적이고 학생 특성에 맞추어 적절하게 수정되어야 하며(원종례, 이소현, 2006; 최승숙, 2009; Lipsky & Gartner, 1996), 이를 위한 교육팀 또는 협력적인 자문팀과 같은 전문적인 지원과 친구나 또래 교수자와 같은 비전문적인 지원이 서로 긴밀하게 연결되는 지원망이 제공될 필요가 있다(김주혜, 2002; Stainback & Stainback, 1990).

넷째, 성공적인 통합을 위해서는 모든 학생의 교육적 요구에 부응할 수 있도록 개별교사에게 도움을 제공하는 지원 체계가 갖추어져 있어야 하며, 그 지원 체계 내에서 교사들 간의 협력이 필수적이다. 그리고 통합교육 환경에서 발생할 수 있는 문제를 해결하고, 각 학생을 위한 교수를 계획하고 전달할 수 있도록 원활한 의사소통 체계를 이루는 것이 필요하다(김주혜, 박은혜, 2009; 이숙향, 1999; Lipsky & Gartner, 1996; Smith, Polloway, Patton, & Dowdy, 2006; Virginia Education Association et al., 1996; Waldron, 1996).

다섯째, 효과적인 통합을 위해서는 교육행정가의 통합에 대한 인식 및 리더십이 중요하며, 통합을 지원할 수 있는 체제가 뒷받침되어야 한다. 이러한 행정적 지원은 장애학생의 통합을 위한 인적 지원, 장학 지원, 물리적·재정적 지원을 포함한다(Biklen & Taylor, 1985; Turnbull, Turnbull, & Wehmeyer, 2010).

여섯째, 장애학생의 교육 방향을 결정하는 데 가족이 참여하도록 하고, 가정과 학교의 교육이 연계될 때 효과적인 통합이 이루어질 수 있다(이숙향, 1999; Lipsky & Gartner, 1996; Turnbull & Turnbull, 1997; Virginia Education Association et al., 1996).

통합교육은 일반교육 환경에 장애학생이 맞추어 가는 주류화가 아닌 학교가 장애학생을 포함한 모든 학생에 맞추어 교육을 실행하는 것을 의미하는 것으로, 학교 구성원으로서의 장애학생이 다양한 개성을 가진 학습자 중 한 명으로 또래들과 함께 의미 있는 학습을 해 나갈 수 있도록 하는 것이다. 이러한 통합교육의 실행과 성과에 대한 논의가 본격적으로 진행되면서 통합교육의 주요 요소를 평가할 수 있는 도구들이 제시되었다.

〈표 11-2〉 **통합교육의 질적 지표**

교육청 수준 지표	학생 수준 지표
• 중도·중복장애학생 지원을 위한 인력이 구성되어 있다. • 지속적인 전문성 계발을 위한 계획이 세워져 있다. • 교육청 계획(임무)에 모든 학생에 대한 책무성이 반영되어 있다.	• 학생의 강점, 요구, 흥미 등을 진단하기 위해 공식적/비공식적인 평가가 이루어진다. • 교육내용은 학생의 흥미와 선호도에 근거하고 있다. • IEP와 평가 계획을 위해 초학문적 접근이 이루어진다. • 학생의 교육은 통합치료 모델을 활용한다. • 학교와 가족의 의사소통이 원활하다. • 학생의 교육계획은 지역사회의 전문가와 연계하여 계발되었다. • 의학적인 정보가 업데이트되고 있다. • 프로그램의 변화를 위해 정기적으로 자료가 수집, 요약되고 있다. • 필요한 경우, 기능적 행동분석과 행동지원계획이 수립되어 있다. • 16세 이상의 학생은 전환계획이 수립되어 있다. • 교수내용은 학생의 일상과 관련되어 있다. • 모든 학생은 또래와 상호작용할 수 있는 기회가 있다. • 학생은 선택의 기회가 있다. • 교수자료가 다양하다. • 교수내용은 생활연령에 적합하다. • 적절한 행동에 대해 관심을 기울인다. • 학생은 학교의 일과를 이해하고 있다. • 수업 시 다양한 그룹 학습전략이 사용된다. • 학생의 학습스타일에 따라 전략이 수정된다. • 학생은 교수적 수정과 적합화를 받는다. • 학생은 또래와 같은 학급에 편성된다. • 일반화를 위하여 다양한 환경/사람/자료가 활용된다. • 효과적인 학습자가 될 수 있도록 교사와 또래는 능동적인 모델이 된다.
학교 수준 지표	
• 학교교육계획은 모든 학생에 대한 책무성을 반영하고 있다. • 학교교육계획은 지역사회의 반응(community responsiveness)을 반영한다. • 학생은 가까운 학교에 재학하고 있다. • 장애학생은 자연스러운 비율을 나타낸다. • 모든 학생의 학교 행사 참여기회는 동일하다. • 교실은 다른 교실과 함께 위치해 있다. • 직원들은 학생에 대해 인격적으로 의사소통한다. • 학교 전체에서 학생에 대한 높은 기대가 관찰된다. • 관리자와 직원은 학업 시간 외에도 능동적인 관리가 이루어진다. • 학교는 교육계획을 개발, 관리, 평가, 유포한다. • 학생의 발전에 대한 근거가 학교교육계획에 포함된다. • 모든 직원은 전문성 계발기회를 갖는다. • 교장은 모든 학교 지원에 대한 책임감을 갖는다. • 관리자의 가치가 학교교육계획과 일치한다. • 교사들은 협력할 시간을 제공받는다. • 교장은 인적/물적 자원을 지원한다. • 모든 학생은 교육청에서 실시하는 평가에 참여한다. • 특수교사는 학교의 팀 구성원이다.	

출처: Cushing, Carter, Clark, Wallis, & Kennedy (2009).

Cushing 등(2009)이 제시한 프로그램의 질적 평가도구(The Program Quality Measurement Tool: 이하 PQMT)는 중도·중복장애학생 통합의 최선의 실제를 위한 지원과 교육 실행 정도를 진단할 수 있는 평가 도구로 학생·학교·교육청 수준의 통합교육 정도를 평가할 수 있다. PQMT는 교육청 차원의 정책적인 측면에 대한 3개 지표, 학교 측면의 통합에 대한 가치 지향, 학교 분위기, 정책과 지원에 대한 18개 지표, 학생 측면의 진단과 계획, 모니터링과 교수 실행에 대한 23개 지표의 총 44개 지표로 구성되어 있으며, 각 지표는 5점 척도로 평가할 수 있다(〈표 11-2〉 참고).

통합교육은 특수교사 개인의 노력으로 이루어지는 것이 아니며, 학교와 교육청 등의 행정적인 지원과 학교 문화에 내재된 공유된 철학이 뒷받침되어야 이룰 수 있는 것이다. 통합교육을 위한 자원을 확보하고 통합교육의 비전을 확산시키기 위해서는 행정가들과 함께 일하는 것이 필요하다. 또한 중도·중복장애학생의 교육을 계획하고 실행하기 위한 주요한 결정을 개별화교육 지원팀에서 담당하기 때문에 여기에 속한 특수교사, 일반교사, 학교 관리자, 학부모 등의 구성원이 철학을 공유하고, 함께 교육을 담당하는 협력적인 태도가 강조된다.

3) 통합교육을 위한 주요 과제

통합교육은 모든 학생이 적절한 기술을 배우고 지원적인 사회적 관계를 형성하는 데 새로운 기회를 제공한다. 지금까지 중도·중복장애학생의 교육은 중도·중복장애학생이 갖는 기본권으로서의 교육권이나 교육가능성에 대한 신념 등 장애가 아무리 심할지라도 그들을 교육해야 한다는 당위성 차원에서의 논의가 주로 이루어져 왔다. 그러나 통합교육은 하나의 신념으로 머무르는 것이 아니라 중도·중복장애학생 교육의 실질적인 성과를 보장할 수 있어야 한다. 중도·중복장애학생에 대한 통합교육의 활성화와 질적인 향상을 위해서는 다음과 같은 주요 과제를 해결하고자 하는 지속적인 노력이 필요하다(표윤희, 이희연, 김경양, 2016).

첫째, 중도·중복장애학생에게 교육을 실행하는 주체인 특수교사와 일반교사의 중도·중복장애학생 교육에 대한 전문성을 신장할 필요가 있다. 중도·중복장애학생의 다양한 특성을 이해하고 중도·중복장애학생에게 필요한 교육과정을 선정하여 교육과정 내용을 지도할 수 있도록 다양한 교수방법에 대한 지속적인 지원이 제공되어야 한다. 중도·중복장애학생에게 적용 가능한 교육과정의 내용 체계를 추출하여 개발한 기능적 생활 중심 교육과정, 교과별 통합교육과정 등 중도·중복장애학생에게 적용 가능한 다양한 교육과정을 구성하여 운영할 수 있는 전문성을 신장할 수 있도록 지원해야 한다.

둘째, 통합교육 환경 내에서 중도·중복장애학생에게 제공해야 하는 의료적 지원과 안전대책이 수립되어야 한다. 중도·중복장애학생 중에는 지속적으로 의학적인 처치를 요구하거나 응급 상황이 발생될 수 있는 경우가 많다. 그러나 통합교육 현장의 보건교사들이 중도·중복장애학생의 특성에 대한 이해가 부족하고 일반교사나 특수교사 또한 의료 전문지식이 없어 의료 사고에 대한 두려움을 가질 수 있으며, 실제 위기 상황에서 중도·중복장애학생들에 대한 처치가 올바르게 이루어지지 않을 수 있다. 따라서 통합교육 상황의 교사들이 중도·중복장애학생의 신체 및 건강 위급 상황 시 대처방법을 익힐 수 있도록 하고, 위기 상황에 대한 대처 매뉴얼을 마련하여 학생의 안전과 관련한 대책을 수립할 필요가 있다. 또한 학생 요구에 따른 실제적인 의료적 지원 및 의사와 교사의 정보 교환을 위한 병원과의 협약 체결 등이 이루어져야 한다.

셋째, 중도·중복장애학생의 효과적인 교육을 위해서는 다양한 치료가 함께 제공될 필요가 있으므로 이와 관련한 전문성 있는 인력의 확보가 요구된다. 특히 치료는 필요한 경우 별도의 환경에서 이루어질 수도 있으나 교실 내 환경에서 교육과정과 병행되어 운영이 될 때 중도·중복장애학생의 교육과 치료의 효과를 극대화할 수 있으므로 치료사와 교사가 협력을 통해 지원할 수 있도록 해야 한다.

넷째, 중도·중복장애학생 교육 시에는 기존의 학교 환경과는 다른 형태의 시설과 보조기기 및 보조공학기기 등을 갖추어야 하는 경우가 많다. 따라서 특수학급 내에 설치 가능한 시설 및 설비를 확충하고, 필수적인 자료 및 보조기기를 확보하는 등의 환경을 정비하는 것이 필요하다. 학교 인근의 보조공학센터 또는 특수교육지원센터 등을 통해 보조공학기기 사용법과 적절한 적용방법에 대한 안내를 제공하고, 예산 등을 고려하여 필요한 보조공학기기를 대여할 수 있도록 하는 것도 대안이 될 수 있다.

2. 통합교육의 실행

통합교육은 특수교육의 철학임과 동시에 정책이고 방법이다. 흔히 "100개의 특수학급이 있으면 교육의 질도 100가지로 나눌 수 있다."라고 말한다. 통합교육을 실행한다고 하는 것은 물리적인 배치로만 이루어지는 것이 아니라 실제적인 교육 프로그램이 운영되어야 한다. 그 실제적인 프로그램이 어떻게 진행되고 있느냐에 따라 통합교육이 '이루어진다'라고 말할 수 있는 경우의 수가 달라질 것이다. 통합교육은 특수교사 개인의 철학과 노력으로 실행할 수 있는 것은 아니며, 이를 위한 학교 구성원의 인식 변화와 학교의 재구조화가 동반되어야만 의미 있는 성과를 이끌어 낼 수 있다. 이 절에서는 중도·중복장애학생들의 통합교육을 촉진하기 위한 실제적인 프로그램의 전체적인 틀과 전략을 통한 장애학생에 대한 인식 개선, 장애학생과 또래 학생들에 대한 사회적 관계와 교수적 통합을 위한 지원 등에 대해 제시하고자 한다.

1) 장애에 대한 인식

중도·중복장애학생의 성공적인 통합교육을 위해서는 학교 구성원의 장애에 대한 긍정적 인식이 전제되어야 한다. 물리적인 환경 개선이나 법적인 조치 등으로 장애학생의 통합이 당위성을 가지고 이루어진다고 할지라도 교육을 담당하는 학교 구성원의 인식이 긍정적이지 않다면 중도·중복장애학생들이 학교 환경과 수업에 의미 있게 참여하는 것은 어려울 것이다. 최근 미국 장애인교육법(IDEA)의 중재반응 모델(RTI) 및 긍정적인 행동중재(PBS)와 보조를 같이하는 모든 학생의 성공과 통합을 위한 '학교 차원 학생 지원 개념틀'에서는 교육의 실제가 성공적으로 이루어지기 위한 학교 문화와 구조적인 조건으로 통합적인 학교 문화와 공유된 리더십, 그리고 협력팀의 활동을 제시하고 있다(Janney & Snell, 2013). 성공적인 통합학교는 공동체로서 돌봄과 지원, 다양성의 가치를 강조하고 모든 학생의 성공에 대한 기대와 사명감을 공유한다. 또한 교사, 부모, 학교 행정가와 기타 학교 구성원들은 이러한 목표와 가치에 동의하며 이를 반영할 수 있도록 학교를 재구조화하고 협력하기 위해 노력한다(Villa & Thousand, 2005; Ratcliffe & Harts, 2011). 성공적인 통합교육을 위해서는 학교 구성원들의 장애에 대한 인식, 통합에 대한 가치, 모든 학생의 교육에 대한 신념이라는 학교 문화가 전제되어야 한다.

우리나라에서는 지속적인 통합교육의 노력으로 많은 일반교사가 장애학생의 통합에 대한 당위성을 인식하고 있다(이대식, 2002; 이정은, 염명숙, 2011). 그러나 통합교육에 대한 당위성이 확보되고 교사들의 장애학생 통합이 상당히 익숙해졌다고 할지라도 중도·

중복장애학생의 통합에 대한 논의는 여러 방향으로 나타날 수 있다. 학생의 장애 유형과 의사소통 가능 정도, 학생의 행동 문제 등에 따라 교사들은 익숙하지 않은 학생에 대해 어떠한 방식으로 교육에 접근할 수 있을지 통합교육의 실행에 대한 교사의 인식과 교수에 대한 효능감 수준이 다를 수 있기 때문이다. 교사들의 중도·중복장애학생 통합에 대한 이해와 긍정적인 인식을 확대하여 학생의 장애 종류와 정도에 관계없이 '통합'이라는 교육 요구를 충족시킬 수 있도록 하기 위한 방안 중 대표적인 것으로는 교원 연수나 교내 세미나 등이 있으며, 이와 같이 정보 제공의 다양한 방법을 활용할 수 있다. 통합학급을 담당하는 일반교사들에 대한 정보 제공은 다양한 학습자를 교육하는 것과 관련한 전문성 향상이나 방법 제공 차원에서 접근하는 것이 유용하다. 중도·중복장애학생을 위한 교육과정이나 환경 구성, 중도·중복장애학생과의 상호작용방법, 장애에 대해 비장애학생들이 자주 하는 질문, 비장애학생과 중도·중복장애학생의 사회적 관계 증진, 학급 내에서 발생할 수 있는 중도·중복장애학생 배제에 대한 대처법 등에 대한 정보를 제공할 수 있다(김주혜, 2002).

또한 학교에서는 모든 학생에 대해 수용적인 학교 분위기가 형성될 필요가 있으며, 이를 위해 학교는 학교의 다양한 행사와 안내문, 게시물 등에 이를 강조해야 한다. 교사가 여러 가지 교내·외 활동에서 장애에 대한 내용을 삽입하여 비장애학생들이 자연스럽게 장애에 대해 접할 수 있도록 기회를 만드는 것이 수용적인 학교 분위기를 형성하는 데 도움이 된다. 최근에는 학생들이 장애이해교육을 포함하는 반편견 교육을 받을 기회가 많아졌으며, 이러한 교육의 영향으로 장애학생에 대한 이해가 넓어지고 긍정적 인식이 확산되고 있다. 그러나 비장애학생들이 같은 학년이나 같은 학급에서 중도·중복장애학생들과 함께 생활하는 것은 장애이해교육과는 또 다른 경험으로서, 장애에 대한 실제적 인식의 바탕이 될 수 있다. 그러므로 중도·중복장애학생들과 통합학급에서 함께 지내며 직접적이고 실질적으로 영향을 미칠 수 있는 비장애학생들에게도 정확한 정보와 함께 장애학생과 상호작용하고 활동할 수 있는 구체적인 방법을 안내하는 것이 바람직하다. 또한 필요에 따라서는 학생들이 직면하게 되는 문제 상황에 대해 학생들이 해결방안을 이끌어 낼 수 있도록 성인이 개입하여 촉진할 필요가 있다.

2) 사회적 관계(또래관계) 지원

학교라는 공간은 학업적인 성취를 목표로 할 뿐 아니라 사회의 축소판으로 여러 사람이 어울려 살아가는 데 필요한 타인에 대한 이해, 사회적인 규칙과 기술, 그리고 사회 구성원으로서의 책임 등을 학습하는 곳이다. 이러한 학교의 사회성 교육에 대한 책무성은 모든 학생에게 있어 학교생활 적응뿐만 아니라 이후에 이어지는 성인기 삶의 질과도 관련이 되어 있어 반드시 중요하게 다루어져야 하는 부분이다(이신령, 박승희, 2007). '사회성'이라는 개념 안에는 다양한 기술이 포함될 수 있으나, 궁극적으로는 '다른 사람들과 의미 있는 사회적 상호작용을 하고 사회적 관계를 맺으며 살아갈 수 있도록 한다'는 목표에 도달하기 위한 것이라 할 수 있으며(김우리, 고혜정, 2013), 사회적 관계는 개인의 삶에 있어서 다양한 역할을 감당하고 환경에 참여하는 데 동기이자 수단이 되기도 한다(Snell & Janney, 2000; Staub, Peck, Gallucci, & Schwart, 2000). 이러한 차원에서 통합교육은 학교교육의 본래 의미를 더욱 강화할 수 있는 체제를 갖추고 있다.

하지만 물리적으로 통합되어 있다는 것만으로 장애학생들의 사회성 기술이 증가하고 사회적 관계가 늘어나는 것은 아니다. 장애학생들은 다른 학생들이 발달 과정 중에 습득했을 당연한 기술을 습득하지 못하고, 사회적 단서를 인지하지 못하는 등의 사회성 발달이 지체되는 경우가 많다. 특히 중도·중복장애학생은 신체적 제한과 의사소통적 제한으로 인해 다른 사람과 소통할 수 있는 기회가 상대적으로 제한되기 쉽고, 다른 일상생활 기술이나 기능적인 기술에 비해 사회적 상호작용이나 사회적 관계 형성과 관련한 기술은 학습의 우선순위에서 상대적으로 낮아지기도 한다. 또한 통합교육 환경 내에서도 사회적 관계를 형성하게 되는 대부분의 사람이 성인이거나 다른 학생들로부터 고립될 가능성이 높으며, 때로는 괴롭힘의 대상이 되거나 사회적 상호작용에서 배제되는 경우가 발생할 수도 있다. 따라서 중도·중복장애학생들의 사회적 관계 형성과 안전한 상호작용을 촉진하기 위해서는 이에 대한 구체적인 교수와 지원이 제공되어야 한다.

학생들이 학교 내에서 보이는 상호작용은 학업적인 측면과 사회적인 측면으로 나누어 볼 수 있다(Brown, McDonnell, & Snell, 2015). 예를 들면, 발표해야 할 그룹 과제에 대해 이야기하고 필기한 내용을 나누어서 보는 행동 등은 학업중심의 상호작용이라 볼 수 있으며, 수업과 관계없이 어제 일어난 사회적 사건이나 개인적인 일정에 대해 이야기하거나 최근에 인기가 많은 아이돌 그룹에 대해 이야기하는 것과 같은 상황은 사회적 상호작용이라 볼 수 있다. 어떠한 주제의 상호작용을 하느냐 하는 부분이 크게 중요하지 않다고 생각될 수 있지만 상호작용이 나타나는 상황이나 사회적 관계의 특성은 교사들에게 주는 시사점이 크다. 연구에 따르면 중도·중복장애학생의 경우 학업적인 측면의 상호작용에 국한되어 나타나는 것으로 보고되고 있으며, 이는 학습과 관계된 상황에서 주로 발생하는 것으로 생각할 수 있다(Carter, Hughes, Guth, & Copeland, 2005; Hughes, Carter, Hughes, Bradford, & Copeland, 2002). 교사는 중도·중복장애학생들의 사회성교육을 계획할 때에 비장애학생들의 다양한 상호작용의 형태와 상황을 파악하여 중도·중복장애학생이 또래와의 사회적 상호작용에 폭넓게 참여할 수 있도록 지도할 필요가 있다. 이러한 상호작용은 또래들의 관계망에 참여하고 사회적 관계망을 넓혀 갈 수 있게 해 주며, 지속적인 관계를 유지하는 또래집단의 구성원이 될 수 있는 기회를 제공한다. 또한 장애학생들의 상호작용을 촉진하기 위하여 또래 교수나 소집단 구성, 여러 가지 우정 프로그램을 실시할 때 학업적인 상황에서 상호작용을 촉진하는 경우가 많은데, 중도·중복장애학생은 신체적·인지적 어려움으로 인하여 호혜적인 관계나 불평등한 관계에 속하기 쉬운 경향이 있다. 따라서 이러한 경우 교사가 짝지어 준 인위적인 관계가 되거나 중도·중복장애학생의 장애 특성상 수동적으로 대응하게 되면서 일방적인 조력을 받는 관계가 형성될 수 있다. 그리고 중도·중복장애학생의 상호작용이 또래보다 특수교육지원인력이나 담임교사 등과 같이 성인과 더 많이 일어나거나 특정 학생에 대해서만 일어나지는 않는지에 대해서도 고려할 필요가 있다.

상호작용과 사회적 관계는 학교와 학급, 동아리, 또래 관계망 등에서 중도·중복장애학생의 멤버십과 소속감에 영향을 미친다. 학생들의 경우, 중도·중복장애학생이 학급에 소속되어 있고 함께 학교생활을 한다고 해서 동일한 구성원으로 인식하기란 쉽지 않으므로 다양한 상황에서 교사의 세밀한 관찰과 계획이 요구된다. 또한 중도·중복장애학생의 사회적 관계를 촉진하기 위해서는 상호작용을 시도하고 유지하는 기술을 명시적으로 교수해야 한다. 제4장에서 제시한 바와 같이, 학습의 기본 원리를 적용하여 구조화된 상황을 설정하고 스크립트에 따라 직접 교수하거나(Prater, 2007), 동화나 역할극을 통해 상황을 설정하고 이에 따른 사회적 기술을 교수할 수 있다(전혜인, 2011; 최성욱, 심상욱, 2007).

사회적 기술의 구체적인 적용을 위해서는 스킬스트리밍(skillstreaming)이나 사회적 상황이야기를 활용할 수 있다. 스킬스트리밍은 ① 모델링, ② 역할극, ③ 피드백, ④ 전이의 절차를 기본으로 하여, 사회적 상호작용의 특정 영역에 대한 기술을 성공적으로 사용할 수 있도록 연습기회를 제공한다(Goldstein & McGinnis, 1997; Prater, 2007). 사회적 상황이야기는 상황을 정확하고 상세하게 묘사하는 정보를 포함하는 시각적 자료와 이야기를 통해 적절한 사회적 상호작용을 가르칠 수 있다(Karal & Wolfe, 2018). 이 밖에 통합 환경에서 대표적으로 사용되는 방법 중 하나는 '또래 교수' 또는 '협력학습'을 활용하는 것으로, 소집단 상황에서 학습해 가는 과정 중에 상호작용의 기회를 증가시키고 이에 필요한 기술을 학습할 수 있도록 한다. 그리고 의사소통에 어려움이 많은 중도·중복장애학생은 사회적 상호작용을 위해서 보완대체 의사소통(AAC)을 적절하게 활용할 수 있도록 해야 하며, 사회적 단서의 인식, 사회적 상호작용의 시도와 규칙 등을 함께 명시적으로 교수할 필요가 있다.

> 민우는 대부분의 시간을 휠체어나 의자에 앉아서 보내고 가끔씩 소리를 내기도 한다. 민우는 자신이 원하는 것이 있어도 어떻게 행동해야 할지를 몰라서 팔꿈치를 책상에 치며 소리를 지른다. 박 교사는 이러한 민우에게 화를 내는 대신에 사용할 수 있는 요구하기 기술을 가르치기 위하여 사회적 상황이야기를 만들었다. 박 교사는 첫 번째 페이지에는 무엇인가를 쳐다보며 화를 내기 시작하는 민우의 사진과 그 아래에는 "나는 ○○이 필요해."라고 쓴 카드를, 두 번째 페이지에는 "선생님." 하고 소리가 나는 스위치를 누르는 사진과 "선생님 도와주세요."라고 쓴 카드를, 마지막 페이지에는 편안한 모습으로 앉아 있는 민우의 사진과 "기분이 좋아요." 카드를 붙였다. 박 교사는 사회적 상황이야기와 빅맥 스위치를 이용하여 민우의 짜증을 줄이고 적절한 요구하기 기술을 가르칠 수 있었다.

3) 교수적 지원

중도·중복장애학생의 통합교육이 물리적인 통합과 사회적인 인식 개선을 통한 학교적응 차원에 머무른다면 온전한 통합교육의 성과를 이루었다고 보기 어렵다. 성공적인 통합교육은 중도·중복장애학생이 통합되어 독립된 사회구성원이 될 수 있도록 하는 최선의 실제를 향한 성과가 도출될 수 있어야 한다. 이를 위해서는 학생 개인의 요구에 맞춰진 효과적인 교수전략과 개별화된 방법들이 필요하다. McDonnell(1998)은 통합교육 환경에서 중도·중복장애학생을 교수하기 위한 전략으로 ① 체계적인 개념 제시와 즉각적 피드백을 포함하는 참여기회와 성공을 보장하는 수업 설계, ② 이질적인 소집단 구성, ③ 사회성 기술을 촉진하는 협력학습 활용, ④ 또래 교수 이용, ⑤ 평행 교수 이용, ⑥ 자연적 교수전략 활용, ⑦ 분산시도 교수 등을 제시하였다.

통합교육 환경에서 중도·중복장애학생의 학업 성취를 위해서는 교사 차원의 개별적인 노력으로는 한계가 있으며, 여러 전문가의 팀 접근, 개별화된 학생의 교육목표를 성취할 수 있도록 하는 보편적 학습 설계(UDL), 개별화된 적합화 등 학교 차원 이상의 지원이 필요하다.

3. 통합교육과 협력

중도·중복장애학생을 효과적으로 지원하고 교육하기 위해서는 교사와 가족, 관련서비스 전문가 등의 협력이 필수적이다. 다양한 요구가 있는 중도·중복장애학생들의 교육과 서비스를 위해서는 다른 어떠한 영역보다 협력의 중요성이 강조된다. 협력의 대상은 특수교사, 일반교사, 물리치료사, 작업치료사, 언어치료사 등의 전문가들과 특수교육지원인력, 가족이 일반적일 수 있다. 이러한 협력은 성공적인 통합교육의 핵심 요소로도 강조되고 있어(Odom et al., 2001) 최근 증가하고 있는 중도·중복장애학생들의 통합교육 측면에서도 다루어져야 하는 주요한 부분이라 할 수 있다. 특수교육에 있어서 협력은 너무나 일상적이고 당연한 용어로 사용되고 있을 만큼 중요성이 커지고 있으나 실질적으로 여러 대상과 협력한다는 것은 쉬운 일이 아니며, 실제로 협력하기 위한 구체적인 방법이나 그 정도를 확인할 수 있는 방법을 제시하는 것에는 어려움이 있다. 여기에서는 협력의 개념과 유형, 특수교육에서 실질적인 협력의 대상이 되는 가족과 전문가 간의 협력을 대상별로 나누어 특수교육 현장에서 요구되는 역할과 협력에 대한 접근방법을 구체적으로 살펴보고자 한다.

1) 협력의 개념과 유형

협력이란 "공동의 목표를 향해 두 명 이상의 사람들이 함께 일하는 것"(Snell & Janney, 2005)으로 단순히 다양한 개인이 모여서 함께 일하는 것 이상을 의미하며, 중도·중복장애학생들의 효과적인 교육을 위해서는 다양한 분야의 전문가, 특수교육지원인력, 지역

〈표 11-3〉 **협력의 유형**

유형	내용
다학문적 팀 접근 (multidisciplinary team approach)	다양한 전문가들이 개별적으로 학생을 진단하고 프로그램을 계획하고 실행하는 것으로 각각의 중재가 상충되거나 기술의 일반화가 제한되기도 한다.
간학문적 팀 접근 (interdisciplinary team approach)	공식적인 회의를 통해 학생의 교육적 요구를 분석하고 진단과 중재에 대해 정보를 공유하지만, 각 전문가들은 자신의 분야에 관련된 서비스만을 독립적으로 제공한다.
초학문적 팀 접근 (transdisciplinary team approach)	각 전문가들이 학생의 교육적 요구 진단, 프로그램 계획과 실행에 이르기까지 지속적이고 통합적으로 정보와 기술들을 공유하고 교육목표와 중재에 대해 공통으로 의사결정을 하며, 프로그램의 구성과 실행에 대한 책임을 공유한다.

사회 구성원 등으로 협력의 요구와 범위가 확장된다. 협력은 각기 다른 분야의 전문가들이 학생의 요구를 파악하고 이에 따라 적절한 교육과 지원을 찾아 나가는 과정으로 각자의 지식, 전문가적 관점(학문적 배경), 경험과 훈련을 공유하는 데 시간과 에너지를 사용하는 것이다. 결국 협력이란 두 명 이상의 사람이 모여 공동의 목표를 이루기 위하여 각자의 전문성을 인정하고, 서로의 의견을 존중하며 역할과 책임을 공유하는 것이라고 정의할 수 있다. 이러한 효과적인 협력 과정은 정기적이고 긍정적인 상호작용, 문제해결과 목적의 달성, 분쟁을 해결할 수 있는 기술과 기능에 대해 모니터할 수 있는 구조, 합의된 개인의 책임을 포함한다(Beukelman & Mirenda, 2005). 협력의 유형은 세부적인 구조에 따라 다학문적 접근, 간학문적 접근, 초학문적 접근의 세 가지로 나누는 것이 일반적이다 (Orelove & Sobsey, 1996; Rainforth & York-Barr, 1997).

중도·중복장애학생들이 가지는 다양한 측면의 요구를 만족시키고 통합교육의 효율성을 증진시키기 위해서는 초학문적 접근이 다학문적 접근이나 간학문적 접근과 비교했을 때 더욱 효과적일 수 있다. 하지만 학생의 성공적인 교육을 위해서는 모든 팀 구성원들의 최선의 참여가 전제되어야 하므로 이를 지원할 수 있는 전문가 간의 철학적 공유와 행정적 지원이 필수적으로 요구된다.

2) 협력의 실행

중도·중복장애학생에 대한 지속적인 지원과 교육 상황에서의 문제해결을 위해서는 협력적인 팀 접근이 효과적이다(Matzen, Ryndak, & Nakao, 2010). 우리나라에서는 「장애인 등에 대한 특수교육법」(2007)에 근거하여 각 학생마다 개별화교육지원팀이 구성되어 있으나, 현실적으로 장애학생의 교육에 대해 계획에서부터 실행과 평가에 이르기까지 책무성을 가지고 역할을 담당하기에는 한계가 있다. 중도·중복장애학생이 통합되는 경우에는 학교 내의 교사를 중심으로 하는 전문인력 외에 지역사회의 전문가와 기관의 협력이 요구되는 만큼 실질적으로 학생의 교육을 책임지고 담당할 수 있는 여러 분야의 전문가가 포함된 교육팀을 구성할 수 있도록 체제적인 변화가 필요하다. 협력적인 교육팀은 특수교사, 일반교사, 관련서비스 전문가, 가족 등으로 이루어지며, 중도·중복장애학생의 개인적인 요구에 따라 특수교육지원인력과 같은 다른 서비스 제공자가 포함될 수 있다. 또한 중도·중복장애학생의 교육에 대한 교육팀의 실질적인 권한 정도가 결정되어야 하며, 우리나라 문화를 고려할 때 교육팀에 학교 관리자가 포함되는 것이 효율적일 수 있다.

(1) 협력의 절차

중도·중복장애학생을 위한 협력적인 교육팀을 구성하기 위한 절차는 다음과 같다(Snell, Janney, & Elliot, 2000).

① 팀 구성하기

협력적인 교육팀은 특수교사, 일반교사, 관련서비스 전문가, 가족 등 학생의 교육에 참여하며 책임감이 있는 전문가들로 구성하되 협력을 위해서는 자발성이 중요시된다. 특히 중도·중복장애학생과 같이 건강과 의료, 보조공학 등 복잡하고 다양한 요구를 가지는 경우, 협력을 위한 팀에는 보다 다양한 학교 밖의 전문가들이 참여할 필요가 있다. 이때 특수교사는 통합의 촉진자로서 팀 협력을 위한 코디네이터의 역할을 하는 경우가 많다.

② 팀 작업을 위한 준비하기

교육팀이 효율적으로 운영되기 위해서는 다양한 분야의 전문가들이 협력하기 위한 계획을 세우고 팀 작업을 위한 기술을 학습할 필요가 있다. 먼저 팀 구성원들은 서로의 전문성에 대해 인정하고 학생, 교육, 협력의 가치와 함께 개인의 책임과 역할에 대한 인식을 공유해야 한다. 그리고 '학생중심'의 효율적인 의사결정을 위해 의견을 조율해 나가는 과정에 필요한 규칙을 세우고 정기적인 모임의 계획과 진행에 대한 체계를 만들도록 한다.

③ 협력적인 팀으로 교수하기

팀 구성원들은 중도·중복장애학생의 개별적 요구에 따라 교육과 지원을 제공해야 한다. 학생과 관련된 중요한 정보와 관심을 공유하고 진단하며, 교육 프로그램을 계획, 실행, 평가하고 팀의 활동계획을 수정하는 일을 공동으로 진행한다. 이 과정 중에는 개인적인 관점에 따라 행동하기보다는 팀 회의를 통한 의사결정 방향에 따라 공동으로 일하도록 해야 한다.

중도·중복장애학생 교수 시에는 ① 전문가의 역할 방출을 통하여 중도·중복장애학생의 교육과 지원이 하루 일과 동안 교실 내에서 필요한 기술을 삽입하여 제공되도록 하는 pull-in 접근, ② 전문가가 한 교실에서 함께 교수하도록 계획하는 협력 교수, ③ 중도·중복장애학생을 교실에서 따로 분리하여 외부에서 필요한 지원을 제공하는 pull-out 접근을 택할 수 있다. 교육 프로그램은 가능한 한 pull-in 접근을 통하여 또래와의 활동에서 분리하지 않고 상호작용을 유지하며, 일상적인 맥락에서 적절한 기술을 습득할 수 있도록 계획하는 것이 좋다. pull-out 접근은 팀 구성원의 동의에 따라 선택할 수 있는데, ① 가르칠 기술의 목표가 교실 밖의 상황에서 적용되어야 하는 경우, ② 개인적인 관리의 문제(프라이버시 관련), ③ 소그룹이나 개별 수업이 월등하게 효과적인 경우에 적용될 수 있다.

④ 의사소통과 갈등해결 증진하기

팀 협력의 성공은 팀 구성원 간의 상호관계에 따라 달라질 수 있는 것으로 팀 구성원들은 서로의 전문성 및 개인에 대해서도 알고 있어야 하며, 서로에 대한 신뢰를 바탕으로 해야 한다. 이를 위해서는 서로 다른 전문 영역의 문화에 대해 이해하고, 정확한 의사소통을 할 수 있도록 노력해야 한다. 또한 서로의 생각 차이에 대해 충분히 논의함으로써 갈등이 쌓이지 않도록 해야 하며, 팀에서 결정한 프로그램의 수행과 성과가 개인의 문제가 아닌 전체 팀의 수행으로 평가되어야 한다. 이에 팀 구성원은 각자 의사소통 기술을 학습하고 지속적으로 자신을 점검할 필요가 있으며, 팀의 기능에 대해서도 지속적으로 평가하는 것이 바람직하다.

〈표 11-4〉 의사소통행동 체크리스트

◆ 나의 의사소통행동 체크리스트

　질문을 읽고 자신에 대해 체크해 봅시다. 체크된 사항을 정리하여, 팀 구성원들이 각자의 의사소통행동에 대해 요약해 보도록 합시다. 개인이 그리고 팀 전체가 긍정적으로 발전할 수 있는 방향에 대해 토의해 봅시다.

1. 만약 내가 팀원들에게 어떤 것을 설명했으나 팀원들이 알지 못하는 표정으로 쳐다보고 있다면, 나는
　　＿＿＿ 다시 분명하게 설명하고 다음 주제로 넘어갈 것이다.
　　＿＿＿ 모든 구성원이 이해할 때까지 팀원들이 질문을 하도록 할 것이다.
2. 만약 우리팀의 중재자가 팀원들에게 내가 이해하지 못하는 내용을 설명한다면, 나는
　　＿＿＿ 끝날 때까지 조용히 있다가 추후에 다른 팀원에게 물어볼 것이다.
　　＿＿＿ 설명을 다시 하거나 내 질문에 답하기를 요청할 것이다.
3. 나는 다른 팀원들이 말한 것이나 하는 일을 긍정적으로 생각하거나 찬성할 때 얼마나 자주 표현하는가?
4. 나는 다른 팀원들이 말한 것이나 한 일에 대해 반대, 화가 나거나 참을 수 없을 때 얼마나 자주 표현하는가?
5. 나는 다른 팀원들의 상태를 추측하는 것이 아닌 감정과 상태를 얼마나 자주 확인하는가?
6. 나는 얼마나 자주 다른 팀원들이 내가 말한 것에 대한 감정이 어떤지를 표현할 수 있도록 격려하는가?
7. 나는 다른 팀원들이 말한 것을 판단하기 전에 내가 이해한 것이 확실한지에 대해 얼마나 자주 체크하는가?
8. 나는 다른 팀원들이 말한 것에 대해 비언어적 또는 언어적 표현으로 나의 판단을 말하기 전에 내가 이해한 것이 확실한지에 대해 얼마나 자주 체크하는가?
9. 나는 내가 반응하기 전에 다른 팀원이 말한 내용을 얼마나 자주 다시 언급하는가?
10. 나는 회의 중에 나의 감정, 반응, 사고와 아이디어를 스스로에게 얼마나 자주 상기시키는가?
11. 나는 논의되고 있는 주제와 관련되어 내가 제공하는 모든 정보가 팀원들과 공유되고 있는지 얼마나 자주 확인하는가?

　질문들은 의사소통과 관련된 측면이다. 1~2번: 의사소통 방향 / 3~4번: 다른 팀원들에 대한 피드백 의지 / 5~6번: 본인의 의견에 대한 다른 팀원의 피드백 수용 의지 / 7~9번: 본인의 응답 기술 / 10~11번: 팀 작업에 대한 의견 기여 의지

〈표 11-5〉 **팀 협력을 위해 먼저 이야기 나누면 도움이 될 질문**

〈일하는 방식〉
• 당신은 아침형 혹은 오후형 인간인가요? • 당신은 말을 할 때 얼마나 직설적인가요? • 당신은 한 번에 여러 가지 일을 하는 것과 한 번에 한 가지 일을 하는 것 중 어느 것을 선호하나요? • 당신은 다른 팀원에게 피드백을 어떤 방식으로 주는 것을 선호하나요? • 당신은 팀으로 일할 때 자신의 강점과 약점이 무엇이라고 생각하나요?
〈교육에 대한 철학〉
• 통합교육의 목적은 _____이라고 생각한다. • 나에게 정상성(또는 장애)이란 _____을 의미한다. • 일반적으로 나는 교사의 역할은 _____이라고 생각한다. • 나는 좋은 교사가 갖추어야 할 가장 중요한 조건은 _____이라 생각한다. • 나는 교육에서 _____이 가장 중요하다고 생각한다. • 모든 학생은 _____일 때 가장 잘 학습한다. • 일반적으로 나는 문제행동을 다루는 최선의 방안은 _____이라고 생각한다. • 일반적으로 나는 학생의 독립성을 _____함으로써 증가시키는 것이 중요하다고 생각한다. • 나는 우리 팀 관계가 _____할 필요가 있다고 생각한다.
〈학생에 대한 생각〉
• 나는 ○○가 _____하다고 생각한다. • 나는 ○○가 올 한 해 또는 미래에 _____하기를 기대한다. • 우리 반에서 ○○와 _____을 꼭 함께해 보고 싶다.
〈실행〉
• 우리는 학생의 정보에 대해 어떻게 공유하는 것이 좋을까요? • 우리는 학생 정보, 수업, 역할과 책임 등에 대해 어떻게 의사소통하는 것이 좋을까요? • 우리는 얼마나 자주, 어떤 형식으로 만나는 것이 좋을까요? • 우리의 의견이 극명하게 다르거나 갈등이 발생할 때 어떤 방식으로 해결해야 할까요?

출처: 김주혜(2008); 이효정 역(2018)에서 수정 발췌.

(2) 협력을 방해하는 장벽

중도·중복장애학생을 지원하기 위해 다양한 분야의 전문가들이 협력하며 함께 일해야 함에도 불구하고 실질적으로 '협력'이라는 것을 실행하기에는 어려움이 따른다. 협력을 방해하는 가장 대표적인 것들을 생각해 보면 다음과 같다.

① 교직 문화

우리나라의 교직 문화는 협력을 어렵게 하는 주요한 요인 중 하나이다. 중도·중복장애학생 교육이 주로 이루어지는 곳이 학교라고 했을 때, 학교의 교사들은 선후배관계, 교직 경력, 연령 등에 의한 위계서열이 있어서 동등한 권한과 책임을 가지고 팀 구성원으로서 활동하는 것이 쉽지 않다. 물리적인 측면에서도 교사들은 한 교사에 한 교실이라는 측면으로 공간이 분리되어 있어(교과별로 수업이 구성되는 중·고등학교에서도 수업 상황에서는 각자의 수업 공간이 분명하게 구별되어 있음) 쉬는 시간이나 점심 시간에 복도나 운동장에서 잠깐씩 마주치는 구조를 가지고 있다. 최근 들어 교무실이라는 공간이 최소화되고, 전산화시스템이 강화되면서 이와 같은 구조는 더욱 강화되고 있다. 중도·중복장애학생의 지원을 위해서는 많은 관련서비스 전문가도 포함된다. 이와 같은 교직 문화는 치료 영역에서도 예외라고 할 수 없다. 우리나라에서는 관련서비스의 영역이 학교 외부에 있어 다양한 전문가의 협력이 더욱 어려운 실정이다.

② 시간의 제한

협력을 위해서는 팀 구성원이 만나서 의견을 나누고, 함께 지원을 계획하기 위한 시간이 절대적으로 필요하다. 지속적인 상호작용은 팀 구성원들의 전문적인 자질을 향상시키고 협력적인 조직문화를 강화시킨다. 많은 선행 연구에서도 성공적인 결과를 나타낸 학교에서의 공통적인 요소로 전문가들의 상호작용을 보고하고 있으나, 협의를 위한 시간을 확보하는 일이 그만큼 어려운 일임을 언급하고 있다. 협력을 위해서는 팀 구성원들의 업무 시간 안에 고정적인 협의 시간을 확보하여 시간에 쫓기거나 형식적인 모임이 아닌 생산적이고 의미 있는 정보 교류가 이루어지는 시간이 될 수 있도록 해야 한다.

③ 의사소통 기술 및 갈등해결전략 등 협력 기술의 부족

각기 다른 영역에서 일하는 전문가들이 모여서 함께 일한다는 것은 서로의 의견에 대해 교환하고 조율해 나가는 과정이다. 성공적인 결과를 위해 가장 효율적인 방법을 찾는 과정 중에는 팀 구성원들 간의 생각과 의견의 차이가 있을 수 있으므로 이를 다룰 수 있는 기술이 필요하다. 특히 의사소통 기술이나 갈등해결전략은 협력을 위해 필수적으로 요구되는 능력으로 여러 사람이 함께 일하기 위해서 반드시 습득되어야 한다.

④ 협력 및 중도·중복장애학생 교육에 대한 인식 차이

팀 구성원들은 전공 영역에 따라 또는 개인적인 견해에 따라 중도·중복장애학생 교육에 대한 가치와 신념이 다를 수 있으며, 어떠한 목적을 성취하기 위해 학생에게 필요하다고 생각되는 서비스나 서비스 제공 방법과 장소, 접근방식, 학습의 우선순위에 대한 생각 또한 다를 수 있다. 이러한 생각과 인식의 차이는 팀 구성원들 간의 갈등 요소가 되어 협력을 어렵게 할 수 있다.

(3) 협력의 대상과 방법: 다양한 전문가와의 협력

중도·중복장애학생들의 교육과 지원을 위해서는 다양한 전문가 간의 협력이 요구된다. 중도·중복장애학생 지원팀으로는 일반적으로 특수교사, 일반교사, 물리치료사, 언어치료사, 학교장 등과 같은 전문가들이 포함될 수 있으며, 중도·중복장애학생의 능력과 요구에 따라 포함될 수 있는 전문가의 범위는 다양해질 수 있다.

① 가족과의 협력

중도·중복장애학생을 위한 협력은 가족을 포함한다. 가족은 학생과 많은 시간을 함께하며, 학생에 대해 가장 많은 정보를 제공할 수 있는 대상이다. 따라서 교육의 만족도와 긍정적 성과를 위해서는 가족이 학생의 학교생활을 위한 협력의 대상으로 참여할 필요가 있다. 가족과의 협력을 위해서는 지속적인 의사소통이 필수적이며, 가족의 관심과 요구에 민감하게 반응하여야 한다. 이를 위한 방법으로 매 학년 초에 열리는 전체 학부모 총회를 이용하거나 장애학생 부모를 위한 학부모 총회를 별도로 개최할 수 있다. 교육 프로그램의 운영방안이나 교육과정, 교재 등을 소개하고 설명하여 학부모들이 이를 검토하고 피드백할 수 있는 기회를 제공하는 것이다. 또한 정기적인 학부모 모임을 통해 학부모들의 관심에 따른 워크숍을 실시하거나 정보를 제공하는 등 교육이나 학부모 간의 의사소통을 통한 상담이 이루어질 수 있는 기회를 제공하는 것도 좋은 방법이다.

그러나 학부모와의 직접적인 만남을 통한 의사소통은 시간적인 제약이 있으므로 간접적인 방법이 더욱 유용할 수 있다. 학교 현장의 교사들이 사용하는 방법으로는 학생의 알림장을 활용하여 통합학급교사와 특수교사, 장애학생 부모가 학생의 학교생활과 가정에서의 전달사항을 확인하고 의사소통하는 방법이 있으며, 대부분의 학교에서 운영하는 학교 홈페이지 내의 학급 홈페이지 또는 알림장 앱 등을 활용하는 방법도 있다. 온라인을 이용한 방법은 시간과 장소의 구애를 덜 받을 수 있지만 학부모의 컴퓨터 사용 능력이나 교사의 홈페이지 관리 능력 등에 따라 효과가 다르게 나타날 수 있다. 따라서 중요한 사항에 대해서는 반드시 문서로 안내되어야 할 필요가 있으며, 학생의 장애 정도에 따라 정보 전달의 구체성이 달라질 수 있으므로 전화 통화 또는 문자 메시지 등을 통해 내용이 확인되어야 하는 경우도 있다.

② 교사 간의 협력

우리나라에서는 통합교육이 특수학급이나 특수교육지원센터의 특수교사를 중심으로 이루어지고 있고, 특수교육 관련서비스가 바우처 제도를 통해 제공되기 때문에 학교 내의 구성원으로는 일반교사와 특수교사의 협력이 더욱 강조되고 있다. 이러한 경우 교사 간의 협력은 반드시 협력 교수만을 의미하는 것은 아니며, 장애학생의 교육을 계획하고 실행함에 있어 최선의 실제가 이루어질 수 있도록 교사들의 의견을 모아 공동의 목적을 향해 나아갈 수 있도록 하는 것을 말한다. 미국의 경우 특수교사뿐 아니라 일반교사에 대해서도 교사로서 갖추어야 하는 기본적인 지식과 기능으로 교사들 간의 협력적인 접근에 대한 내용을 필수 요소로 포함시키고, 이를 교사 평가 항목으로 반영하고 있다(변영계, 김경현, 2005; CEC, 2004).

우리나라에서도 통합교육 현장의 질적인 향상을 도모함에 있어 교사들의 협력관계를 강조하고 있다. 서울특별시교육청에서는 통합교육 내실화와 기반 구축을 위해 특수학급의 학생 수 조정과 배치 시간을 감축하도록 하는 한편 통합학급에서의 시간 배치 확대, 특수교사의 교직원 및 비장애학생을 대상으로 하는 장애이해교육, 통합학급에서의 교수-학습 지원을 위한 통합학급 담임교사와의 협력 등 특수학급의 역할 변화를 명시하였다(서울특별시교육청, 2008). 즉, 협력이 성공적인 통합을 이끌어 내는 데 필수적인 요소이며, 미래의 학교교육을 재구조화하는 데 중요한 요소임을 강조하고 있는 것이다(Snell & Janney, 2000).

일반교사와 특수교사 간의 협력을 촉진하기 위한 구체적인 방법으로 학기 초 '오픈 클래스' 형태로 수업을 공개할 수 있다. 또한 방과 후 시간에 특수학급으로 일반교사들을 초청하여 학급의 운영시스템이나 교육과정, 학급 구성원과 관련 인력, 개별화교육 지원팀 등에 대한 소개 및 앞으로 이루어질 일정에 대한 안내 등의 정보를 제공하여 새로운 학급과 장애학생을 담당하게 된 교사들과의 편안한 대면 시간을 가질 수 있다. 그리고 교사들 간의 정기적인 만남은 협력을 위한 필수적인 요소이다. 일주일에 한 번의 짧은 시간이라도 교사들이 정기적인 모임을 갖고 학생의 교육 프로그램 진행 상황에 대한 피드백과 다음 주간의 계획, 학사 일정에 따른 장애학생 지원 등에 대해 상의하고 결정하는 것은 장애학생의 학교생활 참여에 큰 변화를 가져올 수 있다.

이러한 정기적인 만남 외에도 동학년 모임이나 교과별 모임, 교사 동아리 모임 등의 자연스러운 상호작용 기회를 활용할 수 있다. 최근에는 교내 메신저를 통해 비정기적이고 즉각적인 연락이 가능하며, 정기적으로 학생의 수행이나 특수학급 활동 등에 대한 안내문 또는 통신문을 제공하여 교사 간의 의사소통 방법으로 활용할 수 있다.

③ 학교 관리자 및 행정가와의 협력

중도·중복장애학생의 통합의 효율성을 증대시키고 학생의 요구에 적극적으로 대처하기 위해서는 학교 행정가의 인식과 지원이 반드시 전제되어야 한다. 학교 행정가는 학교의 기본적인 철학과 분위기 형성에 절대적인 영향을 미치고, 이러한 학교 운영은 소속되어 있는 교사와 학생들의 인식 형성에도 영향을 미친다. 특히 중도·중복장애학생들의 경우, 학교의 물리적 환경 개선이나 학사 일정 참여를 위한 추가적인 지원에 대한 요구가 있을 수 있으므로 이를 결정하고 자원을 확보하기 위한 학교 행정가의 노력이 필요하다. 학교 행정가의 이해가 부족한 경우, 교사들 간의 협력을 위한 시간 확보나 장애학생을 위한 학사의 조정 등 교사들의 개인적인 조정으로는 한계가 있는 사항들이 발생할수 있다. 따라서 학교 행정가의 이해를 촉진하여 통합교육에 대한 조력자로서의 지원을 이끌어 낼 수 있도록 하는 것이 중요하다.

④ 특수교육지원인력과의 협력

특수교육 현장에서 특수교사가 협력해야 하는 대상으로 최근 주요한 관심을 받고 있는 대상이 바로 특수교육지원인력이다. 특수교육지원인력은 교사의 지시에 따라 교수·학습 활동, 신변처리, 급식, 교내외 활동, 등하교 등 특수교육대상자의 교육 및 학교 활동에 대하여 보조 역할을 담당하며(「장애인 등에 대한 특수교육법 시행규칙」 제5조 제1항), 크게 국고 및 지방비 지원을 받는 유급특수교육지원인력과 공공근로 및 사회복무요원으로 나눌 수 있다. 중도·중복장애학생의 교육과 통합교육 환경에서는 이들의 역할이 강조되고 있어, 특수교사는 특수교육지원인력이 역할을 수행할 수 있도록 지원하고 관리할수 있는 전문성을 향상시킬 필요가 있다.

　　특히 통합교육 상황에 있는 특수교사는 특수교사가 없는 일반교육 환경에서 특수교육지원인력이 장애학생을 지원할 수 있도록 장애학생 지원에 대한 구체적인 계획을 세우고, 특수교육지원인력이 이를 통해 서비스를 최대화할 수 있도록 관리할 필요가 있다. 특수교사는 특수교육지원인력이 투입되는 통합학급 환경과 통합학급 담임교사의 요구를 분석하고 이에 따라 구체적이고 개별적인 업무를 배정할 수 있도록 해야 하며, 필요한 경우 학생 지도와 관련된 지원 기술을 훈련시켜야 한다. 또한 통합학급에서 학생의 수행을 확인함과 동시에 특수교육지원인력의 업무 수행에 대한 관찰과 피드백도 제공하여 중도·중복장애학생 지원이 효과적으로 수행되고 있는지 관리하여야 한다(French, 2002). 간혹 학교 현장에서 발생할 수 있는 특수교사와 특수교육지원인력과의 갈등은 중도·중복장애학생에 대한 교육서비스 제공에 영향을 미칠 수 있기 때문에 충분한 의사소통을 통해 업무에 있어 협력적인 관계가 유지될 수 있도록 노력해야 한다.

〈표 11-5〉 **특수교육지원인력의 학급에서의 책임 체크리스트**

교사 이름: _____　　학년도: _____

지원인력 이름: _____　　프로그램: _____

_____ 컴퓨터실에서 학생들 돕기

_____ 학교식당에서 학생들 돕기

_____ 매체실에서 학생들 돕기

_____ 교과 영역 모둠에 대해 교사 돕기

_____ 적응을 위해 필요한 장비나 장치를 사용하는 학생들 돕기

_____ 다른 영역이나 수업으로 이동하는 학생들 돕기

_____ 건강 관련 요구를 가진 학생들 돕기
　　　　(기관절개 튜브 흡입 등의 업무를 도울 수 있도록 반드시 자격이 있는 전문가로부터 훈련받아야 함)

_____ 학생들의 과제물 정리하기

_____ 학생들의 성적 채점하기

_____ 교수용 자료 코팅하기

_____ 행동점수기록지 보관하기

_____ 교수용 자료 복사해 놓기

_____ 휴식 시간에 학생들 감독하기

_____   학교버스를 타러 가는 학생들 돕기/감독하기

_____   학급비품 정리하기, 교재 코팅하기

_____   학생출석 기록하기

_____   학생들의 부족한 교과 영역 가르치기

추가 업무(기입하시오):

출처: Shelton & Pollingue (2005).

⑤ 치료 지원 전문가와의 협력

중도 · 중복장애학생의 통합교육에 있어서 다양한 관련서비스 전문가와의 협력은 더욱 강조될 수 있는 부분이다. 중도 · 중복장애학생은 인지적 · 신체적 · 의사소통적인 측면에서 다양한 어려움을 나타낼 수 있기 때문에 이들의 교육적 성취를 위해서는 다른 장애학생들보다 많은 치료 지원이 요구되며, 전문가들의 협력이 필수적이다. 치료 지원은 학교 환경, 지역사회 장소 등에서 활동 중에 서비스를 제공하거나 분리된 환경에서 개별 또는 소그룹으로 학생에게 치료적 서비스를 직접 제공하는 직접서비스와 부모, 교사나 다른 치료사 등의 교육팀 구성원이 자연스러운 활동 속에서 치료적 서비스를 수행할수 있도록 상담 및 자문, 모니터링을 통하여 역할을 방출하는 간접서비스가 있다(Szabo, 2000: 표윤희, 2009에서 재인용). 최근에는 협력의 중요성이 강조되고, 자연스럽고 통합적인 맥락에서의 치료 지원이 강조되면서 일상적인 환경 내에서 직접서비스를 제공하거나

교육팀의 구성원이 역할을 공유하게 되는 간접서비스 형태의 치료 지원이 선호되고 있다. 이러한 상황은 교사와 각 전문가들이 자신의 역할과 책임이 중복되면서 경계를 불분명하게 느끼거나 각자의 역할이나 전문성에 대한 혼란을 경험하도록 할 수 있다. 그러나 역할 공유는 전문성에 대한 포기가 아닌 자문을 통해 전문성을 방출하는 것으로 이해되어야 하며, 중도·중복장애학생의 자연스럽고 통합적인 환경에서의 교육적인 성과와 지원을 위한 체제로 인식되어야 할 것이다.

현재 우리나라 통합교육 환경의 치료 지원은 대부분 특수교육지원센터에 배치된 치료사가 순회교육을 통해 서비스를 제공하거나 외부 치료기관의 치료사가 바우처를 이용하여 서비스를 제공하고 있다. 교사는 개별화교육 지원팀의 구성원으로 치료사들이 참여할 수 있도록 하고, 상시로 의사소통을 통하여 학생에게 필요한 사항들을 확인하며, 상황을 모니터링하는 등의 노력이 필요하다. 또한 중도·중복장애학생을 위한 특수학급과 같은 경우에는 치료사를 특수학급에 배치하거나 순회 시간을 증가시켜 가능한 한 많은 시간을 상주하면서 교사와 함께 학생들을 지원할 수 있도록 하는 것이 효율적이다(표윤희 외, 2016). 교사는 중도·중복장애학생의 치료 지원이 기본적인 삶의 유지에서부터 영향을 미칠 수 있다는 중요성을 인식하고, 다양한 치료 지원 전문가들과의 협력을 통해 학생의 신체, 이동, 의사소통 등과 관련한 요구와 적절한 중재방법을 파악하여 교육과 치료가 상호 간에 효과적인 성과를 나타낼 수 있도록 해야 한다.

우진이는 5세의 전반적 발달장애아동으로 언어 발달이 또래보다 3년 이상 지체된 것으로 평가되었다. 우진이는 자발화에서 반향어를 통해서는 다섯 단어 이상의 문장을 말하고 제한적인 요구하기, 거부하기의 의사소통은 가능하지만 자신의 경험과 관련한 질문에 대해 육하원칙으로 대답하기, 질문이나 인사하기 등의 사회적 의사소통에서는 어려움이 있는 것으로 보고되었다. 우진이의 교사와 언어치료사는 교사의 지시 따르기, 의문사에 대답하기, 다양한 의사소통 기능을 사용하여 또래와 상호작용하기를 목표로 정하고 유치원에서의 일과를 분석하여 목표행동을 학습할 수 있는 기회를 분석하고 치료기회를 삽입하였다. 주말이야기, 아침모임, 간식 시간, 이야기 나누기, 작업 활동 시간에 각 목표의 학습기회를 제공하고 필요한 경우 환경을 수정하여 공동관심과 질문 상기, 평행발화를 통해 지도하였다. 치료 후 평가에서 우진이는 모둠별로 대답하기, 줄 서기 등의 일과에서 반복적으로 일어나는 지시 따르기와 주말이야기나 활동에서 두 단어 이상을 연결하여 대답하는 등의 자발화가 증가하였고, "밀지 마." "고마워." "이름이 뭐야?"와 같은 요구하기와 질문하기, 부르기 등의 의사소통 기능을 사용한 자발적 모방이 증가하였다.

참고문헌

권효진, 이숙향(2008). 학교 전문상담교사의 비장애 중학생에 대한 장애이해교육 프로그램의 효과. 청소년상담연구, 16(2), 33-54.

김우리, 고혜정(2013). 지적장애학생을 위한 사회성 중재 연구 동향. 지적장애연구, 15(3), 25-55.

김주혜(2002). 특수교사의 서신지원이 통합학급교사의 교사효능감과 통합에 대한 태도에 미치는 영향. 이화여자대학교 교육대학원 석사학위논문.

김주혜(2008). 특수학급교사와의 협력을 통한 교사포트폴리오 제작이 통합학급교사의 교수수행 능력과 교사효능감에 미치는 영향. 이화여자대학교 대학원 박사학위논문.

김주혜, 박은혜(2009). 통합학급교사와의 협력을 통한 교사 포트폴리오 제작이 통합학급교사의 교수수행 능력과 교사효능감에 미치는 영향. 특수아동교육연구, 11(3), 319-339.

변영계, 김경현(2005). 수업장학과 수업분석. 서울: 학지사.

서울특별시교육청(2008). 서울특별시통합교육모형 정책연구보고서.

원종례, 이소현(2006). 교사 간 협력을 통한 활동-중심 삽입교수 중재가 발달지체 유아의 활동 참여와 발달에 미치는 영향. 특수교육학연구, 41(2), 121-143.

이대식(2002). 초등학교에서의 성공적인 장애아 통합교육을 위한 일반교사 교육의 방향: 통합교육에 대한 특수교사와 일반교사들의 인식에 근거하여. 초등교육연구, 15(1), 167-187.

이숙향(1999). 학교에서의 통합교육 협력사례. 제6회 국제 세미나: 장애학생의 통합을 위한 최상의 실제(pp. 55-86). 경기: 국립특수교육원.

이신령, 박승희(2007). 일반중학교에 통합된 지적장애학생의 학교생활 적응에 필요한 사회성 기술: 일반교사와 동료학생의 평정. 정서행동장애연구, 23(3), 233-263.

이정은, 염명숙(2011). 통합학교 중등 일반교사의 보편적 학습설계에 대한 인식과 실천 수준 비교. 특수교육, 10(1), 283-304.

전혜인(2011). 동화를 활용한 사회성 향상 프로그램이 지적장애학생의 사회성 기술에 미치는 영향. 특수교육, 10(1), 5-22.

최성욱, 심상욱(2007). 사회적 기술 향상 프로그램이 정신지체학생의 대안적 해결 사고력과 사회적 기술에 미치는 효과. 특수아동교육연구, 9(1), 203-222.

최승숙(2009). 협력교수가 장애학생과 비장애학생의 학업성취도와 사회성 기술에 미치는 영향. 학습장애연구, 6(1), 1-25.

표윤희(2009). 운동 능력 향상을 위한 협력적 팀워크 중재가 뇌성마비 학생의 대근육 운동 능력 및 교육팀 구성원들의 인식에 미치는 영향. 이화여자대학교 대학원 박사학위논문.

표윤희, 이희연, 김경양(2016). 중도 · 중복장애학생 교육지원모델 개발. 인천광역시교육청 정책연구보고서.

Beukelman, D. R., & Mirenda, P. (2005). *Augmentative and Alternative Communication: Supporting Children and Adults with Complex Communication Needs* (3rd ed.). Baltimore, MD: Paul H. Brookes.

Biklen, D., & Taylor, S. J. (1985). School district administrators: Leadership strategies. In D. Biklen. (Ed.), *Achieving the Complete School: Strategies for Effective Mainstreaming* (pp. 104-149). NY: Teacher College Press.

Bock, M., Rogers, M. F., & Myles, B. S. (2001). Using social stories and comic strip conversations to interpret social situations for an adolescent with asperger syndrome. *Intervention in School and Clinic, 36*(5), 310-313.

Brown F., McDonnell J., & Snell, M. E. (2015). *Instruction of Students with Severe Disabilities* (8th ed.). 박은혜, 한경근 공역(2017). 중도장애학생의 교육(8판). 서울: 시그마프레스.

Carter, E. W., Hughes, C., Guth, C. B., & Copeland, S. R. (2005). Factors influencing social interaction among high school students with intellectual disabilities and their general education peers. *American Journal on Mental Retardation, 110*(5), 366-377.

Causton, J., & Tracy-Bronson, C. P. (2015). *Educator's Handbook for Inclusive School Practices.* 이효정 역(2018). 통합교육: 일반교사와 특수교사를 위한 안내서. 서울: 학지사.

Council for Exceptional Children (CEC). (2004). *What Every Special Educator Must Know: The International Standards for the Preparation and Certification of Special Teachers* (5th ed.). Reston, VA: Author.

Cushing, L. S., Carter, E. W., Clark, N. M., Wallis, T., & Kennedy, C. H. (2009). Evaluating inclusive educational practices for students with severe disabilities using the Program Quality Measurement Tool. *The Journal of Special Education, 42*(4), 194-208.

French, N. K. (2002). Paraeducator in special education programs. *Focus on Exceptional Children, 36*(2), 1-12.

Giangreco, M. F. (2011). Educating students with severe disabilities: Foundational concepts and practices. In M. E. Snell & F. Brown (Eds.), *Instruction of Students with Severe Disabilities* (7th ed.). Upper Saddle River, NJ: Pearson Education/Prentice-Hall.

Goldstein, A. P., & McGinnis, E. (1997). *Skillstreaming the Adolescent: New Strategies and Perspectives for Teaching Prosocial Skills.* Champaign, IL: Research Press.

Heward, W. L. (2003). Ten faulty notions about teaching and learning that hinder the effectiveness of special education. *Journal of Special Education, 36*(4), 186-205.

Hughes, C., Carter, E. W., Hughes, T., Bradford, E., & Copeland, S. R. (2002). Effects of instructional versus non-instructional roles on the social interactions of high school students. *Education and Training in Mental Retardation and Developmental Disabilities,*

37(2), 146-162.

Janney, R., & Snell, M. E. (2013). *Modifying Schoolwork* (3rd ed.). 박윤정, 강은영, 김민영, 남경욱, 이병혁 공역(2017). 장애학생을 위한 통합교육: 교육과정 통합 및 교수학습 지침서(3판). 서울: 시그마프레스.

Karal, M. A., & Wolfe, P. S. (2018). Social story effectiveness on social interaction for students with autism: A review of the literature. *Education and Training in Autism and Developmental Disabilities, 53*(1), 44-58. https://www.jstor.org/stable/26420426

Lipsky, D. K., & Gartner, A. (1996). Inclusive education and school restructuring. In S. Stainback & W. Stainback (Eds.), *Controversial Issues Confronting Special Education: Divergent Perspectives* (pp. 3-15). Baltimore, MD: Paul H. Brookes.

Matzen, K., Ryndak, D., & Nakao, T. (2010). Middle school teams increasing access to general education for students with significant disabilities: Issues encountered and activities observed across contexts. *Remedial and Special Education, 31*(4), 287-304.

McDonnell, J. (1998). Instruction for students with severe disabilities in general education settings. *Education and Training in Mental Retardation and Developmental Disabilities, 33*(3), 199-215.

Odom, S. L., Hanson, M. J., Lieber, J., Marquart, J., Sandall, S., Wolery, R., Horn, E., Wolfberg, P., Schwartz, I., Beckman, P., Hikido, C., & Chambers, J. (2001). The costs of preschool inclusion. *Topics in Early Childhood Special Education, 21*(1), 46-55.

Orelove, F. P., & Sobsey, D. (1996). *Educating Children with Multiple Disabilites: A Transdisciplinary Approach* (3rd ed., pp. 253-299). Baltimore, MD: Paul H. Brookes.

Palmer, D. S., Fuller, K., Arora, T., & Nelson, M. (2001). Taking sides: Parents views on inclusion for their children with severe disabilities. *Exceptional Children, 67*(4), 467-484.

Prater, M. A. (2007). *Teaching Strategies for Students with Mild to Moderate Disabilities*. 김자경, 최승숙 공역(2011). (경도·중등도 장애학생을 위한) 교수전략. 서울: 학지사.

Rainforth, B., & York-Barr, J. (1997). *Collaborative Teams for Students with Severe Disabilities: Integrating Therapy and Educational Services* (2nd ed.). Baltimore, MD: Paul H. Brookes.

Ratcliffe, M. J. A., & Harts, M. L. (2011). *Schools That Make the Grade: What Successful Schools Do to Improve Student Achievement*. Baltimore, MD: Paul H. Brooks Publishing Co.

Shelton, C. F., & Pollingue, A. B. (2005). *The Exceptional Teacher's Handbook* (2nd ed.). Thousand Oaks, CA: Corwin Press.(www.corwinpress.com)

Smith, T. E. C., Polloway, E. A., Patton, J. R., & Dowdy, C. A. (2006). *Teaching Students with Special Needs in Inclusive Settings* (4th ed.). Boston, MA: Allyn and Bacon.

Snell, M. E., & Janney, R. (2000). *Social Relationships and Peer Support*. Baltimore, MD: Paul H. Brooks Publishing Co.

Snell, M. E., & Janney, R. (2005). *Collaborative Teaming* (2nd ed.). Baltimore, MD: Paul H. Brookes.

Snell, M. E., Janney, R., & Elliot, J. (2000). *Collaborative Teaming*. Baltimore, MD: Paul H. Brooks Publishing Co.

Stainback, S., & Stainback, W. (1990). *Support Networks for Inclusive Schooling: Interdependent Integrated Education*. Baltimore, MD: Paul H. Brooks.

Staub, D., Peck, C. A., Gallucci, C., & Schwart, I. (2000). Peer relationship. In M. E. Snell & F. Brown (Eds.), *Instruction of Students with Severe Disabilities* (5th ed., pp. 381-408). Upper Saddle River, NJ: Merrill/Prentice Hall.

Turnbull, A. P., & Turnbull, H. R. (1997). *Families, Professionals, and Exceptionality*. OH: Merrill, an imprint of Prentice Hall.

Turnbull, A. P., Turnbull H. R., & Wehmeyer, M. L. (2010). *Exceptional Lives: Special Education in Schools* (6th ed.). Upper Saddle River, NJ: Merrill/Prentice Hall.

Villa, R. A., & Thousand, J. S. (2005). *Creating an Inclusive School*. Alexandria, VA: Association for Supervision and Curriculum Development.

Virginia Education Association et al. (1996). Inclusion of special needs students: Lessons from experience. ED 395426.

Waldron, K. A. (1996). *Introduction to a Special Education the Inclusive Classroom*. New York: Albany Delmar Publishers.

전환교육과
성인기 준비

•

이영선

장애청소년의 성공적인 성인기 전환은 특수교육의 중요한 목표 중 하나이자, 특수교사를 비롯한 장애인 교육 분야의 전문가들, 그리고 장애청소년 본인과 그들의 가족에게도 매우 중요한 목표라 할 수 있다. 청소년기 장애인에게 성인기로의 전환이란 매우 다양한 영역과 역할에서의 변화 과정을 의미하는 포괄적인 개념으로서, 크게는 학교의 '학생'에서 사회의 '성인'으로 역할이 전환됨을 의미하고, 더불어 이러한 역할이 수행되는 장소와 이를 지원해 줄 전문가, 기관 등으로의 전환까지를 포함한다. 따라서 성인기로의 전환을 보다 성공적으로 이루기 위해서는 장애학생을 비롯하여 가정과 학교, 지역사회 등 다양한 영역에서의 협력적 접근이 절실히 필요하다.

특히 성인기의 삶을 준비함에 있어서 복합적인 요구를 가진 중도·중복장애학생들의 경우, 다양한 영역에서 강도 높은 지원을 지속적이고 연계적으로 제공해 주는 것이 중요하다. 이에 이 장에서는 성인기 전환의 주요 개념과 함께 중도·중복장애학생의 성인기 전환을 위해 고려되어야 할 전환 영역과 이들의 건강한 삶의 모습을 그리기 위한 지원, 가족과의 협력 등의 지원 체계에 대해 다루고자 한다.

1. 전환교육

1) 개념

특수교육을 받고 학령기를 보낸 학생들의 성공적인 성인기 진입과 고용, 중등 이후 교육, 지역사회 참여 등 다양한 성인기 성과에 대한 관심이 높아지면서 보다 나은 성인기의 삶을 살아갈 수 있도록 학생들을 준비시키는 것이 중등 특수교육의 중요한 목표로 자리 잡고 있다. 전환교육이란 장애학생들이 학교에서 고등학교 졸업 이후의 생활로 자연스럽게 이동할 수 있도록 지원하는 것이며, 이는 성인기 초기의 역할을 수행할 수 있도록 학생들을 준비시키는 과정이다(Sitlington, Neubert, & Clark, 2009).

> (전환은) 고용으로 이끄는 다양한 서비스와 경험을 아우르는 성과중심의 과정이다. 전환은 고등학교, 졸업 시점, 중등 이후 교육과 성인서비스, 고용이 이루어진 초기 몇 년의 시간을 아우르는 시기이다. 전환은 고등학교에서 제공되는 안전성과 체계, 그리고 성인기 삶의 기회와 위험성 사이를 연결하는 다리이며, 고등학교와 성인기의 양쪽을 견고하고 안전하게 연결할 수 있어야 한다. 학교에서 직업 및 성인기 삶으로의 전환은 중·고등학교에서의 온전한 준비와 함께 고등학교를 졸업하는 시점에서의 적절한 지원, 그리고 필요하다면 성인기에 제공되어야 할 충분한 기회와 서비스를 반드시 갖추어야 한다(Will, 1984, p. 2).

전환이라는 개념은 1980년대 미국에서 장애인의 삶에서의 매우 중요한 시기로 인정되기 시작하면서, 이 시기에 필요한 지원과 성인기의 성과 영역 등으로 구체화되기 시작하였다. 전환의 개념을 설명하기 위한 대표적인 두 가지 모형은 연결 모형과 전환 모형이 있다.

(1) 연결 모형

연결 모형(bridge model)은 '중등전환(secondary transition)'을 고등학교에서 고용으로 이동하는 데 학생들이 이용할 수 있는 세 가지의 가능한 연결로 묘사하고 있다(Will, 1984). 세 가지 연결이란 고등학교에서 성인기 고용을 연결하는 세 가지 유형의 지원으로 볼 수 있다. 첫 번째 연결은 장애학생만을 대상으로 하는 특별한 서비스는 아니지만, 고등학교 졸업 이후에 고용을 가능하게 하는 대학과 같은 중등 이후 교육이 이에 해당한다. 두 번째 연결은 전환기에 한시적으로 주어지는 시간제한적 서비스로서 청소년기 또

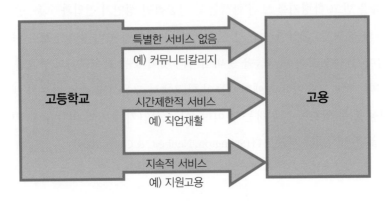

[그림 12-1] Will의 연결 모형

출처: 이영선, 이효정, 성유진 공역(2015), p. 15에서 수정 발췌.

는 초기 성인기에 제공되는 직업재활서비스 등이다. 세 번째 연결은 지속적 서비스로서 중도·중복장애인의 취업과 고용의 유지를 위해 직무코치 등이 직업 현장에 배치되어 직무를 돕는 지원고용 등을 일컫는다.

(2) 전환 모형

연결 모형이 전환교육의 개념적 구조를 잘 제시하고 있지만, 고등학교 졸업 이후의 삶을 고용의 영역으로만 보았다는 제한점을 가진다. 이에 Halpern(1985)은 연결 모형에 대한 대안으로서, 연결 모형에 기초하지만 고용 이외에도 주거나 사회적 관계 등을 포함한 보다 포괄적인 성인기 삶의 맥락으로의 확장된 전환 모형(transition model)을 제시하였다. 즉, 성인기의 성과를 고용 측면에 한정하지 않으며, 사회적 기술과 독립생활까지를 성인기 성과에 포함하는 보다 포괄적인 모형으로 이는 경도장애뿐만 아니라 중도·중복장애인의 삶의 질까지를 고려한 모형이라고도 할 수 있다.

이러한 이론적 개념이 구축되고 중등특수교육에서의 전환의 중요성이 강조되면서 1990년 미국「장애인교육법」(IDEA of 1990, P.L. 101-476)에서는 장애학생을 위한 전환서

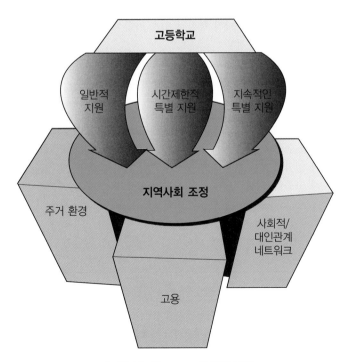

[그림 12-2] **Halpern의 전환 모형**

출처: 이영선 외 공역(2015), p. 15에서 수정 발췌.

비스가 처음으로 정의되었고, 개별화교육 프로그램에 전환 요소를 포함하도록 규정하며 의무화하였다. 당시 IDEA는 전환을 "학교에서 학교 이후 활동으로의 전이를 촉진하는 성과지향적 과정 안에서 고안된 학생을 위해 조직된 일련의 활동으로 중등 이후 교육, 직업 훈련, 통합고용(지원고용 포함), 평생교육 및 성인계속교육, 독립적인 생활 혹은 지역사회 참여를 포함한다."고 정의하였고, 이러한 정의의 기초는 현재까지도 동일하게 유지되고 있다. 이후 재인증된 「장애인교육법」(IDEIA of 2004, P.L. 108-446)을 통해 전환서비스에 대한 필수 규정이 한층 강조되었으며, 중등교육의 목표는 학생의 성공적인 성인기를 위한 준비에 둔다. 이를 위해 모든 학생이 고등학교 졸업 시점에 수행요약(Summary of Performance:이하 SOP)[1]을 제공받아야 함을 명시하고, 특수교육 기간 동안의 교육성과를 정리할 수 있도록 하였다(〈표 12-1〉 및 작성 사례 참고).

〈표 12-1〉 **수행요약의 요소 및 내용**

포함 요소	내용	작성 예
배경 정보	• 학생의 장애 또는 고등학교 이후의 계획을 지원하기 위해 고려되어야 할 기능적 제한 등에 대한 배경 정보 • 가장 최근에 이루어진 형식적 또는 비형식적 검사 결과를 첨부	• 지역사회참조검사, 자기결정, 학업성취검사, 비형식적 검사(교사 인터뷰) 등
중등 이후 목표	• 고등학교 졸업 후에 달성하고자 하는 중등 이후 환경에서의 목표	• 고등학교 졸업 후 건축 자재 판매회사에 시간제 고용으로 취업할 것임(취업)
수행요약	• 세 가지 필수 영역: 학업적, 인지적, 기능적 수행 수준 • 각 영역에 대한 현재 수행 수준과 지원을 위해 고등학교에서 받아 왔던 필수적인 조정(accommodation)과 수정(modification), 보조공학에 대해 기술 ※ 해당되지 않는 영역에 대해서는 작성하지 않음	• 초등학교 3학년 수준의 읽기 능력(한 단락의 문장)을 갖추고 있으며, 읽기 속도가 느린 편임(긴 문장 과제는 단락을 나누어 제공될 경우 더 쉽게 처리함) • 문자로 된 간단한 지시 사항을 읽을 수 있음

1) 수행요약(SOP)에는 삶의 목표, 선호, 기능적/학업적 강점과 요구 및 학생의 성취와 기능적인 수행에 대한 정보를 비롯하여 중등 이후 목표를 달성하기 위해 어떻게 해당 학생을 지원할 수 있는지와 관련된 조정과 전략에 대한 내용이 포함된다. 따라서 이는 고등학교에서 중등 이후 교육, 훈련 또는 고용 환경으로의 전환에서 학생을 지원하기 위해 중요한 자료이자, 「재활법」 504조에 따라 중등 이후 환경에서 제공되어야 할 타당한 조정과 지원에 대한 적격성을 얻기 위해 필수적인 정보이다.

중등 이후 목표 달성을 지원 (제안)	• 고등학교 졸업 후의 환경(중등 이후 교육이 나 고용 환경, 독립생활, 지역사회 참여 등) 에서 필수적인 조정, 보조공학, 지원서비스 등에 대해 기술	• 판매직의 전문성을 키우기 위한 인턴십 참여 고려 • 실제 취업과 유사한 직장 경험 제공 • 필요한 서비스를 받기 위해 지 역사회 기관과 자원에 대한 접 근(독립생활)
학생의 의견 ※ 학생이 독립 적으로 또는 학생 면담을 통해 작성	• SOP와 관련하여 학생이 필요한 정보를 제공 하며, 주요 내용은 다음과 같음 - 중등 이후 환경에서 자신의 장애나 기능적 수행에 대한 이해를 넓히고, - 교사가 수행요약을 작성할 수 있도록 도우며, - 중등 이후 환경의 전문가가 학생의 강점이 나 장애로 인한 영향에 대해 명확히 이해할 수 있도록 정보를 제공	• 자료 처리 시간 연장 필요 • 조정된 읽기 자료에 대한 요청 (짧게 간략히 정리된 요약본, 심 벌 등의 사용) • 이해 정도에 대해 가끔씩 확인 해 주는 지원 필요

1990년대 중반 우리나라에 전환교육에 대한 개념이 소개되면서(곽준기, 박희찬, 1995; 유애란, 1994) 지난 30여 년간 성인기 전환을 위하여 특수교육 분야를 중심으로 활발한 연구가 이루어져 왔다(이영선, 이영실, 이익동, 김환희, 2011). 장애학생들의 성인기 전환에 대한 기본 방침과 규정을 제시해야 할 가장 기초적인 「장애인 등에 대한 특수교육법」에서는 전환을 위한 교육과 지원을 다음과 같이 정의하고 있다.

> 제23조(진로 및 직업교육의 지원) ① 중학교 과정 이상의 각급학교의 장은 **특수교육대상자의 특성
> 및 요구에 따른 진로 및 직업교육**을 지원하기 위하여 직업평가 · 직업교육 · 고용지원 · 사후관리
> 등의 **직업재활훈련** 및 일상생활적응훈련 · 사회적응훈련 등의 **자립생활훈련**을 실시하고, 대통령
> 령으로 정하는 자격이 있는 진로 및 직업교육을 담당하는 전문인력을 두어야 한다.
> ② 중학교 과정 이상의 각급학교의 장은 대통령령으로 정하는 기준에 따라 진로 및 직업교육의
> 실시에 필요한 시설 · 설비를 마련하여야 한다.
> ③ 특수교육지원센터는 특수교육대상자에게 효과적인 진로 및 직업교육을 지원하기 위하여 대
> 통령령으로 정하는 바에 따라 관련 기관과의 협의체를 구성하여야 한다.

앞에서 보는 바와 같이 '전환'이라는 개념 대신 '진로 및 직업교육'이라는 용어로 지원의 내용이 묘사되고 있다. 현재의 법적인 용어인 '진로 및 직업교육'은 학교에서 사회 등으로의 원활한 이동을 위하여 관련 기관과의 협력을 통해 직업재활 훈련과 자립 훈련 등

을 실시하는 것으로 정의되고 있다.

이는 학교 졸업 이후의 시기를 위한 준비라는 차원에서 성인기 전환의 기본적인 개념과 유사한 내용을 담고 있으며, 이전 법인 「특수교육진흥법」의 '직업교육' 개념에서 '자립생활' 내용이 포함되며 범위가 다소 확장되기는 하였으나, 여전히 고용이라는 특정 전환 영역에 대한 고려가 주로 이루어진다고 볼 수 있다. 실제로 시행령에서는 진로 및 직업교육을 위한 협의체 구성과 관련하여 특수교육기관과 장애인 고용 관련 기관, 직업재활시설, 복지관, 산업체 등 관련 기관을 제시하고 있으며, 특수교육대상자의 취업을 위한 직업 훈련실의 설치와 인력 및 경비 지원 등에 대해 명시하고 있다.

앞서 제시된 전환 모형에서 언급한 바와 같이 장애청소년의 성인기 전환에서는 고용 외에도 고려되어야 할 삶의 맥락이 다양하며, 사회적 기술이나 생활, 여가 등 포괄적인 내용이 담겨야 한다. 즉, 진로 및 직업교육보다 훨씬 넓은 개념과 특성, 방법, 전략을 포함하고 있는 전환이라는 개념적 구조를 가지고 장애학생들의 성인기 삶을 위한 준비가 이루어져야 한다(박희찬, 2015). 특히 중도·중복장애학생과 같이 상대적으로 복합적인 요구를 가진 학생들의 경우 훨씬 다양한 맥락에서 성인기 삶이 준비되어야 할 것이고, 이를 위해서는 고용뿐만 아니라 다양한 전환의 영역이 포괄적으로 폭넓게 고려되어야 한다.

2) 주요 전환 영역

전환의 주요 영역은 전환계획이나 전환을 위한 교수적 지원 등에 대한 논의가 이루어지는 영역이다. 즉, 고등학교에서 졸업 이후 환경으로의 전환을 고려할 때 그려 볼 수 있는 삶의 영역과 그 맥락에서 요구되는 세부 기술로서 구체화될 수 있다. 또한 전환에 대한 요구를 판별하고 기초적인 전환의 평가가 이루어지며, 계획이 수립되는 영역이라고도 볼 수 있다. 〈표 12-2〉에서는 종합적 전환 모형(Patton & Clark, 2013; Sitlington et al., 2009)에서 제안하는 가장 우선적인 전환 영역인 고용과 교육, 생활에 대하여 각 영역별 세부 기술을 제시하고 있다.

〈표 12-2〉 종합적 전환 모형의 주요 전환 영역과 세부 기술

전환 영역	세부 기술
고용(working)	• 진로선택과 계획 • 고용 관련 지식과 기술
교육(learning)	• 중등 이후의 교육과 훈련 • 기능적 의사소통 • 자기결정
생활(living)	• 독립적 생활 • 개인적 재정관리 • 지역사회 참여와 자원의 활용 • 여가활동 • 건강/보건 • 사회적/대인관계

(1) 고용

전환교육에서 가장 강조되고 있는 영역으로서 학생들을 직업의 세계로 나갈 수 있도록 준비시키는 것을 의미한다. 크게 '진로선택과 계획' 그리고 '고용 관련 지식과 기술'로 구분할 수 있다. '진로선택과 계획'에서는 ① 좋아하는 직업과 관심 있는 직업을 가지기 위해 준비해야 할 일을 알고, ② 자신의 관심과 선호도를 고려하여 직업을 선택하며, ③ 직업을 구하는 일반적인 절차나 과정에 대해 알고 준비할 수 있는 역량이 포함된다. 진로선택 및 계획이 자신에게 적합한 직업을 찾고 구직을 준비하기 위한 단계였다면, 고용 관련 지식과 기술은 구직과 직업을 유지하기 위한 보다 실제적인 지식과 기술이라고 할 수 있다. 구체적으로 직업을 유지하기 위해 필요한 전반적인 기술(예: 정시출근, 정해진 시간 동안 작업 지속, 지시 따르기 등)과 직업 태도(예: 동료와의 의사소통, 업무에 대한 긍정적 태도 등), 직업 훈련 프로그램 탐색과 참여, 관심 있는 직업의 초기 단계에서 요구되는 기술과 지식 등이 이에 포함된다.

(2) 교육

전환 영역에서 교육이란 좁은 의미의 교수-학습과정이라기보다는 고등학교 졸업 이후에 받게 되는 다양한 교육과 그 상황에서 필요한 주요 역량을 포함한다. 구체적으로 전공 영역이나 대학교, 직업전문학교 또는 복지관 직업재활 프로그램 등에 대해 알고, 이러한 프로그램에 참여하기 위해 필요한 전문적인 자원 또는 수업과 관련된 도움을 얻

기 위한 친구의 지원을 구하는 것 등이 대표적이다. 이와 더불어 고등학교 졸업 후의 교육 환경에서 필요한 읽기, 쓰기, 듣기, 말하기와 같은 기능적인 의사소통 기술을 가지고 있는지, 개별적 요구를 고려한 목표 설정이나 불합리한 일에 대한 대응, 장애에 대한 올바른 인식, 목표 달성을 위한 계획 수립 등 학습에 있어서 보다 자기결정적인 기술과 지식을 가지고 있는지 등이 포함될 수 있다.

(3) 생활

지난 수십 년간 공공 정책이나 사회적 분위기는 규모가 비교적 큰 장애인 전용의 주거 시설에서 벗어나 장애를 가지지 않은 사람들이 일반적으로 선택하는 지역사회 내 거주를 보다 자연스러운 환경으로 인식하는 것으로 변화되고 있다. 이러한 변화에 따라 시설에서 수동적으로 서비스를 받는 것이 아닌 독립적인 생활을 하는 데 필요한 다양한 지식과 기술이 필요하게 되었다. 구체적으로 자립생활을 위한 일상생활 기술들(예: 매일 해야 하는 집안일이나 몸단장, 위생상태 유지, 응급 상황 대처 등), 금전 관리(예: 필요한 일상용품 구입, 수입/지출에 대한 예산 세우기, 은행계좌와 카드 이용, 청구서 받고 돈 내기 등), 지역사회 참여와 지역사회 내 자원 활용(예: 필요한 물건을 구하고 원하는 장소로 이동, 사회의 법과 규칙을 인지하고 따르기, 정부나 지역사회의 지원 프로그램 파악 등), 여가와 건강 관리, 대인관계(예: 가족과 친척, 친구와 연인관계뿐만 아니라 공공장소나 다양한 사회적 상황에서 적절히 행동) 등의 역량이 이에 포함된다.

이와 같이 특정 영역이 아닌, 한 개인의 삶을 구성하고 있는 전반적인 생활의 맥락에서 학생들의 개별적인 전환 요구를 판별하고 의미 있는 전환 목표를 제시하는 것은 성인기 전환을 위한 가장 기본적인 전제이다(Turnbull, Stowe, & Huerta, 2007).

3) 중도 · 중복장애학생의 전환을 위한 기본 원리

장애학생의 질적으로 우수한 전환교육을 위한 기본이 되는 세 가지 원리는 자기결정, 자연적 지원, 삶의 질이다(Westling, Fox, & Carter, 2015). 이 개념은 전환계획을 수립하고 실행하는 팀의 사고와 행동에 기초가 되며, 특히 중도 · 중복장애학생들이 고등학교 졸업 이후에 개별적이고 가치 있는 성과를 성취하기 위해 의미 있는 기회를 가질 수 있도록 돕는다.

(1) 자기결정

자기결정이란 장애를 가지지 않은 동료들과 함께 근무하는 통합된 고용, 독립생활, 중등 이후 교육에의 참여 등과 같은 성공적인 성인기 성과를 예측할 수 있는 가장 중요한 요인 중 하나이다. 이는 자신의 미래에 대한 진로와 고등학교 졸업 이후의 교육, 생활 환경, 다른 사람들과의 관계를 비롯한 다양한 성인기 삶의 맥락에서 필요한 의사결정을 하는 데 있어서 중요한 역할을 한다. 특히 전환계획과 같이 학교에서 졸업 이후의 활동으로 전환을 촉진하기 위해 제공되는 교육과 서비스를 통해 자기결정적 행동이나 태도를 가르치고, 자기결정을 증진시킬 수 있는 의미 있는 기회를 제공하는 것이 졸업 이후의 성과 증진을 위한 중등특수교육의 중요한 역할 중 하나라 할 수 있다.

전환기 장애청소년의 자기결정 역량을 키울 수 있는 전환의 과정 중 하나는 학생주도적 전환계획이다. 학생주도적 전환계획이란 개별 학생의 졸업 이후 미래 목표를 수립하고 목표를 달성할 수 있는 적절한 전략들을 계획함에 있어서 장애학생의 강점과 선호도, 흥미를 고려하며, 전환서비스의 내용과 전달 방식, 다양한 지원을 구하는 방식에 있어서도 학생이 가능한 한 많이 참여할 수 있도록 한다. 실제로 전환계획의 수립과 실행과정에 학생이 참여하는 내용과 정도가 성인기 전환성과 달성에 매우 큰 영향을 미친다.

그간 자기결정을 위한 교육과 지원에 대한 연구가 활발히 이루어져 왔음에도 불구하고, 여전히 중도·중복장애학생에게는 적용하기 어렵다고 인식되는 경향이 있다. 실제로 특수교사들은 자신이 가르치는 학생의 장애 정도가 심한 경우, 자기결정에 대한 교수의 우선순위가 낮은 경향이 있고, 장애인 당사자에 비해 전문가와 가족들은 자기결정을 중요하지 않은 삶의 질 요소로 보고 있는 경우도 많다(Schalock et al., 2005). 중도·중복장애학생에게 적합한 수준과 방법으로 자기결정 교수를 제공하며, 전환의 과정 속에서 극대화할 수 있는 교수적 실제에 대한 고민이 필요한 시점이다.

중도·중복장애학생은 자기결정 역량을 갖출 수 없다는 지배적인 입장에 대해 Wehmeyer는 자기결정에 대한 오해와 잘못된 해석을 지적하며, 자기결정 역량을 갖출 수 있도록 배우고, 해당 기술들을 연습할 수 있는 기회는 모든 사람이 가져야 함을 주장한다(Wehmeyer, 1998; 2005). 중도·중복장애인과 자기결정에 대한 일반적인 오해 중 한 가지는 자기결정을 '행동의 독립적인 수준 또는 전적으로 스스로 수행하거나 자급자족하는 것'으로 이해하는 것이다.

자기결정이 모든 것을 스스로 하는 것을 의미한다면, 독립적으로 생활하고, 일하고,

활동하기 위해 상당한 지원을 필요로 하는 중도·중복장애인들에게는 상당히 제한적일 수밖에 없는 개념이다. 특정한 행동을 수행하기 위한 역량(예: 독립적으로 수행하기)은 자신의 삶에서 어떠한 일이 발생하도록 의지적으로 행동하느냐에 따른 자기결정의 중요성에 비해 어쩌면 덜 중요한 문제일 수 있다.

이런 의미에서 자기결정적인 사람들이 보다 독립적이고 스스로 충분히 수행하는 경향이 있지만, 자기결정은 스스로 행동하거나 자급자족하는 것과 명백하게 같은 의미가 아니라는 점은 중도·중복장애인의 자기결정을 논함에 있어서 매우 중요한 가정이라고 할 수 있다. 또 다른 오해 중 한 가지는 자기결정을 '선택하기' 정도로 이해하는 것이다. 자신의 의지에 따라 행동하는 것은 결국 자신의 선호를 고려하여 행동하는 것을 의미하기 때문에 '선택하기'의 중요성을 이야기하는 것이나, 자기결정이 선택 그 자체는 아니다. 따라서 '선택하기'라는 특정한 행동에만 집중하기보다는 중도·중복장애학생이 선호하는 가치나 방식을 존중하여 부모가 최선의 선택을 하는 것도 자기결정일 수 있다.

(2) 자연적 지원

중도·중복장애학생의 교육에 있어서 개별화된 지원을 제공하는 것은 매우 중요하다. 특히 고용이나 고등교육 환경, 혹은 지역사회 활동에서 중도·중복장애학생들이 독립적으로 참여하는 데 필요한 모든 기술을 습득하는 것은 현실적으로 불가능하기 때문에 개별화된 맞춤형의 사회적·환경적 지원을 제공함으로써 학생의 능력과 환경의 요구 사이의 차이를 줄이고, 학생의 참여를 가능하게 하는 것이 중요하다(Hughes & Carter, 2011).

장애인의 원활한 참여를 돕기 위해서 다양한 환경에서 공적인 지원이 제공되지만, 모든 상황에서 공적인 지원이 투입되는 것은 사실상 불가능하며, 전문가의 과도한 개입적인 지원(intrusive support) 역시 문제가 될 수 있다. 이러한 이유로 장애인을 위한 지원의 패러다임은 보다 비공식적이며 자연스러운 상황에서의 개인적인 관계를 기반으로 받게 되는 자연적인 지원(natural support)으로 변화하였다(Nisbet, 1992).

자연적 지원이라는 용어는 주로 지원고용(supported employment) 맥락에서 사용되었으며, 공식적인 서비스의 한계를 보완하거나 극복하고자 하는 목적에서 출현한 개념이다. 예를 들어, 직업교육 또는 고용의 상황에서 직무코치를 고용하여 지원하는 방식에서 동료 근로자들에 의해 제공되는 지원(최선실, 박승희, 2011), 장애인 이동서비스보다는 동료와의 카풀(Martinez & Duncan, 2003), 교사가 1:1로 학생을 지도하는 것에서 자기주도적인 학습이나 참여를 지원하는 테크놀로지의 활용(Certo & Luecking, 2006; Kim, Crowley, & Lee, 2022) 등이 자연적 지원이다.

지역사회생활의 경우, 장애인 거주시설에서 생활지도교사 등의 지원을 받는 것이 아니라 룸메이트를 구하거나 보다 독립적인 생활이 가능하도록 지원할 수 있는 스마트홈 테크놀로지를 활용하는 것 또는 친구나 이웃 등을 통해 받을 수 있는 개인적 도움(Storey, 2010) 등도 자연적 지원의 예라고 볼 수 있다.

> ❖ 근무환경에서 자연적 지원의 예
>
> 국내 A 대학의 피트니스 센터에서 수건을 개어 정리하고, 빨랫감을 치우며, 간단한 청소 업무를 하는 발달장애 성인 유정 씨는 초기에 직무지도원의 도움으로 자신에게 주어진 직무를 배우고 직장에서의 예절과 동료관계 등에 대한 지도를 받았다. 간식을 먹는 것을 좋아하기 때문에 처음에는 동료 직원이 먹는 과자나 바나나를 아무 말 없이 가져다 먹기도 하고 달라고 계속 조르기도 하였으나, 그때마다 직무지도원은 적절한 요청을 하도록 지도하거나 지나친 간식 섭취는 안 된다는 것을 상기시켜 주었다.
>
> 차차 유정 씨에 대해 이해하게 된 직장 동료들은 직무지도원이 없을 때 유정 씨가 간식에 대한 집착을 보이면 "유정 씨도 다이어트 하고 있잖아요? 지금 이거 먹으면 안 되지요. 3시에 먹는 시간까지 기다려야지요." 또는 "자꾸 먹으면 살쪄요." 등과 같이 자연스럽게 적절히 간식 시간과 양을 지킬 수 있도록 도와주었다. 직장 자체가 건강 관리에 관심이 많은 곳이었기 때문에 이러한 지원이 자연스럽게 이루어질 수 있었고, 동료들의 말은 유정 씨에게 직무지도원의 지도나 지원 이상의 좋은 효과를 나타내었다. 이 외에 직무수행 자체에 대해서도 동료들은 직무 상황에서 자연스럽게 많은 지원을 제공하였다(예: 청소 중 빠뜨리고 지나간 부분에 대해 알려 주기, 잘못 정리한 남녀 운동복 구분 등).

이러한 자연적 지원은 전문가중심의 특별서비스와 같은 전통적인 접근에 비해 비용효과적일 뿐만 아니라 사회적으로 타당하고, 지원을 받는 장애인 본인에게도 훨씬 긍정적인 영향을 미친다. 특히 장애인 근로자가 비장애인 동료와 함께 일하는 통합고용 환경에서 비장애인 동료나 고용주가 제공하는 자연적 지원은 통합고용의 성공을 위한 결정적 요소로서 인식되며, 비장애 동료들과 중도 · 중복장애인 사이에 사회적 유대를 가지게 하는 중요한 요소로 작용한다(박승희, 2010; 최선실, 박승희, 2011).

(3) 삶의 질

전환교육과 관련된 특수교육의 목표 중 하나는 학생이 고등학교를 졸업한 이후에 보다 나은 수준의 삶을 누릴 수 있도록 준비시키는 것이다(Turnbull, Turnbull, Wehmeyer, & Shogren, 2013). 삶의 질이란 정서적 · 물질적 · 신체적 웰빙과 대인관계 및 사회적 통합, 개인 역량 개발, 자기결정, 그리고 시민으로서의 권리 등의 요소들에 의해 결정될 수 있다. 그러나 이는 매우 독특하고 주관적인 개념으로, "삶의 질이란 개인적인 경험으로부터 떨어질 수 없는 것"으로 설명되기도 한다(Taylor & Bogdan, 1990: 28).

따라서 개인의 특수한 상황에 따라 삶의 질을 구성하는 요소 역시 달라질 수 있으며, 특히 중도 · 중복장애인의 경우 생산적인 고용이나 독립성 등과 같이 전통적으로 삶의 질을 결정하는 가치보다 안전이나 건강과 같은 가치가 더 중요하게 여겨질 수도 있다. 예를 들어, 여러 가지 특수한 서비스를 받고 있는 중도 · 중복장애인의 경우, 교육 또는 치료서비스와 케어의 질이 전반적인 삶의 질과 떨어질 수 없는 매우 중요한 요소가 되기도 한다(Borthwick-Duffy, 1990; Oullette-Kuntz & McCreary, 1996).

특히 성인기 전환을 앞둔 장애청소년의 삶의 질을 논할 때 가족의 참여는 매우 중요한 요소이다. 장애인, 특히 중도 · 중복장애인의 경우 이들의 전 생애에 걸친 삶 또는 삶의 전반에 있어서 가족은 매우 중요한 역할을 수행한다. 따라서 장애 성인의 삶의 질에 있어서 매우 중요한 영향을 미치는 것이 바로 가족의 관점 그리고 이들의 관계라고 할 수 있다(Seltzer & Krauss, 2001). 이러한 이유로 삶의 질을 평가하기 위한 과정에서도 가족이 장애인을 대리하여 답변을 하거나 가족의 삶의 질을 함께 평가하기도 한다.

이러한 장애인의 삶의 질은 모든 교육과 서비스의 사회적인 타당도를 높이기 위해 중요하게 고려되어야 하며, 성인기로의 전환을 계획하는 과정에서도 중도 · 중복장애학생이 미래에 경험하게 될 삶의 질을 향상시키기 위한 서비스와 지원을 판별하고 제공하는 데 초점을 두어야 한다.

2. 중도 · 중복장애인의 중등 이후 성인기의 삶

장애학생들이 학교에서 고등학교 졸업 이후의 생활로 자연스럽게 이동하는 것을 지원하는 것이 전환교육과 서비스의 목표이며, 전환은 이를 통해 성인기 초기의 역할들을 수행할 수 있도록 학생들을 준비시키는 과정이다. 따라서 고등학교를 졸업할 때 얼마나 지역사회에 잘 참여하며, 직업을 가지고 다른 사람들과 어울리고 생활할 수 있는지 등과 같은 삶의 모습은 전환의 주요 성과라고 할 수 있다. 이와 같은 전환성과를 고등학교를 졸업하는 시점에 달성했는지, 졸업 후에도 잘 유지되고 있는지의 여부는 학령기 동안 그 학생이 받아 온 교육의 결과라고도 할 수 있다.

전환 분야에 대한 관심과 연구가 꾸준히 늘어나고 있음에도 불구하고, 장애청소년들의 졸업 이후의 고용과 중등 이후 교육기관 등록률, 독립적인 생활 등의 성인기 성과는 장애를 가지지 않은 또래에 비해 현저히 낮은 수준이다. 이는 실제로 많은 장애학생이 성인기 진입을 위해 필요한 직업 기술이나 독립생활 기술, 자기관리 기술 등에서 충분한 준비가 되지 않은 상태로 성인기를 맞이하고 있음을 의미한다.

중도 · 중복장애학생들의 교육효과를 살펴본 국내 연구에 따르면, 고등학교 졸업 이후 대부분이 가정에 머무르며 고용성과를 달성하지 못하는 것으로 보고되고 있다(박은송, 2011). 또한 여가 참여 형태 역시 TV 시청 등과 같이 피동적인 활동을 하고 있었으며, 지역사회 내에서 비장애인들과 함께 활동하는 시간이 거의 없는 것으로 나타났다. 학교생활 자체에 대한 만족도는 어느 정도 수준 이상이었으나, 졸업 이후 주거, 직장, 여가 및 지역사회생활에서는 다소 열악한 수준으로 나타났다.

이와 같은 만족스럽지 못한 장애청소년의 성인기 성과는 다른 나라에서도 비슷하게 나타난다. 미국의 전환종단 연구(National Longitudinal Transition Study-2, Newman, Wagner, Cameto, & Knokey, 2009)에 따르면 지적장애 및 발달장애학생들은 다른 장애 영역으로 판별된 학생들에 비해, 고등학교 졸업 후 2년 이내에 중등 이후 교육기관에 등록하거나 취업하는 비율이 절반 정도로 낮았다. 또한 직업교육 및 훈련의 참여 형태에 있어서도 경도장애학생들과 비교하여 다른 패턴을 나타냈는데, 구체적으로 통합보다는 분리 환경에서 직업교육과 훈련이 이루어지는 경우가 많았고, 실제 고용 현장에서 이루어지는 진로직업교육이나 인턴십에 참여하는 경우보다 학교 내 또는 특수학급과 같은 분리된 환경에서 이루어지는 직업프로그램이나 일상생활 훈련에 참여하는 경우가 많았다.

우리나라의 경우 졸업 시점의 전환성과를 취업률, 진학률 등으로 구분하여 매년 특수교육통계 등을 통해 파악하지만, 장애 정도에 따른 성과의 차이나 질을 분석하지는 않는다. 그러나 전환성과를 다룬 연구 결과(예: 이영선, 김환희, 2013)를 통해 중도 · 중복장애를 가진 졸업생 및 성인들의 경우 고용이나 중등 이후 교육, 자립생활 등의 영역에서 상대적으로 만족스럽지 못한 성과를 달성하고 있음을 확인할 수 있다. 이러한 이유로 일반적인 전환의 성과 영역과는 조금 다른 범주와 범위에서 중도·중복장애학생들의 성인기 삶의 모습을 그려 보고, 이를 위해서는 어떠한 실제적인 준비가 전환교육을 통해 이루어져야 할지 결정되어야 할 것이다.

1) 주거와 지역사회 참여: 어떻게 살 것인가

성인기 삶을 계획하거나 예상할 때 가장 먼저 하게 되는 질문 중 한 가지는 바로 '어디에서 누구와 함께 살 것인가?'이다. 이는 일반적으로 전환 영역 중 자립생활 또는 상호의존적 생활(interdependent living), 그리고 지역사회생활과 관련되는 성과 영역과 관련하여 생각해 볼 수 있다.

(1) 성인기 주거의 형태

대다수의 청소년기 학생들에게 성인이 되었을 때 또는 고등학교 졸업 후에 가장 하고 싶은 것이 무엇인지 묻는다면 부모로부터의 독립이라고 대답하는 경우가 많을 것이다. 실제로 미국과 같이 주류사회가 독립에 큰 가치를 두고 있는 경우, 대부분의 청소년은 졸업과 동시에 자연스럽게 가족들과 함께 살던 집에서 나와 혼자서 또는 친구들과 함께 지내는 경우가 일반적이다. 그러나 장애청소년의 경우, 일반적으로 모든 청소년이 전환기에 경험하는 여러 가지 어려움 외에 특별한 요구까지 겹쳐 자립생활에 조금은 더 소극적인 경우가 많다.

특히 중도·중복장애학생들의 경우 완전하게 물리적으로 독립하여 생활하는 경우보다 생활서비스가 제공되는 주거시설에 살 수도 있고, 가족과 함께 계속 집에 머무르거나 가족들이 운영하는 사업체에서 일하는 것이 상당히 평범한 일상생활의 옵션일 수 있다. 실제로 국내 발달장애학생들을 대상으로 고등학교를 졸업할 때의 전환성과를 조사한 결과, 자립생활을 계획하고 있거나 달성한 경우는 전체의 2%에 지나지 않았다(이영선, 김환희, 2013). 특히 이들의 개별화교육계획에 자립생활 관련 목표를 포함하고 있는 경우 역시 전체의 12%에 지나지 않았으며, 이 영역의 전환 목표로는 단순히 '자립생활 달성'부터 신변자립, 부모나 동료와 함께 사는 형태의 주거, 자립생활 유지를 위한 사회적 기술 습득 등이 수립되어 있었다.

성인이 된 장애인이 선택할 수 있는 주거 옵션의 폭은 사회나 문화에 따라 다양하게
나타날 수 있다. 〈표 12-3〉은 성인기 주거의 여러 가지 형태를 제시한다.

〈표 12-3〉 **성인기 주거의 형태**

주거 유형	정의
그룹홈	지역사회 내의 주거 형태로, 거주자의 생활을 지원하기 위해 고용된 직원이 24시간 거주하는 형태(개인적인 지원 및 식사 준비, 이동 및 교통수단 이용 등의 지원)
군집형 주거 (cluster housing)	지역사회로부터 물리적으로 떨어져 있는 마을 커뮤니티로 거주공간과 다른 자원(예: 데이케어센터, 상점, 교회 등)이 한데 모여 있는 형태
지원생활 (supported living)	통합된 지역사회 내에 거주하며, 필요로 하는 지원만 제공받는 상대적으로 독립적인 주거의 형태. 전통적인 주거서비스(예: 그룹홈)에 비해 더 많은 사회적, 지역사회중심의 활동을 경험할 수 있음
준자립 생활서비스 (semi-independent living service)	일주일에 일정 시간 동안만 제한된 정도의 지원을 받으며, 어느 정도 독립적으로 생활하는 형태
공유가정 모델	가족이나 개인이 소유하거나 빌린 집에서 룸메이트나 가족 또는 친척이 아닌 사람들 및 가족과 함께 사는 형태로, 룸메이트나 동거인으로부터 지원이나 케어를 제공받음
가족과 함께 살거나 가족으로부터 도움을 받는 형태	가족이 소유하거나 빌린 집에서 가족과 함께 거주하는 형태. 장애 관련 지원이나 케어는 가족뿐만 아니라 고용된 직원으로부터 제공받음(외국의 경우, 가족이 서비스 제공자로서 유급 고용되어 지원할 수 있음)
중도·중복장애인을 위한 대안적 거주 시설	탈시설화 및 자립생활 운동이 진행되며, 지역사회 내의 소규모 거주 형태가 많이 생겨났으나, 상대적으로 장애가 심하거나 심각한 문제행동을 보이는 장애인의 경우 대안적 형태로서 시설에서 거주하는 경우가 있음. 활발한 지역사회 참여가 어렵고, 개인적인 지원망을 형성하기 위한 기회가 상대적으로 제한적임

출처: Community Living Research Project (2007), 발췌 및 재구성.

특히 탈시설화에 따른 지역사회 거주와 관련하여 주거 서비스 조성의 중요성이 강조
되고 있는 가운데, 「장애인·고령자 등 주거약자 지원에 관한 법률」(2012. 2. 22. 제정)에
서는 장애인·고령자 등 주거약자의 안전하고 편리한 주거생활을 지원하기 위하여 필요
한 사항(예: 주거약자 지원계획 수립, 주거실태 조사, 최저주거기준 설정 등)에 대해 국가 및 지
방자치단체가 수행해야 할 의무를 규정하고 있다.

(2) 자립생활, 상호의존생활과 지역사회 참여

과거에 장애인, 특히 중도 · 중복장애인들은 시설에서 지내는 경우가 대부분이었고, 어디에서 지낼 것인지, 누구와 함께 지낼 것인지, 이 시설에서 얼마나 오래 머물 것인지 등에 대한 선택의 기회를 가지지 못하였다(Dileo, 2007). 지난 100년간 진행되어 온 장애인의 탈시설화와 자립생활 운동으로 인해, 지역사회에 충분히 참여하며 생활하는 것은 현재 장애인의 이상적인 삶의 모습으로 추구된다. 그러나 지역사회에 참여하기 위한 기회의 부족(Chenoweth & Stehlik, 2004), 주거에 대한 접근성의 제한과 유지의 어려움(Condeluci, 1999), 이동수단의 부족(Seekins, Enders, Pepper, & Sticka, 2007), 고용기회의 제한(Wilson-Kovacs, Michelle, Haslam, & Rabinovich, 2008) 등은 장애인의 지역사회 참여를 방해한다.

중도 · 중복장애학생들의 고등학교 졸업 이후의 삶을 살펴본 국내 연구(박은송, 2011)에 따르면, 중도 · 중복장애인들의 지역사회 참여의 형태 중 가장 일반적인 유형은 주간보호센터와 같은 지역사회시설의 이용이었다. 이들은 주간보호센터를 통해 주로 보호 프로그램이나 여가활동 프로그램에 참여하고 있었고, 비장애인들과 교류하는 형태의 활동은 매우 드물게 나타났다.

성인기 삶에서 타인과의 교류나 의미 있는 활동(daytime activity)의 참여 등을 위해 이들의 지역사회 참여는 지속적으로 지원되어야 하는데, 이를 위해서는 중도 · 중복장애인 개인의 역량을 강화하는 것과 동시에 사회적 지원에 대한 접근을 높이기 위한 노력이 필요하다. 독립생활 기술의 개념이 식사를 준비하고, 필요한 물건을 구입하며, 신변을 정리하는 것과 같은 물리적인 생활에 대한 독립으로 보던 것에서 중요한 지역사회 내의 역할을 수행하고, 관계를 유지하도록 준비시키며, 성공적으로 생활하기 위해 필요한 것을 배우는 것과 같은 상호의존의 개념으로 보는 것으로 전환되며, 이를 지원하기 위해 보다 훌륭한 사회적 지원망의 필요성이 강조되고 있다(Condeluci, 1999). 즉, 지역사회 내에서 높은 수준의 사회적 자본을 가지고 있는 사람의 경우, 직장에서 성공하거나 더 건강하게 살 가능성이 높다는 것이다.

사회적 자본이란 장애인이 자신의 삶을 주도하는 개인중심 지원에 대한 패러다임의 중요한 개념으로, 소비자중심의 활동과 목표, 그리고 사회적 관계의 형성을 촉진한다. 따라서 성인기 장애인을 지원하기 위한 프로그램과 서비스는 개인이 사회에서 어떻게 관계를 형성하고 사회적 자본을 활용하는지에 대한 내용을 포함해야 하며, 이는 자신의 삶을 유지하고 지원하기 위한 시스템을 구축함에 있어서 장애인 본인이 어떻게 참여해야 하는지에 대한 부분을 강조한다.

이처럼 지역사회 내의 지지와 지원이 중요해지며, 2000년대 중반기부터 지역사회 주도(community led)의 서비스가 강조되고 있다. 특히 2019년부터 커뮤니티케어(community care)가 본격화되면서 지역사회 중심의 복지서비스 체계가 구축되었고, 장애유형에 부합된 서비스체계 구축의 필요성도 대두되었다(김용득, 2018). 이를 위해 정부 차원에서 커뮤니티케어를 추진 목표로 하는 지역사회 기반의 돌봄 환경 조성과 핵심 인프라 확충을 위한 노력을 이어 오고 있다.

장애인을 위한 지역사회 재활 프로그램 역시 장애인이 단지 독립적으로 생활하는 것뿐만 아니라 새로운 지역사회로 이동했을 때 더욱더 성공할 수 있도록 돕기 위해 관계나 상호의존성에 더 많은 비중을 두어야 하며, 이러한 상호의존의 개념은 중도 · 중복장애인의 성인기 전환에 있어서도 중요하게 고려되어야 한다. 따라서 보다 실제적이고 적절한 전환을 계획하기 위해서는 상호의존적인 생활의 맥락에서 중도 · 중복장애학생들에게 가능한 주거의 옵션들과 지역사회의 생활에 대해 살펴볼 필요가 있다. 또한 일상생활과 자기관리와 같이 독립적인 생활을 위한 기술 습득 측면뿐만 아니라 사회적 상호작용과 대인관계, 특히 성인기의 일상생활 맥락에서 자주 접촉하게 되는 활동보조인과의 관계를 형성하고 유지하기 위한 기술과 역량 등도 성인기 전환을 준비하는 과정에서 반드시 고려되어야 한다.

2) 고용과 중등 이후 교육, 그리고 여가: 무엇을 하며 살 것인가

성인이 되어 무엇을 하고 지낼 것인지에 대한 질문은 어떤 직업을 가지고 살 것인가와 밀접하게 연결된다. 고용이라는 성인기의 성과 영역은 장애를 가지지 않은 학생들 또는 장애가 상대적으로 심하지 않은 학생들의 경우 전환계획 또는 졸업을 준비하는 단계에서 가장 중요하게 생각하고, 준비하고자 하는 영역이라고 할 수 있다. 그러나 전반적인 전환성과, 특히 고용과 중등 이후의 교육에 대한 성과가 매우 취약한 중도 · 중복장애학생의 경우에는 이 영역을 준비하고 계획함에 있어서 특별한 고려가 이루어져야 한다(박은송, 2011; 이영선, 김환희, 2013). 즉, 고용 자체가 쉽게 이루어지지 않는 상황을 고려하였을 때, 직업을 구하기 위한 특정 직업 기술을 가르치고, 고용을 준비시키는 교육보다는 실제적으로 중도·중복장애학생의 요구와 특성을 고려하여 그 시간에 무엇을 해야 할 것인가에 대해 폭넓게 살피고 준비하는 노력이 더욱 필요하다.

고용이나 중등 이후의 교육에서 목표를 두고자 하는 내용을 '(경쟁)고용'으로 한정짓기보다는 이 시간을 어떻게 보내는지가 전반적인 삶의 질을 높이기 위해서 꼭 필요하다는 관점을 바탕으로 보다 폭넓게 낮 시간 동안 무엇을 하며 살 것인가, 어떠한 일들이 가능한가에 대해 살펴야 한다. 이를 위해 지원고용이나 직무기반 훈련 또는 꼭 고용을 목표로 하지 않더라도 일상적인 활동에 참여하기 위해 평생교육 차원에서 제공될 수 있는 지원 등의 옵션들이 고려될 수 있다.

(1) 지원고용

장애인의 고용 형태 중 가장 일반적이고 흔한 유형 중 하나는 보호고용으로, 일반 직장의 작업 조건에서 일하기 어려운 사람에게 일의 의미를 일깨워 주면서 직무 기술에 대한 훈련을 제공하고 직장과 유사한 환경을 제공하는 형태(국립특수교육원, 2009)로서 주로 보호작업장에서 이루어진다. 그러나 보호고용은 보호된 환경에서 주로 장애인들을 중심으로 고용이 이루어지므로 사회통합의 제한이라는 한계가 있고, 임금 수준이 낮으며, 직종의 다양성도 떨어지는 경우가 많다.

이러한 배경에서 시작된 지원고용(supported employment)은 장애인을 먼저 사업체에 배치한 후 작업 현장에서 교사나 직무지도원이 지원을 하여 통합고용이 가능할 수 있도록 하는 고용의 한 형태이다. 즉, 일반 작업 조건하에서 일하는 것이 어려운 장애인들에게 분리된 작업 환경을 마련하는 보호고용과 달리 직무지도원이 지역사회 내의 다양한 고용 환경에서 장애 근로자를 지원할 수도 있고, 기업 내의 집단 또는 개별 배치를 통해 직무지도원이 직장에서 직무 지도, 작업 일정, 동료 근로자와의 관계 등을 조정하여 장애인이 적응할 수 있도록 도우며, 궁극적으로는 직장 내 자연적 지원의 양을 점차 늘려 직무지도원의 개입 없이 독립적인 수행을 할 수 있도록 지원하는 것이다(국립특수교육원, 2009).

따라서 지원고용이란 고강도의 지속적인 직무 지원을 필요로 하기 때문에 그동안 경쟁고용 환경에서 배제되어 온 중도 장애인이 적절한 수준의 임금을 받으며, 장애 또는 비장애 동료들과 함께 지역사회 내에서 일할 수 있는 권리에 기초한 형태의 고용이라고 할 수 있다. 우리나라에서도 1993년을 기점으로 이러한 지원고용이 도입되었고(김삼섭 외, 2013), 특히 중도·중복장애인의 고용을 확대하기 위한 노력의 일환으로 강조되고 있다.

중도 · 중복장애인의 지원고용을 위해서는 개인의 요구에 맞춘 고용이나 중도 · 중복
장애인에게 적합한 직무를 개발하기 위한 개별화된 접근 등이 활용될 수 있다(〈표 12-4〉
참고).

〈표 12-4〉 **중도 · 중복장애인의 지원고용을 위한 전략의 예**

지원고용전략	전략의 예
개인의 요구에 맞춘 고용 (customized employment): 직업을 구하려는 사람과 고용주 양측의 요구를 충족하기 위해 고용의 전반적인 과정과 내용을 개별화한다. 구직자의 강점과 상태, 흥미와 고용주의 직무에 대한 기대와 요구 간의 개별화된 조율 또는 맞춤에 기초한다.	• 자기고용(self-employment): 다른 사람에게 고용되는 형태가 아닌 직접 물건이나 서비스를 생산하거나 판매하는 것으로, 직무생산성이 매우 낮거나 고용주의 요구를 충족시키기 어려운 경우, 고용을 유지하기 위해 '타당한 조정'을 넘어선 조정을 필요로 하는 중도 · 중복장애인에게 적합하다(예: 간단한 물건을 만들어서 전시회에서 판매하거나 광고 전단 등을 봉투에 넣는 사업을 운영 등). • 자원 소유권(resource ownership): 기계나 물건 등을 구입하여 이를 가지고 고용되는 형태이다(예: 스팀세차기기를 구입하고 세차장에 스팀세차 옵션을 추가하여 서비스하거나 동네 빵집에 커피머신을 구입하여 가지고 들어가서 바리스타로 취직).
직무 개발: 중도 · 중복장애인에게 적합한 직무를 개발하기 위한 개별화된 접근이 활용될 수 있다.	• 과제 재분배(task reassignment): 현재 담당하고 있는 일의 일부를 새로운 신입 직원에게 나누어 준다. 이러한 재분배는 해당 직원이 더 중요한 기능에 집중하여 직장에서 중심적인 역할을 수행할 수 있도록 돕는다. 과제 재분배는 직무 창출의 일반적인 형태이고, 새로운 직무는 현재 충족되지 않은 직장 내의 요구에 맞추어 정해질 수 있다. • 직무 추려내기(job carving): 기존의 직무를 조정하는 형태로서, 새로운 근로자에게 적합한 한두 가지의 내용을 추려 내는 방식이다(예: 대학 입학처에서 부서 내의 복사를 담당하는 직원을 고용하여 다른 직원들이 더 전문적인 업무를 수행할 수 있도록 도움). • 직무 공유(job sharing): 두 명 이상의 근로자가 한 가지 직무를 수행하는 데 있어서 책임을 공유하는 형태로서, 개개인의 강점에 기초하여 수행할 과제와 책임의 부분을 나눈다. • 직무 창출(job creation): 현재 직장 내에 없는 기능이나, 만약 있다면 새로운 직원을 고용하는 비용을 넘어선 직장의 수익 창출에 도움이 되는 기능을 판별해 내고 해당 직무를 개발한다(예: 우편 발송 전 불량 또는 문제가 있는 부분을 골라내기 위한 조사원).

다음은 지원고용의 예로, 지역사회 내의 카페에 취업한 여성장애인의 사례이다.

> ❖ **지역사회 내의 카페에 근무하는 수경 씨 사례**
>
> 수경 씨는 22세의 여성으로 성격이 매우 온순하고 언어적 지시 사항을 잘 듣고 이해하며, 다른 사람들과 큰 문제없이 잘 어울린다. 지적장애를 가진 수경 씨는 짧고 간단한 단어와 숫자를 읽고 쓸 수 있으나, 복잡한 의미를 이해하거나 셈하기 등에 대해서는 어려움을 가지고 있다. 왼쪽 팔과 다리의 편마비로 이동 및 일상생활에서의 독립적 수행에 제한을 가진다. 인지적 능력과 신체적 수행의 어려움으로 인해 일상생활 훈련이나 직업 훈련 등에 다소 소극적이었고, 부모님 역시 과잉보호하는 경향이 있었다. 실제로 발달장애인의 취업을 위한 직무 훈련의 내용이 단순한 조작인 경우가 많아 적극적인 직업교육에 참여하기 어려웠으며, 실제로 수경 씨의 부모는 취업보다는 복지관의 일상생활 또는 여가생활 프로그램에 참여하거나 주간보호센터의 프로그램에 참여하는 것을 고려하는 상황이었다.
>
> 그러나 수경 씨의 담당 교사는 섬세한 손 기능이 필요한 작업 활동 대신 수경 씨의 원만하고 사교적인 성품이 강점으로 작용할 수 있는 서비스 직종에서의 보조 직무를 찾는 데 주력하였고, 실제 지역사회의 교회 내에 새로 오픈한 카페의 파트타임 직무에 수경 씨를 추천하였다. 이 카페는 비장애인 바리스타와 장애인 근로자가 함께 일하는 형태로, 한 명의 전일제 포지션에, 하루 3교대로 네 명씩 세 시간을 고용하여 중증장애인을 위한 직업 훈련을 제공하고 카페 수입금과 장애인고용공단의 지원금으로 장애인 근로자에게 4대 보험 및 최저임금을 보장해 주는 곳이었다.
>
> 수경 씨는 면접을 통해 기본적인 상황 판단이나 지시 사항과 규칙에 대한 이해가 가능한 점을 높게 평가받아 채용되었으며, 취업 후 카페에서의 청소와 테이블 정리, 그릇 분류와 제과 제품 진열 등 섬세한 손동작이 상대적으로 덜 필요한 직무를 맡아 지원받으며 성실하게 수행하고 있다. 현재까지 직장생활을 유지하고 있으며, 최근에는 근무 시간 후에 교회 내의 피트니스 센터에서 운동을 하며, 체계적인 건강 관리를 시작하였다.

(2) 직무기반학습

직무기반학습(work-based learning)이란 학교 상황보다는 실제로 직무가 이루어지는 직장에서 직무 훈련이나 기술 훈련을 제공하는 것을 의미하며, 장애청소년의 실제적인 고용성과 증진을 위한 대안적 접근으로서 제안되었다. 직무기반학습은 직업 탐색과 직업 평가, 직무 관련 훈련과 협력적 직무 경험의 네 가지 단계로 구성된다.

- 직업탐색(career exploration): 미래의 진로 방향이나 직업을 결정하기 위하여 다양한 직무 현장을 둘러보고 해당 직무 환경과 관련된 흥미나 가치, 강점 등을 진단해 본다[예: 직장 방문, 직무 섀도잉(job shadowing: 해당 직무자를 그림자처럼 따라다니며 직

업의 실제를 체험하는 프로그램, 초청 강연, 진로 멘토링 등).

- 직업 평가(career assessment): 장애학생이 어떠한 개별적인 훈련의 목표를 수립할 것인지 정하기 위한 평가로서 표준화된 직업흥미 평가뿐만 아니라 직업/기술교육 수업에 참여하거나 진로 멘토링, 봉사학습 프로젝트, 자원봉사 등의 활동에서 다양한 형태의 평가로 이루어질 수 있다. 학교 담당자나 고용된 근로자의 직접 감독하에 다양한 직업 환경에서 주어진 직무 과제를 수행하게 되며, 평가 자료는 학생의 흥미, 적성, 특별한 요구, 학습 유형, 직무 습관, 행동, 사회성 기술, 끈기 등을 파악하기 위해 체계적으로 수집되어 분석된다.

- 직무 관련 훈련(work-related training): 무급의 직무 경험을 위해 다양한 고용 환경에서 훈련을 제공한다. 학생들과 부모, 학교 관계자는 습득해야 할 역량, 교수방법, 훈련 경험에 대한 평가 등에 대한 상세한 계획을 수립한다. 또한 특정 직무 환경에서 목표했던 기술과 역량을 달성했다면 다른 환경으로 이동한다.

- 협력적 직무 경험(cooperative work experience): 교육기관에서 직장으로의 연결 프로그램으로서 현장 훈련(on-the-job-training)을 통해 직무 경험이 제공된다. 일반적으로 협력적 직무 경험 기간 동안에 학생들은 작업 수행에 대한 급여를 받을 수 있고, 직업적 성공을 위한 추가적인 자료를 제공받거나 유급 고용 경험에 참여할 수 있다.

다음의 사례는 특수학교에서의 직업교육을 통해 강약점을 파악하고 직무 관련 훈련을 현장과 연계하여 실시함으로써 특수학교 내 학교기업 취업에 성공하여 고용을 유지하고 있는 사례이다.

❖ 직무기반학습 경험을 통해 학교기업에서 근무하는 문수 씨 사례

문수 씨는 지적장애와 자폐성 장애를 함께 가지고 있으며 초등학교부터 전공과 졸업까지 특수학교에서 교육을 받은 성인 남성이다. 문수 씨는 '예/아니요' '싫어' 등의 단답형으로 자신의 감정이나 의사를 표현할 수 있으나 세 단어 이상으로 언어적 의사표현을 하는 것은 어렵다.

문수 씨의 직업적 강점은 손 기능이 매우 기민하여 섬세한 작업 동작도 잘 수행할 수 있고, 변별 능력이 우수하며 작업 공정 및 상급자의 지시 사항을 비교적 정확하게 기억하여 작업 활동을 할 수 있다는 것이다. 문수 씨를 지도한 교사는 이 학생의 직업적 강점을 일찍이 파악하여 섬세한 손 기능이 필요한 쇼핑백 제작, 문구류 선별 및 포장, 자동차 부품 조립 업체 등에서 지속적으로 현장실습을 시키면서 학생의 직업적 가능성을 더욱 향상시켜 취업의 기회를 제공하고자 노력하였다. 문수 씨의 직업적 약점은 작업 지속 시간이 한 시간 정도밖에 유지되지 못하고 작업 중에 화장실을 자주 가며, 자폐성장애의 특성상 자신이 생각하는 방식이 아니면 작업 활동을 거부하고 다른 사람의 작업에 참견을 한다는 것이다. 그리고 당일 컨디션에 따라 직무 수행에 차이가 상당히 큰 것도 제한점이었다.

특수학교 고등부 시절 직업재활담당 교사는 사전에 이 학생의 직업적 강점과 약점을 정확히 파악하여 학생의 직업적 강점을 살릴 수 있는 직종에서 직업 현장실습을 지속적으로 유지하면서 직무지도원의 직무 지도를 통해 작업 지속 시간을 늘릴 수 있도록 꾸준히 지도하였다. 꾸준한 학교의 지도와 학생의 노력 결과, 쇼핑백 제작 업체에서 1년간 함께 실습한 장애학생 중 3위 안에 드는 직무 능력을 보일 정도로 취업의 가능성을 보였다. 쇼핑백 업체의 사정으로 인해 취업으로 연결되지는 못했지만 학생의 직업적 성공 가능성을 발견할 수 있어 학생과 학부모, 학교 모두에게 매우 고무적인 결과였다.

이후 문수 씨는 특수학교 내에 설치된 학교기업 생산실에 1일 네 시간 근무 조건으로 취업하였으며, 현재 비누 베이스 절단과 비누 상자 조립 및 포장, 외주 물품 적재 운반 등의 업무를 성실히 수행하며 생활하고 있다.

(3) 중등 이후의 교육을 위한 선택

중등 이후의 교육을 위한 선택 중 한 가지는 대학이 될 수 있다. 장애학생들이 대학에서 교육을 받기 위한 경로는 다양하다. 2년제 또는 4년제 대학에 지원해서 입학하는 전통적인 방법 외에도 진로 및 직업 훈련에 중점을 둔 자격과정에 참여할 수도 있다. 또한 대학에 따라 장애학생만을 대상으로 하는 특별한 프로그램을 학위과정 또는 비학위과정으로 운영하기도 한다.

중도·중복장애학생의 경우, 고등교육을 통해 학위를 취득하거나 이수한 교육의 내용을 토대로 높은 수준의 학업적 성과를 달성하는 것보다는 성인기에 진입하였을 때 직면하는 다양한 상황에서의 어려움을 해결하고, 지속적인 학습 기회를 얻고자 성인계속교육 또는 평생교육 등의 교육 프로그램에 참여하는 경우가 더 많다. 다음의 사례는 통합된 교육기관에서 제공하는 장애인 대상 프로그램의 예이다.

> ❖ **발달장애인 지역사회생활 아카데미(이화여자대학교 평생교육원 전문교육과정)**
>
> • 1학기(15주 과정), 주당 3시간으로 운영
> • 대상: 18~30세의 발달장애, 지적장애, 자폐성장애인 중 특수학교 고등부 또는 고등학교 특수
> 학급 졸업생/시각장애 혹은 청각장애를 중복으로 가지지 않은 자/본원에 등하교가 가능하거
> 나 등하교에 지원이 가능한 자
> • 3학점 이수자에게 이화여자대학교 총장과 평생교육원장 명의의 수료증 수여
> • 개설과정 예 〈성인기 예절 ABC: 예절 교수〉
>
> > 본 강좌는 성인기 발달장애인이 갖추어야 할 예절에 대해 배우는 강좌이다. 상대의 연령
> > 이나 서로의 관계에 적절한 호칭 또는 인사말, 표정이나 자세 등의 의사소통방법을 비롯하
> > 여, 성인기 삶에서 중요한 경조사 상황에서 기대되는 적절한 기술과 행동 등으로 구성된다.
> >
> > ■ 프로그램 목표
> > 1. 상대방의 연령에 따라 적절한 호칭과 인사말, 경어법 및 표정과 자세를 나타낼 수 있다.
> > 2. 다양한 경조사 상황에 적합한 화용 기술과 행동을 습득할 수 있다.
> > 3. 다양한 경조사 상황에서 다른 사람과 예의바르게 대화하고 행동할 수 있다.

(4) 여가와 일상생활 참여

중도 · 중복장애인들의 성인기 삶의 모습은 지역사회 내에서 직업을 가지고 일을 하거나 교육기관에서 제공하는 프로그램에 참여하는 경우도 있지만, 실제로는 가정 또는 시설 등의 기관에 머물며 하루를 보내는 경우도 많다. 다음 최중도 장애인의 사례를 통해 중도 · 중복장애인이 고등학교를 졸업한 후에 어떻게 삶을 준비해야 할지에 대한 방향을 고려해 보고자 한다.

> 갑준 씨는 24세로 스스로 음식을 잘 삼키기 어려우며, 대소변은 기저귀로 처리하고, 인지능력은 측정이 불가능한 수준이다. 타인과의 의사소통을 위한 방법이 구체적으로 마련되어 있지는 않지만, 좋고 싫은 정도를 소리를 질러 보호자나 주변 사람들에게 알림으로써 자신의 감정이나 의사를 표현하고 있다. 하루 중 많은 시간을 누워 있거나 자세유지보조기기를 사용하여 휠체어에 앉아서 지낸다. 갑준 씨가 특수학교를 졸업하던 시점에 취업이나 고용은 어렵다고 판단하여, 성인기를 위한 여가생활에 중점을 두고 성인기 삶을 계획하였다.

앞의 사례에서 볼 수 있듯이, 많은 중도·중복장애인은 여가생활과 같은 일상을 영위하는 데 초점을 두고 성인기 삶을 계획한다. 이때 사회성 기술과 의사소통 기술은 필수적으로 고려되어야 하며, 이는 성인기 생활에서 만나게 되는 다양한 사람과의 긍정적인 관계를 형성하는 데 초점을 두고 지속(Spooner, Knight, Browder, Jimenez, & DiBiase, 2011)되어야 한다. 구체적으로 성인기 삶에서 요구되는 사회성 기술의 맥락(McGinnis & Glodstein, 2003)은 초기 사회성 기술, 학교와 관련된 기술, 우정이나 관계를 형성하기 위한 기술, 감정을 다루는 기술, 분노나 화를 조절하는 기술, 스트레스 관리 기술 등으로 살펴볼 수 있으며, 실제로 중도·중복장애인들은 의사소통의 문제 등으로 인해 이러한 기술을 배우고 기르는 데 어려움을 가지는 경우가 많다. 따라서 이들을 지원하는 전문가들은 정확히 어떠한 기술이 중요한지 판단하는 것이 필요하다. 이를 위해 생태학적 목록을 통한 평가 등이 고려될 수 있다. 평가를 통해 개인이 수행하는 큰 영역을 정한 후, 특정한 구체적 상황과 활동, 해당 기술의 수행에 대해 살펴볼 수 있다(〈표 12-5〉 참고).

〈표 12-5〉 생태학적 목록을 통한 평가 항목의 예

영역/맥락	구체적 환경의 예	활동/수행의 예
지역사회	이동	안전하게 길 건너기
		낯선 장소에서 길 잃었을 때 해결 방법 알기
여가	여가서비스 이용	여가시설 이용하기
		여럿이 함께하는 규칙 있는 게임하기
		나이에 적합한 문화 활동 즐기기
안전	응급 상황	비상벨 소리에 대처하기
		응급/비상 상황 알리기

중도·중복장애인은 일상생활을 유지하는 데 있어서 다양한 어려움에 직면하며, 실제로 가족이나 보조인으로부터 많은 도움을 받으며 생활한다. 아동기 및 학령기와 다르게 성인기 장애인의 경우 어느 정도의 독립성이나 자율성에 대해 고려하게 되며, 일상생활에서의 독립성을 확보하기 위한 지원으로서 보조공학기기나 서비스 등을 이용할 수 있다. 보조공학은 중도·중복장애인의 삶의 질 증진을 위한 많은 가능성(Reichle, 2011)을 가지고 있으며, 장애인의 기능적 능력을 높이기 위한 다양한 기기와 서비스, 체계 등을 포함하는 개념이다. 보조공학제품이나 기기, 지원은 로우테크(예: 몸을 기댈 수 있는 경

사판)부터 하이테크(예: 움직임을 감지하는 센서, 아이트래커 등)까지 다양하며, 특히 중도·중복장애인에게는 이동이나 자세 잡기, 일상생활 참여, 그리고 보고 듣고 지시 사항을 이해하는 것까지 다양한 범위에서의 지원(Spooner, Browder, & Mims, 2011)이 유용하게 활용된다.

특히 기본적인 의사소통을 위한 방법과 전략을 확보하는 것이 중도·중복장애인의 성인기 삶에서의 성과를 크게 좌우하기 때문에 이를 지원하기 위한 구체적인 방안을 찾아보는 것은 성인기를 위한 매우 중요한 준비라고 할 수 있다. 보완대체 의사소통이 중도·중복장애학생에게 특히 더 유용한 중재라는 것은 많은 연구를 통해 제시되고 있으며(Calculator & Black, 2009; Johnston, Reichle, & Evans, 2004; Reichle, 2011; Snell et al., 2010), 특히 자연적 상황에서 최소 촉진 체계를 사용하여 교사나 또래와 같은 대화상대 훈련을 통해 다중모드로서 어린 시기부터 가르칠 때 그 효과가 강력하다(Calculator & Black, 2009).

최근 들어 중도·중복장애인들의 의사소통을 지원하고자 이들의 감정이나 내적 상태를 이해하고 평가하기 위한 다양한 방법이 논의되고 있으며(Flynn et al., 2017; Sappok et al., 2016; Vos et al., 2013), 이를 통해 우울이나 분노, 긴장, 고통 등을 좀 더 파악하기 위한 시도도 새롭게 이루어지고 있다(Adams & Oliver, 2011). 가족 등의 전문가에 의해 어떤 상태인지, 무슨 지원이 필요한지 결정되고, 그에 따른 지원이 타인에 의해 제공되어 오던 것에서 주변에 의한 지원이라 하더라도 장애인 당사자를 중심으로 그 의도와 상황을 좀 더 고려하고자 하는 노력으로의 패러다임 전환이 이루어졌다고 볼 수 있다. 이는 인공지능 기술의 발전에 따라 그 가능성이 훨씬 커지고 있다. 최근의 연구에 따르면 심장박동 간격과 움직임 신호와 같은 신체적 신호를 활용한 인공지능 기반 감정인식 시스템으로 중도·중복장애 학생들의 감정을 파악해 냈다(Tanabe et al., 2023). 이러한 시스템은 중도·중복장애학생이 자신의 감정을 인식하고 표현하는 능력을 향상시키는 데에도 중요한 역할을 할 수 있을 것이다.

3. 성공적인 성인기 전환을 위한 전략과 지원

1) 가족중심 전환계획과 가족 참여

성인기에 이르면 개인은 보다 독립적인 개체로서 역할을 수행하고, 개인의 삶의 질에 가장 많은 관심을 가지며, 보다 개인화되는 경향이 있다. 물론 성공적인 전환을 위한 준비로서 개인중심 또는 학생중심계획은 매우 효과적인 접근임에 틀림없다. 그러나 동시에 중도·중복장애인의 경우에는 학생의 참여만큼이나 가족의 참여, 가족중심계획의 수립이 필수적이다. 이들의 가족은 성인기 전환의 시기에 또는 성인이 된 이후에도 보호자로서, 동거인으로서, 법률적인 대리인으로서 다양한 책임과 역할을 수행하는 경우가 많으므로 삶의 중요한 시기에 이루어지는 다양한 계획의 절차에 가족들을 위한 지원이나 요구, 가족의 참여를 증진하기 위한 내용들이 함께 논의되어야 한다. [그림 12-3]의 성인기로의 전환 시기에서의 전환계획은 이러한 가족과 개인 모두의 요구와 선호에 균형을 두고 지원을 계획해야 함을 강조한다.

학생중심 또는 개인중심 접근과 상대적인 의미로서의 가족중심 접근은 영유아 조기교육 분야에서 1980년대에 소개된 개념이며, 가족을 지원하기 위한 새로운 접근이다. 이 모델은 [그림 12-3]의 영유아기에 해당하는 가족중심의 전환계획을 제안하며, 자녀와 가족 구성원의 목표와 관련한 절대적 의사결정자로서 가족을 존중한다. 또한 모든 가족

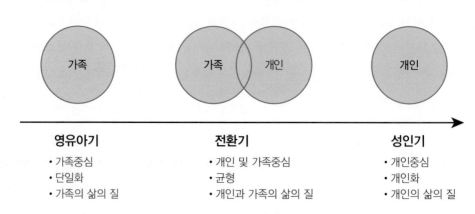

[그림 12-3] 생애주기에 따른 세 가지 유형의 전환계획
출처: Kim & Turnbull (2004).

은 자신의 요구와 선호, 비전과 자원에 대해 잘 알고 강점을 가지고 있다는 관점에 기초한다. 특히 성인이 되어서도 주로 가족들과 함께 사는 중도·중복장애인의 경우, 가족은 장애가족 구성원의 전환성과와 전환의 과정에 전적으로 영향을 주는 입장이므로 전환 과정에서 가족의 삶의 질과 개인의 삶의 질 간의 관계는 매우 중요하게 고려되어야 한다 (Blacher, 2001; Dennis, Williams, Giangreco, & Cloninger, 1993).

가족의 특성(예: 문화적 배경), 가족 상호작용(예: 장애인과 형제자매), 가족 기능(예: 경제 활동), 가족의 삶의 단계(예: 부모나 다른 자녀의 연령 등)에 따라 성인기 전환에 대한 가족의 반응은 다양한 기능으로 나타난다(Turnbull & Turnbull, 2001). 특히 중도·중복장애인의 경우, 자신의 삶에 대한 중요한 결정과 통제는 스스로 하지만 어느 정도의 외적인 영향, 주로 가족에 의해 복잡한 의사결정에 대한 지원을 받는 경우가 많다. 따라서 미래에 대한 계획과 관련하여 중도·중복장애인 자신과 가족의 요구 역시 중요하게 고려되어야 한다. 이러한 배경에 따라 초기 성인기 장애인과 그들의 가족이 전환서비스를 통해 얻고자 하는 성과로서 개인 및 가족의 전반적인 삶의 질을 증진시킬 수 있도록 고안된 접근이 개인-가족 상호의존적 계획(person-family interdependent planning)이다.

2) 협력적 접근

중도·중복장애학생의 복잡하고 독특한 요구는 성인기 전환과정에도 영향을 미치며, 이러한 특성을 고려하면 개입되어야 할 지원과 전환의 과정에 참여해야 할 전문가의 범위가 넓을 수 있다. 이는 다양한 참여자의 협력적 접근이 매우 강력하게 요구되는 이유가 된다. 단순히 학교와 졸업 이후의 성인기 삶을 지원하는 기관 간의 종단적인 협력뿐만 아니라 성인기 삶의 영역(고용, 학습, 생활)에서 지원을 제공해야 할 학교와 학교 외의 기관(예: 의료, 사회복지, 지역사회 행정기관 등)에 대한 전환 역시 고려되어야 한다.

협력적 접근은 기관 간의 연계를 통한 네트워킹, 서비스에 대한 조정, 하나의 일을 여러 부분으로 나누어 수행한 후 하나로 완성하는 협동(cooperation), 그리고 하나의 일을 여러 사람이 논의하며 동시에 추진하는 협력(collaboration)까지 다양한 형태로 이루어질 수 있다. 학생중심계획을 논의하며, 한 사람 또는 한 가정이 동시에 여러 전문가 또는 기관으로부터 지원을 받게 되지만, 각 기관 간의 협력이나 조정이 이루어지는 것이 현장에서는 쉽지 않다.

특히 성인기 장애인의 경우, 학령기의 장애학생과 달리 학교처럼 학교 안팎의 지원을 조정하며 중심이 되는 기관이 없는 경우가 많고, 지역사회 내 성인서비스 역시 매우 제한적이기 때문에 관련 기관 간의 협력이 활발하게 이루어지기 어렵다. 따라서 성인기로의 전환을 준비하고 지원에 대한 논의와 계획이 이루어지는 중·고등학교 시기부터 고등학교 졸업 이후 삶의 맥락을 고려하여 접근 가능한 지원을 판별하고, 적절한 기관을 찾고, 미리 연계하여야 한다. 생애주기뿐만 아니라 활동 영역 간에 걸쳐 지속적으로 지원을 제공하는 전달체계를 구축하고자 하는 노력이 이루어진다면 보다 나은 성인기 성과를 달성할 수 있을 것이다.

[참고] 고용으로의 전환을 위한 협력적 프로그램의 예

❖ **기업체-특수학교 직업교육 모델**

특수학교와 외부의 기업체가 연계하여 고용으로의 전환을 위한 프로그램을 개발하고 실행한 모델로서, 프로그램을 개발할 때의 학교, 기업체, 가정 등 참여자 간의 협력내용과 실행할 때의 협력내용은 다음과 같다.

• 프로그램 개발 시 협력내용
 - 학교-기업체: 지역사회 내 사업체의 요구 및 직무 분석
 - 학교-부모: 자녀의 진로 및 전환에 대한 요구 조사 및 대상학생 선발
 - 학교-기업체: 업체 개발 및 실습 의뢰
 - 학교-기업체: 학생의 특성을 고려한 현장중심 직업교육 개발

• 프로그램 실행 시 협력적 접근
 - 학교-기업체-복지관: 현장실습 프로그램 실행(예: 교내-지역사회 내 복지관 보호작업장-기업체 등)
 - 학교-기업체: 기업체에서의 수행에 대한 피드백을 통해 교내에서의 보충교육 및 실습지도
 - 학교-가정-기업체: 직무 태도 및 소양 함양을 위한 부모교육 및 지원, 기업체 직원 대상 장애이해교육 등

출처: 이익동, 이영선(2011).

장애청소년의 고등학교 졸업 이후 삶을 계획하는 전환의 시기를 준비하기 위해 학교에서는 아직까지 삶의 전 영역에 걸친 포괄적인 전환교육보다는 현장실습 또는 직업준비교육과 같이 특정 전환성과 영역 위주의 교육과 서비스가 제공되고 있는 것이 일반적

이다. 그러나 고용과 같은 성과가 뚜렷한 영역을 중심으로 학교에서의 전환교육이 이루어진다면, 상대적으로 장애가 심하거나 복잡하고 다양한 요구를 가진 중도·중복장애학생들이 참여할 수 있는 기회는 적을 수밖에 없다. 성인기 삶을 위한 준비가 이루어지는 장소나 주체가 학교임을 감안할 때, 학교에서는 모든 학생의 전환을 골고루 준비하기 위해서 진로교육이라는 교과 특성을 고용이나 직업, 고등학교 졸업 이후의 교육 등의 특정 성과를 위한 준비에 제한하지 않고 보다 넓은 범위의 성인기 준비로 확장해 볼 필요가 있다. 즉, 중도·중복장애학생이 학교교육을 마친 후 어떤 삶의 모습으로 살아가야 할 것인지에 대해 고민해 보고, 이를 위한 교육의 우선순위를 정하며, 필요한 자원과 지원, 교육을 제공해 주어야 할 것이다.

또한 고등학교 졸업 이후에 벌어지는 삶의 모습에 대해 가족들이 가져야 하는 책임이 큰 만큼 중도·중복장애인의 성인기 전환 과정에서 가족들의 요구에 집중하고, 이들의 참여 역량을 강화하는 것이 학교에서의 전환교육에서도 지속적으로 강조되어야 한다. 많은 중도·중복장애학생은 성인기를 지역사회보다는 가정이나 기관에서 맞이하는 경우가 많을 것이다. 이러한 상황 때문에 중도·중복장애학생들은 항상 누군가의 도움을 먼저 고려하고, 중요한 의사결정 또한 다른 누군가에 의해 이루어지며, 다양하고 많은 기회로부터 배제되기 쉽다. 그러나 모든 장면에 참여하는 것의 수준이나 강도, 범위는 매우 다양할 수 있으며, 이를 위한 작은 시도는 언제든지 시작될 수 있어야 한다. 비록 성인기의 성과가 취업률이나 평생교육 프로그램에 참여하는 정도, 지역사회 내의 기관이나 사람들과 교류하는 정도나 독립적인 일상생활 참여 정도로 평가되지만, 중도·중복장애인의 성인기로의 전환 맥락에서 볼 때 이들을 지원하는 전문가는 '중도·중복장애'보다는 '사람'에 좀 더 초점을 두고, 이들의 기본적인 요구와 의도, 삶의 질을 바라보는 관점 등을 고려해 보아야 할 필요가 있다.

참고문헌

곽준기, 박희찬(1995). 정신지체 고등부 졸업생의 전환과정 결과 추적조사. 서울: 한국재활재단.

교육부(2014). 특수교육연차보고서. 세종: 교육부 특수교육정책과.

국립특수교육원(2009). 특수교육학 용어사전. 경기: 국립특수교육원.

김삼섭, 구인순, 김형완, 박은영, 박희찬, 서종열, 이효성, 임경원, 전보성, 정민호, 황윤의(2013). 장애인 직업교육의 이론과 실제. 서울: 학지사.

김용득(2018). 탈시설과 지역사회중심 복지서비스 구축, 어떻게 할 것인가?: 자립과 상호의존을 융합하는 커뮤니티 케어. 보건사회연구, 38(3), 492-520.

김유리(2011). 지적장애 청소년의 성공적 전환을 위한 사회성 기술 중재 프로그램 고찰. 지적장애연구, 13(3), 47-68.

박승희(2010). 대학교 환경에서 지적장애인의 지원고용 프로그램의 내용과 절차 및 성과. 직업재활연구, 20(1), 93-127.

박은송(2011). 중도장애학생의 졸업 후 지역사회 전환에 따른 진로 · 직업 실태 및 교육효과 분석. 중복 · 지체부자유연구, 54(2), 159-180.

박은송, 박경옥(2011). 성공적인 지역사회로의 전환을 위한 중도 · 중복장애학생의 진로 · 직업교육 방향성 탐색. 중복 · 지체부자유연구, 54(2), 211-234.

박희찬(2015). 한국의 장애인 진로직업교육의 과제와 전망. 한국지체중복건강장애학회 2015 국제학술대회 자료집 '중증장애인의 진로직업교육: 비교교육학적 접근', 3-11.

유애란(1994). 미국 특수교육과 교수들이 본 전이 프로그램에 필요한 교사 수행능력에 관한 연구. 한국특수교육협회 58차 회의 발표문.

이영선, 김환희(2013). 발달장애청소년의 전환성과 탐색. 장애와 고용, 23(3), 83-103.

이영선, 이영실, 이익동, 김환희(2011). 장애청소년의 전환교육 관련 연구동향과 과제. 특수교육학연구, 46(3), 131-161.

이익동, 이영선(2011). 장애학생의 고용성과향상을 위한 특수학교-기업체연계 직업전환 프로그램 개발 및 적용: 정서장애 특수학교를 중심으로. 자폐성장애연구, 11(1), 97-120.

최선실, 박승희(2011). 지원고용된 지적장애인 근로자 지원을 위한 동료근로자 개입 중재의 분석. 장애와 고용, 21(2), 217-245.

Adams, D., & Oliver, C. (2011). The expression and assessment of emotions and internal states in individuals with severe or profound intellectual disabilities. *Clinical Psychology Review, 31*(3), 293-306.

Blacher, J. (2001). Transition to adulthood: Mental retardation, families, and culture. *American Journal on Mental Retardation, 106*(2), 173-188.

Borthwick-Duffy, S. (1990). Quality of life of persons with severe or profound mental retardation. In R. L. Schalock (Ed.), *Quality of Life: Perspectives and Issues* (pp. 177-189). WA: American Association on Mental Retardation.

Brolin, D. E. (1992). *Life Centered Career Education(LCCE): Competency Assessment Batteries.* Reston, VA: Council for Exceptional Children.

Calculator, S. N., & Black, T. (2009). Validation of an inventory of best practices in the provision of augmentative and alternative communication services to students with severe disabilities in general education classrooms. *American Journal of Speech-Language Pathology, 18*(4), 329-342.

Certo, N., & Luecking, R. (2006). Service integration and school to work transition: Customized employment as an outcome for youth with significant disabilities. *Journal of Applied Rehabilitation Counseling, 37*, 29-35.

Chenoweth, L., & Stehlik, D. (2004). The implications of social capital for the inclusion of people with disabilities and families in community life. *International Journal on Inclusive Education, 8*(1), 59-72.

Community Living Research Project. (2007). *Residential Options for Adults with Developmental Disabilities: Quality and cost outcomes.* Vancouver, BC: Author.

Condeluci, A. (1999). *The Essence of Interdependence.* Boca Raton, FL: CRC Press.

Connecticut Transition Task Force. (2013). *CT Core Transition Skills.* Hartford, CT: Connecticut State Department of Education.

Dennis, R. E., Williams, W., Giangreco, M. F., & Cloninger, C. J. (1993). Quality of life as context for planning and evaluation of services for people with disabilities. *Exceptional Children, 59*(6), 499-512.

Dileo, D. (2007). *Raymond's Room: Ending the Segregation of People with Disabilities.* St. Augustine, FL: Training Resource Network, Inc.

Flynn, S., Vereenooghe, L., Hastings, R. P., Adams, A., Cooper, S., Gore, N., Hatton, C., Hood, K., Jahoda, A., Langdon, P. E., McNamara, R., Oliver, C., Roy, A., Totsika, T., & Waite, J. (2017). Measurement tools for mental health problems and mental well-being in people with severe or profound intellectual disabilities: A systematic review. *Clinical Psychology Review, 57*, 32-44.

Hagner, D., Butterworth, J., & Keith, G. (1995). Strategies and barriers in facilitating natural supports for employment of adults with severe disabilities. *Journal of the Association for Persons with Severe Handicaps, 20*(2), 110-120.

Halpern, A. S. (1985). Transition: A look at the foundations. *Exceptional Children, 51*(6), 479-486.

Hughes, C., & Carter, E. W. (2011). Transition supports: Equipping youth for adult life. *Journal of Vocational Rehabilitation, 35*, 177-180.

Individuals with Disabilities Education Act, U.S.C. § 1401 (1990).

Individuals with Disabilities Education Act Amendments of 1997, 20 U.S.C. § 1400 (1997).

Individuals with Disabilities Education Improvement Act of 2004, 20 U.S.C. § 1400 (2004).

Johnston, S. S., Reichle, J., & Evans, J. (2004). Supporting augmentative and alternative communication use by beginning communicators with severe disabilities. *American Journal of Speech Language Pathology, 13*, 20-30.

Kohler, P. D. (1996). *A Taxonomy for Transition Programming: Linking Research and Practice.* Champaign, IL: Transition Research Institute, University of Illinois.

Kim, K. H., & Turnbull, A. (2004). Transition to adulthood for students with severe intellectual disabilities: Shifting toward person-family interdependent planning. *Research & Practices for Persons with Severe Disabilities, 29*(1), 53-57.

Kim, S. Y., Crowley, S., & Lee, Y. (2022). A scoping review of technology-based vocational interventions for individuals with autism. *Career Development and Transition for Exceptional Individuals, 45*(1), 44-56.

Martin, J. E., Van Dycke, J. L., Christensen, W. R., Greene, B. A., Gardner, J. E., & Lovett, D. L. (2006). Increasing student participation in IEP meetings: Establishing the self-directed IEP as an evidence-based practice. *Exceptional Children, 72*(3), 299-316.

McCarney, S., & Sanderson, P. (2000). *Transition Behavior Scales* (2nd ed.). Columbia, MO: Hawthorne Educational Services, Inc.

McGinnis, E., & Goldstein, A. P. (2003). *Skillstreaming in Early Childhood: New Strategies and Perspectives for Teaching Prosocial Skills.* Champaign, IL: Research Press.

Mount, B., & Zwernik, K. (1994). *Making Futures Happen: A Manual for Facilitators of Personal Futures Planning.* MN: Minnesota Governor's Council on Developmental Disabilities.

Murphy, S., & Rogan, P. (1992). *Natural Work Place Supports Quality Checklist.* Syracyse, NY: Syracyse University.

Newman, L., Wagner, M., Cameto, R., & Knokey, A. (2009). *The Post-High School Outcomes of Youth with Disabilities up to 4 years After High School: A Report from the National Longitudinal Transition Study-2 (NLTS2).* Menlo Park, CA: SRI International. Retrieved from www.nlts2.org/reports/2009_04/nlts2_report_2009_04_complete.pdf.

Nisbet, J. (Ed.). (1992). *Natural Supports in School, at Work, and in the Community for People with Severe Disabilities.* Baltimore, MD: Paul H. Brookes Publishing Co.

Ouellette-Kuntz, H., & McCreary, B. (1996). Quality of life assessment for persons with severe developmental disabilities. In R. Renwick, I. Brown, & M. Nagler (Eds.), *Quality of Life in Health Promotion and Rehabilitation: Conceptual Approaches, Issues, and Applications* (pp. 268-278). Thousand Oaks, CA: Sage.

Park, J., Hoffman, L., Marquis, J., Turnbull, A. P., Poston, D., Mannan, H., Wang, M., & Nelson, L. L. (2003). Toward assessing family outcomes of service delivery: Validation of a family quality of life survey. *Journal of Intellectual Disability Research*, *47*(4/5), 367-384.

Patton, J. R., & Clark, G. M. (2013). *Transition Planning Inventory (TPI-2)* (2nd ed.). Austin, TX: PRO-ED.

Reichle, J. (2011). Evaluating assistive technology in the education of persons with severe disabilities. *Journal of Behavioral Education*, *20*(1), 77-85.

Sappok, T., Barrett, B. G., Vandevelde, S., Heinrich, M., Poppe, L., Sterkenburg, P., Vonk, J., Kolb, J., Claes, C., Bergmann, T., Došen, A., & Morisse, F. (2016). Scale of emotional development-short. *Research in Developmental Disabilities*, *59*, 166-175.

Schalock, R., Verdugo, M., Jenaro, C., Wang, M., Wehmeyer, M., Xu, J., & Lachapelle, Y. (2005). Cross-cultural study of core quality of life indicators. *American Journal on Mental Retardation, 110*(4), 298-311.

Schwartz, A. A., Holburn, S. C., & Jacobson, J. W. (2000). Defining person-centeredness: Results of two consensus methods. *Education and Training in Mental Retardation and Developmental Disabilities*, *35*(3), 235-249.

Seekins, T., Enders, A., Pepper, A., & Sticka, S. (2007). Allocation and use of section 5310 funds in urban and rural America. *Journal of Public Transportation*, *10*(1), 81-101.

Seltzer, M. M., & Krauss, M. W. (2001). Quality of life of adults with mental retardation/ developmental disabilities who live with family. *Mental Retardation and Developmental Disabilities Research Reviews*, *7*(2), 105-114.

Shogren, K. A., Wehmeyer, M. L., Palmer, S. B., Rifenbark, G., & Little, T. (2015). Relationships between self-determination and postschool outcomes for youth with disabilities. *Journal of Special Education, 48*(4), 256-267.

Sitlington, P. L., Neubert, D. A., & Clark, G. M. (2009). *Transition Education and Services for Students with Disabilities* (5th ed.). Upper Saddle, NJ: Pearson/Merrill Education, Inc.

Snell, M. E., Brady, N., McLean, L., Ogletree, B. T., Siegel, E., Sylvester, L., & Sevcik, R. (2010). Twenty years of communication intervention research with individuals who have severe intellectual and developmental disabilities. *American Journal on Intellectual and Developmental Disabilities*, *115*(5), 364-380.

Spooner, F., Browder, D. M., & Mims, P. (2011). *Teaching Students with Moderate and Severe Disabilities*. New York, NY: Guilford.

Spooner, F., Knight, V., Browder, D. M., Jimenez, B., & DiBiase, W. (2011). Evaluating evidence-based practice in teaching science content to students with severe developmental disabilities. *Research and Practice in Severe Disabilities, 36*(1-2), 62-75.

Storey, K. (2010). Smart houses and smart technology: Overview and implications for independent living and supported living services. *Intellectual and Developmental Disabilities, 48*(6), 464-469.

Tanabe, H., Shiraishi, T., Sato, H., Nihei, M., Inoue, T., & Kuwabara, C. (2023) A concept for emotion recognition systems for children with profound intellectual and multiple disabilities based on artificial intelligence using physiological and motion signals. *Disability and Rehabilitation: Assistive Technology*, 1-8. Advance online publication. https://doi.org/10.1080/17483107.2023.2170478

Taylor, S. J., & Bogdan, R. (1990). Quality of life and the individual's perspective. In R. L. Schalock & M. J. Begab (Eds.), *Quality of Life: Perspectives and Issues* (pp. 27-40). WA: American Association on Mental Retardation.

Test, D. W., Bartholomew, A., Hudson, M., Kelly, K., Kortering, L., Mazzotti, V. L., Mustian, A., Richter, S. M., Rowe, D. A., Uphold, N., & Walker, A. (2012). *Evidence-Based Instructional Strategies for Transition*. 이영선, 이효정, 성유진 공역(2015). 장애청소년을 위한 전환교육: 증거기반 교수전략. 서울: 학지사.

Turnbull, A. P., & Turnbull, H. R. (2001). *Families, Professionals, and Exceptionality: Collaborating for Empowerment* (4th ed.). Upper Saddle River, NJ: Merrill/Prentice Hall.

Turnbull, A. P., Turnbull, H. R., Wehmeyer, M. L., & Shogren, K. A. (2013). *Exceptional Lives* (7th ed.). Columbus, OH: Merrill/Prentice Hall.

Turnbull, H., Stowe, M., & Huerta, N. (2007). *Free Appropriate Public Education: The Law and Children with Disabilities* (7th ed.). Denver, CO: Love Publishing Company.

Vos, P., Cock, P. D., Munde, V., Heerinckx, H., Petry, K., Noortgate, W. V., & Maes, B. (2013). The role of attention in the affective life of people with severe or profound intellectual disabilities. *Research in Developmental Disabilities, 34*(3), 902-909.

Wehmeyer, M. L. (1998). Self-determination and individuals with significant disabilities: Examining meanings and misinterpretations. *Journal of the Association for Persons with Severe Handicaps, 23*(1), 5-16.

Wehemeyer, M. L. (2005). Self-determination and individuals with severe disabilities: Re-examining meanings and misinterpretations. *Research & Practice for Persons with Severe Disabilities, 30*(3), 113-120.

Westling, D. L., Fox, L., & Carter, E. W. (2015). *Teaching Students with Severe Disabilities* (5th ed.). Boston, MA: Pearson.

Will, M. (1984). *OSERS Programming for the Transition of Youth with Disabilities: Bridges from School to Working Life*. WA: Office of Special Education and Rehabilitative Services.

Wilson-Kovacs, D., Michelle, R., Haslam, S. A., & Rabinovich, A. (2008). 'Just because you can get a wheelchair in the building doesn't necessarily mean that you can still participate': Barriers to the career advancement of disabled professionals. *Disability & Society, 23*(7), 705-717.

찾아보기

인명

내용

저자 소개

강혜경
이화여자대학교 대학원 졸업(특수교육학 박사)
성베드로학교 교사, 광성해맑음학교(현 누리학교) 교감, 국립특수교육원 연구사 역임
나사렛대학교 중등특수교육과 교수

김정연
이화여자대학교 대학원 졸업(특수교육학 박사)
연세대학교재활학교, 한국우진학교 교사 역임
조선대학교 특수교육과 교수

김주혜
이화여자대학교 대학원 졸업(특수교육학 박사)
부산장신대학교 초등특수교육과 교수 역임
백석대학교 특수교육과 교수

박은혜
미국 오리건대학교 대학원 졸업(특수교육학 박사)
미국 버지니아대학교 방문교수, 한국지체 · 중복 · 건강장애학회 회장,
　한국보완대체의사소통학회 회장 역임
이화여자대학교 특수교육과 교수

이명희
이화여자대학교 대학원 졸업(특수교육학박사)
서울 상도초등학교 교사, 서울 마들유치원 원장, 국공립 장애통합 신흥제2어린이집 원장,
　한국유아특수교육학회 회장, 중부대학교 유아특수교육과 교수 역임

이영선

미국 캔자스대학교 대학원 졸업(특수교육학 박사)

인하대학교 교육학과 교수 역임

이화여자대학교 특수교육과 교수

임장현

이화여자대학교 대학원 졸업(특수교육학 박사)

연세대학교재활학교 교사, 위덕대학교 특수교육학부 교수 역임

건양대학교 중등특수교육과 교수

표윤희

이화여자대학교 대학원 졸업(특수교육학 박사)

삼육재활학교(현 새롬학교) 교사, 위덕대학교 특수교육학부 교수 역임

인제대학교 특수교육과 교수

중도·중복장애학생
교육의 이해 2판

Understanding the Education of Students with Severe and
Multiple Disabilities (2nd ed.)

2018년 8월 30일 1판 1쇄 발행
2020년 2월 20일 1판 2쇄 발행
2023년 9월 20일 2판 1쇄 발행

지은이 • 강혜경 · 김정연 · 김주혜 · 박은혜 · 이명희 · 이영선 · 임장현 · 표윤희
펴낸이 • 김진환
펴낸곳 • ㈜학지사

04031 서울특별시 마포구 양화로 15길 20 마인드월드빌딩
대표전화 • 02-330-5114   팩스 • 02-324-2345
등록번호 • 제313-2006-000265호

홈페이지 • http://www.hakjisa.co.kr
인스타그램 • https://www.instagram.com/hakjisabook

ISBN 978-89-997-2976-8 93370

정가 23,000원

출판미디어기업 학지사

간호보건의학출판 학지사메디컬 www.hakjisamd.co.kr
심리검사연구소 인싸이트 www.inpsyt.co.kr
학술논문서비스 뉴논문 www.newnonmun.com
교육연수원 카운피아 www.counpia.com